PLC

国内外住房市场经验研究

赵丽霞 刘志 [美] 伯特兰·雷纳德（Bertrand Renaud）◎编著

北京大学出版社
PEKING UNIVERSITY PRESS

图书在版编目(CIP)数据

国内外住房市场经验研究/赵丽霞，刘志，（美）伯特兰·雷纳德编著. —北京：北京大学出版社，2023.10

ISBN 978-7-301-34392-0

Ⅰ. ①国… Ⅱ. ①赵…②刘…③伯… Ⅲ. ①住宅市场－研究－世界 Ⅳ. ①F293.357

中国国家版本馆 CIP 数据核字（2023）第 170195 号

书　　名	国内外住房市场经验研究 GUONEIWAI ZHUFANG SHICHANG JINGYAN YANJIU
著作责任者	赵丽霞　刘　志　［美］伯特兰·雷纳德（Bertrand Renaud）　编著
责任编辑	王树通
标准书号	ISBN 978-7-301-34392-0
出版发行	北京大学出版社
地　　址	北京市海淀区成府路 205 号　100871
网　　址	http://www.pup.cn
电子邮箱	编辑部 lk2@pup.cn　　总编室 zpup@pup.cn
电　　话	邮购部 010-62752015　发行部 010-62750672　编辑部 010-62764976
印　刷　者	北京虎彩文化传播有限公司
经　销　者	新华书店
	720 毫米 × 1020 毫米　16 开本　25.5 印张　420 千字
	2023 年 10 月第 1 版　2024 年 6 月第 2 次印刷
定　　价	108.00 元

内容简介

过去一段时间，中国住房市场的迅猛扩张给决策者、规划人员、商界人士和居民带来一些挑战。如今中国中等收入阶层的住房是由消费者选择驱动的，中国各大城市的住房政策问题与全球其他住房市场的情况也愈发相似。高房价背景下，许多中低收入家庭在房屋质量和地理位置等方面面临着许多不利的选择。

本书探讨了住房市场变化对普通百姓、业主及开发商的影响。各篇论文作者分析了这些变化对经济社会发展带来的影响。

尽管聚焦中国，本书各篇作者也探讨了澳大利亚、日本、韩国、荷兰、北欧国家、新加坡、英国和美国在具体政策设计方面遇到的诸多挑战。本书的潜在读者可以是住房政策制定者，以及正在关注和研究中国住房市场的社会和政治影响的专家学者。

“北大-林肯中心丛书”序

北京大学-林肯研究院城市发展与土地政策研究中心(简称北大-林肯中心)成立于2007年,是由北京大学与林肯土地政策研究院共同创建的一个非营利性质的教育与学术研究机构,致力于推动中国城市和土地领域的政策研究和人才培养。当前,北大-林肯中心聚焦如下领域的研究、培训和交流:(一)城市财税可持续性与房地产税;(二)城市发展与城市更新;(三)土地政策与土地利用;(四)住房政策;(五)生态保护与环境政策。此外,中心将支持改革政策实施过程效果评估研究。

作为一个国际学术研究、培训和交流的平台,北大-林肯中心自成立以来一直与国内外相关领域的专家学者、政府部门开展卓有成效的合作,系列研究成果以“北大-林肯中心丛书”的形式出版,包括专著、译著、编著、论文集等多种类型,跨越经济、地理、政治、法律、社会规划等学科。丛书以严谨的实证研究成果为核心,推介相关领域的最新理论、实践和国际经验。我们衷心希望借助丛书的出版,加强与各领域专家学者的交流学习,加强国际学术与经验交流,为中国城镇化进程与生态文明建设的体制改革和实践提供学术支撑与相关国际经验。我们将努力让中心发挥跨国家、跨机构、跨学科的桥梁纽带作用,为广大读者提供有独立见解的、高品质的政策研究成果。

北京大学-林肯研究院城市发展与土地政策研究中心主任

刘志

作者简介

赵丽霞：香港大学及伦敦大学学院名誉教授，英国社会科学院当选院士，亚太住房研究网络创始人及前主席。曾担任香港大学城市规划设计系主任、城市研究与城市规划中心主任及“一带一路”城市研究室主任。目前的研究领域包括亚洲高密度城市住房政策及其比较，城市与住房的可持续发展，中国香港和内地住房市场、住房规划比较研究，高密度城市和老龄化社区的宜居性，以及中国和“一带一路”地区的城市发展与治理。获任为香港及其他地区的房屋、城市规划、土地发展、市区重建、郊野公园保育及文化遗产等政府委员会委员。除了在国际学术期刊发表论文外，主要的合著有《澳大利亚、英国和中国香港政治、规划与住房供给》，主编《亚洲住房政策、幸福感和社会发展》。

刘志：林肯土地政策研究院中国项目主任，高级研究员，北京大学-林肯研究院城市发展与土地政策研究中心主任。曾在世界银行担任首席基础设施专家，在基础设施和城市发展部门有着多年的运营经验。研究领域包括基础设施融资、城市财政、土地政策和住房政策。在中国中央和地方政府多个专家委员会或咨询小组任职，开展国家社会经济规划、保障性住房政策和财政政策改革研究。

伯特兰·雷纳德(Bertrand Renaud)：城市发展和金融市场发展领域国际顾问，霍姆尔·霍伊特高级研究院(Homer Hoyt Advanced Studies Institute)魏玛学院(Weimer School)研究员。曾任世界银行金融发展部顾问，担任金融与城市事务多个不同职务；曾任经合组织驻巴黎城市事务部首任负责人。之前，曾是夏威夷大学经济学教授，主攻方向为亚洲城市发展。曾在美国和亚洲多所大学任教、从事研究工作，其中包括麻省理工学院、首尔国立大学、香港大学、韩国开发研究院(KDI)公共政策学院。发表过大量文章,与金庆焕(Kyung-hwan Kim)、文卓(Man Cho)合著的《东亚住房动态》,2016 年由牛津威利-布莱克威尔出版社出版。拥有加州大学伯克利分校的硕士和博士学位,以及法国巴黎生命科学与环境技术学院的工程学学位。

出版说明

本书源自2016年5月16—17日在中国香港举办的土地政策和住房市场国际研讨会。这次研讨会由香港大学(社会科学学院和城市研究与规划中心)、林肯土地政策研究院及北京大学-林肯研究院城市发展与土地政策研究中心联合主办。此次研讨会的背景是中国内地和香港房价不断飙升、人口财富不平等日益扩大,导致社会分化加剧、经济增长放缓。本次研讨会的目标是从国际视角审视中国内地和香港住房政策与住房市场的调控经验。研讨会汇集了一大批来自不同国家和地区的经济学、地理学、城市规划、公共政策和社会学领域的国际住房专家。

通过将会议论文转化为严谨的学术论文,本书呈现了学术界对国际住房市场经验的前沿见解。本书的各章节致力于通过多种方式增加我们对不同国家和地区住房市场和住房制度的多方面认知,同时考虑其与中国内地的相关性。不过,可以理解的是,本书并不打算涵盖国际住房市场和住房政策的所有方面。本书最后一章基于参会者在会后圆桌讨论的成果而形成。

本书得以付梓离不开以下人士的鼎力支持:香港大学教授林初升和赵晓斌,香港大学社会科学学院和建筑学院院长约翰·伯恩斯(John Burns)和克里斯·韦伯斯特(Chris Webster),林肯土地政策研究院总裁乔治·麦卡锡(George W. McCarthy)。我们要感谢香港大学社会科学学院和香港大学建筑学院城市研究与城市规划中心、林肯土地政策研究院共同主办本次研讨会,并为本书出版所提供的财务支持。

本书英文版书名为 *International Housing Market Experience and Implications for China*，已于 2019 年由 Routledge 出版。中文版由北京大学-林肯研究院城市发展与土地政策研究中心组织翻译出版。

赵丽霞，刘志，伯特兰·雷纳德

2023 年 10 月

目　　录

第一篇　总　　论

第一章　全球及地方住房挑战 …………………………………………… (3)

1. 2009 年后的住房挑战 ……………………………………………… (3)

2. 国内外积累的住房经验和教训 ………………………………… (13)

参考文献……………………………………………………………… (26)

第二篇　国际住房市场经验

第二章　用技术驯服房地产泡沫……………………………………… (31)

1. 引言 ………………………………………………………………… (31)

2. 美国和中国的房地产繁荣 ………………………………………… (33)

3. 房产估价的理论和技术 …………………………………………… (37)

4. 迈向更加完善的土地征用制度 …………………………………… (38)

5. 迈向更加完善的房产税制度 ……………………………………… (42)

6. 迈向更加完善的金融监管 ………………………………………… (44)

7. 结论 ………………………………………………………………… (47)

参考文献……………………………………………………………… (48)

第三章　关于住房政策发展的思考…………………………………… (50)

1. 导言 ………………………………………………………………… (50)

2. 住房政策的四个阶段 ……………………………………………… (53)

3. 芬兰住房政策的各个阶段 …… (57)
4. 审视住房政策发展的阶段模型 …… (61)
5. 结束语 …… (66)
参考文献 …… (67)
第四章　荷兰的房价、地租和集聚效益 …… (71)
1. 引言 …… (71)
2. 一个简化的政策评估框架 …… (72)
3. 地租和建筑物价值 …… (77)
4. 地租差异和集聚的社会价值 …… (80)
5. 什么时候进行城市扩张? …… (85)
附录 …… (93)
参考文献 …… (96)
第五章　绿化带、边缘地带和城市蔓延 …… (98)
1. 引言 …… (98)
2. 城市边缘 …… (98)
3. 绿化带：英国案例 …… (99)
4. 全世界的绿化带 …… (104)
5. 中国的绿化带 …… (105)
6. 结论 …… (109)
参考文献 …… (111)
第六章　日本大都市的土地和住房市场动态及住房政策 …… (120)
1. 引言：日本后泡沫经济概览 …… (120)
2. 土地政策和城市规划的放松管制 …… (125)
3. 存量住房与住房市场动态 …… (129)
4. 住房问题和住房政策 …… (137)
5. 结论：日本住房经验教训 …… (142)
参考文献 …… (143)

第七章　韩国住房市场动态和政府角色 …………………………………… (146)
1. 引言 ………………………………………………………………… (146)
2. 住房现状和住房市场动态 ……………………………………………… (147)
3. 政府角色及对住房市场的干预 ………………………………………… (150)
4. 政策问题与影响 ……………………………………………………… (159)
5. 结束语 ……………………………………………………………… (163)
参考文献 ……………………………………………………………… (164)
第八章　韩国的土地和住房供应体系演化、评估和经验 ………………… (168)
1. 引言 ………………………………………………………………… (168)
2. 土地和住房供应体系的发展 …………………………………………… (169)
3. 供应体系的表现及其在住房方面取得的成果 …………………………… (178)
4. 当前的住房供应体系及其突出特点 …………………………………… (186)
5. 总结和对其他国家的启示 ……………………………………………… (190)
参考文献 ……………………………………………………………… (193)
第九章　通过住房政策建设平等和包容的城市 ………………………… (195)
1. 引言 ………………………………………………………………… (195)
2. 收入不平等和隔离的参数 ……………………………………………… (200)
3. 建设新加坡的包容性土地和住房政策 ………………………………… (208)
4. 是否建设更包容的社会 ………………………………………………… (214)
参考文献 ……………………………………………………………… (218)

第三篇　国内住房市场研究

第十章　台湾地区的房价、住宅流动性和住宅政策 ……………………… (227)
1. 引论 ………………………………………………………………… (227)
2. 住宅市场问题及其原因 ………………………………………………… (230)
3. 房价变化和住宅流动性 ………………………………………………… (234)
4. 住宅政策改革和可负担住宅战略 ……………………………………… (239)

5. 面临的挑战和未来发展 …………………………………………………… (243)
6. 结论 ……………………………………………………………………… (247)
参考文献 …………………………………………………………………… (248)
第十一章　香港特别行政区二元住房体制面临的挑战 ……………… (251)
1. 引言 ……………………………………………………………………… (251)
2. 显性的挑战 ……………………………………………………………… (252)
3. 隐藏的挑战 ……………………………………………………………… (265)
4. 香港住房挑战对内地城市的启示 ……………………………………… (273)
参考文献 …………………………………………………………………… (275)
第十二章　中国大陆(内地)城市住房市场的挑战 ……………………… (282)
1. 引言 ……………………………………………………………………… (282)
2. 黄金时期及其后果 ……………………………………………………… (283)
3. 土地金融对住房市场的影响 …………………………………………… (288)
4. 住房需求的影响因素 …………………………………………………… (290)
5. 住房租赁市场 …………………………………………………………… (292)
6. 保障性住房政策及其实施 ……………………………………………… (294)
7. 小产权房 ………………………………………………………………… (297)
8. 结论 ……………………………………………………………………… (299)
参考文献 …………………………………………………………………… (300)
第十三章　中国大陆(内地)的人口迁移和城市住房市场动态 ……… (303)
1. 引言 ……………………………………………………………………… (303)
2. 控制与扶持政策 ………………………………………………………… (304)
3. 县城的住房开发和市场 ………………………………………………… (310)
4. 人口迁移以及对城市住房市场的影响 ………………………………… (319)
5. 结论 ……………………………………………………………………… (321)
参考文献 …………………………………………………………………… (323)
第十四章　中国大陆(内地)住房用地供应与房价 …………………… (327)
1. 引言 ……………………………………………………………………… (327)

2. 文献综述 …………………………………………………………… (331)
3. 城市居住用地供给的演变 ……………………………………………… (332)
4. 分析框架 …………………………………………………………… (335)
5. 模型说明和数据 …………………………………………………… (336)
6. 实证结果 …………………………………………………………… (337)
7. 结论和政策含义 …………………………………………………… (343)
附录 ………………………………………………………………… (344)
参考文献 …………………………………………………………… (348)

第四篇　住房改革蓝图

第十五章　对中国住房改革的建议 …………………………………… (353)
1. 引言：改革蓝图背后的动机 ………………………………………… (353)
2. 设计住房政策的原则与标准 ………………………………………… (355)
3. 中国政策行动 ……………………………………………………… (371)
4. 结论 ………………………………………………………………… (387)
参考文献 …………………………………………………………… (388)

第一篇

总　论

第一章　全球及地方住房挑战

伯特兰·雷纳德，美国霍姆尔·霍伊特研究院；赵丽霞，香港大学；刘志，林肯土地政策研究院、北京大学-林肯研究院城市发展与土地政策研究中心

房价飙升的问题并非仅仅在中国香港引发了深重的担忧，自 2008—2009 年全球金融危机造成经济大衰退以来，房价已经成为世界性的话题，获得的关注也与日俱增。中国内地能否从世界其他住房市场的问题现状及解决方案中汲取经验从而更好地应对自身面临的挑战——正是本书讨论的主题。作为开篇导言，本章将分两部分进行介绍：首先回顾 2009 年经济衰退以来的一系列重大结构性变化，并在翔实分析的基础上阐明这些变化对住房制度日渐增强的影响。之后，将本书讨论的众多国家经验分为三组进行比较分析：① 西方经验（包括澳大利亚、荷兰、北欧各国、英国及美国）；② 除中国外的东亚经验（包括日本、韩国、新加坡等）；③ 中国当下增长转型前的历史经验。本章末尾梳理了国内外住房市场经验的要点，并对其在中国住房政策调整中的借鉴意义加以总结。

1. 2009 年后的住房挑战

1.1　2009 年经济大衰退造成的主要影响

2008 年爆发的全球金融危机冲击了世界绝大多数国家的经济部门，并在 2009 年造成了 20 世纪 30 年代大萧条以来最为严重的全球经济衰退。接连迸发的双重危机重塑了整个世界的经济结构，对大多数国家的住房体系也造成了重大的影响。

这场被当时的美联储主席伯南克(Ben Bernanke)称作“比大萧条有过之而无不及,全球历史上最严重的金融危机”,[①]始作俑者是处在世界金融轴心的欧美银行体系。这些银行体系的规模之庞大,远远超过了它们本应服务的非金融经济体。特别是由于监管缺失或监管不善,创新型的高风险金融产品领域一度野蛮生长(从事此类交易的机构被称作“影子银行”),导致全球金融市场内杠杆水平居高不下、各国银行体系间的资产负债盘根错节,最终积重难返。(Tooze,2018)。

2018 年全球经济已然步入新的分水岭:为首的数家中央银行开始逐渐收回它们在过去 10 年中为支持经济发展而释放的大量货币,利息和通胀水平随之抬升。世界政治环境也发生了深刻变化:各国支持自由市场的共识已在金融经济双重危机下产生动摇。以美国为代表的全球高收入经济体在过去 70 年间一同塑造的全球政策环境在未来或将难以为继。

全球金融危机爆发后的 10 年间,人们对金融市场是否变得更加稳定、能否更加游刃有余地应对未来冲击等问题的观点并不统一(IMF,2018)。然而值得注意的是,根据国际比较研究的数据指标,中国金融体系的风险水平也处于高位。造成这种局面的直接原因就是中国从 2009 年经济大衰退之后一直采取的扶持就业、促进增长的货币政策和财政政策。

中国面临的一大转型挑战即是通过制定新的政策,摆脱过去 10 年(2008—2017 年)的信贷驱动增长模式。而新出台的金融和财政政策必将直接改变地方政府和普通家庭的决策行为,从而对住房市场产生非比寻常的影响。尽管基数较小,近年来中国家庭的债务正快速增长;而高负债水平下抵押贷款价值的下降常常是造成房地产泡沫破裂的直接原因之一(IMF,2017)。[②]

① Bernanke 先生的这句引言来自 2014 年 8 月 22 日向美国联邦索赔法院提交的一份文件,该文件被用于与 2008 年政府救助保险巨头美国国际集团公司有关的一次诉讼中。

② 一批国际专家与中国金融和监管部门联合进行长达两年的分析和评估后,出具了本报告。

1.2　五大结构性变化正在形成一个全新的住房政策环境

在当前瞬息万变的全球环境下，我们很难预测某一特定的住房制度能在多大程度上实现其预期的社会、政治、经济和环境目标。一体化的国际市场使得一国爆发的危机可能波及各国，因此国家层级的住房政策必须兼顾内外挑战。不但如此，由于不同规模城市之间以及城乡之间的住房条件存在显著差异，制定地方层级的住房政策也绝非易事。

为什么加拿大的住房制度就能在2008年全球金融危机期间更好地应对来自各方面的冲击？又是什么原因使得2018年加拿大各大城市的住房条件如此不同？为什么2008年全球金融危机对东亚住房市场造成的负面影响远小于1997年的亚洲金融危机？有些住房制度相比之下能更好地满足民众的需求、促进社会的共融、提升城市的包容性——以新加坡为例，不但住房市场准入门槛低、居民住房可支付能力强，而且房屋的质量亦有所保障，这又是为什么？

我们需要对住房这一经济社会的复杂产物进行分析和管理，其原因有四：第一，住房的耐久性强，其使用年限可达数十年之久；第二，不同住房之间的结构特点和户型设计可能千差万别；第三，其价值不仅取决于房屋本身的特征，还与其所在社区的各种特点息息相关；第四，住房的融资、建设和纳税通常会受到国家和地方政府的广泛监管。

此外，国家或地方的结构性因素也会对住房制度产生不同程度的影响。这是因为在住房制度的形成过程中，各种偶发性的历史事件以及公共和私有部门对内外部冲击的应对可能会在长期造成持续性的影响。因此住房制度会随时间推进发生不可预见且不可逆的动态演化（David，2000）。这种路径依赖包含以下5个维度：

（1）物理层面。源于房屋的长期使用寿命、土地利用规划和其他城市规划形式之间的相互作用。

（2）法律层面。新法律的制定必须考虑到现行法律，特别是关于产权的宪法和法律定义。

（3）制度层面。各项法律、政策和政府规定会影响当地房地产行业及房地产开发的组织形式和竞争能力。

(4) 经济层面。当前的经济状况会促使或阻碍社会不同成员积累其青睐的住房资产。

(5) 社会政治层面。经济适用房和社会保障性住房的政策会受到主流社会政治观点的影响,而这些观点在不同时期可能会迥然不同。

中国现在已经拥有全世界规模最大、价值最高的住房体系,而几十年前计划经济时代的种种结构性安排时至今日仍影响着住房市场的表现和住房政策的设计。譬如 1998 年的国企改制和住房改革,一方面加剧了家庭收入分配不平等的情况,另一方面也促使了大量高净值家庭的产生,进而也推动了以高收入家庭为主的对新房需求的态势。特别是在大型工业城市当中,居住登记制度(即“户口”)限制了从农村迁往城市的低收入群体享受住房和其他城市服务的机会。城乡土地产权的显著差异对城市的空间结构及土地市场的效率产生了重大影响。而 1994 年的政府财政改革更使得各地为保收支平衡,不惜举债也要重金开发土地和房产市场。

除去住房难、住房贵的常见问题,住房政策还需应对 5 项新的结构性变化所带来的挑战。这些在不同程度上影响高收入住房体系的结构性变化正在塑造国家住房的发展路径,不但左右公众对住房表现的判断,亦会改变有效住房政策设计原则。不但如此,这五大结构性变化彼此之间相互作用,其具体情况因国而异且难以量化。

(1) 人口结构性变化与老龄化

人口老龄化这一难以逆转的渐进结构性变化对住房体系的内部组织和外在表现有着深远影响。老龄化的社会通常具有以下三种特征:总体生育率下降、预期寿命延长、各年龄组的生育率和死亡率的差异以及因此在长期形成的婴儿潮/回声潮或回声潮/婴儿潮情况——这种小规模的人口繁荣和衰退在不同时代都曾对住房需求水平和结构产生过直接的影响。

现如今,总体生育率指标低于标准人口替代率 2.1(为维持人口规模不变所需的生育率)的国家越来越多。造成总体生育率下降的重要原因有二:一是不同受教育程度的女性社会经济地位都相对较低；二是经济结构中消费占GDP比例较小，即在一定的人均GDP下生活水平更低而生活成本更高。因此，中国为扩大内需、拉动家庭需求消费而推出的新经济平衡政策可能会对总体生育率产生影响。

多年来，整个东亚社会(中国、日本、韩国和新加坡)人口指标变化的速度和幅度都居全球之首。尽管在新加坡这样的小型城市经济体内，原住人口的结构性变化常常因为大量特定阶层移民的涌入而变得不甚明了，然而美国人口普查局的数据已经表明，东亚地区的总体生育率实属全球最低。当然，人口老龄化这一问题并非东亚独有，德国、意大利等欧洲大国也正经历着快速老龄化的过程：新生儿越来越少、人均寿命越来越长、65岁以上的人口比例迅速增长、劳动力供养非经济活动人口的压力持续上升，对于一人独居房屋的需求也因为家庭规模缩小而有所增加。通过国际移民来改善人口结构的做法则在大多数国家都存在政治上的争议。

从人口统计学的角度来讲，65岁以上人口占比达到7%的社会被定义为“老龄化”；当达到14%以上，就是“老龄”社会了。德国从“老龄化”到“老龄”社会的转变历时40年之久，而目前全球老龄化速度最快的国家日本只用了24年，现在正处于老龄化的韩国甚至有着赶超日本的势头。中国从事经济活动的劳动力的规模自2012年起开始下降，尽管政府试图通过鼓励生育以扭转这种局面，然而城市里高昂的子女生活教育成本却使得新推出的政策效果并不显著。得益于优质的医疗卫生系统和良好的生活方式，日本人的预期寿命是世界第一；因为类似的健康和社会因素，韩国人的平均预期寿命也已超过90岁。另外，全球各国的女性预期寿命普遍高于男性。

与政治经济决策对即时性的强调有所不同，人口变化过程相对缓慢，且呈长期渐进趋势，因此老龄化问题长期以来并未被纳入各国宏观经济分析和管理的考量范畴。对于规模小、内聚力强且眼光长远的社会，或许可以像爱沙尼亚这样因为推行提高女性地位、改善家庭生活条件的政策成功提高总体生育率。否则就会像日本这样，直到出现了非常严峻的人口变化才开始将这一问题考虑进国家政策当中。2018 年日本安倍政府设立了全国性的“百岁人生社会的规划设计理事会”,[①]然而具体采取何种实际行动以改善居民住房及其他生活条件仍旧取决于日本各自治地方政府。

(2) 收入与财富不平等及失业风险的加剧

全球金融危机发生之后,各国政府纷纷选择通过促进储蓄和增加税收来筹集财政资金支援金融机构,很快,经济不平等就成为备受瞩目的政策议题。一些家庭因无力偿还住房抵押贷款而不得不宣告破产,针对它们的救助项目往往既不完善且进展缓慢。根据托马斯·皮凯蒂(Thomas Piketty)的研究,高收入群体占有发达经济体的主要资本,其收入和财富在社会中的占比更是有着不断提高的趋势。皮凯蒂探讨不平等严峻形势的著作《21 世纪资本论》(2014)出人意料地登顶畅销书榜,也折射出公众普遍具有而且日益增长的不满情绪。

收入不平等加剧的主因是劳动力市场结构:一方面,资本密集型的国际化企业普遍具备很高的生产力水平,它们与吸纳了最大比例劳动力、生产力水平低下的众多中小型企业共存;另一方面,2008 年全球金融危机爆发后,短期合同工、兼职工和临时雇员的比例迅速增加,而高收入家庭同时还在持续推动房价上涨,租房和买房对年轻人来说因此变得更加艰难。

财富分配的失衡较之收入分配更加严重。马修·罗格利(Matthew Rognlie)在对皮凯蒂的著作进行后续研究中发现:所有发达经济体 1948 年以来不断攀升的资本额净增长,完全是来自住房资本的增值——因此针对财富不平等的政策必须重点关注住房领域。中国以及其他收入和财富不均现象加剧的国家私有住房市场的实证数据也表明,高净值群体和高收入家庭的需求对 1998—2013 年房市繁荣期间一线城市新房的供应结构起到了决定性的主导作用。

在东亚地区,家庭投资组合一直以住房投资为主,对其他金融资产进行多元化投资则往往受限于公共财政政策。不但如此,由于为大多数收入水平家庭

① 参见《金融时报》(the *Financial Times*)2018 年 8 月 11 日至 12 日社论文章“适应百岁人生的世界”,其中指出了一个重要事实:“今天在西方出生的孩子能活到 105 岁的概率已经超过 50%”。英国泰晤士报(the *Times*)还注意到,伦敦商学院的 L. Gratton 和 A. Scott 于 2016 年出版的《百岁人生》一书引起了巨大反响。

服务的公共和私人养老基金普遍发展得晚或十分有限，一般只有收入前 20% 的家庭才拥有相对多元化的资产组合配置。

2009 年后出现的地产市场的全球化也在一些特定的国际化城市产生了财富效应。出于资产保值和财富增值的目的，高净值家庭大多喜欢选择设施一流、货币稳定、预期回报高和产权安全的“超级城市”进行住房投资。从实际效果上看，此类投资自上而下地大幅推动当地房价，导致当地平均房价与收入比率进一步攀升。以加拿大为例，2018 年其特定城市的房价之高，相较于 2008 年世界众多超级城市也有过之而无不及。中国香港虽然新出台了遏制这类住房投资的税收政策，但公司税务漏洞却大大削弱了其本该发挥的作用。

2008 年金融危机时一度崩盘的住房市场价格，如今多数已经基本恢复。在后危机时代，住房成了各国各年龄段人群财富再分配的主要渠道。纽约联邦储备银行开展的一项研究显示，美国现在有超过 40% 的住房财富集中在 60 岁(含)以上的人手中；而这一比例在金融危机爆发前的 2006 年还不过是 24%。45 岁以下的人现在只拥有 14% 的住房财富，也低于 2006 年的 24%。正如纽约联邦储备银行在一次 2018 年的新闻发布会中所说，“目前，新家庭组建比例和从租房到买房转变的比例都远达不到危机前的水平”(纽约联邦储备银行，2018)。

2008 年金融危机过后，高净值人群主导的住房财富再分配使得住房市场的运转出现了问题。世界各地的住房市场许多看似“生机勃勃”，但实际上空置房数量已经翻倍。另外，尽管住房单元的数量比起家庭的数量可能不但更多，甚或增长更快，但同时仍存在着住房短缺的现象。这是因为住房单元的数量没有显示住房存量的构成(包括房屋位置、质量、大小、房龄、保有时间、交通状况和邻里设施等)，因此并不能很好地反映“供应量”。同样地，家庭总数也不等同于“住房服务”需求的构成和特征。高昂的住房成本不断上涨，就业不确定性越来越高，年轻人成家的比例已经有所下降。合租的情况越来越多，意味着年轻群体对住房空间和住房服务的消费正在减少。

除住房问题外，收入和财富分配不均对整个社会的运转也会造成负面影响。国际货币基金组织基于最优比较数据进行的一项研究(按再分配政策的影响进行调整后)表明，过高的不平等净额水平会使经济增长更不稳定、更难持续。不过奥斯特里(Ostry 等，2014)等人的研究发现，尽管长久以来学界普遍认为平等与效率或公平与增长难以兼得，并没有什么已有的证据能证实这一理论。可是美国等国家富裕的资本拥有者还是在政治辩论中不断重复这种论点，并成功利用此类学说保护自己的特权地位。

从已有证据来看，我们尚不明确不平等会否破坏公共治理，也很难清楚地判断不平等现象的加剧是否会降低公共机构和政策的质量。但是，比斯利和佩尔森(Beesley，Persson，2011)发现的证据表明，不平等会限制公众对社会行动的要求，随着时间推移，国家的行为能力、法律能力、财政能力和提供公共产品的能力(如环境政策)都将被削弱。他们还有证据表明，公民价值观也可能因此不时发生重大转变。

(3) 家庭债务总体水平上升

在 2008 年金融危机发生之前，造成高收入经济体中家庭债务激增有如下五大因素：① 金融自由化和银行贷款管制放松；② 金融创新和信贷标准松绑；③ 借贷成本下降；④ 全球房价上涨；⑤ 收入不平等加剧以及随着房价持续上涨，高收入家庭大量投资住房，而中低收入家庭为了获得住房却不得不扛上高额债务(Hunt，2014)。

令许多国家财政部门感到惊讶的是，在经济危机后长达 10 年的复苏期里，家庭债务水平仍持续攀升。住房贷款通常是构成家庭负债的主要组成部分，一般会占家庭总债务的 80%甚至更高。不过不同国家的情况千差万别，家庭总债务构成可能也不太一样。有些家庭债务可能是小型经营活动产生的抵押债务。在一些社保制度不完善的老龄化国家，老年人为了(暂时)维持生活质量，也可能被迫举债。

由此引发的政策担忧是，由于大多数贷款利率都是可变可调的，家庭负债水平的上升会使家庭对收入变化或利率上涨变得越来越敏感。一旦发生金融冲击，这些家庭的消费和生计的稳定极有可能受到负面影响。尤其是 2018 年以后，各家中央银行调高利率的可能性大为增加，除非推出明确的政策缓解这一问题，否则很可能引发家庭住户的生计难题。

家庭债务总规模和家庭总债务收入比是维护金融稳定的关键因素。家庭债务在不同收入家庭层级间的分配则对维护社会稳定和社会凝聚力至关重要，特别是在收入不平等日益加剧的当下尤为如此。由于收入不平等与老龄化往往相互作用，因此对于贫困老年人占比这一指标也需要进行积极监测并予以妥善解决。在日本、美国等社保程度较低的国家，老年贫困率约为 22%。德国和法国的情况较好，不到 10%；加拿大则接近 5%。然而，韩国的情况比较严重，21 世纪初期 65 岁以上人口生活在贫困线以下的比例高达 45%（OECD，2013）。

（4）GDP 增长放缓的"新常态"

全球经济能否再像 2009 年大衰退前那样实现长时间大规模的高速增长呢？这一问题的答案现在并不确定。在全球经济逐渐从经济金融双重危机中复苏的这 10 年里，各大媒体纷纷讨论起经济增长放缓的"新常态"。作为全球经济增长的三大引擎，美国、欧盟和中国都存在着结构性问题。三方是否具备持续高速增长的能力，还不得而知。

Martin Wolf（2015）指出，全球"新常态"经济增长可能具备 6 个长期特征：总需求疲软、生产力停滞、财政体系脆弱、国家政治不稳、地缘政治紧张，以及各种挑战叠加积重难返。他的这一观点得到了众多证据的支持。由于人口老龄化的压力，西方主要经济体以及日本无论名义还是实际经济增长率都已呈长期下降趋势。当前经济难以实现高速增长的原因在于，劳动生产率必须大幅提升才能弥补劳动力规模萎缩造成的影响，进而重现类似以往的蓬勃发展。

就美国经济而言，某些经济学家坚信即便创新加速也不足以大幅提高生产力并支撑经济恢复到几十年前的增速水平（Gordon，2016）。许多领域里的政策不但短视而且极具破坏性和分裂性，几乎不可能引发内部所需的长期结构改革；此外，美国也几乎没有采取什么行动加强全球合作来支持全球增长。

中国在全球 GDP 中所占的份额自 20 世纪 90 年代后迅速提升，但其在工业化初期的高增长率以及对城市建设的大举投资已成过去。作为一个日益成熟的经济体，中国的城市化进程已越过 50%的拐点，进入了缓慢增长阶段。推动经济高速增长的人口红利日益减少，劳动力规模自 2012 年起已经开始逐渐萎缩。眼下中国正在着眼挖掘内需、寻求各地区和各城市之间的经济再平衡，而再平衡政策则必须考虑如何遏制金融不稳定带来的累积风险。

2009 年全球金融危机后，欧盟由于银行体系改革举步维艰，已然经历了数度缓慢增长的风波。随着欧盟东扩、各成员国间差异性上升，欧盟的决策进程也随之放缓。此外，欧盟一直以来的主要成员国英国深陷脱欧危机，也让英国和欧盟的增长前景变得更为扑朔迷离。

同样的，巴西、土耳其和墨西哥等主要新兴经济体和中东各国的高增长前景也变得愈发不可确定。

(5) 气候变化和对绿色增长的环境约束为城市带来挑战

对人类行为引起气候变化进行的科学模拟，显示气候变化似乎比之前的预期更快，不可逆转的变化临界点也可能在不远的将来出现(Voosen，2018)。鉴于目前经济增长大都由高收入经济体的城市驱动，绿色经济增长和绿色城市的问题不免多有重合。

所有城市面临的核心环境问题都大同小异：能源利用形式、运输和土地利用、节能建筑和更先进的建筑形式以及固体废物、水污染和空气污染的管理协调。然而，由于各自的物理特征、空间组织、现有建筑质量和经济增长基础的环境需求不同，不同城市为降低经济增长所带来的负面环境外部性采取的行动也会迥然不同。

城市自身可以实现很多功能，倚赖集中信息收集和新型通信技术实现智能绿色城市的理念正被广泛讨论。不过，城市还需要上级政府的积极支持来降低长期成本，同时也提高国家环境政策的整体经济效益。但在这一过程中往往存在着官本动力、风险共管、横向各地方政府和城市之间以及纵向各级政府之间的信息共享等壁垒。

2. 国内外积累的住房经验和教训

对每章详述的个体国家和地区进行比较分析，可以方便我们更好地理解国内外住房政策。本书结尾篇章还会将这些个体的住房经验与国际研究发现和住房政策经验进行对比，这也是本书初心所在。

2.1　西方经验

凭借半个世纪以来不断完善的分析工具，我们如今能够更好地评估国家级别或者地方层面的住房市场表现以及住房政策质量。然而数据的覆盖范围颗粒度、可比性、及时性和一致性都依旧很难保证，获得真实可靠的同一国家各大城市多年间住房数据依旧绝非易事，跨国数据的获取和对比则更是难上加难。所幸随着“智慧城市”等信息技术渐渐走出实验室投入商业用途，正在进行信息技术快速升级的国家的数据收集情况已经有所好转。

在第二章“用技术驯服房地产泡沫”当中，爱德华·格雷瑟(Edward Glaeser)颇具前瞻性地讨论了如何应用新信息技术以稳定美国城市房价、避免房产市场泡沫。他列举了促进房价自动化评估的一系列新技术机会，阐述了房地产评估集中化带来的稳定效果，还有家庭、地方政府财政和贷方信用风险管理能够从中获得的益处。

西方各国住房制度的体制安排、需求特征和供应结构纷繁多样，尽管我们用了三章(第二章～第四章)的篇幅对其进行讨论，仍然不足以展示西方住房体制的全貌。单从租房人和房屋自住者之间不同的租买方式选择这样一个指标，就可见各国之间的迥然差异。因此，这三章对北欧各国、荷兰、英国和澳大利亚住房的讨论更像是在提醒读者：西方国家住房制度是何等多样性。另外，这三章所重点关注的住房制度的维度也有所不同。

北欧在二战后因其新颖的福利模式闻名于世，全面的福利和服务弥补了竞争激烈、追求高效的资本主义生产体系的缺陷。高额累进税让收入不平等的情况很少出现，也成为这种全面福利制度的重要资金来源。然而，丹麦、芬兰、冰岛、挪威和瑞典这5个北欧国家后来却又与理想的北欧模式出现偏差，甚至在

2009 年全球金融危机后与之渐行渐远。

这些国家虽然有着相似的福利水平，但其住房政策却不尽相同。尽管如此，第三章“关于住房政策发展的思考”中，汉努·鲁纳瓦拉（Hannu Ruonavaara）援引的北欧比较研究发现，这 5 个国家的住房制度都经历了 4 个可以类比的历史发展阶段，即引入开始阶段、建设阶段、管理阶段、公共裁员/私有化阶段，并以芬兰为例对这 4 个阶段进行了详细介绍。公共紧缩显然不是住房政策历史的终结点，接下来还会发生什么呢？

作为唯一一个在人口密度上可与东亚各国相提并论的西方国家（约 500 人/平方千米），[①]荷兰的案例对中国而言极具借鉴意义。其城市的运转接近超级大都市的模式，许多人跨城市（而不是在城市内部）通勤；土地租金与房价的空间动态也和中国 19 个特大城市有可比性。在第四章“荷兰的房价、地租和集聚效益”中，科恩·N. 图林斯（Coen N. Teulings）重点介绍了整个荷兰不同时期住宅房地产的土地租金水平和发展动态。

荷兰的数据库囊括了 1985—2013 年其全国范围内百万条的房价交易数据。这些数据显示，在荷兰这样一个人口稠密而国土面积并不算大的国家，不同地区的土地租金依然相差甚远：阿姆斯特丹运河区土地租金高达 3500 欧元/平方米，而东北部与德国接壤的地区只需 17 欧元。这些价格差异中的 77%能通过回归分析进行解释，集聚效益为荷兰 GDP 所做的贡献占到了 3%。在人口增长仍持续强劲地区，现有的空地仍然颇具开发价值。第四章从私营和公共两个角度探讨了荷兰新住宅房地产的建设原则。

世界各国的土地利用和城市规划都受到私人活动的公共溢出效应的影响，这一现象被经济学家称为“市场失灵”。不过，当城市规划未能实现既定目标或效率、增长、选择、环境可持续性等广泛目标时，背后的原因也许是“政府失灵”（Bramley，Bartlett 和 Lambert，1995）。由于“政府失灵”使得住房政策引发意料之外的后果从古至今都时有发生，我们之所以进行住房政策的对比研究，就

① 一批国际专家与中国金融和监管部门联合进行长达两年的分析和评估后，出具了本报告。

是希望能更清楚地了解、理解并预见这种“失灵”。伴随着快速的城市扩张进程,世界各地的城乡接合部(城乡土地间有机形成的或人为划定的物理边界)都正在经历重大变化,城市边缘自然和半自然土地风貌纷纷转化成形态各异的人工建设环境。为了遏制城市的无序蔓延扩张,越来越多的地区将城乡接合部列为环境和景观保护措施及规划法规关注的重点。

世界各国在发展用地可获得性以及住房、工业和服务用地需求等方面也存在差异。在第五章“绿化带、边缘地带和城市蔓延”中,盖伊·M. 罗宾逊(Guy M. Robinson)聚焦于英国和澳大利亚城郊边缘地区日益突出的土地和住房压力,并以英国的绿化带政策为起点,总结了城市边缘地区的最新发展动态。他特别指出了最近出现的“边缘土地”的现象:人们不得不在之前并未规划开发的土地上超量建设越来越多的房屋,导致土地利用杂乱无章。

罗宾逊还介绍了英国拥有70年历史的绿化带系统,并谈及了最近试图“松绑”绿化带的土地规划新举措。绿化带系统的实施是为了严格明确地区分城市和农村的用地规划,突出城乡之间的交界地带,限制城市在其边缘范围的膨胀。即使在像澳大利亚这样公认的土地资源丰富的国家,人们也开始担心住房开发挤占优质农田。越来越多的游说团体主张环保优先,认为经济增长应通过城市密集化实现,而不应依赖于更多远离城市中心的离散式开发。

在介绍这一现行国际土地利用经验后,罗宾逊继而讨论了中国建造大量“新城”及建立中国版绿化带系统的可能影响。同时他也提到了中国特有的情况,包括农地保护问题,地方政府在鼓励城市发展过程中扮演的角色,以及城乡接合部缺乏与用地区划相关的严格执法,等等。

2.2　东亚住房经验①

中国、日本、韩国和新加坡等东亚经济体有着与西方经济体不同的社会文化特征:悠久的中华传统对公私体制以及行为规范都产生了深远而持久的影响(包括高水平的人力资本);农村人口密度和全国人口密度双高;“发展型国家”的理念都在其经济腾飞的几十年间的政策制定和实施中发挥了关键的作用

① 这一部分的比较要素均引自 Renaud,Kim 和 Cho(2016)。

(Wade,2004)。今天,在全球190多个国家中,包括中国在内的这几个东亚经济体所创造的住房产值占据世界住房产值的三分之一还多。

东亚住房体系的特点之一是政府干预程度远比西方要高,主要体现在用地监管、住房建设、地产开发流程和住房融资这4个关键领域。长期以来,东亚住房政策都非常关注房屋所有权,只有中国台湾采取了基于市场的不干预政策。但显而易见的是,这些经济体的住房制度也绝非完全相同。由于存在路径依赖,形成于经济腾飞、高速城市化时期的住房制度,在几十年后的今天仍然显示出这些地区各自体制的印记。

住房与经济间的双向互动对这些拥有庞大住房体系的东亚经济体的稳定性至关重要。有证据表明,东亚住房市场周期的持续时间和深度都与西方有着很大差别(Renaud,Kim 和 Cho,2016)。这一地区的房市定价效率明显更高,房产繁荣的持续时间因此较短,回归长期价格趋势的速度也就更快。

1997—1998年亚洲金融危机期间,东亚住房制度都曾遭遇过猛烈冲击。从中吸取教训后,东亚经济体迅速成为宏观审慎政策领域的先行者,长期保持着经常账户盈余。这些宏观审慎政策还成功地抑制了东亚住房市场在2008—2009年全球双重危机后的反应,与美国、西班牙和爱尔兰所遭受的破坏性影响相比较而言,东亚房市顺周期的低迷不仅持续时间短,程度也不深。相较于1997—1998年的亚洲金融危机时期,东亚地区的房价变动联动性在全球金融危机期间似乎有所升高。这一现象可能反映了金融市场全球化导致的连通渠道增多,以及整个亚洲地区贸易和供应链更进一步的融合。

受到老龄化、家庭空间偏好改变、经济增长放缓、环境约束增加以及城市新社会经济制度等因素的相互作用,日本率先迈入了新住房时代,其房产市场的发展也因此格外令人关注。除了需要应对上述挑战外,日本还曾在1991年经历了史上最严重的金融危机,当年房市大泡沫下的房价崩盘使得日本经济在此后的20多年间深陷长期通货紧缩周期,一直徘徊不前。

大泉荣治(Eiji Oizumi)在第六章"日本大都市的土地和住房市场动态及住房政策"中分析了后泡沫时代日本大都市在土地、房市及社会住房动态方面的重大变化。他首先概述了20世纪90年代到21世纪10年代中期日本经济的主要发展及对城市的直接影响，随后又从理论和实证两方面解释了日本城市住房独特的社会经济动态和空间关系。他所提供的条理分明的最新证据印证了日本住房市场的问题，也解释了房市中泡沫形成、破灭以及此后经济长期停滞的原因。1991年房地产泡沫破灭后，各地方的土地政策和城市规划都经历了大量放松管制和去中心化的过程。

令大泉荣治担忧的是，日本各城市日渐突出的住房分化趋势，还有部分细分市场持续增长而其他细分市场停滞不前将导致空间差别日益扩大，因此使得存量住房内部质量差距悬殊，尤其是出租房存量普遍质量低劣。集约型的社会住房政策可以解决这些差异，也有助于社会更有效地回收优质住房存量——不过这种政策能否真正实施还取决于中央政府是否有足够财力来恢复社会住房补贴。

在第七章“韩国住房市场动态和政府角色”中，河晟奎（Seong-Kyu Ha）从历史和城市规划的视角回顾了韩国在工业化和城市化速度最快的50年中经历的住房制度演变和转型。围绕中央政府房价管控这一主题，他对不同时期韩国不同城市住房公平性的演变进行了讨论。

在河晟奎介绍的历史概况基础上，文卓、金庆焕、朴秀珍（Man Cho、Kyung-Hwan Kim、Soojin Park）和承东佑（Seung Dong You）所撰写的第八章“韩国的土地和住房供应体系演化、评估和经验”，信息翔实地阐述了20世纪60年代以来韩国住房制度演变背后的力量以及住房制度的运行机制。他们聚焦于韩国住房制度中那些影响土地供应、基础设施开发建设、融资机制以及需求侧房屋分配的重要机构建设因素和显著特征，为我们展示了整个韩国住房体系是怎样确立其雏形，以及此后又经历怎样4个阶段的演变过程。

韩国住房机制演变的第一阶段是20世纪60年代早期到80年代中期。

第二阶段则相对较短，始于20世纪80年代中期的住房供应大规模扩增，结束于1997—1998年的亚洲金融危机，韩国的家庭数量与住房单元数量正是在这个阶段达到了总体平衡。当时的建筑公司普遍采用预售合同的方式为自己的建设项目融资，直到第二阶段的后半阶段(1993 年)，韩国才有保护普通家庭免受合同履行失败风险的计划推出。作为 1997—1998 年亚洲金融危机期间受冲击最严重的 4 个亚洲国家之一，[①]与泰国和印度尼西亚不同，韩国的住房和房地产行业并没有受到危机的直接影响，但是住房供应和价格先是都急剧收缩，此后又经历了快速的"V"形复苏。

1997—1998 年亚洲金融危机和 2008—2009 年全球金融危机之间的 10 年是韩国金融自由化和房地产管制放松的第三阶段。现有住房制度的风险性质及其所有组成部分的稳定性已经发生变化，文卓等人指出了现有住房机构应如何适应当前由市场需求驱动的住房制度。

最后，韩国住房制度的第四阶段，始于 2008—2009 年全球金融危机。这场危机对韩国住房数量的影响很小，持续时间也不长。

与其他国家息息相关的一件大事，是 2009 年后的五大结构性变化大大地改变了韩国家庭对投资住房的期望，因而也改变了住房需求的构成，同时也导致大家越来越少使用传贳(chonsei)[②]合同——韩国独有的、在社会上广为使用的一种租赁形式。除了韩国住房制度的演变外，文卓等人还提供了一些绩效指标，用以追踪 50 年间住房制度演变过程，以及简要评估现已成熟的这一制度的公平程度与效率水平。

过去 50 年间在住房政策上取得了巨大成功的新加坡现如今已然成为国际住房政策比较研究中重点讨论和学习的对象。然而在 1965 年 8 月突然被迫脱离马来西亚联邦(新加坡曾是成员国之一)成为没有自然腹地的独立国家时，没人可以预见新加坡日后能够取得的成功。彼时，新加坡的后殖民经济状况混乱不堪，马来人、华人、印度人和其他民族间的关系也到了剑拔弩张的状态。在这样脆弱而严峻的形势下，1959 年才开始执政的年轻政府得出重要的战略结论：只有使人人有房可住，民众才会以社会经济成功为己任，新加坡才有发展的可

① 了解更多关于韩国和其他亚洲国家或地区如何度过亚洲金融危机的精彩内容，请参见 Sheng(2009)。

② 编者注：传贳，向房东一次性交付大笔押金不用再付租金，房东可用这笔押金进行投资来谋利，租期结束之后需全部返还。

能。就这样，新加坡成了唯一一个从最开始就全面积极地将住房纳入整体发展战略的东亚国家。到如今，正如潘淑莹(Sock Yong Phang)描述的一样，“总人口560万人，占地面积720平方千米的全球化的多民族城市国家新加坡，成功地建立起了居民保障性住房的框架，实现了高达91%的住房自有率”(Phang，2018)。

在第九章“通过住房政策建设平等和包容的城市”中，潘淑莹首先回顾了二战后的一系列经济思辨及收入与财富不平等加剧的证据，用空间信息详尽的最新定量比较数据展示了新加坡城市的公平性和包容性。之后她介绍了一些对新加坡住房体系的发展和表现起到关键作用的相互关联的住房政策。新加坡有着全世界最好、最平等的住房财富分配体系，拥有住房财富最少的那40%新加坡公民在总住房财富中的占比是其他经济合作与发展组织国家同一指标的5倍。然而，任何社会经济系统都不是静止不变的，新加坡也未能逃脱2009年全球金融危机后的诸多压力。在第九章末尾，潘淑莹介绍了眼下新加坡国内关于社会保护主义的辩论。

接下来将眼光转向国内。中国台湾地区的例子有力地证明了几十年来仅仅着眼于房屋所有权的住房政策会导致怎样意料之外的后果和高昂的社会经济成本。相反，国际经验中的那些住房更关注住房服务的消费、在房屋所有权问题上不偏不倚的政策则往往能够避免这些问题。这说明住房政策的设计和实施应当从公民家庭的利益出发，而非倾向于让房地产行业公司受益。

在第十章中，彭建文(Chien-Wen Peng)、谢伯明(Bor-Ming Hsieh)和张振宇(Chin-Oh Chang)以“台湾地区的房价、住宅流动性和住宅政策”为题，为我们介绍了台湾地区住房体系的最新情况。台湾地区有着整个东亚地区最为彻底的市场导向型住房制度，20世纪70年代以来，在东亚所有经济体中只有它的四次住房市场周期真正完全由需求驱动。在台湾经济增长腾飞的时期，住房并不是其优先发展的重点对象(Chang和Chen，2012)。与其他东亚经济体不同，台湾将亨利·乔治的土地税收原则奉为圭臬，任何的法律条例和监管行为都被限制在基于其制定的框架之中，政府对房市的干预因此非常有限。不过，也正是因为对这些土地税收原则深信不疑，台湾在20世纪60年代免除了对住宅房产征税，这个在当时看上去不会造成什么大问题的决策却出人意料地导致了现如今不容小觑的后果。

彭建文等人认为，台湾以前青睐房屋购买的政策和间接补贴计划，没有区分自住买房和投资炒房，因而造成了众多不合理的现象，例如：高房价收入比，高房屋所有权比例(80%以上)，高房屋空置率(20%以上)，还有剩余租赁市场规模极小且质量堪忧的问题。2009 年全球金融危机后的房价飙升在台湾导致了住房可支付性的严峻困境，居民生活质量因此下降，住房流动性也降低了不少。

与其他地区的情况一样，台湾的年轻人成为房市的主要购买力，住房分化趋势也正在不断加强；为了提高买房的可能性，许多家庭被迫降低住房标准——这些正是台湾民众对住房市场改革表现出强烈诉求的原因。过去 20 年来，台湾当局一直将房地产业视为经济增长的主导产业，许多房地产开发商都是执政党的重要资助人，因此他们有能力影响政府的住房政策和战略，并从中获取巨额利润。而政府在住房政策改革方面不仅行动迟缓，做出的努力也十分有限。针对这种情况，Peng 等人建议：政府应加快城市更新计划的实施，增加社会住房的单元数量，保障出租房市场，改革房地产税收、房地产产业管理和房地产金融，早日实现台湾"人人住上体面房"的政策目标。

在城市土地供应与非住宅用地的实际偏好、寡头垄断的房地产行业行为、住房政策满足收入排名末尾 40%人群需求的能力，特别是年轻群体的需求等领域，中国香港特区的二元住房机制对中国内地一、二线城市而言很有借鉴意义。不但如此，香港住房数据记录的翔实程度也居世界先列，许多具体的细节问题因此都有据可循。香港住房体系的二元化可以从 2016 年的人口普查结果中一窥端倪，46%的人口住在公共住房里(其中公租房占 31%，有补贴的自住房占 15%)，剩下 54%的人口则住在私有住房里(租房占比 21%，自住屋 33%)。

在第十一章"香港特别行政区二元住房体制面临的挑战"中，赵丽霞(Rebecca L. H. Chiu)分析了香港住房制度所面临的与日俱增的压力。受 2009

年全球金融危机影响，全球许多城市都出现了住房分化的现象，但香港特区的分化趋势尤其严重且越发明显。赵丽霞探讨了香港二元住房制度管理面临的“显性”与“隐性”挑战。2008—2009 年全球金融危机后，香港高居全球之首的房价令人难以负担，年轻一代对住房的消费标准也随之下降。“显性挑战”指的是在二元体系下，想要通过公共政策维持六大主要住房层级间最低水平的住房流动性颇为艰难。

“隐性挑战”是指导致房价过高和供给不足的非住房结构因素。其中可能最重要，但最不常被讨论的一点是香港特区政府与寡头垄断的房地产业之间不谋而合，都有动机维持较高的住房价格。另一个关键的系统性偏差是 1983 年港元与美元挂钩后，香港的本地利率取决于美联储的政策，根本无法根据自身经济的周期状况进行利率调整。2009 年全球金融危机后，美联储的零利率政策完全不符合香港蓬勃发展的经济状况，最终推动房价一再上涨。

赵丽霞选择了地理位置相近的深圳作为内地代表性城市与香港特区进行对比，两座城市用于抑制房价上涨的各项政策工具都在她的研究中得到了细致的比照。在对香港和内地一线城市住房制度的异同进行全面对比时，必须考虑很多结构性影响因素：土地供应的结构和动态(非住宅用地往往受到青睐)；寡头垄断的本地房产结构；借“自由市场”的名义，香港银行与居民家庭之间的金融风险分配不对称；波动的住房市场下频繁交替进行的“冷热”干预；香港与内地城市的社会住房政策的对照；两地政府对于依赖“土地财政”的矛盾心态；房产投资之外，还有因缺乏其他替代性的投资产品造成的负面影响。无论是在香港特区还是中国内地的其他城市，以上大部分因素都在强化着城市住房分化的趋势。

经济发展与城市发展互为促进、密不可分。自 1978 年邓小平提出具有历史意义的改革开放政策以来，40 多年间中国经历了翻天覆地的变化：人均收入达到中等收入国家水平，经济体量直追美国。在迈向高收入经济体的征途当中，中国的增长转型极为关键同时也隐含风险。想要成功跨越这一发展阶段对大多数新兴国家来说都绝非易事，因此这一阶段也被许多发展经济学家称为

“中等收入陷阱”。

世界上好多国家或地区都曾通过数十载的快速发展成功从低收入经济体迈入中等收入国家或地区行列，此后却纷纷陷入增长转型失败的困境。这种现象背后的原因乃是转型期的国家需要对过往的政治经济模式和做法进行重大调整，因此国家是否具备政治能力来采纳并持续推进体制和经济改革、保障高收入和先进发展就变得至关重要。如果缺乏这种政治能力，在过去几十年间曾发挥关键性积极作用的利益集团，出于担心自身经济地位在变革中受到损害，就可能跳出来反对不可或缺的改革。中东地区中等收入的土耳其、伊朗或沙特阿拉伯，拉丁美洲的阿根廷、巴西和墨西哥，东南亚的马来西亚和泰国都曾经历过类似的政治困境。而二战后东亚地区的日本、韩国、新加坡等，是迄今唯一一批跨过中等收入陷阱而转型成高等收入经济体的社会[国际增长委员会(International Growth Commission)，2008]。

很多原因会使中国经济增长在转型期间有所放缓：第一，中国经济正在寻求摆脱投资、出口推动型增长，转而更多地依靠拉动内需来实现再平衡。第二，中国城市化水平在 2011 年超过 50%的城市化率、达到拐点，基础设施投资逐渐放缓，城市增长速度也随之放缓。第三个因素是过去 10 年信贷驱动的增长导致债务与 GDP 比率过高，目前迫切需要稳定金融体系，降低金融危机发生的风险。本书提到的影响住房制度的五大结构性变化也不容忽视。

考虑到转型期间经济增长放缓和环境压力剧增的可能，中国住房政策必须想办法从过去 10 年的发展模式中抽离出来，通过全面的调整以完成由量到质的转变，从经济效率、空间可得性、社会包容性和环境可持续性等方面综合提升住房产出质量。除此以外，住房政策还应当扭转或至少修正住房作为财富再分配的渠道继续为最富裕家庭添砖加瓦的局面。那么国际经验是否可以为上述政策调整领域提供借鉴呢？

刘志和刘颜在第十二章“中国大陆(内地)城市住房市场的挑战”中指出，虽然中国以增长为导向的住房政策大幅改善了大多数城市人口的住房条件，但也造成了一系列意想不到的经济、财政和社会后果。短期来看，为农民工家庭和新家庭提供住房仍是中国住房体系面临的主要挑战。当形成房地产大繁荣“黄金时代”的基础条件逐渐消失时，中国急需制定新的住房政策框架，将住房行业的发展重新带回到健康、可持续、能够快速响应需求的轨道上来。

第十二章提供了更多的具体信息。经过一系列的住房改革行动后，中国决定在 1998 年完成城市住房供给的市场转型。紧接着在 2003 年，政府推出的新经济政策将房地产业确定为国民经济的支柱产业之一，因此推动了住房市场的快速发展，直接导致 2004—2013 年房价大幅上涨。基于清华大学国家房价指数的研究，2006 年第一季度至 2010 年年末，各大城市的房价年度实际增长率高达 17%（Wu，Deng 和 Liu，2011）。在经济腾飞时期，中国的城市化与经济增长一齐达到峰值，这一“GDP 与城市化之间的紧密关系”在其他许多国家和地区也得到了证实，但目前尚未明确两者之间“何为因，何为果”（Duranton，2014）。

尽管发展最为活跃的大城市依然保持着对住房的强劲需求，房屋价格也持续上涨，但是在其他大部分城市里，人们对住房的需求已开始降温。不但如此，即使是在迅猛发展的大城市里，房价暴涨拉大了有房族和无房族之间的财富差距。第十二章分析了导致房市“黄金时代”大繁荣的一些关键因素，包括经济政策、土地政策、城市财政和保障性住房计划等。

为加深读者对中国住房的总体了解，王亚平在第十三章“中国大陆（内地）的人口迁移和城市住房市场动态”中提供了一个新的维度，强调了分析县级住房市场对充分了解中国住房体系的重要性。这一章特别关注了住房市场的动态以及人口流动对中国城市住房制度底层——县城的影响，这个级别的市场关系一般都较为简单，迁移形式也易于识别。基于对小城镇地方市场的研究分析，王亚平还讨论了市级以上住宅市场动态的一般特征，并指出了中国住房市场不同级别之间关联的重要性以及住房市场与人口迁移间的关系。这一章的第一部分简要回顾了中国城市住房市场的发展，重点介绍了政府管控下出现的新房建设和价格上涨的数个短周期。接着，作者以陕西省某县为案例，基于研究人员的多次实地考察、对住房开发进度的持续监测以及居民官员和开发商的访谈内容，分析了当地商品房的发展动态和市场状况。之后在这些发现的基础上对中国人口的各种流动模式及对城市住房市场的影响进行了探讨。

尽管住房市场波动和价格上涨是个世界性的问题，中国的城市住房市场仍显示出一些独有的特征。如前所述，中国住房市场的历史不长，是20世纪80年代末90年代初推出的一系列住房改革政策才将社会福利分房制度转向商业化。而且中国城市住房市场自从形成之后一直波动不断，一阶段建设猛增之后往往跟着的是又一阶段的增速放缓。这些时间短、程度浅的周期性调整的背后，正是过去一些年在“调控”和“救市”间频繁切换的政策制定者。一旦市场扶持政策在某年实施，就可能房市过热，由此一来国家又不得不颁布调控政策，然后就会导致价格增速放缓，房产开发活动和投资也随之减少。在韩国，分析人员将政府在房地产市场进行的类似干预称之为“冷/热水澡”住房政策。

尽管政府不断交替地推出上述调控和扶持政策，房价却依然持续上涨，最富裕的那些城市居民快速地积累起住房（和其他）资产。21世纪10年代，随着主要城市的商品房价格一涨再涨，北京、上海、深圳等中国一线城市已跻身全球住房最贵城市的行列（相对于收入而言）。与此同时，中国城市住房市场的发展与许多专家的预测不尽相同，而房价飙升在许多城市累积的问题愈发严重。亚洲金融危机期间，中国也没有像泰国、印度尼西亚、马来西亚和韩国（有些是危机触发点，有些是受影响的受害者）那样出现房市崩盘的情况。

过去一些年中国许多大城市的房价都快速上涨，但我们对推动价格上涨的原因又了解多少呢？房价主要是受到家庭需求因素的驱动，还是受住房供应结构的驱动，特别是土地供应这一块的影响呢？公众和学界对此的看法并不一致。部分观察者将价格上涨归因于强劲的住房需求，但也有另一些人认为政府对城市土地供给的垄断才是关键所在——这些问题在第十四章“中国大陆（内地）住房用地供应与房价——基于大城市的实证分析”中得到了高辉娜、刘志和龙越的重点关注。利用2000—2015年繁荣时期31座大城市的面板数据，几位作者分析了住宅用地供应对房价的影响以及土地供应对房价的影响机制。结果表明，样本城市的住房价格上涨不仅来自激增的强劲需求，也来自住宅用地供应的减少。他们还发现,住宅用地供应减少对房价上涨的影响,主要是因为住宅用地价格的上涨和公众对未来房价上涨的预期,而非新增住房数量的减少。

2.3　国内外经验在改善中国住房政策中的价值和用途

中国住房政策必须适应全新的、不乏风险的"增长转型"环境。在第十五章"对中国住房改革的建议"中，爱德华·格雷瑟、赵丽霞、刘志和伯特兰·雷纳德总结梳理了过去40多年国际积累的住房政策领域的经验和教训,并且探讨了这些经验教训对改善中国当前住房政策的价值。[①] 这一章节对于希望改善住房经济社会效益的政策制定者以及其他感兴趣于设计和实施新房政策的人而言至关重要。

针对政策制定者,这一章节指出了用于诊断国家或地方住房制度及制定住房政策的四大核心原则:优先考虑住房消费而非资产所有权,促进广泛的住房可负担能力,始终同时考虑住房结构及其所在地理位置,还有促进产权中立性和稳健的租赁市场。另外,住房政策必须解决三个效率问题:资源利用效率,补贴效率(需求侧与供应侧)以及土地利用规定的效率。一套运行良好的住房制度还应具备如下四个基础:产权统一,规则透明,规划均衡有包容性以及自由的市场准入与竞争。这里总结的内容来自国际经验的综合,但还需强调的是,这个"路线图"并非万能方针,并不是其中的所有观点在所有住房背景下都适合。

第十五章的第二部分着重介绍了中国在当前增长转型期间需要考虑的政策行动,并根据实施难度,将其划分为两组。难度较低的制度性改革包括建立通用的财产登记和地籍制度、实施可通过互联网访问的区划和许可流程、借鉴关于联合所有权结构的国际最佳实践,以及改进用于需求侧补贴的信息系统。比较困难的制度性改革包括整合城乡土地所有权制、改革公有地产开发的相关制度、打破地方监管壁垒、降低地方住房供应的波动性,以及改变地方政府的财

---

① 第十五章包含了2016年5月国际城市大会后在香港举办的政策工作坊的研讨内容。

政结构，消除土地财政。而在城市规划的改革方面，较难实施的改革包括对城市长期变革进行规划、考虑采用其他的基础设施供应机制以及管理城乡土地融合过程。必要的住房金融改革则包括银行（贷方）采用动态房产价格评估来管理旗下资产，以及为居民退休储蓄提供除房地产之外更好的替代方案。

参考文献

Beesley T and Persson T (2011). Pillars of Prosperity: The Political Economy of Development Clusters. Princeton, NJ: Princeton University Press.

Bramley G, Bartlett, W, and Lambert C (1995). Planning the Market and Private Housebuilding. London, U. K. : University College Press.

Chang C and Chen M (2012). Taiwan : Housing Bubbles and Affordability. In A. Bardhan, R. H. M. Edelstein, and C. A. Kroll (Eds.). Global Housing Markets: Crises, Policies, and Institutions, Kolb Series in Finance: Essential Perspectives. Hoboken, New Jersey: John Wiley & Sons, Inc.

David P(2000). Path Dependence, its Critics and the Quest for 'Historical Economics'. Keynote address to the European Association for Evolutionary Political Economy, Athens, 1997, rev. In P. Garrouste and S. Ioannides (Eds.). Evolution and Path Dependence in Economic Ideas: Past and Present. Cheltenham, U. K. : Edward Elgar.

Duranton G (2014). The Urbanization and Development Puzzle. In Shahid Yusuf (Ed.). The Buzz in Cities: New Economic Thinking. Washington D. C. : The Growth Dialogue. www. growthdialogue. org

Duranton G (2014). The Urbanization and Development Puzzle. In Shahid Yusuf (Ed.). The Buzz in Cities: New Economic Thinking. Washington D. C. : The Growth Dialogue. www. growthdialogue. org

Federal Reserve Bank of New York (2018). Press Briefing on Homeownership and Housing Wealth, May 17, 2018, www. newyorkfed. org/press/pressbriefings/homeownership-and-housing-wealth.

Gordon R J (2012). Is U. S. Economic Growth Over? Faltering Innovation Confronts the Six Headwinds. Working Paper 18315. Cambridge, MA: National Bureau of Economic Research.

Gordon R J (2016). The Rise and Fall of American Growth: The U. S. Standard of Living Since the Civil War. Princeton, NJ: Princeton University Press.

Hunt C (2014). Household Debt: A Cross-Country Perspective. Reserve Bank of New Zealand Bulleting, 77(4): 1-13.

International Growth Commission (2008). The Growth Report: Strategies for Sustained Growth and Inclusive Development (also known as the Spence Report). Washington D. C. : World Bank.

International Monetary Fund (2018). Global Financial Stability Report April 2018: A Bumpy Road Ahead, www. imf. org/en/Publications/GFSR/Issues/2018/04/02/Global-Financial-Stability-Report-April-2018.

International Monetary Fund (2017). People's Republic of China. Financial System Stability Assessment. IMF Country Report No. 17/358.

Jones R S and Urasawa S (2014). Reducing Income Inequality and Promoting Social Stability in Korea. OECD Economics Department Working Paper 1153.

OECD (2013). Getting Older, Getting Poorer. OECD Factbook. Paris, France: OECD: 264-265.

Ostry J, Berg A and Tsarangides C G (2014). Redistribution, Inequality and Growth. IMF Staff Discussion Note. Washington, D. C. : International Monetary Fund.

Phang S-Y (2018). Policy Innovations for Affordable Housing in Singapore: From Colony to Global City. New York, NY: Palgrave-Macmillan.

Piketty T (2014). Capital in the 21st Century. Cambridge, MA: Belknap Press.

Renaud B, Kim K and Cho M (2016). The Dynamics of Housing in East Asia. Oxford, U. K. : Wiley-Blackwell.

Rodrik D, Subramanian A and Trebbi F (2002). Institutions Rules: The Primacy of Institutions over Geography and Integration in Economic Development. IMF Working Paper WP/02/189, www. imf. org/external/pubs/ft/wp/2002/wp02189. pdf

Rognlie M (2015). Deciphering the Fall and Rise in the Net Capital Share: Accumulation or Scarcity? Brookings Papers on Economic Activity, 46 (1): 1-69.

Sheng A (2009). From Asian to Global Financial Crisis. Cambridge, U. K. : Cambridge University Press.

Tooze A (2018). Crashed: How a Decade of Financial Crises Changed the World. London, U. K. : Allen Lane.

Voosen P(2018). The Earth Machine, Science, 361(6400): 344-347.

Wade R (2004). Governing the Market. Economic Theory and the Role of Government in East Asian Industrialization, 2nd ed. Princeton, NJ: Princeton University Press.

Wolf M (2015). Chronic Economic and Political Ills Defy Easy Cure, Financial Times, January 21.

Wu J, Deng Y and Liu H (2011). Housing Price Index Construction in a Nascent Housing Market: The Case of China. IRES Working Paper IRES-2011-047, National University of Singapore.

第二篇

国际住房市场经验

第二章　用技术驯服房地产泡沫
——以美国为例

爱德华·格雷瑟[*]，哈佛大学

1. 引言

1998年至2011年美国房地产市场经历的巨大动荡先是创造了财富、然后又摧毁了财富，留下了许多身陷金融危机的家庭。联邦住房金融局（Federal Housing Finance Agency）的数据显示，美国房地产市场的实际价格在1998—2006年增长了48%，在2007—2012年又下降了28%。然而汇总的统计数据或许并没有完全反映各大城市内部更极端的波动：拉斯维加斯的实际房价一度在2002—2006年上涨了78%，而在2006—2012年又下降了67%。

关于中国的统计数据，根据Fang发表的论文，2003—2013年，中国一线城市的实际房价年均增长率达到了令人惊叹的13.1%，即使是三线城市的年均增长率在同一时期也达到了7.9%。而官方统计数据显示的增长通常较为温和，经济合作与发展组织（经合组织）的数据更是表明2010年以来中国的实际房价基本保持稳定。然而即便是最保守的数据也显示中国房价从2000年至今经历了叹为观止的增长，甚至部分分析人士因此断言，中国房市是个巨大的泡沫，终有一天将会破裂。

中国是否会像这些专家预测的那样，在近期经历重大房价变化——本章对

---

* 作者感谢陶伯曼国家和地方政府中心（Taubman Center for State and Local Government）提供的财政支持。本文的部分内容反映了Nikhil Naik、Yueran Ma（音译）和Andrei Shleifer正在进行的研究。

于这一问题保持中立。一般而言,繁荣之后往往有萧条紧随而来,但中国在住房增长的同时也经历了收入的惊人增长,再加上中国房地产市场独特的制度特征,价格调整也可能以软着陆而非硬崩盘的形式出现。尽管如此,出于对公共管理的审慎态度,我们依然需要推进改革以降低未来房地产市场的动荡风险并对其可能造成的损害防患于未然。

美国房价波动的原因在房市崩溃之后成了学界研究的热门议题。一些学者将其归咎于次级贷款的增加(Mian 和 Sufi,2009),而其他人则认为外推观点(Glaeser 和 Nathanson,2015)才是价格不稳的主因。两方人马各执己见,在近期内似乎不太可能达成什么共识。然而,正如许多作者所强调的那样,即使我们不知道冰山的位置,也可以通过多备救生艇来提高远洋航行的安全性。同样,未能完全了解住房泡沫产生的原因,并不妨碍我们通过住房政策提高经济安全性。

本章重点介绍了技术进步带来的估价方法创新,以及房地产估价与三个领域的具体关系。房地产泡沫问题涉及土地征用权的使用、房产税收和银行监管,对土地和房产进行正确合理的估价与这些领域的公平和效率密切相关。另外,即将上线的新技术或将显著推进房产评估业务自动化。

本章第三部分对利用计算机视觉技术进行房产估价的创新办法进行了简要讨论。在除中国外世界上的很多地方,我们可以通过谷歌街景或其他地图软件获得越来越多的建筑外部图像;至于房屋内部的模样,只要卖家愿意主动提供,我们就能从 Zillow 等房地产数据网站上找到。这些图像为我们提供了无须人工估价师就能进行的估价新思路,可以显著提高我们房产价值评估的能力。

经济学家通常使用基于回归分析的特征估算法来评估房产价值,依据列出的房屋特征(如卧室和卫生间的数量)做出估计。由于房屋图像具有相当丰富的信息,把它作为一个新的变量加入回归方程,可以大大提升回归结果的解释力度。本章推荐一种新方法,让大家直观地感受到新型视觉回归估算和原有的房屋特征列举+人工价格估计,这二者的预测能力究竟孰优孰劣。

在此基础上，本章将讨论此项技术在土地征用、房产税评估和银行监管中的应用。无论是在美国还是在中国，地方政府在使用土地征用权时往往会受到这样的攻击：人们觉得这一过程低估了房地产的价值，并且导致土地征收过度。如果我们能在全国范围内推广更合理的房地产估价方法，可能就会减少地方上滥用土地征用权的情况。本章还讨论了其他与土地征用权相关的改革措施，包括超过市场价值的补偿，以及获得当前绝对多数房产所有者的同意的必要。

房产估价问题还是地方房产税收政策成功实施的关键。作为地方政府一种自然的资金来源，房产税可以为地方公共服务提供资金，并缓解地方上将土地征用作为创收工具的趋势。正像 Henry George 在一个多世纪前提出的那样，很多情况下房产税最优的形式是一种土地税。这样一来，标准回归技术将很好地发挥作用，而如果想要推行更为标准化的房地产税，那么视觉估价技术也会对我们有所帮助。

最后，房产估价问题对于银行监管而言同样关键。由于准确评估银行资产负债表上的各项内容不但可以降低泡沫出现的风险，也有助于减缓泡沫破裂导致的破坏，更好的房产估价有助于提高银行监管的质量。在某些情况下，房产估价甚至还可以根据房价随时间推移而回归均值的趋势作出修正（Glaeser 等，2014）。

房地产泡沫不是近些年才有的问题（Glaeser，2013），而且这种过度的繁荣总会在市场上出现。尽管如此，我们可以通过改善土地征用程序、建立有效的土地税和房产税体系以及加强银行监管来减少泡沫发生的频率和成本——视觉估价技术对这三方面都有帮助。

2. 美国和中国的房地产繁荣

经过大量深入的研究，美国房产市场的巨大动荡虽然还有一些悬而未决的问题，许多关于房市繁荣与萧条的事实已得到了根本确认。相较之下，中国房市研究的空白仍有待填补。这一领域虽有先行学者如方汉明等撰写的有关中国住房(Fang 等,2015)和土地价格变化的杰出文献。然而,我们还是没有完全了解中国的住房空置率、银行业对房地产的风险敞口或者这种房市繁荣的最终结局。

2.1 美国房市

美国房市繁荣的大体走向可谓众所周知。20 世纪 80 年代末的萧条之后,美国经济多年间都处于缓慢复苏的阶段,房地产市场几乎停滞不前。直到 20 世纪 90 年代中期,住房的价格才从沿海市场开始渐渐回升。金融和技术等知识密集型产业的蓬勃发展,以及一系列限制住房供应的法规使得纽约、洛杉矶、旧金山和波士顿等大都市地区对住房的需求节节攀升。价格增长像是一种隔空传播的狂热那样逐渐蔓延到美国内陆(Ferreira 和 Gyourko,2001)。

凤凰城和拉斯维加斯等内陆城市有着颇具弹性的住房供应,然而这些地方的房价涨势并没有因此放缓,[①]住房供应的大幅增加甚至还在当时促进了经济的繁荣。然而大规模的建设致使许多地区出现大量住房过剩,更是导致今天美国工业建设的活跃程度仍远低于 2006 年之前其所达到的水平。

尽管美国的这种繁荣主要集中在较为活跃的房地产市场,但至少在 2000—2006 年,我们并没有足够的证据证明房价增长与当地经济增长显著相关。宽松的信贷政策似乎促进了房市的繁荣,可是这种影响在整体上到底起了多大的作用、其运转的机制具体如何——学界至今仍未对此达成共识。Himmelberg、Mayer 和 Sinai(2005)认为,经济繁荣高峰时极低的利率水平和公众对租金上涨的理性预期是房价上涨的先决条件。Glaeser、Gottlieb 和 Gyourko(2014)则认为,理性定价模型中利率对价格的推动作用会被其回归均值的趋势抵消,因此低利率本身无法解释价格的上涨。然而其他作者,特别是 Mian 和 Sufi(2009),却又提供了能够证明次贷增长与价格上涨之间存

① Nathanson 和 Zwick(2015)提出了一个有趣的论点,即:拉斯维加斯的土地密集型投机行为有助于鼓励泡沫的形成,因为在土地收购方面,与房屋购买相比,少数乐观的买家可以主导土地交易市场。

在关联的证据。尽管从实证经验的角度来讲，次级贷款和价格增长之间的联系似乎十分明确，但是这一联系与理性行为的标准模型是否相容尚不清楚。

还有另一种对信贷促进繁荣的解释：外推预期导致了乐观情绪的传播，繁荣正是这种极度乐观预期在市场上的表现。Case、Shiller 和 Thompson(2012)在整理购房者经济繁荣时期对增长率所做的预期时发现这些数字高得离谱。Glaeser 和 Nathanson(2015)则通过构建模型的方法，演示了外推观点如何在使用自然近似值解释过往房价的过程中产生。这一模型与现实情况的拟合度相当之高，可以解释近些年美国房地产市场发生的大部分重要事件。

2.2 中国房市

关于中国房价，官方统计数据通常显示出蓬勃兴盛但较为温和的增长，比如 2007—2014 年价格上涨 100%(Chivakul 等，2015)。相反，Fang 等(2015)早先使用开发项目固定效果来控制质量差异，据此研究新房销售数据时发现，尽管房价增速在 2008 年和 2009 年有所放缓，但是 2003—2013 年，一线城市的实际房价年增长率可以达到 15.9%，即使在三线城市也有 7.9%。就算考虑进这一时期实质性收入的增长，住房价格的上涨幅度仍然相当之高。Deng、Gyourko 和 Wu(2015)也在其撰写的报告中指出，2005—2015 年，中国 35 座城市的实际地价增长了 5 倍。

随房价上涨而来的是一场真正空前的建设热潮。根据国家统计局的数据，2013 年中国正在建设当中的建筑占地面积可达 1200 亿平方英尺(111.5 亿平方米)，另有 420 亿平方英尺(39 亿平方米)的建筑已经完工。据相关统计，在 2008—2013 年的 5 年时间里，中国新增建设面积达到 1700 亿平方英尺(157.9 亿平方米)，或者人均 125 平方英尺(11.6 平方米)。用平均数据估算，中国人消费的建筑面积总和大概是该建筑面积的 3 倍(Chivakul 等，2015)，因此建筑商在五年时间内就造出了中国空间总需求的三分之一。

中国房地产业的繁荣还伴随着建筑行业结构的重大转变。2000 年，73% 的中国建筑面积是由国企和政府机构(为其员工)建设的。到了 2013 年，由此类公共实体兴建的建筑面积仅有 13%。尽管 13 年间，国家建设的建筑空间确实有所增加，但集体建设的空间却下降了不少，而且现如今无论是国家建设还是集体建设，都远追不上商业部门所建设的建筑面积的增长。

这场建设热潮同时还带来了库存过剩的问题。据 Chivakul 等(2015)估计，2013 年建筑商的库存已经超过 100 亿平方英尺(9.29 亿平方米)。不但如此，由于大部分已售出的住房库存都掌握在非自住投资者手中，中国真正的过剩库存其实难以衡量。就像美国繁荣时期的个人投资者一样，出于对未来房价上涨的期待，中国的许多投资者也都购买了不止一套住房；但与美国情况不同，或许是因为租金不足以抵过租房人在住房内居住所产生的折旧成本，中国投资者往往选择空置而非出租这些住房。这一事实表明，新建设住房存量的质量水平远远高于当前市场条件适合的水平。

中美之间个人住房投资者的性质很不一样：典型的美国购房者会通过信贷举债买房，因而总是使银行体系处于危险之中；而传统的中国购房者则总是用大笔现金来付首付。因此，即使中国房价下跌也不会像在美国那样导致个体家庭的贷款违约浪潮。

不过，中国的开发商则与美国的开发商一样，也会选择举债融资，因此银行系统内确实存在着房地产开发商违约的风险。Chivakul 和 Lam(2015)的报告称，中国房地产公司和建筑公司中有 60%以上的杠杆率已超过了 3。该领域公司的未偿债券和贷款余额占年收入的比例也已从 2007 年的 70%左右上升到了 2015 年的近 150%。商业债务而非家庭债务有可能会成为房价调整引发系统性风险的原因。

虽说如此，中美房市之间其他关键性的差异可能会让两国的房市繁荣最终走向迥然不同的结局。经济仍在快速增长的中国到 2030 年时大概比现在要富裕得多，因此会对城市空间产生大量的需求。19 世纪时美国也曾出现了房地产泡沫，但过量的供给最终被日益增长的需求所吸纳。只要房地产新增供应的规模开始渐小，中国的需求和供给也会渐渐达到平衡。另外，中国政府手上有着各种调控房市的工具，如果善加利用，房地产的繁荣便不太可能会以灾难告终。更好的房产估价就是有助于降低未来房地产风险的工具之一。

3. 房产估价的理论和技术

房产价值评估的过程虽然单调乏味，但至关重要。想要确定合理的土地征用和房产税收政策、建立适当的银行监管体系，都需要对房产的价值进行可靠的估计。本节将简要讨论机器学习算法和电脑视觉方法在房产估价领域未来的应用。

可比售价法是众多房产价值评估方法中最基本的一种。或依赖电脑程序的算法，或凭借估价师的判断，可比售价法需要根据其他有可比性的房产的销售情况来估计近期尚未售出的房屋的市场价值。如果估价师的数据库里有20套在近期售出的房屋与估值对象有着基本相同的情况，那么这个方法既简单又准确。

不过更常见的情况是，有可比性的售出房屋与估值对象的情况并不完全相同，因此需要根据结构和位置对价格进行调整。在这种情况下，特征回归估价法可以保证调整的统计学可靠性。人工神经网络等最新技术的发展已经使得评估非线性关系不再困难，不过标准住房数据集所包含的变量过少这一限制仍没能被克服。另外，特征回归估价法通常仅能解释住房价格变化的一小部分(30%)，这意味着我们还是需要人类估价师来对特定家庭的众多特殊因素进行评估。

与应用计算机技术的特征回归估价不同，人类估价师是根据自己所看到的内容来对估计值做出调整。人工估价法的缺点在于人类估价师的认知能力有限，因此会犯回归模型不会犯的错误。而计算机视觉方法不但可以把人类估价师所看到的所有图像纳入考量范畴还不会囿于人类估价时的偏见和局限，这就是它最大的优点。

如果计算机能获得人类估价师所感知的每一幅图像，我们就可以把计算机视觉方法推向极致。在这种情况下，人类和计算机使用的信息集完全一致，而计算机从海量数据中搜索规律的能力明显比人类估价师要强。在拥有同等输入信息的条件下，计算机能够使用机器学习算法来处理这些数据，而人类能依靠的只不过是他或她的最佳判断而已。

Nikhil Naik、Michael Kinkaid 和我正在对波士顿市的房屋销售记录展开研究。我们把谷歌街景图像中的房屋一一与销售数据加以关联，从而评估这些外部图像的附加解释能力。

我们使用了类似程序对纽约各街区收入情况的研究（Glaeser、Kominers、Luca 和 Naik，2015）表明，图像能够解释这个样本中 80%以上的收入差距。而当我们把纽约市的图像和收入数据所生成的算法应用于波士顿地区时，各街区的收入差距也有 70%以上能被解释。因此，我们对这一算法推广的可行性保持乐观。

由于房屋的位置对估价有着重要影响，基于图像的各种估价方法也会考虑到房屋的位置以及其他已知特征。此外，房屋的位置及其视觉特征之间很可能还会发生重要的交互作用，为了正确使用位置信息，机器学习的算法当中必须包含这些变量。麻烦的是，如果这种交互作用很关键，那么把一个大都市地区的数据生成的评估算法应用到另一个大都市地区将稍显困难。

计算机视觉技术的兴起能够从根本上革新非人类房地产估价。在此之前，尽管人类能察觉到丰富的信息，但认知并非完美，还需亲自现场估价；而计算机虽然有强大的统计能力，但解释变量有限。现在我们能够把人类估价师的所有视觉知识与机器的大型计算能力结合起来，再也不必在两者之间权衡取舍。这种结合使得我们能够廉价快速地进行大量准确的估价，我们因此可以为土地征用、房产税收和银行监管建设一个更光明的未来。

4. 迈向更加完善的土地征用制度

对土地征用最常见的批评就是，它没有真正“公平”地补偿那些被逐出家园的人。可是“公平”这个词到底指代的是什么，本身就很有争议。其中一重含义是：所有者获得其房产的合理价值，也就是该房产可以在公开市场上卖出的金额，作为土地被征用的补偿。而对这种批评常见的解释是，该住户本能够在任何时间点出售该房产，但他/她不愿意这样做。因此，我们可以认为该住户更喜欢房子而不是它“公平”的市场价值。

"公平"的另一重含义是：对房产所有者进行特定的金额补贴，需要保证其在房产被征收后能保持跟征收前至少同样水平的生活。尽善尽美的办法当然是给出一个能让所有者自愿放弃房产的价格，然而，众所周知，讨价还价的过程可能会产生钉子户问题，处于谈判链末端的一个或多个居民会要求获得大量资金才肯搬离，这将破坏整个讨价还价的过程。

而当房屋的住户不是所有者的时候，又会引发另外一系列关于"公平"的讨论：房东因在土地征用中得到补偿，但他/她的房客可不见得能从中获得什么好处，被驱逐出家园的违章居留者很可能会变得更加潦倒。土地征用的过程中对这类住户做出补偿是否公正和明智也令各方争论不休。

如果被征用的土地对征用者而言的价值大于土地的机会成本——即对其他使用者的价值，那么征用就是经济有效的。虽然有人认为对非所有者进行补偿可能会鼓励未来的非法占用，然而我们是否因此就能将房屋非所有者的福祉排除到经济效率的考量之外呢？按照标准的经济逻辑，假设我们的目标是建立一种合理的方法来估计房产对当前住户的价值，并确保这种方法在实际当中被使用。

在美国，关于土地征用的辩论主要围绕其用途展开。公共征用的土地是否可以用于私人目的，还是只能用于那些用途明确的公共项目？在夏威夷住房管理局诉 Midkiff 案（1984）中，最高法院以实用主义的方式确定公共管理机构可以将私有房产重新分配给私人持有。这一观点在 2005 年更著名的"Kelo 诉新伦敦城案"中又一次得到了一边倒的支持。最高法院的观点认为法院不能真正确定什么是公共目的，什么不是公共目的，做出这种判断应该是地方民选政府的工作。这似乎合理地承认了司法能力的局限性，却又强调了有效评估房产对当前使用者替代价值的必要性。

从广义上讲，有两种方法可以实现我们理想中的评估目标。第一种是"强化估值"，第二种是"弱化产权"，在某些情况下，我们可以将这两种方法结合使用。

"强化估值"的思路是保持土地征用的基本架构不变，通过更好的评估方法，更专业、更独立的评估程序来提高价值评估的质量。同时还要为反映流动成本的溢价而在一定程度上高报房产的价值。本章第三部分中所讨论的这些方法，都可以在一定程度上解决现有估价制度的问题，而专业管理的先进估价技术就是这些方法共同的关键。

计划征用大量土地的国家不应依赖地方上各自临时凑起来的房地产估价小组，而需设立一个由专业人员组成的、集中化管理的估价办公室。在美国，小型的辖区内通常缺乏能够熟练应用复杂统计模型的专业人士，中国的情况亦是如此，所以大规模土地征用当中涉及的房地产估价应该由国家组织完成。建立团队开展评估的花销，则可用参与土地征用的各实体缴纳的费用来支付。

评估过程中出现的争议，应该由国家估价团队与独立裁决机构互相配合，共同处理。征用中的任何一方都可以对估价结果提出异议，而此类投诉是否该被受理则应由独立于初步估价团队之外的审查委员会决定。和估价团队一样，审查委员会的费用也应该由征用实体来支付。

由国家组织而非当地进行的估价和裁决对于确保土地征用过程的公正性和可信度十分重要。把价值评估的工作交给开展征用的实体或与征用方有关的任何单位都毫无意义，而让完全独立的机构来确定征用价格，就可以尽可能地减少潜在的利益冲突。想要消除不公正的现象，最好的办法就是对需要支付的征用补偿进行强有力的国家监督。

强化估价的第三个要素是提供高于市场价值的溢价。之所以要这么做，是因为事实上土地所有者认为他们自家这块地的价值比市场给出的价格要高，否则他们早就把地卖了。溢价高于市场价值的这一原则现如今已被多个国家奉行。例如印度 2013 年的《土地法》，其明确农村土地的所有者可以要求 300％的溢价，城市土地也可以要求 100％。

不过，在没有足够社会科学依据来确定到底多少补偿才能弥补土地所有者损失的情况下，印度制定的这种溢价标准也稍显武断。如何找到全国平均补偿标准？一个简单的方法是询问人们是否愿意接受搬迁资金。问题在于，尽管这种方法听上去有其道理，但是人们很有可能会夸大他们对房子的依恋，或在面对这个抽象问题时感到为难。另一种办法是使用价格上涨后所有者流动率这一指标，以获得一些难以察觉的人们对位置的偏好信息。

对补偿感到不满的民众有权利在一定程度上拒绝参与土地征用。由此导致的极端情况是任何人都能阻止整个交易，也就是钉子户问题。“弱化产权”指的是，如果涉及的居民绝大多数都同意这项交易，就算是土地所有者当中有一些反对的声音，土地开发仍然可以进行。例如，印度 2013 年出台的法律规定：开展土地交易需要 70%（如果是公私伙伴关系下进行的征用）或 80%的居民（如果是私有企业进行的征用）同意。

遵循同样的思路，Heller 和 Hills（2008）提出了在美国推行“土地组装区”的建议。各个地区选出代表来与开发商一方协商售价，然后由该地区的成员对报价进行投票表决。出售只有在获得绝对多数同意的情况下才能进行，最终出售土地的所得将根据事先制定的规则在该地区成员中进行分配。这种方法既维持了产权基本的结构，又使个别钉子户无法破坏交易。

几乎任何地方都建立起类似“土地组装区”的制度。首先，开发商对土地出价，并告知征用涉及的居民每个人将从土地出售中得到多少钱。简单的分摊方式可以是根据居民所拥有的土地数量占总面积的份额确定每个人获得的金融，更复杂的方式是根据独立评估的房地产价值进行分摊。只有在绝对多数居民同意出售的情况下这项交易才能进行。

当然了，这种构思仍然还有一些详细的条款有待明确。哪种绝对多数的表决方式最理想？款项分摊的依据究竟该是什么？如果出价被表决拒绝，开发商还能提高出价再次进行表决吗？如果由居民指定的专业谈判代表来制定初步细节，事情会进行得更顺利吗？我们相信这些问题将随着时间的推进被逐一解决。

以上两种土地征用方法相比较而言，“强化估价”可能更温和一些，操作起来也不那么困难；“弱化产权”更为烦琐，操作起来更有可能阻碍开发进度。如果土地征用中遇到的问题是好的开发项目不被当地居民接受，那么也许“强化估价”更为合适；如果最大的担忧是破坏估价过程，那么“弱化产权”是更为合适的工具。

最后,我们还可以结合这两种工具来设立一种中间制度。例如,通过“强化估价”确定投标出价的起始水平,然后让开发商选择是否通过加价来确保获得绝对多数居民的同意。这一制度更加烦琐,但将会更有效地防止征用权的滥用,也能为居民提供更多的保护。当然,无论选择哪种方法,都有必要对制度的运行进行非地方性的监督。

5. 迈向更加完善的房产税制度

现在我们从土地征用转向房产税。很长时间以来,经济学家一直认为,在地方政府获取资金的众多手段当中,房产税的有效性相对较高(如,Arnott 和 Stiglitz,1979),而地方政府其他获取资金的方式则可能因各地税率不同而产生巨大的空间扭曲。比如,富裕的人群不愿意住在地方所得税高的地区;地方营业税较高的地区则可能会导致零售业的搬迁。而房地产相对来说是固定的,这意味着使用房产税造成的空间扭曲通常不会造成太高的社会成本。另外,房产税还可以对地方政府形成有益的激励——如果政府的收入能够随着地方房产价值的增加而提高,可能会促使他们采取行动来满足当地居民的生活需求,而这些行动通常具有积极的社会价值。①

不过,房产税主要会造成另一种扭曲:由于开发商需要缴纳的税金随实体建筑的价值增加而增加,他们的建设动力因此大打折扣。想要自然而然地解决这个问题,只需要从对建筑物征税改为对土地征税。尽管一个多世纪前 Henry George 就开始大力推行这一理念,直到今天房产税仍然是世界各地地方政府更常见的融资手段。就拿美国来说,2008 年地方政府税收的三分之二以上都来自房产税。

中国也曾有实行繁重的房产税的时期。但中国是对交易征税,而不是对价值征税,这种税收结构将房产所有者固定在一个地方,减少了流动性。而且这

① 一个典型的例外是,地方政府也可以通过提升具有特殊便利设施的区域的准入门槛来限制土地开发,并提高房产的总价值。从本质上讲,地方政府可以像垄断者一样行事,而这对整个社会来说并非帕累托最优。

种税收不与该地区的房产总价值挂钩，只与易手房产多少有关，很可能会在中国房市不再活跃后引发地方税收不足的危机。另外，这项税收还会激励政府不断重建存量住房，以在房地产再开发后推动交易从而获得收入。

房产税与房地产泡沫之间有两种不同的联系方式。第一种，如果实际存在过度建设，那么房产税（而不是土地税）有助于遏制这种势头。由于过度建设并不是什么普遍的现象，因此可以建立一个以土地价值和房产价值为变量的灵活的函数，使其随着新建建筑数量的增加更倾向于房产价值，并依此函数设立房产税。比如可以对土地及在其上的建筑采用不同的税率，并设定上限的房产税。在这种结构下，房产价值较高、想要加大开发力度的地区将更多地依赖土地税，而房产价值较低、不太想进行开发的地区将更多地依赖房产税。

第二种，设计精巧的房产税可以减少地方推动过度建设的动机。正如许多学者所主张的那样，有着稳定房产税收入的地方政府就不会总想着通过征用土地来增加收入。基于房产价值而不是交易金额的房产税，将减少地方政府利用再开发来获得更多交易税收入的动机。

更好地评估房产价值有助于房产税收政策的确定。由于房产税的征收需要特殊的专业知识，还存在被滥用的可能，因此有必要对房产实行集中估价。在这种情况下，集中化管理的办公室将负责评估房产，一家独立的法院来裁决有关房产价值的纠纷，税率的标准和形式由地方政府确定，办公室的日常工作运转成本也可从税收中拨出。

土地价值的评估与房产评估需要解决的问题不同，土地所有者拥有在这块地上进行建设的合法权利，而土地的价值与其上的建筑紧密相关。Glaeser、Gyourko 和 Saks(2005)就提出了两种估算土地价值的方法：第一种，先估计房屋价值，然后基于建材的成本从中减去估计的建材价值；第二种，使用特征估计法，参照带有大块空场和小块空场的类似房屋来进行估价。不过，这两种方法算出的值通常会相差一个数量级。

为什么附带空场的土地远不如盖了房子的土地值钱？所有者通常没有权利在那块额外的空场上建造房屋，然而土地之所以能有超高的附加值，正是因为建造房屋的权利。在 Henry George 提出他的观点的那个年代，几乎没有什么限制新增建筑的规定，因此，附带空场的土地与盖了房子的土地有着相同的价值，否则土地所有者都将在额外的空场上建起房屋。今天，土地用途管制基本上决定了土地的价值，这使得我们更难判断任何一块土地的价值。

然而，只需要通过一些简单易行的土地税机制，就可以让土地所有者们不对建造新房感到顾虑重重。例如，以房屋估价为基准，之后扣除（土地所有者提供的）建造房屋的实际成本再按比例计算税收。或者另一种更容易的办法是根据房屋的建筑面积和平均建筑成本来估算成本。不过，第二种方法不能完全消除不利的抑制因素：人们会变得不愿提高建筑的质量水平，因为高质量的建筑就意味着要交更高的税。虽然如此，比起现行的税收标准来，这种房产价值减去建筑成本的计算方法在提供建设激励上更有优势。

也许最方便的计算土地税的办法是对城市不同地区的土地平均价值进行估算，然后根据每处房产的位置对其征税，即用当地房屋均价减去估计的建筑成本，再按比例计算税收的具体金额。这种税收机制基于地区内均价，而非房产自身价值，因此不会导致不利的抑制因素。然而这种方法也并非完美无缺，它可能无法准确评估由土地具体位置或者该地特定的土地使用规定等因素导致的土地价值差异。

对地方政府而言，房产税这种融资方式既有强烈的吸引力又有高度的可行性。基于交易的房地产税收不但远非公平，还对交易有不小的抑制作用。相比较而言，每年对房产价值征税是一种更好的方法，对土地价值征税的优点还有更多。设立集中的估价办公室、采用先进的估价技术，则可以显著提高土地或房产价值估算的质量。

6. 迈向更加完善的金融监管

房产价值评估对于银行监管工作同样至关重要。无论是在美国还是在中国，房地产通常都是金融资产负债表中的一个重要组成部分：美国的消费者和中美两国的开发商都将其用作贷款的抵押品。2007 年,美国的金融危机当中,正是这些房地产资产的价值暴跌,使得(持有大量房地产债券的)雷曼兄弟公司等具有系统重要性的金融机构接连破产,从而将整个美国银行体系置于危险之中。金融实体在房产行业的风险敞口,在其他地方也常会引起危机的发生。

由于我对中国银行监管知之甚少,因此本章只集中讨论了美国的银行监管体系。不过正所谓“他山之石,可以攻玉”,希望这一节的内容能对中国现在面临的问题提供一点借鉴。在美国,银行监管涉及的房产价值评估可以分为两种情况:第一,抵押贷款的发放通常需要进行房产评估;第二,如果房地产相关资产成为资产负债表的主要部分,房地产估价就成了资产负债表监督中的关键。

银行监管的目标是保证贷款方在未来保持偿付能力,因此出于银行监管目的的房地产估价与出于土地征用或房产税征收目的的房地产估价稍有不同,在确定房产当下的价值之外,还需要对其日后的价值走向做出判断。合理的银行监管不但要预测未来房价均值,还需要考虑其可能的分布——房产的未来价值是否有很大概率显著低于现在的价值,正是银行监管估价中的要点问题。

一种自然的方法是先评估房屋现在的价值,然后再根据价格变动和价格风险的总体规律对其进行调整。不过,目前掌握的社区一级价格变化和波动的信息,还不足以让我们明晰社区价格的动态。然而我们对大都市地区级的价格变化已经有足够的了解,可以将其应用于估价过程之中。

Case 和 Shiller(1989)的记录显示,以年为单位统计的房价增量存在惯性。根据 Glaeser 等(2014)的记录,连续两年房价增量之间的相关系数可能高达 0.7,也就是说,假如某大都市地区一年内房价涨了 1000 美元,那么下一年还将再涨 700 美元。Cutler、Poterba 和 Summers(1991)注意到房价在较长时间范围内存在均值回归。Glaeser 等(2014)则发现平均回归系数约为 −0.3,这意味着如果过去 5 年内房价上涨了 1000 美元,那么在未来 5 年内将下降 300 美元。

根据动态路径调整平均价格的大概步骤是先预期未来 10 年内的价格变化，然后根据这 10 年的加权平均值进行估价。如果监督机构指定了适当的贴现因子(表示为 β)，则时间 t 时的加权平均价格可以是

$$\frac{\sum_{i=0}^{10}\beta^{i}\hat{P}_{t+i}}{\sum_{i=0}^{10}\beta^{i}},$$

其中 $\hat{P}_{t+i}$ 表示根据动态预测模型 $t+i$ 时的价格预期。假如过去五年房价增长率居高不下，同时惯性的作用并不显著的话，我们根据这种计算方法得到的估计结果将会相对较低。因为，在房地产泡沫已经渐渐形成的繁荣时期，这种方法可以压低房地产作为抵押品的价值，从而遏制进一步的信贷扩张。

值得注意的是，提供抵押贷款的银行通常不会从房价上涨中得到什么好处，因此低估房产价值对银行而言无伤大雅，但是下行风险却对银行至关重要。在债务人违约的情况下，如果房价高于未偿债务，那么房产就自然会被出售，所得金额先用于向债权人偿清未偿债务，超出的部分再归债务人所有。因此，抵押品的预期价值可以被视为

$$(1-F(D))D+\int_{0}^{D}Pf(P)\mathrm{d}P,$$

其中 D 为所欠债务，P 为价格，$f(.)$和 $F(.)$为未来某一时期价格的密度和累积分布函数。

这个数值可以用当前价格、债务路径和过去价格变化的分布估出：我们可以假设价格变化遵循一种特定的分布，例如对数正态分布；或者我们也可以非参数化地对分布进行估计。无论采取哪种方法，我们都能用上大都市地区价格变化的历史信息，同时也能通过有意识地低报估计值来应对房价的下行风险。

预测房地产未来的价格分布和估计其当前价值一样都需要大量的专业知识，想要让地方银行审查员单独完成这项工作恐怕有点困难。最好的办法还是设立一个集中的办公室，由专家对住房市场动态和价格下行风险做出判断，然后依此在房价的静态估计当中做出相应的修正。

7. 结论

多少有点枯燥的房地产估价在多个领域发挥着重要作用：想要确保土地征用的公平性，需要对被征用的房屋和土地进行准确的价值评估；想要确立合理的房产（或土地）税收政策，要求税务机关了解房产价值；银行监管体系的良好运转同样依赖于正确预测未来房价的下行风险。

技术进步能帮我们更好地估计住房和土地的价值：计算机视觉领域的发展意味着我们（原则上）可以给计算机赋予估价师的眼睛，把过去的销售数据、住房特征以及房屋内外图像结合到模型当中，再运用它集中进行房产估价。集中化估价可以减少地方性因素的影响，确保房产价值评估不会因为迎合地方政策目标（如，扩大房地产开发）而有失偏颇。

当然，无论是在土地征用、房产税收还是银行监管领域，更准确地评估房产价值只是我们要做的第一步：征用土地时我们可能还需要高报估价，以在投票表决中获得当前绝大多数地产所有者的同意；在房产税收领域，设计政策时向土地税靠拢可以多少消除因向建筑物征税而对开发造成的不利因素；而对银行监管而言，一旦泡沫破裂，含有水分的房价就成了衡量房屋价值的糟糕指标，因此将住房动态和下行风险纳入考虑范围至关重要。

不过，土地征用、房产税和银行监管方面的改进不能从根本上消除房地产泡沫，市场上总会出现非理性的繁荣，而我们不得不承担随之而来的后果。虽然如此，这些方面的改革确实可以减少泡沫的数量，并减小泡沫破裂时造成的破坏。例如，提高土地征用成本或许可以抑制过度建设；更好的房产税收模式则能够扭转地方政府将房地产开发作为融资工具的趋势；改进银行监管后，房地产价格下跌就不会对银行体系的稳定性造成毁灭性的影响。

诚然，中国的房地产繁荣可能并不会走到泡沫破裂、市场崩溃的一步，但即便如此，适当的改革仍然是明智之举：建立起有效的房地产价值监控国家体系，对未来几十年的经济稳定都大有裨益。

参考文献

Arnott R J and Stiglitz J E (1979). Aggregate Land Rents, Expenditure on Public Goods, and Optimal City Size. The Quarterly Journal of Economics, 93(4): 471-500.

Case K E and Shiller R J (1989). The Efficiency of the Market for Single-Family Homes. American Economic Review, 79(1): 125-137.

Case K E, Shiller R J and Thompson A K (2012). What Have They Been Thinking? Homebuyer Behavior in Hot and Cold Markets. Brookings Papers on Economic Activity (Fall 2012).

Chivakul M and Lam W R (2015). Assessing China's Corporate Sector Vulnerabilities. International Monetary Fund Working Paper WP/15/72 (March 2015).

Chivakul M, Lam W R, Liu X, Maliszewski W and Schipke A (2015). Understanding Residential Real Estate in China. International Monetary Fund Working Paper WP/15/84 (April 2015).

Cutler D M, Poterba J M and Summers L H (1991). Speculative Dynamics. The Review of Economic Studies, 58(3): 529-546.

Deng Y, Gyourko J and Wu J (2015). The Wharton/NUS/Tsinghua Chinese Residential Land Price Indexes (CRLPI) White Paper, Updated to the 4th Quarter of 2015.

Fang H, Gu Q, Xiong W and Zhou L (2015). Demystifying the Chinese Housing Boom. NBER Macroeconomics Annual 2015, 30(1): 105-166.

Ferreira F and Gyourko J (2001). Anatomy of the Beginning of the Housing Boom: U.S. Neighborhoods and Metropolitan Areas, 1993—2009. NBER Working Paper No. 17374 (August 2011).

Glaeser E (2013). A Nation of Gamblers: Real Estate Speculation and American History. American Economic Review, 103(3): 1-42.

Glaeser E and Nathanson C (2015). An Extrapolative Model of House Price Dynamics. NBER Working Paper No. 21037 (March 2015). DOI:10. 3386/w21037.

Glaeser E L, Gottlieb J D and Gyourko J (2014). Can Cheap Credit Explain the Housing Boom? In E. L. Glaeser and T. Sinai (Eds.). Housing and the Financial Crisis. 2013 NBER Conference Report. Chicago: University of Chicago Press.

Glaeser E L, Gyourko J and Saks R (2005) Why is Manhattan So Expensive? Regulation and the Rise in Housing Prices. Journal of Law and Economics, 48(2): 331-369.

Glaeser E L, Kominers S D, Luca M and Naik N (2015). Big Data and Big Cities: The Promises and Limitations of Improved Measures of Urban Life. NBER Working Paper No. 21778 (December 2015). DOI:10. 3386/w21778.

Glaeser E, Gyourko J, Morales E and Nathanson C G (2014). Housing Dynamics: An Urban Approach. Journal of Urban Economics, 81: 45-56.

Heller M and Hills R (2008). Land Assembly Districts. Harvard Law Review, 121(6): 1467-1527.

Himmelberg C, Mayer C and Sinai T (2005). Assessing High House Prices: Bubbles, Fundamentals, and Misperceptions. Journal of Economic Perspectives, 19(4): 67-92.

Mian A and Sufi A (2009). The Consequences of Mortgage Credit Expansion: Evidence from the U. S. Mortgage Default Crisis. The Quarterly Journal of Economics, 124(4), 1449-1496. DOI:10. 1162/qjec. 2009. 124. 4. 1449.

Nathanson C G and Zwick E (2015). Arrested Development: Theory and Evidence of Supply-Side Speculation in the Housing Market. NBER Working Paper No. 23030 (January 2017). DOI:10. 3386/w23030.

第三章　关于住房政策发展的思考
——以北欧为例

汉努·鲁纳瓦拉(Hannu Ruonavaara),图尔库大学(University of Turku)

1. 导言

自20世纪80年代以来,几乎所有欧洲国家的住房政策都发生了重大变化,国家不再在住房生产和消费中发挥广泛作用,市场机制逐渐成为住房体系的中心。欧洲各国住房政策体系发展中表现出的一致性让我们不禁想要知道这一进程中是否存在某种普遍的规律,不但为欧洲各地的住房政策发展所遵循,甚至也适用于东亚社会。然而,是否有适用所有社会历史环境的普遍性社会政治发展规律存在,这个问题本身就颇受争议(Elster,1993)。退一步说,如果社会中不存在具有普遍性的发展规律,而作为社会研究者的我们又不得不进行归纳总结,那么就应该带着虚怀若谷的态度,从实践经验出发,观察不同情况下各个进程如何发生并进行归纳以构建模型,从而展现某一给定进程典型的发生方式。

20世纪早期城市社会学领域的芝加哥学派把这些用归纳法建立的模型称为“自然史”。Abbott在谈及芝加哥学派社会学家的理论贡献时曾这样概括:“一部自然史是一个遵循着相对可预测进程的时间模式。尽管它可能会被环境事实所改变或塑造,但是我们还是可以超越这些偶发细节,从整体上理解它所展现的有关先后顺序的一般规律。”(Abbott,1999)

本篇文章将提出并讨论一个描述北欧国家(包括丹麦、挪威、瑞典、芬兰和冰岛)住房政策自然史的模型。这些国家都是欧洲西北边缘地带的小国,过去一直在政府结构方面多有共同之处，但发展步调并非始终一致；它们都信奉新教，社会世俗化程度也差不多（直到现在教会成员仍然很多，不过整体上已经世俗化了）；历史上它们近邻交邦、往来密切，所以文化上十分相近（例如风土人情和世界观）；三个斯堪的纳维亚国家使用的主要语言也非常相似，一国居民能够听懂邻国语言；所有北欧国家物质上都相对发达，不过部分国家（芬兰和冰岛）直到二战之后才开始走向繁荣——最为重要的是，这些国家或多或少都表现出国际上公认的“斯堪的纳维亚（或北欧）福利模式”的特点。

斯堪的纳维亚福利模式之所以为人所知，主要是因为其社会福利和服务覆盖广、水平高、服务完善——用以控制收入差距的高额累进税为这些福利和服务提供了资金来源。这些在整体上多有相似的国家，在具体问题上则存在着不少的差异，而且最近数十年里，它们似乎都逐渐弃用了理想化的典型“北欧模式”。单就住房这一点来看，这 5 个国家的政策各有千秋，不过在整体层面上还“都力图为所有人提供体面的住房”（Lujanen，2004）。另外它们也有着相似的住房政策理论，同意“应该对政府和市场在住房供给方面的责任进行恰当的梳理和分配”（Bengtsson，1995）。

在住房政策领域的基本假设上，这些国家同样达成了一致，都认为住房主要由市场提供；而当市场出现缺陷或发生失灵时，政府应当发挥纠正作用。这种被 Bengtsson 概括为“政府匡正市场”的政策理论不但是北欧国家的主流观点，而且被几乎所有建立了市场经济的欧洲社会奉为圭臬。然而，尽管北欧国家都遵行这一政策理论，各国对住房问题采取的处理方法迥然不同（Bengtsson，2013a）：瑞典和丹麦针对所有家庭制定了全面的住房政策；芬兰和冰岛有选择性地针对最需要援助的人群和特殊群体制定了政策；挪威过去倾向普遍的住房政策，现在则转向了有选择性的政策。

北欧国家的住房产权形式也不太一样。各国租赁住房和自住房的形式纷繁多样（Karlberg 和 Victorin，2004），而每个国家因为各自的人口结构和住房存量存在差异，住房产权形式的分布也相差不小：冰岛、挪威和芬兰三国以房屋自住为主，即更多家庭居住在自有住房里（自住家庭比例最高时为

70%～90%)；而丹麦和瑞典居住在自有住房的家庭比例一直较低(最高时为60%左右)，虽然体现到数字上并不十分明显，但这两个国家公共部门对租赁住房的支持对住房制度其实产生了很大的影响。相较之下，冰岛和挪威社会中自住房更为常见，租赁住房所占比例则相对较小。另外，瑞典和挪威的合作式产权比欧洲其他地方以及美国都要普遍(Sørvoll，2014)。例如，2015年，21%的瑞典家庭和14%的挪威家庭以"似租客的业主"的身份居住在合作式住房里。①

北欧国家住房市场上的产权形式颇具多样性，私有市场上和公立/社会保障性的住房就可以分成业主自住和普通租赁两大类(Ruonavaara，1993a)。鉴于合作式住房的住户对于住处的权利基于的是所有权关系而非租赁合约，根据这种分类的思路，合作式产权也应被划入业主自住的范畴。表3.1列出了北欧国家住房存量在两种主要产权类型(租赁和所有)之间的分布情况。

表3.1　2014年北欧国家住房产权的类型(单位：%)

	租赁	所有	其他
丹　麦	39	58	3
瑞　典	38	62	0
芬　兰	33	67	0
冰　岛	25	74	1
挪　威	23	77	0

资料来源：Grunfelder，Rispling和Norlén(2016)；冰岛统计局网站主页。

为什么这几个国家对政府应如何为公民提供福利的问题给出了大体一致的答案，住房政策却又各具特色？为了解释北欧五国在住房政策领域表现出的相似与相异，五位分别来自这五个国家的学者以《为什么如此不同？从比较历史视角审视北欧住房政策》为题开展了合作调查，每位学者对一个国家的案例加以深入研究，各自完成之后，他们又汇总进行了国家间的比较分析。

① 这些百分比根据瑞典统计局(www.scb.se/en/)和挪威统计局(www.ssb.no/en/)网站主页提供的统计数据计算得出。"似租客的业主"是Stefan Svensson发明的一个术语，用于描述合作住房中居民的住房产权状况(Svensson，1998)。合作住房通常被视为房屋所有和房屋租赁之间的中间形式。从住房保有类型来看，应归类为业主占用。

这项研究从历史制度主义的角度出发，试图以住房政策中的路径依赖为核心，寻找五个北欧国家不同住房政策发展历程背后的原因(Jensen，2013a)。路径依赖是时下的热门观点，而且已经获得了许多社会科学家的认可，然而这还远远不够，历史的重要性还应在研究中得到更多的重视。如何理解路径依赖？路径依赖有哪些类型？这些方法论问题现在学界众说纷纭，为了便于理解，在这里我们只对这项研究所讨论的路径依赖类型为大家做简要介绍。社会学家及历史学家 Willian H. Sewell 将路径依赖定义为这样一个过程，“较早时间发生的事件会影响较晚时间发生的一系列事件的结果”(Sewell，2005)。当然，这个常被引用的定义似乎过于宽泛，我们认为，基于路径依赖的研究还应对历史为什么重要以及历史通过何种机制发挥作用进行解释。另外，在这里需要明确的一点是，人们通常认为路径依赖就是指阻碍变化的发生，让事物保持原状，在关于路径依赖的文献当中我们也能找出数个保持稳定的机制，其中最著名的就是“增加收益”(Pierson，2004)。然而稳定性并非是路径依赖的全部内容，这一理论还包含有这样一层意思：在历史进程当中，假如走到关键节点的决策者发现别的政策可以替代现有政策，完全有可能转而选择新的政策。所以说，住房政策不会因为存在路径依赖就无法发生变化。

除路径依赖之外，这项研究还具有其他的理论脉络：首先，住房产权是住房政策的核心制度，而住房制度问题是这项研究关注的重点，因此研究所分析的大部分关键事件都与住房产权有关；其次，对住房政策发展进程进行理想式典型时段划分是这份研究使用的重要理论方法工具。根据这一时段划分的思想，我们可以把住房政策的发展分为四个阶段：① 开始阶段；② 建设阶段；③ 管理阶段；④ 公共部门收缩或私有化阶段(Jensen，2013b)。下一节将更加详细对这几个阶段以及本章的核心“住房政策”加以解释。

2. 住房政策的四个阶段

本章中的“住房政策”指的是公共部门为影响某特定区域(社区、地区、国家)内定居或正要定居人群而采取的各种行动，意在影响住房供应、住房选择的多样性、住房材质和环境质量以及住房成本等。[①] "住房政策"涵盖的内容多种多样,包括建立制度(例如住房产权)、设立住房体系行为体(例如国家住房储备银行)、监管住房市场(例如租金管控)、确定住房质量标准(例如建筑条例)、确定住房建设补贴(例如翻新补贴)、确定平均住房费用(例如租金补贴)、改善居住环境(例如社区翻新)以及预防居住区内隔离问题(例如社会融合政策)。需要说明的是,本章采用的这一定义不涉及雇主(虽然雇主在很多地方都发挥了重要作用,如 20 世纪 70 年代以前的芬兰)等私人行为以及教会等第三部门的机构行为,我们在这里讨论的重点集中在公共住房政策。

住房政策是考虑群众住房情况做出的政治决定,有些明确直接地针对住房问题,也有些针对的对象本质上不是住房领域,不过仍与住房有所关联,而且其制定的过程也受住房因素的驱动,比如许多国家都有房屋所有人享受税收补贴的政策,即房屋所有人有权在应税所得中减去房屋的按揭利息支出。因此,通常来说住房政策指的是对住房情况的一种干预手段,但也不可忽略其他领域的政策也有关于住房的重要内容。

我们认为住房政策是一个出现在住房问题政治化以后的历史现象。换言之,住房政策的真正出现需要某些行为体把应由地方或国家政府问题采取措施的住房问题放入政治议程之中。如果出现关于公共部门干预住房的讨论,不论干预程度的高低,住房政策就会登上历史舞台。需要明确的是,只有当政府干预住房的问题进入政府议事日程,或已经出现公共部门干预住房市场运作的现象,这之后政府所做出的决策才成为住房政策,因此,不是所有国家一直都有住房政策,即使是自由放任政策(政府什么事情都不做),也是在住房问题政治化以后才成为一项住房政策。另外,只有当住房问题完全退出政治领域,住房政

---

① 这个定义是在本人博士论文(Ruonavaara,1993b)给出的定义的基础上修改而来。在这篇论文中,我不希望自己提出的住房政策的定义会让人以为住房政策总是会改善住房条件。我当时考察的是英国和其他地方的私有化政策,它们的积极净福利效果令人生疑:对某些人来说,私有化政策提高了住房福利;而对于其他人,则使住房福利降低。因此,我当时努力想提出一个不会假设住房政策总能改善住房条件的定义,而且现在依然认为这样做是正确的。然而,在大多数情况下,住房政策之所以被提出是因为具备并且也必须具备合理原因,即住房政策能够在当下或长期提高民众的住房福利。

策才宣告终结。但由于住房在人民生活和福祉中占据举足轻重的地位，这一终结尚不可见。

在欧洲，“住房问题”一词通常是指 19 世纪晚期和 20 世纪早期人们对于城市和农村工人阶级住房情况的担忧（弗里德里希·恩格斯于 1872—1873 年写成的《论住宅问题》就是一篇反映这一问题的名文）。资产阶级改良派和新兴工人运动的活动家对于穷人居住环境的卫生情况之差、健康条件之恶以及格局之拥挤震惊不已。他们认为糟糕的居住条件不仅有碍健康，也有伤风化（Ruonavaara，1996）：厌倦了自家拥挤房屋的男人们在街头和酒吧闲逛，而转租人和业主家庭共居一室可能导致不正当的性关系。除了人文和道德方面的担忧，资产阶级改良派还担心城市工人阶级会因为非人道的居住条件而变得激进极端。

纵观历史，穷人的恶劣居住条件最初只是他们自己的烦恼，而当某些行动者公开地将其上升为整个“社会”应该解决的问题时，它就成为人所共知的住房问题。住房问题政治化一般发生于住房政策发展的开始阶段，具体到北欧国家，是在 19 世纪晚期 20 世纪早期工业化和城市化真正开始加速的时候。在这一阶段，住房问题不再是时有时无、反复重现、有可能引发危机的个体担忧，而是长期列于政治议程之上的一个社会顽疾（Bengtsson，2013b）。然而，在开始阶段，公共领域对住房生产和消费的补贴、对住房市场运作的干预都很有限，对住房问题的担忧更多还是说说而已，实际采取的措施并没有多少。

在开始阶段，个体的问题已经成为整个社会思辨的内容，而在建设阶段，政治决策者将他们之前的想法构思逐渐付诸实践。在这一阶段，地方和国家政府通过为新增住房提供建设补贴或税收减免支持住房建设，从而消除住房贫困（即在低收入人群可负担的价格水平上、按社会采用的标准衡量的住房不足）。不过建设阶段关注的不仅仅是房屋的有形建设，旨在解决政治议程中住房顽疾的政策体系同样在这一阶段开始形成（Bengtsson，2013b）。北欧国家的建设阶段从二战结束后开始，持续至 20 世纪 70 年代。

随着时间的推移，住房贫困问题渐渐不再是涉及众多中低收入者的社会难题，它所困扰的对象范围缩小成特殊团组或特困人群，因此社会的关注点不再是尽可能增加住房，而是加强对现有住房和社区的管理与改进。在之前的建设阶段，比起住房和居住环境的质量，通过增加住房数量来解决住房贫困问题更为重要，而在管理阶段，政治议程重点从生产建设转移到房屋管理、住房更新、租户参与、自然和社会环境等(Bengtsson，2013b)。之前新建的大批量住房现在需要更新升级，以满足新的需求还有空间、质量以及便利设施的标准：建设阶段顶峰期快速上马建设的社区因为其低质的自然社会环境而遭到越来越多的诟病，让租户参与住房管理也被提上政策议程，有关住房的政治讨论开始涉及住房环境的可持续性以及社会和种族隔离问题。北欧国家的管理阶段始于20世纪70年代晚期。

四个阶段中最后的一个是公共部门收缩或私有化阶段。在这一阶段，此前制定的政策和建立的体系受到严重质疑，被重新评估、整改，部分还遭到废弃。以往的政策和制度被一些人认为是过犹不及且成本高昂的官僚产物。住房政策体系在这次重新评估中发生了变化，主导的责任逐渐从公权力部门转移到市场和消费者手中。这一阶段住房政策重点关注的问题有：检测政府投资住房的成本效益，废除官腔十足的条例，以及避免政府伸手太长扰乱市场运行等。北欧国家以及西方世界的其他地区的公共部门收缩阶段始于20世纪90年代(Bengtsson，2013b)。

阶段模型是一个理想式模型，部分提炼自北欧住房政策的历史，部分则是对住房政策制定“逻辑”的理论反映。与其他任何一个模型一样，这个模型的目的不是一一细致地描述北欧住房政策的发展历史，而是想要提供一个分析北欧国家住房政策发展的框架，使我们能够厘清正在分析的历史。无论阶段模型与现实一致还是存在差异，都是很有意思的结果。当然了，尽管测试这么一个口述模型真实与否没有意义，我们也可以借助统计学模型来讨论它能够在多大程度上拟合现实。接下来让我们看下这个模型在芬兰的具体案例中的应用。

3. 芬兰住房政策的各个阶段[①]

3.1 开始阶段：19 世纪晚期至第二次世界大战

与欧洲许多其他国家一样，芬兰也在 19 世纪末及 20 世纪初的早期工业化阶段开始制定住房政策。而到了第二次世界大战之前，芬兰的住房情况非常糟糕(Ruonavaara,1993b)，各个城市的大部分家庭都居住在一居室住房中，每套住房平均 2～4 人(具体数字取决于普查年份和地点)，住房的设施水平也很一般。尽管自来水和室内卫生间在 1920 年在其首都赫尔辛基并不少见，但在那些小一点的城市中心区，配有自来水和卫生间的房屋尚属稀有，这些设施真正得到普及还是很久之后的事情。

芬兰的工业化比其他许多国家都晚，而且该国住房政策的发展也落在更为发达的欧洲社会后面。尽管“住房问题”一直是除了普遍意义上的“社会问题”之外中产阶级改良派以及新成立的工人协会热切讨论的话题。然而，直到第二次世界大战以前，芬兰的公共住房政策都没有发生多大变化。公共部门很少参与住房建设，往往只是在危急关头发挥一下作用，例如第一次世界大战之后，面对严峻住房短缺，当时的政府就临时限制了租金价格。芬兰当时遵循的是典型的 20 世纪 20 年代和 30 年代的福利政策思路：现行的社会政策一般都不完整，而且以控制为原则。虽然如此，在两次世界大战之间，芬兰政府在住房政策领域还是实施了一些促进措施(不同于租金限制等限制性措施)，例如，建设非营利性租赁住房或自建自住房可以获得国家提供的贷款。20 世纪早期，许多住房改革派都对自建运动推崇有加(Ruonavaara,1999)。

不过房屋补贴或财政政策并不是芬兰开始阶段关注的核心，房屋产权相关的法律改革才是这一阶段的关键性事件。芬兰在 20 世纪 20 年代中期通过的法案将两种房屋产权形式用制度确定下来，还另外产生了一种特定的多户住宅业主自住制度——这第三种制度就是芬兰住房的特殊之处，从 19 世纪末开始

---

① 这部分描述主要来自我在解释北欧国家住房政策谜团中论述芬兰情况的章节(Ruonavaara,2013)。对这些资料感兴趣的读者可以参考该章节。

直到今日，芬兰各种类型的“住房公司”向居民提供多户住宅型公寓，有的房屋占有条件和租赁非常相似，有的又类似业主自住。许多早期组建的“住房公司”是工人自助的结果：一群工人聚集在一起建立一家股份公司来开发新住宅，房子建成以后，其中一些住房是自己建设，公司的股东入住并共同负责住房的管理和维护。为了在法律上规范这类活动，也为了根除以住房公司名义开展投机活动，芬兰在 1925 年通过了关于“住房公司”的法律，确定了这种在第二次世界大战以后变得非常重要的房屋产权使用形式。后来，“住房公司”本质上不再仅仅是帮助住房消费者自主开发的团体，而是变成了商业开发商也可以利用的组织形式(Lujanen 在 2010 年提供了这种房屋产权的最新资料)。

这部法律旨在激励想要成为业主的人进行自助开发，因此同时受到了左翼和右翼的欢迎，芬兰议会各党派未经多少讨论就通过了这部关于“住房公司”的法律。1925 年芬兰通过的第一部关于租赁住房的法律就不曾获得如此一致的同意。是否应当因为租户是租赁关系中的弱势一方就给予他们特殊法律保护——左翼和右翼无法对此达成一致。甚至有些一开始支持这部法律的业主转而认为这种提议试图延续租金控制而且侵犯了他们的宪法权利，表现出强烈的反对。尽管如此，这部对租户产权提供了一定程度保障的法律最终还是得以通过。1925 年的这两部法律主要影响的是居住在城市和城乡接合部的居民，也就是芬兰总人口中的一小部分人。住房公司当时也只存在于城市地区，毕竟在两次世界大战之间大部分农村地区的家庭都已拥有了自己的住房。

3.2 建设阶段：从第二次世界大战至 20 世纪 70 年代

直到第二次世界大战结束以后，芬兰才开始进行大规模的城市化和工业化。由于在对苏作战中失利，东部大片的土地被苏联吞并，这些地区的大部分人口被疏散到芬兰的剩余领土。战后的芬兰需要同时解决疏散人口和退伍老兵这两个群体的住房问题，而当时建筑材料稀缺，资金匮乏，公共工程和工业其他部门还缺少大量熟练劳动力，住房形式十分严峻。这一时期还是芬兰福利制度发展的里程碑时代，许多有关芬兰福利国家的历史文献都显示芬兰是在战后重建阶段彻底告别了此前不完整的、以控制为原则的福利国家政策。其住房政策也在重建时期发生了变化，政府在住房领域变得更加积极活跃：通过出台新规控制租金、运用税收补贴新建住房。1949 年国家住房贷款体系 ARAVA 建立，就是这一时期的标志性事件。

建立 ARAVA 体系，其目的是为城市住房建设的推动者提供补贴贷款。在最开始的时候，这一体系本来计划在住房生产领域争取庞大的规划权力，但随着建设的不断推进，其承担的任务也逐渐简化为融资工作。资产阶级政治力量对政府大规模干预住房生产持怀疑态度，且总是强调 ARAVA 体系本质上只不过是一个缓解战后住房危机的临时性组织，然而后来即便私人市场提供住房生产的功能渐渐复苏，这一体系也并未被就此废除。到了 20 世纪 60 年代，该体系已经在芬兰众多的住房政策工具之中稳坐一席之地，同时还成了政府对部分住房的供应加以管控的渠道。

战后初期是芬兰从开始阶段过渡到建设阶段的转折期：新的制度得以建立和巩固，而新一轮的政府融资则进一步推动了住宅建设。在 20 世纪 50 年代末期，随着私人住房建设从战时的危机中恢复，国家住房融资的作用开始减弱，各地政府也逐步取消了租金管制。然而这些并不意味着自由放任的政策方针就此回归，因为在 20 世纪 60 年代初期芬兰还确立了一些重要的促进性政策，例如，有子女家庭可以享受住房补贴。

芬兰建设阶段从 20 世纪 60 年代中期真正开始。60 年代初期，芬兰的住房标准相对欧洲的指标仍比较低，同时该国经济和职业结构迅速变化，还有大量人口从农村迁移到城市(还有人迁移到瑞典)。为了满足当时对更多住房的迫切需求，芬兰选择在城镇周边地带进行了大规模的开发建设。预制材料的新建筑技术的出现使得规划和建设更大的住宅区变得容易，大规模住房规划开发因此成为可能；而有关社会规划新思想的产生，则使得住房政策更加趋向集中规划和大规模建设——这些因素促成了大型建筑公司与政府住房政策制定者之间的合作。住房生产在 1974 年达到顶峰，这一领域的快速发展成功缓解了芬兰的住房短缺：在 1971—1975 年，大约 55％的住宅单位获得了公共住房融资；1976—1980 年，这一比例上升至 60％。

芬兰两个议会委员会在20世纪60年代末确定了新住房政策的指导方针，为接下来的住房政策规划了方向。委员会在报告中指出，政府应对住房供给体系的运转及其分配结果负责，确定了每个公民应该能够享受的最低住房标准，并且明言国家有责任保证每个公民享有的住房至少达到最低标准。政府引导、社会正义和有效性是新住房政策的三大理论基石：为住房生产提供的公共融资规模需要急剧扩大；开发商受益于住房资金补贴的同时，也必须遵守各种住房标准、房价和租金以及居民选择的政府法规；通过对最不富裕的人群提供住房上的帮助与支持，社会正义也能得以保障。如果两个委员会在这些报告中提到的想法得到全面落实，芬兰将建立受到政府和公共住房管理部门的严格监管的住房体系，但是这样的体系始终也没有建立起来。

3.3 重叠的管理阶段和公共部门收缩阶段

20世纪60年代的规划思想在70年代末开始日渐式微。进入80年代后，芬兰国民生活水平和收入水平迅速提高，新建住房大部分都是私人筹资，房屋产权中的家庭占比也日益提高。住房政策从支持住房生产转向支持住房消费，这标志着建设阶段逐渐成为过去。有选择的直接补贴在政府补贴预算中的重要性逐渐提升，而且因为房屋自有量在这期间大量增长，负债业主享受的税收补贴变得比政府任何其他一种补贴形式都更为重要。回到四阶段模型的框架当中，20世纪80年代初期开始的这一时期同时具有管理阶段和公共部门收缩阶段的特征：住房政策在20世纪80年代表现出更加市场化的趋势，而像关注住房隔离以及翻新建设阶段留下的大量住房库存这些典型的管理阶段特征也渐次出现。

公共部门收缩阶段的一个“关键事件”是20世纪90年代中期对租赁住房市场管制的放松(Kettunen 和 Ruonavaara，2015)。租金在战后初期曾受到严格控制，芬兰先是完全废除了这种控制，后来又改为采取较为宽松的控制手段。在新的监管体系中，政府根据新的住房开发成本确定每年最高租金增长幅度。这样做既可以保证租户能够负担得起租金，也能保证房东能够获得合理的投资回报，许多学者还认为这个体系有助于减少私人出租房的库存。

20 世纪 90 年代初芬兰经历了严重的经济衰退，而放松管制的措施最早也在这一时期开始施行。来自外部的冲击打开了政治上的机会窗口，使得放松对出租房屋的管制带来的阵痛不那么强烈。多年来芬兰议会各党派对逐步扩大改革争辩不休：非社会主义政党一致支持对出租房放松监管，而左翼在这个问题上存在分歧。左翼社会主义者强烈反对放松管制，谴责这是对出租房屋的私有化，而社会民主党人对改革情感复杂。最终，放松租金管制得到了议会的多数支持，得以分三个阶段实施。

公共部门收缩阶段的另一个表现是政府逐步减少对住房建设的融资。2007 年，政府决定不再向 ARAVA 体系批准新的贷款，曾经是芬兰住房政策的重要工具的这一体系就此废止，银行贷款贴息现在成为政府支持住房融资仅剩的手段。与此同时，政府曾经向业主自住房的生产提供大量融资的做法也被废除，政府如今主要向社会保障性租赁房屋提供金融支持。通过让市场参与者根据自己的商业目的更加自由地规划土地利用，政府也放松了对土地政策的管制。另外，芬兰还逐渐减少并最终停止了用作鼓励住房产权的、业主可从税收部分中扣除还贷利息支出的“普惠式补贴”。

4. 审视住房政策发展的阶段模型

阶段模型有助于我们更好地组织对北欧国家住房政策的比较研究。沿着这一模型的思路，我们可以看到这几个北欧国家的住房政策发展历程都经历了四个不同的阶段，只有芬兰的情况比较特殊，有两个阶段彼此重叠。在本章的开头我曾将该模型称为“自然史”，这个概念描述了可预测的连续发生的数个阶段以及过程中因“环境事实”，即是与过程发展有关的更大范围的社会政治环境特征(Abbott，1999)可能导致的偏离。对于导致芬兰最后两个阶段重叠的背景原因，在之后我们还应进行更加仔细地研究。

阶段模型一经提出便引起了北欧住房制度领域众多学者的兴趣，有些人已经在研究中将其付诸应用(参见 Holt-Jensen 和 Pollock，2009)，也有些人在设计自己的方法时发现这个模型很有参考意义(Sørvoll，2014)。在 Bengtsson 及其合著者看来，阶段模型的适用范围还可以进一步推广到“其他类似国家”的住房政策分析(Bengtsson,2013b)。虽然 Bengtsson 没有明说“类似性”究竟所指为何，他所谓的“类似国家”应该说的是历史上政府曾经干预住房市场运作的欧洲资本主义工业社会。那么随之而来的问题，就是阶段模型是否在更大范围内具有普遍意义？是否能够成为有效分析包括东亚社会在内的任何一个住房问题政治化社会的住房政策发展的理想模型？

这四个阶段当中有三个都遵循“住房供应的内部结构性动态”(Bengtsson,2013b)。“动态”的意思是指：首先，住房短缺的情况十分严峻，社会感到有必要把住房贫困列为政治议题，住房政策就此登上历史舞台；而当这场讨论足够充分、上升到各方一致同意要将构思付诸行动时，住房政策进入第二阶段，公共部门开始大规模地为住房生产提供补贴，住房政策制度得以建立、住房贫困被逐渐消除；一段时间的密集建设之后人们对于住房最迫切的需求得到满足，当住房数量不足不再是首要问题时，人们的关注点从生产转向管理，继而又转向住房和居住环境的质量。

这些阶段按照内部结构的逻辑环环相扣：对住房短缺的担忧必将转变为对生产的关注；而对生产的需求迟早会饱和，于是社会又会转而关注生产的质量。然而，第四阶段也就是最后一个阶段看上去并不遵循这种内部动态：它似乎更受意识形态的影响，且与“福利国家的一般公共收缩”有关(Bengtsson,2013b)。事实果真如此吗？公共部门收缩是否也可能是结构性的？或者，反过来说，前几个阶段是不是也是意识形态影响的结果？如果我们接受社会学的传统观点，认为官僚体系有持续存在和不断壮大的倾向，考虑到官僚体系里专业人员的利益和维持旧有系统的投入，再加上为解决住房问题时建立起来的机构渐渐僵化的可能，我们可以将公共收缩阶段也纳入结构性逻辑框架内——由于住房政策体系变得过于庞大、昂贵且僵化，因此也产生了重组和解构自身的动力。

仅仅是在意识形态上试图转变不足以真正改变住房政策，还必须有站得住脚的反对旧有住房制度的理由，比如上文所介绍的北欧理想化模式就是为了消除住房贫困而生。沿着这个思路进行下去，我们需要系统考虑政策所针对的住房问题的历史变化性和相对性，把各个住房政策时期（如各个阶段）的概念化成一个解决问题的先后顺序：是住房条件发生变化，导致了数量问题，继而引发了质量问题，最后产生了经济可持续发展问题。

当然我们也可以转换分析问题的视角：有没有可能在公共部门收缩阶段之前的三个阶段也多少或完全受到了意识形态的影响？第一个阶段即住房问题政治化阶段需要人们转变对住房贫困的观念，不再把它当作是个人问题，转而要求地方和国家政府承担起干预管控的责任。① 借鉴芬兰的案例，我们可以将建设阶段细分为制度建设时期和实体建设时期，其中制度建设时期也可以被归为开始阶段的一部分。虽然政府将制度用于大规模促进住房批量生产的现象并不常见，但在芬兰的案例中，第二次世界大战结束后不久确定的政策工具从 20 世纪 60 年代中期开始被广泛应用。另外，芬兰以及其他北欧国家之所以特别努力地"建设住房来摆脱贫困"（瑞典使用的口号），是因为它们都受到了现代福利意识形态的影响，这种在斯堪的纳维亚式社会民主主义中体现最为充分的福利观点，在当时其他的政治思潮中也有所反映。

关注点从生产向管理的转变颇具结构性特征，虽然如此，我们还可以提出一个反事实的问题：国家已经基本消除了极端住房贫困，为什么公共部门收缩在那时不曾发生？这是由于质量问题在当时引发了大量的关注，公共部门因此又承担起新的职能。随着人们的生活水平的不断提高，有关生活质量的问题就变得更加紧迫，在住房领域，这意味着人们所接受的住房标准发生了变化。仅仅拥有一个容身之所还不够，居住环境的社会和自然特点成为住房政策议程上重要的议题。② 如果我们认为住房政策的所有阶段或多或少都受到意识形态的影响，那么公共部门收缩依然遵循着阶段模型前三个阶段的发展脉络。

---

① 20 世纪 80 年代末或 90 年代初，当我刚刚开始以住房政策研究员的身份访问瑞典时，一些住房研究人员表示瑞典不再需要对住房政策进行研究，只需要研究住房管理。他们持有的这种看法令我感到困惑。当然，如今瑞典的研究人员已经不再这样认为了。

② 芬兰哲学家和社会学家 Petri Ylikoski 在研讨会上向我建议了这一点。

如前所述,我们可以结合不断变化的意识形态环境以及民众对公共部门承担住房供给责任的期待来阐述阶段模型,这种联系意味着阶段模型比"结构逻辑"更具历史支撑。而且,越是基于历史,我们就越不能把阶段模型定义为一个周期模型(即公共部门收缩阶段标志着一个周期的结束,而新一轮房屋政策周期又随着新一个开始阶段的启动而开始)。因为周期就意味着回归原始状态,而住房问题永远不会以完全相同的方式重现;住房情况不停地变化发展,变化过程中产生的新问题又有待人们去解决。所以我们不能将阶段模型笼统地概括为一个抽象的住房政策周期性变化模型。

除此之外,阶段模型与研究住房政策的制度主义方法之间的关系也值得我们思考。我们的研究选用了基于行为体,而不是结构性的理论方法。正如马克思所说,是人民创造了住房政策的历史,尽管这种创造不是在人民自己选择的条件下完成。过去的政策构成了当前的情况,塑造了政策选择的环境以及社会看待住房问题和政策的方式,最终,行为体的行为和彼此间的相互作用促成了住房政策的确立。沿着这个思路,原则上阶段模型的结构动态应该根据不同类型的行为体(政府部长、政治家、官僚、开发商、建筑公司、居民利益组织等等)被分解成不同的行动和互相作用。然而我们在阐述阶段模型时并没有这样做,而是以一种被动的形式呈现了住房政策从一个阶段转移到另一个阶段的过程。或许我们也可以试着以行为体为中心来阐述阶段模型,说不定还能有沿结构逻辑开展研究时没有认识到的新发现。从行动者的角度去"翻译"我们的阶段模型,就可以把它转化为一连串问题的解决过程。

我们对五个北欧国家的历史分析可以被解读成 Andrew Abbott 所说的"族谱寻根"(Abbott,2016),即仔细追溯导致公共部门收缩这一结果的重要原因。读者们在丹麦案例研究当中就可以清晰地看到,我们正是先描述了社会保障性住房部门数次失败的私有化尝试,然后讨论了政策改革阻碍因素的历史发展过程(Jensen,2013a)。然而,我们研究的目的不是试图寻找公共部门收缩的成因,而是为了解释北欧国家住房政策体系各不相同这一事实。所有北欧国家在第二次世界大战结束以后逐步建立起的住房政策体系,在 20 世纪 80 年代发展到顶峰，此后逐渐重组和瓦解。我们的研究发现了一系列相对稳定的国家政策和制度，这些政策和制度经历整个战后时期的发展，现在又面临着变革的压力。

读完北欧住房政策的比较研究，或许人们会觉得公共部门的收缩意味着住房政策历史的结束。即使我们选择的研究方法可能在有些方面让读者产生这样的想法，但现实并不如此。诚然，当我们解决了住房短缺之后，就一时半会不再需要担心这个问题——除非像战争或自然灾害这样的外部事件又造成新的短缺。然而每逢到了从一个阶段进入另一个阶段的“关键时刻”，我们又会面临各种各样新的问题。对路径依赖的关注可能会让我们过分在意稳定性，但是住房是一个不断变化的社会过程（参见 Abbott，2016），并没有多少稳定可言。从需求方面来看，人口会增长（或减少），人口年龄结构会发生变化，人民会从国内一个地方迁往另一个地方，人民的生活水平会改变，那么人民的住房价值观也会相应变化。从供给方面来看，生产技术会发生变化，经济上的重要事件会推动或抑制生产，融资工具会发展，新的市场会出现，而另外一些曾经重要的因素会逐渐退出历史舞台。变化具有路径依赖的特点，而路径依赖并不排除变化，住房问题不断变化发展，在不同的时间和地点呈现出新的形式。

在住房政策早期阶段遇到的问题可能以新的形式再次出现。以住房数量短缺为例。当今芬兰住房政策领域争议最为激烈的问题就是首都赫尔辛基及其大都市地区的廉租房不足。大量人群因为首都地区充足的就业机会而迁往赫尔辛基，然而那里的租金和房价实在过高，租赁或购买房屋对护士或警察等服务行业工作的普通人而言并不轻松，对于低收入的体力劳动者来说情况更糟，更不用说新移民了。因此住房政策专家和政界人士正在想尽办法增加赫尔辛基地区的住房产量。我们于是又回到在建设阶段遇到的这个问题上来，不过这次的住房短缺不再是全国性的，而是地方性的问题。除了赫尔辛基地区和其他经济增长中心，其他地区几乎都没有什么关于住房问题的讨论。[①] 在公共部

① 这也是瑞典首都和其他较大城市地区的问题。可能北欧其他国家的首都也遭遇类似问题。

门收缩的意识形态占据主流地位的情况下，最初建设阶段使用过的部分政策工具都被逐渐废止，没有人认真讨论要重新采取任何一种形式的租金管制措施。政府不打算再像20世纪60年代委员会的报告所设想的那样主动促进住房供应，并强化自身作为住房生产融资方的作用。现在政府更多地通过与市政当局和私营部门开展合作以及逐步废除不利于廉租房业主操作的法规，让投资生产新住房更具有吸引力。

5. 结束语

住房政策的制定是基本遵循一个内在的结构性“逻辑”，还是主要由Abbott所指出的“环境因素”的外部力量驱动，这是本章讨论的核心问题。环境因素各种各样，包括一般的经济形势、该国不同地区之间的人口流动，等等。

从芬兰目前的情况来看，住房政策的形成当中既存在内在动态因素，也有着外在意识形态框架的影响作用。那么是该用意识形态框架来解释住房政策的发展，还是用内在动态因素来解释呢？显而易见，两者在住房政策的发展过程中都发挥了作用，然而真正的挑战在于说明它们各自发挥了什么作用？是否两者中有一个在解释住房政策发展方面格外重要？本章认为，住房问题的政治化是一种意识形态选择，而这一点只有那些生活在有住房政策历史的国家的人才能真正明白。举例而言，“政府应具体指导住房供应”这一观点就曾经是一种崭新的住房思路，标志着在意识形态层面与过去住房政策制定方式的一次决裂。另外还存在其他框架。

北欧国家对公共住房政策应该发挥的作用持有相似观点，都认为纠正市场缺陷和失灵是国家的责任——这种在北欧五国过于显见、甚至很少会被视作关于住房供应的特别意识形态的理论，正是阶段模型所依赖的政策核心。不过，正如上文所述，北欧五国在意识形态上做出这种选择后，结构性逻辑也参与构成了住房政策的“自然史”(即阶段模型)。综上所述，本章讨论的阶段模型有助于我们设计一个更加细致入微的方法去分析国家住房政策的发展。

参考文献

Abbott A (1999). Department and Discipline. Chicago Sociology at One Hundred. Chicago: The University of Chicago Press.

Abbott A (2016). Processual Sociology. Chicago: The University of Chicago Press.

Bengtsson B (1995). Politics and Housing Markets——Four Normative Arguments. Scandinavian Housing and Planning Research, 12(3): 123-140.

Bengtsson B (2013a). Fem länder, fem regimer, fem historier-en nordisk jämförelse [Five Countries, Five Regimes, Five Histories——A Nordic Comparison]. In B. Bengtsson et al. Varför såolika? Nordisk bostadspolitik i jämförande historiskt ljus [Why So Different? Nordic Housing Policy in Comparative Historical Light]. Malmö: Égalité: 401-436.

Bengtsson B (2013b). Varför så olika? Om en nordisk gåta och hur den kan lösas [Why So Different? On a Nordic Puzzle and How It Can Be Solved]. In B. Bengtsson et al. Varför så olika? Nordisk bostadspolitik i jämförande historiskt ljus [Why So Different? Nordic Housing Policy in Comparative Historical Light]. Malmö: Égalité: 13-47.

Bengtsson B and Ruonavaara H (2011). Comparative Process Tracing in Housing Studies. International Journal of Housing Policy, 1(4): 395-414.

Bengtsson B, Annaniassen E, Jensen L, Ruonavaara H and Sveinsson J R (Eds.) (2013). Varför så olika? Nordisk bostadspolitik i jämförande historiskt ljus [Why So Different? Nordic Housing Policy in Comparative Historical Light]. Malmö: Égalité.

Elster J (1993). Political Psychology. Cambridge: Cambridge University Press.

Grunfelder J, Rispling L and Norlén G (Eds.)(2016). State of the Nordic Region 2016, 2nd ed. Stockholm: Nordregio. www. nordregio. se/Global/Publications/Publications%202016/State%20of%20the%20Nordic%20Region%202016/sotnr2016-2nd-editon-DIGI. pdf

Haydu J (1998). Making Use of the Past: Time Periods as Cases to Compare as Sequences of Problem Solving. American Journal of Sociology, 104(2), 339-371. DOI:10.1086/210041.

Holt-Jensen A and Pollock E (Eds.)(2009). Urban Sustainability and Governance. New Changes in Nordic-Baltic Housing Policies. New York: Nova Science Publishers.

Jensen L (2013a). Danmark-lokal boendedemokrati och nationell korporatism [Denmark-Local Residents' Democracy and National Corporatism]. In B. Bengtsson et al. Varför så olika? Nordisk bostadspolitik i jämförande historiskt ljus [Why So Different? Nordic Housing Policy in Comparative Historical Light]. Malmö: Égalité.

Jensen L (2013b). Housing Welfare Policies in Scandinavia: A Comparative Perspective on a Transition Era. LHI Journal of Land, Housing, and Urban Affairs, 4(2): 133-144.

Karlberg B and Victorin A (2004). Housing tenures in the Nordic countries. In M. Lujanen (Ed.). Housing and Housing Policy in the Nordic Countries. Nord 2004, 7. Copenhagen: Nordic Council of Ministers: 57-78.

Kettunen H and Ruonavaara H (2015). Discoursing Deregulation: The Case of the Finnish Rental Housing Market. International Journal of Housing Policy, 15(2): 187-204.

Lujanen M (2004). Main Lines of Nordic Housing Policy. In M Lujanen (Ed.). Housing and Housing Policy in the Nordic Countries. Nord 2004, 7. Copenhagen: Nordic Council of Ministers: 15-22.

Lujanen M (Ed.) (2004). Housing and Housing Policy in the Nordic Countries. Nord 2004, 7. Copenhagen: Nordic Council of Ministers.

Lujanen M (2010). Legal Challenges in Ensuring Regular Maintenance and Repairs of Owner-occupied Apartment Blocks. International Journal of Law in the Built Environment, 2(2): 178-197.

Mahoney J (2000). Path Dependence in Historical Sociology. Theory & Society, 27(3): 507-548.

Pierson P (2004). Politics in Time. History, Institutions, and Social Analysis. Princeton, N.J.: Princeton University Press.

Ruonavaara H (1993a). Types and Forms of Housing Tenure: Towards Solving the Comparison/Translation Problem. Scandinavian Housing and Planning Research, 10(1): 3-20.

Ruonavaara H (1993b). Omat kodit ja vuokrahuoneet. Sosiologinen tutkimus asunnonhallinnan muodoista Suomen asutuskeskuksissa 1920—1950 [Owned Homes and Rented Rooms. A Sociological Study of Forms of Housing Tenure in Finnish Population Centers]. Turku: University of Turku.

Ruonavaara H (1996). Home Ideology and Housing Discourse in Finland 1900-1950. Housing Studies, 11(1): 89-104.

Ruonavaara H (1999). The State and Self-Help Housing in Urban Finland, 1920 to 1950. Housing Studies, 14(3): 329-339.

Ruonavaara H (2013). Den dualistiska bostadsregimen och jakten på det sociala [The Dualist Housing Regime and the Quest for the Social]. In B. Bengtsson et al. Varför så olika? Nordisk bostadspolitik i jämförande historiskt ljus [Why So Different? Nordic Housing Policy in Comparative Historical Light]. Malmö: Égalité: 277-346.

Sewell W H Jr (2005). Logics of History. Social Theory and Social Transformation. Chicago and London: Chicago University Press.

Sørvoll J (2014). The Politics of Cooperative Housing in Sweden and Norway-The Swedish Deregulation of 1968 and the Norwegian Liberalization of the 1980s. Oslo: University of Oslo.

Statistics Iceland. Tenure Status [of] Households and Individuals by Sex 2004—2014. www. statice. is/statistics/society/quality-of-life/housing/

Statistics Norway. Households, by Tenure Status, Contents and Year. www. ssb. no/en/statbank/table/11081/tableViewLayout1/? rxid = 4bbaead1-a8b0-4938-ab54-8bd25b24902d

Statistics Sweden. Housing Expenditures and Number of Households by Tenure and Type of Household, 2015. www. scb. se/en/finding-statistics/statistics-by-subject-area/household-finances/household-expenditures/housing-costs/pong/tables-and-graphs/housing-expenditures-and-number-of-households-by-tenure-and-type-of-household/

Svensson, S. K. A. (1998). Transformation of a Tenure: The Evolution of Tenant-Ownership in Sweden. Gävle: Institute of Housing Research.

第四章　荷兰的房价、地租和集聚效益

科恩·N. 图林斯(Coen N. Teulings),乌德勒支大学、剑桥大学(Utrecht University & University of Cambridge)

1. 引言

传统上将土地视为经济发展中的固定因素,它约束着一国的 GDP 发展水平。不过,这种观点越来越站不住脚。资本主义经济的增长导致了大规模的城市化,高度发达的国家有超过 70%的人口居住在城市当中,而国家从传统农业经济向现代工业经济的转型也通过大规模提高城市化来实现。由于城市化及城市地区人口高度密集,将土地作为稀缺因素的观点已然过时。相反,许多国家大片地区的人口密度已经下降到如此之低的水平,以致不能继续以有效率的规模提供各项服务。

或许会有人认为,一国大部分地区人口减少将导致地租占 GDP 的份额下降,然而事实并非如此。过去几十年间农业地租确实有所下降,但城市地租却显著增长。那些只有城市才能提供的设施或服务让城市成为颇具吸引力的居住地,每个人都希望能够在经济活动中心附近生活和工作。尽管农业用地可能相当充足,城市热点区域的土地却越加稀少,因此地价也逐渐升高。本章将介绍一个用于分析城市发展机制的简化框架,并依次推导出一些简单的经济规律,以供城市规划者和其他决策者参考。

为了记录荷兰城市发展的进程,亨利·德·格鲁特(Henri De Groot)、杰拉德·马莱(Gerard Marlet)、沃特·韦尔默朗(Wouter Vermeulen)和本章作者四人组成的团队开展了多项研究。我们聚焦住宅地租,对荷兰全国约 2500

个邮政编码区的情况进行了详细而全面地分析。研究发现，即便是在荷兰这样一个相对较小且人口密集的国家，各地的地租也存在着巨大差异：阿姆斯特丹运河区的地租为 3500 欧元/平方米，而国家东北部地区的地租仅 17 欧元/平方米。由于估量当地公共物品的价值会涉及地租的高低，特别是在城市地区更是如此，因此地租问题对于政策制定者们而言格外关键。此外，我们的回归分析表明，生产端和消费端的因素都在决定地租的过程中发挥着重要作用。在消费方面，纪念性建筑物的数量、特定奢侈品的采购量及其到文化展演场所的距离都会对地租产生非常大的影响。由于这些活动网络很难只靠城市规划者的构思就创建出来，因此在城市发展和改建中应对其尽可能地保留。

我们还进一步研究了集聚效益的动态变化。地租不仅体现了当前的集聚效益，还包括对这些效益增长的预期。分析表明，人口增长率方面各个区域之间的差异非常持久——作为荷兰最成功，也是增长率最高的地区之一，阿姆斯特丹的高增长率有望继续保持 20 年。竞争性市场在确定价格时会把这些预期纳入考虑范围之中，而这一机制对房价的影响在本章中也得到了分析。我们推导出一个简单的规则来确定新建房屋的最佳时间，并将其应用于荷兰数据。最后，本文探讨了公共政策承担怎样的职责才能最大限度地发挥集聚效益。

本章的结构如下：第二节提出的政策评估简单框架将作为本章分析的背景；第三节将探讨荷兰 2500 个邮政编码区域的地租模式；第四节将讨论第三节中提到的影响地租差异的各种因素；第五节研究区域间人口增长率差异的持续性，以此分析不同地租预期产生的影响，并得出新房地产最优投资的简单规则。

2. 一个简化的政策评估框架

我们为德·格鲁特、马莱、图林斯和韦尔默朗(De Groot, Marlet, Teulings, Vermeulen, 2015)研究中涉及的城市提供了一个简化分析框架，这个框架与城市空间结构模型有关，类似于卢卡斯和罗西·汉斯伯格（Lucas 和 Rossi-Hansberg，2002）与罗西·汉斯伯格（Rossi-Hansberg，2004）的模型。一个城市的中心区域总有些公共产品，可能是生产方面的中央商务区（CBD），也可能是消费方面的歌剧院或购物中心，实际上还可能同一地点承担着生产与消费两方面的职能。只不过 CBD 的经济效益可以通过超额工资计算，而文娱设施带来的福利却没法这样衡量，本章因此侧重于从生产方面对 CBD 进行分析。此外，我们为了便于说明而选择使用一维的架构，尽管如此，该分析能够很容易地扩展到二维空间。根据我们的假设，城市土地只能用于住宅建设，而 CBD 本身不需要任何土地作为投入，因此城市可以用一条线表示，而 CBD 是城市中心区域的一个单点。每名员工都需要一个单位的土地来生活。我们假设从住所到 CBD 的通勤成本随着其与 CBD 的距离呈线性递增。

图 4.1 展示了这种设定：浅灰色区域上方的水平线为农地价值；顶部的矩形的大小是高于农业工资的 CBD 工资剩余乘以城市规模；从 CBD 顶部拉出的对角线表示的是通勤成本：住在 CBD 边上的人没有通勤费用，住处距离 CBD 越远则通勤成本越高，城市边缘地区居民的通勤成本完全和 CBD 工资剩余相等。这样的话，生活在此处的人们对在农业领域就业或在 CBD 工作没有特别的偏好，因为工资剩余完全被通勤成本抵消。而如果住的地方距离 CBD 更远，则通勤成本会超过工资剩余。因此，人们更愿意留在农业部门工作。

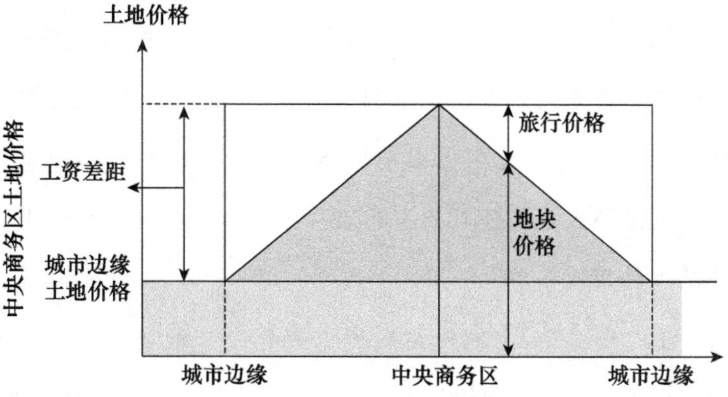

图 4.1　城市中央商务区模型

来源：De Groot 等，2015.

城市边界内的地租调整后，人们对不同住宅的位置不再关心。因此，超出农地价值的剩余地租与市内各处的区位价值相等，用深灰色三角区域表示。靠近CBD处的剩余地租等于CBD的工资剩余，城市边缘的剩余地租为零。因此，地租剩余总额与CBD净值相等——即生活在市区及在CBD工作的所有人的工资剩余总额(农业地租之上的矩形区域)减去人们到达CBD所需的通勤成本(附带通勤支出的两个浅灰色三角形区域)——这也就是CBD的社会价值。这个事实让我们得出以下关于地方公共品(如CBD、购物中心或交通基础设施)的一般性结论：

结论1：地租剩余总额衡量的是地方公共物品的社会价值

这一结果为我们提供了进行公共物品成本-效益分析的实用工具，因此将对城市开发的政策制定大有裨益。只要项目成本低于该项目产生的额外土地价值，那么这个项目就值得投资。

接下来，我们要探讨自由市场化过程形成的城市是否合乎社会需求(用经济学家的语言来说就是它是否有效率)，我们是否还需要对这一过程进行公共干预。显而易见，在CBD的工资率一定的情况下，市场化形成的城市边界可以反映出通勤成本和工资剩余相等的位置，城市最终具有的规模也因此是有效率的。与之类似，居住区的土地利用同样具有效率。尽管上文的模型假设每名员工使用固定大小的土地使用，并且所有土地都用于同样的用途(住房)，因此并未涉及这一问题。然而，如果员工可以选择消费多少土地，其选择也将是有效率的。通过消费2倍于他人的土地数量，一名员工将会剥夺他人从CBD工资剩余中获益的权利。不过，这名员工不得不支付更高的地租，这正好可以与工资剩余相抵。无论私人还是公共成本的效益评估都可以达成一致，因此自由市场化过程的结果具有效率。

结论2：当工资固定，土地使用和城市规模是有效率的

让我们在模型的设定上更进一步，考虑人们可以选择他们愿意使用多少土地的情况。假设所有员工都有相同的效用函数，土地和其他消费是仅有的输入

变量。并且所有员工的财富水平也都相同,那么居住在CBD附近的员工消费的土地就会比居住在城市边缘的员工要少。这是因为整座城市其他消费品价格相同但中心区域地租更高,相对的价格差异将会减少CBD附近的土地消耗。而由于房地产是土地和建筑物的结合,较高的地租意味着CBD附近建筑的密度也更高。

结论3:CBD附近人均土地消耗量将会减少,而人口和建筑密度将会增加

结论2和结论3都有重要的政策意义:距离地方公共物品越近,土地的价值越高,人均土地使用面积将会下降。同时,人口密度会增加,也就使得更多的人口可以从邻近公共品中受益。正如结论2所说,土地利用具有效率,邻近公共品的地区人口密度更高也具有效率,因此在建造新的地方公共品时应当增加附近的建筑密度。由此可见,确定投资项目覆盖区域的边界时需要留下足够充分的空间,从而将毗邻地区的潜在外部性内化,并使现存的房地产得到优化。

然而实际生活当中,CBD的工资并不是固定的,在CBD工作的员工会因集聚效应而有所获益。阿尔菲尔德、雷丁、斯特姆和沃尔夫(Ahlfeldt, Redding, Sturm, Wolf,2015)将柏林的特殊历史作为自然实验来评估这种效应的作用。1936年的柏林是一座没有分裂的大城市,它在1986年被柏林墙一分两半,又在2006年重新成为一体,这种分合完全可以被视作外生因素。他们的分析显示生产率相对于当地密度的弹性约为7%:某个地区员工增加10%会导致该地区生产率提高0.7%。CBD的这种优势会随着距离增加迅速减弱:两分钟的路程将使生产溢出效应减半,而对消费溢出效应而言一分钟的路程就会如此。

当工资取决于CBD其他员工的数量时,土地利用和城市规模不再有效率。让我们再考虑一下上文提到的例子,如果一名员工消耗的土地面积是他人的2倍,他/她就会剥夺了另一名员工从CBD获得更高工资的惠益。尽管更高的地租可以补上这一部分,却不能对这名额外的CBD员工本能为所有其他员工

带来的知识外溢做任何补偿。因此，土地利用不再有效，员工们会消费无效的城市规模。与之类似城市的大小也没有达到有效率的规模，社会规划者会希望城市里招揽进更多的员工，因为每多加一个员工就可以带来知识外溢的正外部性。所以应该一方面向土地利用征税（以纠正无效的土地利用），另一方面设置城市生活补贴（以纠正无效的城市规模）。

结论 4：当让更多员工就近工作产生的集聚效益会对工资产生正向影响时，人口密度就会过低，城市规模就会太小

这一结论与结论 2 相反。结论 2 指出，城市规划者干预房地产建设没有任何意义，而结论 4 则表明这一说法在有集聚效益的条件下不再正确。由于城市密度往往低于有效率的密度水平，因此公共政策应发挥以下作用：第一，提供公共物品，使这个城市成为有吸引力的工作场所；第二，确保城市规模足够大，并将城市密度保持在足够高的水平——这两项任务都成本颇高，如何提高财政收入以支付上述费用因此成了困扰市政府的难题。由于作为固定因素的土地不会因为税收而扭曲，城市公共品最有效的融资方式就是对土地征税。这一税种被以一个多世纪前将其提出的经济学家命名，即所谓的亨利·乔治税。

结论 5：对土地征税是支付城市公共品供给的最佳方式

结论 5 对结论 1 进行了扩展，回答了公共物品应由谁支付的问题：既然附近的土地所有者是项目的主要受益对象，他们就该拿出一部分地租剩余来买单。然而，正如雅各布斯（Jacobs，1961）强调的那样，并不是所有城市中心的集聚效益都有着深思熟虑的规划或者是公共干预的结果。这些活动的网络在一种实验性的有机生长过程中逐渐出现，又彼此强化。由于需要特定的创业技能（如专卖店）和空间配置（如历史悠久的城市中心）的结合，它们只能通过反复试验和试错的过程才能得以形成，很难通过空间规划政策被重新建立。因此，应对现有的集聚效益网络谨慎处理。特别是那些吸引人口的居民区，如纽约的格林威治村更应遵循这项原则。它们很容易被摧毁，而各个部分只有结合在一起

才能存续，所以一旦消失就不太可能重现。出于这个原因，城市规划者在干预这些网络时应格外谨慎。

结论 6：应谨慎对待城市现有的集聚效益网络

这部分的分析集中于市区中心拥有一个 CBD 的城市。对于结构更加分散的城市的分析将变得更加复杂。格雷瑟、卡恩和拉帕波尔(Glaeser, Kahn, Rappaport, 2000)与卢卡斯和罗西·汉斯伯格(Lucas, Rossi-Hansberg, 2002)的研究论证了分散结构出现的原因。而上述关于地租作用的论述逻辑依旧适用。

3. 地租和建筑物价值

上一节的理论框架说明了为什么关注地租非常有趣，而本节讨论的实证框架将使我们能够计算荷兰 2500 个邮政编码区域的地租。荷兰是一个小国，拥有 1600 万居民和 3.5 万平方千米的土地。一个邮政编码在城市里覆盖的面积比农村要小，城市中心的邮政编码通常覆盖大约 1 平方千米的地区。我们的推导基于房地产经纪人协会(NVM)友情提供的数据集，其中记录了 1985—2013 年大约 100 万笔房地产交易。数据包含每笔交易的交易日期、地点(按邮政编码)、交易价格、土地面积、建筑面积以及一些建筑特点，如房间数量、是否位于街角或为独栋建筑、建造年份等。

想要评估公共物品的价值就需要对地租进行估算，而将房屋交易价格分解为土地价值和附着在土地之上的建筑物的价值并不容易。我们会在附录中对所选的价值估算方法做出更详细的解释。

图 4.2 是标有各个邮政编码地区地租的一幅荷兰地图，图中的黑线为城市区域的边界(这些区域可以等同于通勤区)。阿姆斯特丹运河区的地租最高，大约为 3500 欧元/平方米；地租最低的地区是与德国接壤的东北部边境，每平方米地租仅为 17 欧元——最高地租和最低地租之间的差距达到 200 倍。即使是不了解荷兰地理结构的读者，也很容易在这幅图中找到各个城市的位置。总体而言，荷兰西部地区的地租比东部更高。北部小岛和西部海岸

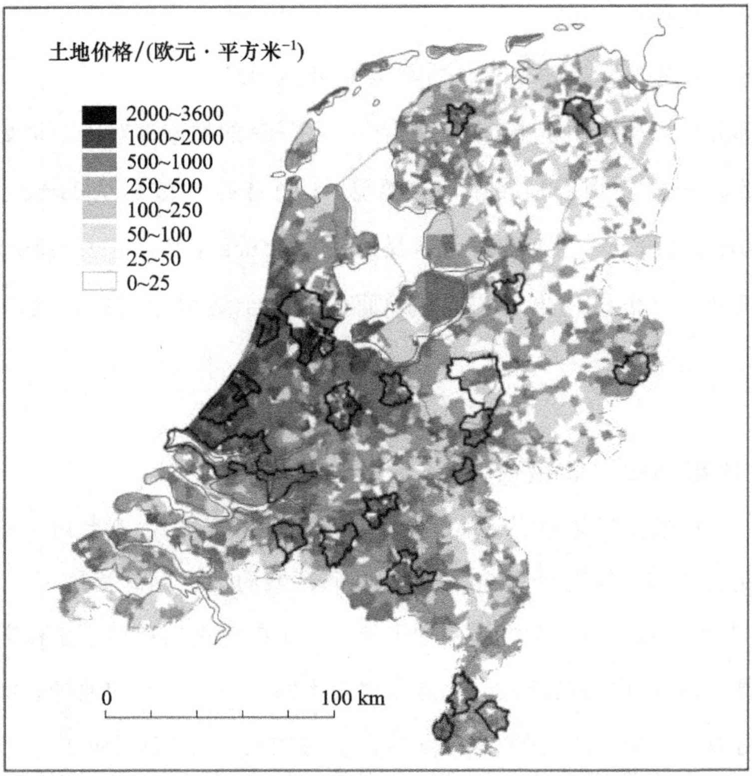

图 4.2　各邮区每平方米土地租金

来源：De Groot 等，2015.

是极受欢迎的旅游胜地，因此地租相当之高。图 4.3 则为我们展示了阿姆斯特丹都市区的放大地图，从中可以清晰地看到这座城市的单中心模式：离市中心越远，地租越低。

图 4.4 支持了结论 3 的内容：地租与地块大小负相关，与人口密度正相关。

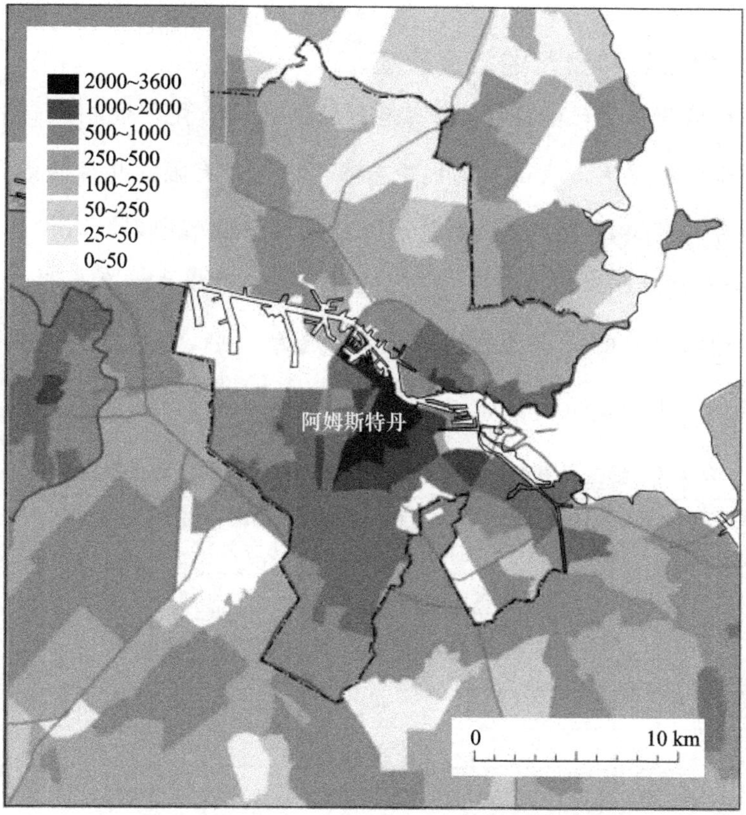

图 4.3　阿姆斯特丹土地租金：单中心模型的证明

来源：De Groot 等，2015.

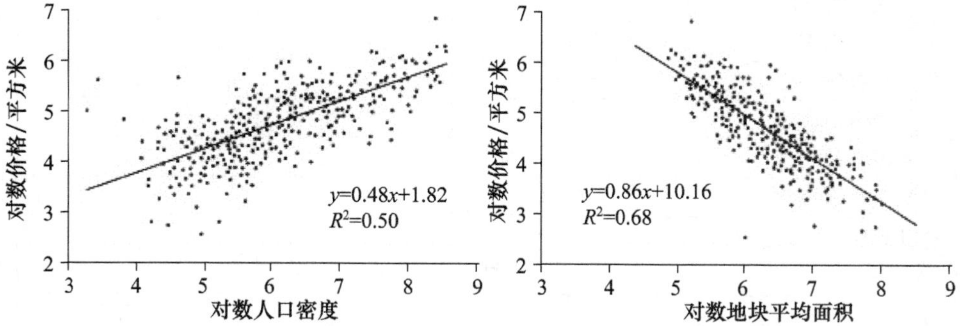

图 4.4　与土地租金呈负相关的土地面积和与土地租金呈正相关的人口密度

来源：De Groot 等，2015.

4. 地租差异和集聚的社会价值

我们在第三节中已经证明，即使是荷兰这样同质化程度相当高的国家，地租水平也跨度很大。大部分的地租差异可以通过有限的几个变量来解释。这些变量分为三类，即生产端、消费端以及衰退的城市中因既有设施被迫关闭、购物中心铺面闲置而造成的不便。有意思的是，生产端各变量和消费端各变量对地租差异的影响大致相等：生产端为 34%，消费端为 38%。具体结果请见表 4.1。

表 4.1　哪些因素能够解释不同邮政编码区域间的巨大地租差异？

因变量：每平方米土地价格（PC-4 级）	1985—2007 年平均值	可解释的方差/(%)（无协方差）	可解释的方差/(%)（含协方差）
每小时工资总额/欧元	6.43	1	1
乘汽车上下班（经交通拥堵调整）	0.18	13	25
乘公共交通工具上下班	0.09	3	6
邻近火车站	67	1	2
生产端小计			34
邻近自然设施	0.15	2	4
邻近城市公园	213	1	3
位于海边	75	1	3
历史内城	1.70	4	8
位于阿姆斯特丹运河区内	1.491	0	0
邻近艺术表演	0.16	4	7
邻近高级餐厅和酒吧	6.63	1	2
邻近奢侈品商店	0.71	6	11
消费端小计			38
日常购物设施差	−7.73	2	3
公共妨害、堕落、缺乏安全感	−1.14	1	2
合　　计		41	77

资料来源：De Groot 等，2015；变量维数请参见资料来源。

在生产一侧，我们根据实际数据显示的通勤时间，分别计算了驾驶汽车和乘坐公共交通能够到达的岗位数量，发现驾车抵达的岗位数量解释地租差异的能力是乘坐公交的 4 倍。不过，表 4.2 中呈现的只是一些城市地租剩余的数据。事实证明，在阿姆斯特丹、鹿特丹、海牙和乌德勒支等主要城市当中，公共交通会对地租水平起到更大的影响。这些城市的土地往往比较稀缺，而汽车则是一种土地密集型交通工具，不但供汽车通行的道路会占用大量土地，居住区和工作区还都需要土地以建造停车位。

表 4.2　部分城市平均地租剩余分解　　单位：欧元

城　　市	实际低价	预期地价	工资	乘汽车	乘坐公共交通	历史中心	表演艺术	餐馆	奢侈品店	城市公园、自然和海洋	衰退
阿姆斯福特	89	94	5	21	29	−2	8	2	16	16	−1
阿姆斯特丹	396	379	12	58	38	49	119	19	80	4	0
阿培尔顿	16	26	5	9	13	−6	0	−2	4	12	−9
阿纳姆	41	101	3	28	21	−3	21	−6	27	16	−7
布雷达	79	60	2	14	14	−1	10	−2	28	1	−7
多德雷赫特	55	68	3	29	23	1	5	−6	12	2	−1
埃因霍温	56	66	3	23	13	−7	14	−1	22	3	−3
恩斯赫德	−9	−21	0	−20	1	−7	10	−5	12	−1	−10
锡塔德格勒恩	−24	−26	2	−13	−1	−3	0	−5	10	−9	−6
格罗宁根	81	48	4	−11	1	1	34	−1	24	−6	2
哈勒姆	255	193	3	36	27	8	32	8	44	23	11
海尔伦	−34	−24	−1	−18	−4	−4	4	−6	12	6	−13
吕伐登	42	−11	0	−17	−3	6	10	−5	15	−11	−4
莱顿	237	135	6	37	28	4	16	0	29	12	3
马斯特里赫特	86	60	3	−16	−3	25	13	13	38	−3	−10
奈梅亨	44	61	7	23	14	−5	19	−2	20	−3	−11
鹿特丹	101	139	6	29	34	−7	30	3	44	6	−4
斯海尔托	110	86	4	24	23	0	18	−1	23	−4	−2
海牙	254	237	11	48	43	−3	45	12	60	16	6
蒂尔堡	56	71	1	18	18	−6	33	−4	26	2	−16
乌德勒支	169	181	6	44	39	1	44	4	42	12	−10
兹沃勒	100	37	1	2	11	1	9	1	11	10	−11

资料来源：De Groot 等，2015.

图 4.5 是因工作可达性而导致的全国地租剩余分布图。从中可以看出，私人交通可达性为更广阔的土地带来了附加价值，而公共交通可达性的贡献则集中在铁路枢纽附近以及拥有大型地方公交网络的主要城市当中。从这个意义上讲，公共交通不仅仅造成了地租差异，对于经济活动的空间分化也有重要作用。

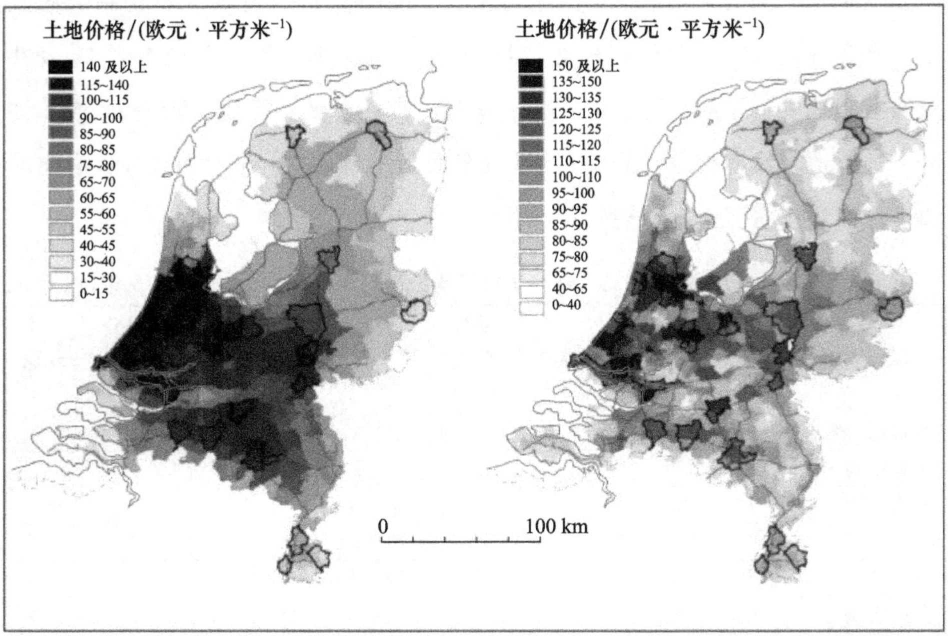

图 4.5　因生产侧外部性而产生的土地租金盈余：私营与公共交通

来源：De Groot 等，2015.

消费一侧有更多的变量被纳入了考量范围：历史街区（以纪念建筑物的数量来衡量）、奢侈品店和餐厅、文化展演场地、优美的风景和到海岸的距离——这些因素对地租差异的影响都体现在表 4.2 的数据当中。我们试图对每座城市中超出非城区平均地租的部分加以解释，而事实证明各个城市的情况都迥然不同。作为目前为止荷兰最成功的城市，阿姆斯特丹每平方米地租剩余为 400 欧元。按相对价值计算，该城市之所以能有这样强的吸引力（即高地租剩余），主要归因于其完善而充足的消费设施。充满活力的文化活动（119 欧元）、购物设施（80 欧元）及其纪念建筑物（39 欧元，未列入表 4.2），仅仅是这三个因素就解释了该市约 60％的地租剩余。这些数字还只是阿姆斯特丹的平均水平，消费端因素在城内运河区和文化展演场地附近的影响甚至更高。与之相比，鹿特丹的生产端因素在地租方面占据着更为主要的地位。总体而言，地租高的城市往往都拥有强大的消费便利设施。但也不是没有极端例子存在：位于荷兰最南端的马斯特里赫特在消费方面非常成功，但在生产方面完全不行；多德雷赫特在生产方面相对较强，但在消费方面几无优势。最后，南部的海尔伦和格林/锡塔德正在衰落。这些城市直到20世纪70年代矿场关闭前都曾是矿业中心，矿产行业消亡的影响至今仍在持续：匮乏的就业机会和退化的基础设施导致这些城市丧失吸引力。类似地，恩斯赫德和蒂尔堡都曾是纺织业大市，而纺织作为技能含量较低的行业，很难与低工资国家进行竞争。由于与其他成功城市相距不远，也因为城中大学的存在，蒂尔堡在纺织业衰落之后恢复得相当好；而位于荷兰最东端的恩斯赫德与其他地方相距甚远，因此无法发展新的经济活动。

这些结果凸显了消费便利设施的重要及历史城市中心区的价值，其作用仅次于就业机会和经济活力(经济生产)等更加经典的影响因素。一个极具吸引力的城市中心无法单纯依靠社会规划者建造，只能通过不断试验和试错出现[参见第二节结论6和雅各布斯(Jacobs，1961)中的讨论]。在快速发展的城市抛弃低密度和低效率的建筑结构，并用高密度的摩天大楼取而代之的做法听上去不错，然而却破坏了可能颇具吸引力的生活社区，还摧毁了小商店的网络，而代之以不那么有趣的标准化购物中心。

荷兰在20世纪60年代就曾在这方面犯过一些错误，当时的人口急剧增长、汽车挤占了大量城市空间、旧的社区被新建的高楼大厦所取代。通常这会对城市的消费设施的便利程度产生负面影响，鹿特丹或许就可以被用作一个特别的例证——由于曾在二战期间被德军狂轰乱炸，鹿特丹的所有历史建筑都遭受了破坏，结果就如表4.2所示，即便是在70年后鹿特丹的地租仍远远低于在城市规模上与其相差不远的阿姆斯特丹。通过评估各种因素对地租剩余的影响，我们发现历史建筑在解释这种差异方面起着重要的作用。

德·格鲁特、马莱、图林斯和韦尔默朗(De Groot，Marlet，Teulings，Vermeulen，2015)的研究提供了大学和平均教育水平的作用的证据。一般来说，大学城(如阿姆斯特丹、乌德勒支、莱顿、奈梅亨、格罗宁根、马斯特里赫特、鹿特丹、蒂尔堡、恩斯赫德和埃因霍温)在这方面都表现得很好，而与综合性大学相比，更加专业的技术院校和财经院校(名单后四个城市)对城市福祉的影响往往较小。另外,劳动力平均受教育程度是衡量一座城市能否成功的良好指标。这里存在一个明显的分界线:劳动力中接受过高等教育人口比例超过42%的城市(如,阿姆斯特丹、乌德勒支、海牙、莱顿、奈梅亨和埃因霍温),其表现明显优于比例为42%及以下的城市(如,海尔伦、格林/锡塔德、多德雷赫特和阿培尔顿)。这种现象与"城市是知识溢出的场所"的观点相符合,更多相关的论述请参见格雷瑟、赛兹、波特里斯和斯特兰奇(Glaeser, Saiz, Burtless, Strange, 2004)或卢卡斯和罗西·汉斯伯格(Lucas, Rossi Hansberg,2002)的文章。另外根据表4.2,综合性院校和(或)高学历员工比例较高的城市似乎在消费方面格外突出,有人推测这是因为大学生充满活力的夜生活和大量的文化活动为城市提供了外部性。在一项对丹麦数据的分析中,戈蒂埃、斯瓦瑞和图林斯(Gautier, Svarer, Teulings,2010)表明城市作为婚姻市场发挥着重要的作用,对受过高等教育的人更是如此。作为丹麦几乎是仅有的大城市,其首都哥本哈根总是有大量单身的人们搬入:他们在找到伴侣后会迅速离开,而在离婚后甚至又会重新回来。这再次凸显了消费设施便利性的重要,特别是对受过高等教育的员工而言。尽管难以正式确定这种因果关系,但荷兰的数据(特别是历史城市中心区的重要性)表明,城市消费文娱设施的质量会极大增强该市获得高端研发活动集聚效益的能力。

由于地租剩余能够反映集聚效益的价值,人们可以利用这一剩余来衡量集聚效益对GDP的贡献。我们以荷兰20个最大城市住宅用地的价值作为参照,发现2012年城内土地价值超出城外土地价值的部分总计1120亿欧元。阿姆斯特丹虽然只有荷兰10%的人口,却有着450亿的地租剩余,占剩余总额的37%。当然,仅以这20个城市为研究对象,并使用城市的行政区划,可能会低估城市土地价值、高估农业土地价值。德·格鲁特等人(De Groot 等,2015)的研究对此有所纠正后形成一个更接近实际的估计,由集聚效益带来的土地剩余价值为3050亿欧元。假设回报率为4.5%,我们从中获得了大约150亿欧元的流动价值,相当于荷兰GDP的3%。

5. 什么时候进行城市扩张？

地租和房屋价格相关的数据信息有助于我们选择新建住房的合适位置，为此我们必须了解城市随时间演变的过程。如果城市增长具有高度不可预测性，那么开发商能做的最多也就是满足目前的需求，因为目前需求的增长并不意味着未来的增长。然而，正如下文将要讨论的那样，城市的增长率在一定程度上是可以预测的。这对空间规划、土地市场的作用以及地租信息内容有着深远的影响。

众所周知，城市的规模分布由齐波夫定律决定：一个国家第二大城市的规模大约是最大城市的一半，第三大城市的规模是其三分之一，第四大城市规模是其四分之一，以此类推。这种分布相对于正态分布而言尾部较厚，也就是说存在特大型城市，其规模会比我们按照正态分布设想的要大得多。而城市规模的演变则由吉布莱特定律——城市增长率与当前规模无关——支配，规模分布最终的稳态就是其作用的结果。根据这一规律，大城市和小城市有相同的增长或衰落的机会，一个城市当前的繁荣并不能决定它未来的发展前景。

城市的发展与目前的规模可能没有关系，但这并不意味着，城市未来的增长也与其今天的增长无关。换句话说，城市今天的发展可能会持续一段时间。假设一个城市目前正在快速增长，这种增长能够持续下去吗？还是说未来城市发展与其当前的规模或增长都不相关？这一问题可以用下面这个简单的模型反映：

$$g_t = d + r g_{t-1} + \text{误差项}$$

其中，g_t 表示 t 时的城市增长率，而 d 和 r 为参数。如 $r=0$，则增长完全不具持续性：过去的增长率没有预测未来增长率的能力；如 $r=1$，则增长率完全具有持续性：如果城市 A 增速快于城市 B，A 和 B 之间增长的差异将永远持续下去。

要对城市增长率的持续性进行实证研究，需要对城市进行恰当的界定。行政界定往往不太管用，因为快速增长的城市很快就会用光其管辖范围内的所有空地。之后就会在行政规划的边界之外进一步地增长，直到辖区重新整合以将邻近的市政并入核心城市。所以,使用行政边界往往会低估发展最快的城市的增长。

为了避免这个问题,本文并未使用行政区划界定城市,而是基于实际结果,比如根据通勤流量、公共服务使用情况,或根据专业化购物的大型商场的覆盖片区。按照这一类标准,马莱和沃克恩斯(Marlet, Woerkens,2014)将荷兰分为57个城市区,每个城市区包含大约8个自治市。这57个城市区覆盖了整个荷兰大陆(北部岛屿除外),各城市区1950—2012年人口演变的行政数据都详尽可靠。尽管如此,由于自治市的法律边界有时会发生行政变动,数据显示人口的变化并不连续,而存在意料之外的突增突减,意味着部分人口(在行政上)从一个城市转移至另一个城市。这种人口数据测量误差会导致低估增长的持续性,因为重新划分城市边界产生的冲击没有在数据中只表现出了一次性的变化。但此类冲击其实可能巨大而持久,因此误差就会拉低对持久性的估计。我们将在附录中探讨如何避免这种问题。

我们的统计分析显示,$r=0.95$,这意味着对结构性增长率的冲击"平均"可以持续$1/(1-r)=20$年。如果一座城市的人口年增长率比全国平均水平高1%,那么可以预计该城市最终要比其按全国平均增长率增长形成的面积大20%。

表4.3中列出了一些集聚区目前的增长率。阿姆斯特丹地区目前正以每年1.1%的速度增长,而海尔伦则正以每年0.2%的速度萎缩。意料之中的是,拥有高等教育程度的劳动力的城市往往增长更快,显然这些城市在高学历人群中更受欢迎。由于老年人群受教育程度远低于年轻人,平均受教育水平仍在不断上升,这意味着受高学历人群欢迎的城市在未来几十年内仍将继续增长。

表4.3 1985—2012年荷兰各集聚区的人口增长率

地　　区	增长率/(%)
阿姆斯特丹	1.1
鹿特丹	0.5
埃因霍温	0.5
海尔伦	−0.2

资料来源:Vermeulen 等,2016.

然而，我们需要注意的是，即使在20年内保持现在的增长率是一种常态，也并不能排除假以时日发生逆转的可能性。毕竟，在1960—1988年失去了25％人口的阿姆斯特丹市现如今发展得非常好（鹿特丹也出现过完全相同的情况）。1988年的时候，阿姆斯特丹的房价处于长期低位，许多房屋因为没有任何可以盈利的用途，竟然就被非法占有者擅自占用。还有其他许多现如今正在谋求发展的城市也经历过类似的衰退。从长期来看，吉布莱特定律确实成立：当前的成功与未来增长无关，只有不确定性普遍存在。

城市长期增长呈现出随机性的现象带来了一个重要的政策问题，即当一个城市走向衰落，并且对现有住房存量没有需求时，国家应该怎么办？人们是应该抛弃这座城市，任其恶化直至崩溃，还是应该相信吉布莱特定律的作用而保护这座城市，寄希望于逆转的发生和房地产需求的复苏呢？中国大多数的城市目前都在快速发展，讨论这个问题似乎有点不合时宜，但人们预期这个问题有可能很快就会浮出水面。

城市增长率差异的持续性对于解释地租具有重要意义。到目前为止，我们应用的框架基本上是静态的。然而，当城市持续发展时，地租不仅反映土地的当前价值，而且还反映未来价值的预期变动。如果从长期来看，城市发展在时间上没有相关性，那么就无法预测土地价值的未来变化。不过，由于我们已经证明增长具有持续性，一个地区的土地价值自然会受到当前增长率的影响。再回到图4.1描述的简易模型，城市增长可以用CBD工资剩余的增加来表示，在单位通勤成本保持不变的情况下，城市规模也会随之成比例地增加。因此，城市内所有土地的使用者价值将会增加，城市边缘的农业用地将变成新的郊区。

在竞争性的土地市场当中，交易者对土地未来的使用者价值有合理（经济学家会用“理性”一词）的预期。由于土地的当前市场价格是未来使用者价值的现值，这一数字将取决于目前的使用者价值及其预期增长。图4.6依此描述了距CBD不同距离附着和未附着房地产的土地价值，参阅卡博萨和赫尔兹利（Capozza，Helsley，1990）。我们从最高价格（位于CBD）开始解读。

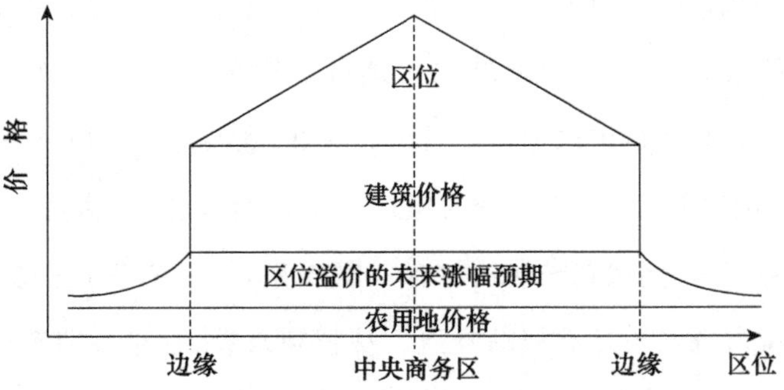

图 4.6　与中央商务区相距不同距离的土地价值分解

图中的房屋形状代表城市建成区的范围：位于中间的矩形表示土地之上房屋的建造成本；顶上的三角表示邻近 CBD 的位置溢价，因为住在这里可以节约通勤成本；靠下的山丘形状表示预期的建成区土地使用者价值增量，以及农业区未来转换为建成区的选择权价值。建成区里每个地点的预期增量都相同，因为各个地点间的价值差异只取决于通勤成本。而超出城市边缘的农业用地则没有相等的选择权价值：刚刚超出边缘，选择权价值等于城市内预期增加值，因为这里的土地预计将很快变成郊区；而距离城市边缘较远的地区，土地选择权价值更小，因为土地所有者必须等待更长时间，才能实现从农业用地到郊区的转变。与此同时，选择权价值的增长需要与利率同步，因为除这一项财富收益外，选择权所有者不会获得其他回报。

由于城市增长具有持续性，选择权的价值会随城市增长率一道攀升。城市目前的增长率越高，选择权的价值越大，因为在建设后租金会逐步上涨。因此，这部分的第一个结论就是，快速增长城市外缘的高地价并不一定意味着规划会被就此搁置。

结论 1：增长更快的城市在最佳建设时机的地价更高

尽管有违直觉，这一定律的政策意义是：在快速发展的城市当中，即使建设新宅的选择权价值非常之高，人们更不愿建设新的郊区。这是因为未来地租现金流的选择权价值较高并不意味着当前的租金已足以支付利息费用。另外，通过推迟投资，人们可以获得更多关于城市未来发展的信息，从而使新的建筑设计更加符合最新的形势。城市增长率越高，等待的价值就越大。

土地市场价格和最佳建设时机之间的确切联系尚不清楚。然而，可以确定的是，施工时占地面积多增加一平方米的市场价值就应该等于建设成本。如果边际价值低于建设成本，那么应该增加建筑密度或推迟施工。这种情况下建设就是在浪费钱，所有者不投资而把钱存入银行才是明智之举。只有边际价值高于建设成本，才应该进行建设。因此，对于任何一块空地，如果所有者可以自由选择何时何地进行建设，那么建设价值就会高于建设成本。由此，我们得出以下结论：

结论 2：每增加一单位建筑面积所产生的价值应高于或等于建设成本

等于的情况可能并不多见：监管机构可能会阻止所有者不断建房，或者之前的建筑密度过低；扩建现有建筑比在未开发地区新建住宅要贵得多。反之则不然：即使所有者可以自由决定是否建造或建造何种类型的建筑，建设价值也不是没有低于成本的可能。比如说，由于毗邻城市的衰落，建筑开始施工后地块的使用者价值又有所下降，就会发生这种情况。由于建筑的过程是不可逆的，所有者不能通过拆除建筑收回建设成本。与之类似，由于扩建现有建筑比在未开发地区新建住宅要贵得多，建成区的建设价值也可能会超过比建设成本。

图 4.7 绘制了城市中心建成区外所有邮政编码区域每平方米的建设价值。荷兰大部分地区，特别是东部，房屋的建设价值远低于建设成本(建在空地上的房屋成本大约为 1080 欧元/平方米)，甚至其中有许多地区的建设价值比建设成本低 50%。而有些地方的建设价值又超出建设成本许多，比如富人居住的乡村别墅(熟悉荷兰的人应该知道瓦瑟纳尔、布卢门达尔的阿尔顿霍特还有霍伊这些地方)。这是因为在乡间建造别墅的富人十分看重开放空间的价值，在自有地块上建造大型建筑因此会给邻近地块的价值带来负外部性。所以，限制大型建设的地方空间规划政策得到了当地广泛的政治支持。

除这些别墅度假村外，建设价值超过建设成本的情况几乎只出现在阿姆斯特丹附近。正如我们所看到的那样，阿姆斯特丹地区是荷兰人口增长率最高的地区之一，所以这里也拥有活跃的新房市场。这座城市单中心的模式(参见图

4.6)使城市边缘地区的新房需求最大。为了更加仔细地分析这种情况,我们在图 4.8 里展示了图 4.7 中阿姆斯特丹地区的放大版,以及这一地区实际的房屋建设情况。从中可以看出,尽管城市边缘地区存在相当大的需求(等同于建设价值非常高),几乎所有的新建住宅都位于城市东部的阿尔梅勒新城。这里几十年前还是一片圩田(低洼地),直到最近才得到开发。显然,空间规划者将主要建设场地设在人们不想居住的地方。

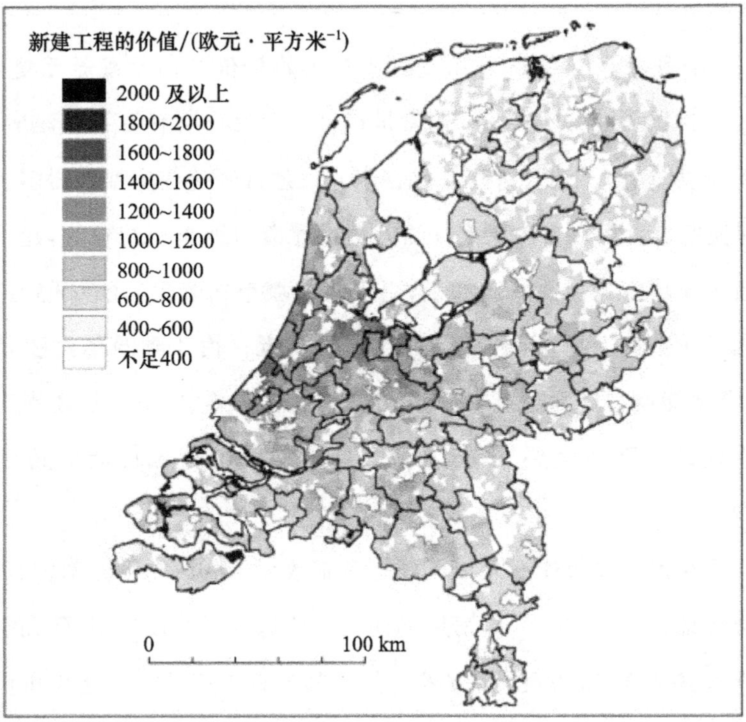

图 4.7　各邮区每平方米新建工程的价值

来源：Vermeulen 等,2016.

图 4.9 列出了 1985 年以来所有新建住房的边际建设单位价值的分布。我们可以看到,大约 50%新建住房的建设价值超出建设成本 20%及以上,这些地区的市场运作称得上是合理而高效。不过,也有 20%的新建住房建在新建设价值比其成本低 20%及以上的地区,如阿尔梅勒。

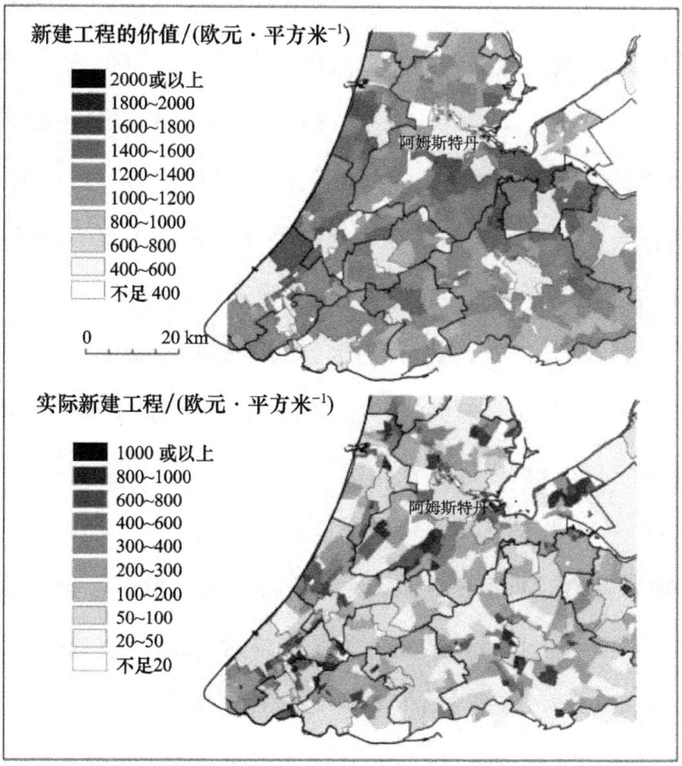

图 4.8 阿姆斯特丹地区每平方米新建工程的价值和每平方米的实际新建工程

来源：Vermeulen 等，2016.

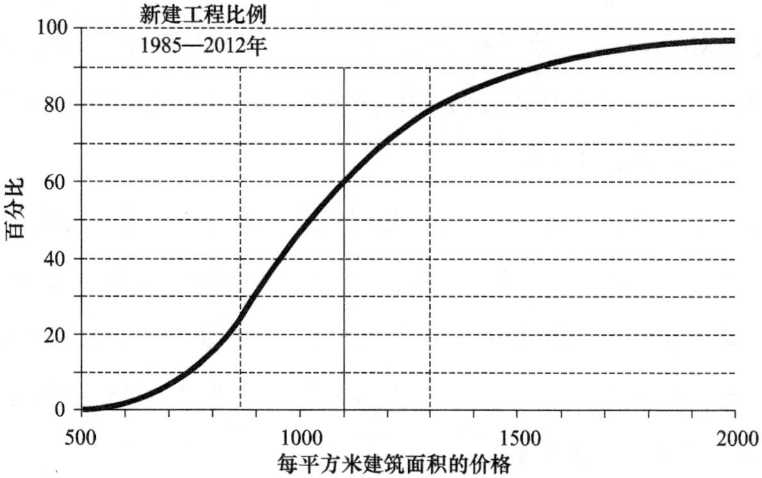

图 4.9 按照所在地新建工程价值排序的新建工程

来源：Vermeulen 等，2016.

上文讨论的简单建造原则对于土地所有者而言是最优的，一旦建设的市场价值超过建设成本，就应该立即开始建造房屋。阿尔菲尔德、雷丁、斯特姆和沃尔夫(Ahlfeldt, Redding, Sturm, Wolf,2015)关于柏林分裂和随后统一的研究表明，实质性的集聚效益大约为 7%。正如我们在第二节讨论的那样，在这种情况下，对土地所有者最优的选择对社会整体而言并不具有效率(参见第二节的结论 4)，结果会导致城市的规模太小而建筑密度过低。把这一静态分析结论扩展到本节中动态框架当中，我们也可以得到类似结论。私人土地所有者没有考虑到城市新居民对现有人口产生的集聚效益，因此忽略了城市边缘地区高密度发展所带来的城市整体效益。

结论 3：私人开发商有建设密度过低的动机

城市规划者应推进高密度建设，因为私人所有者没有考虑到让更多人在 CBD 工作给城市现有人口带来的额外集聚效益；参见第二节结论 4。

理论上，房地产的所有剩余价值——即房地产市场价值减去农业用地价值和建设成本，或者，地段当前溢价与未来预期增长之和——是对除土地所有者之外的其他相关方提供公共物品的奖励。以我们模型中的城市为例，这座城市是因为对 CBD 的投资而变得更具吸引力，那么该地段住宅地产溢价的上升就归功于投资 CBD，而与土地所有者没有什么关系。只有当投资者能够获取投资的收益，他们才会有合理投资的激励，才能实现有效率的结果——因此区位溢价的增加应归投资者所有。

CBD 吸引力提升可能有以下几个原因：① CBD 某个固定区位优势的价值提升，比如，这个地方因历史原因而具有某种特定类型的功能，这往往会随着时间的推移而变得更有价值；② 市政厅提供的地方公共物品，如对公共交通的投资降低了到 CBD 的通勤成本；③ 在 CBD 工作的城市居民提供的地方公共物品，如对其他员工的知识外溢。

如果 CBD 的区位溢价因吸引力提升而增加，谁将在此过程中获得额外的租金呢？在第一种情况下，溢价在某种程度上来自固定的区位优势，那么这种收益就是上天的恩赐，而租金的分配不会影响区位优势的大小。然而，如果区位溢价来自市政厅或城市居民的努力，比如第二种和第三种情况，想要实现最优分配，则应对这些方面的努力予以补偿。我们可以证明，所需要的补偿与土地的剩余价值完全相等；参照第二节结论 5 关于亨利·乔治税的讨论。这就是我们的最后一个结论。

结论 4：城市规划者应有恰当的法律工具，以便从城市边缘地区新建住宅的私人开发商手中获得收益。

如果城市规划者没有充足的工具，他们就无法获得足够多的资金来提供有效城市组织所需的地方公共品。

从荷兰的经验来看，我们面临的挑战在于找到切实可行的解决方案，以实现以下两个方面的适当平衡：一方面，城市规划者有必要提高税收，以支付关键的公共基础设施；另一方面，城市规划者需要保留历史街区现有的集聚效益网络。在中国，城市规划者似乎有大量法律手段从土地所有者手中获得剩余。人们可能想知道，城市规划者拥有的法律手段如此之多，是否会阻碍私人提供公共物品的积极性。

附录

(1) 地租结构

我们采用了两步的普通最小二乘(two step OLS)估计：

① 先用交易价格的对数(用 $\ln P$ 表示)向时间固定效应变量、建筑特征变量、地块面积的对数 $\ln A$ 做普通最小二乘(OLS)回归。时间固定效应变量旨在说明住房价格的一般性上涨，而建筑特征变量则包括是否供暖、是否有车位(用向量 x 表示)等等。建筑特征变量对应的参数用 b 表示，回归所得的 b 的估计值在表 4.4 中列出。

表 4.4 对数建设指数 h 各个特征的贡献度

住宅特点	影响
居住使用面积/平方米	0.53
非集中供暖	−0.14
半独立式	−0.12
后排房	−0.21
联排房	−0.21
拥有停车位	0.02
车棚	0.05
车库	0.08
车棚和车库	0.10
建于 1906 年前	−0.11
建于 1906—1970 年	−0.16
建于 1971—1980 年	−0.13
建于 1981—1990 年	−0.08

资料来源：De Groot et al.，2015.

② 再用 $h=b'x$ 这个式子计算出实际的对数建设指数 h 的大小。这样一来，我们就以第一步的回归系数为权重，将建筑的各项特征简化成一个单独指标。然后我们进行第二次回归分析，用每平方米土地交易价格的对数 $\ln P-\ln A$，向时间固定效应变量 x、每个邮政编码区 z 的个体固定效应变量 a_z、每平方米土地的对数建设指数 $h-\ln A$ 回归，并为每个邮政编码区 z 引入哑变量 c_z。

第二步的回归等同于以土地面积对数 $\ln A$、建设指数对数 h 作为输入变量，为各个邮政编码区的交易价值分别找出规模收益不变的柯布-道格拉斯函数。哑变量 c_z 衡量的是邮政编码区 z 的建筑占比，而个体固定效应 a_z 衡量区域内的整体价格。因此，邮政编码区 z 的地租等于每平方米整体价格乘土地占比(等于 1－建设占比)，或以对数形式：①

$$\ln R_z=a_z+\ln(1-c_z)$$

由于存在大量交易，所有系数都可以被非常精确地测量。土地面积对数 $\ln A$ 和每平方米建设对数对应的系数之和接近 1，这表明规模收益不变的假设是合

① 在实践中，不同研究采用的方法略有差异。所以，图表中展示的地租可能与文本中讨论的标准化计算结果略有不同。

理的。所有系数的符号和量级都与常识相符。

（2）测量城市增长率的持久性

我们假设一个城市规模的对数 n_t 遵循以下动态规律：

$$n_t = n_{t-1} + g_t + e_t$$

$$g_t = d + r.g_{t-1} + v_t$$

其中，g_t 表示这座城市在时间 t 的结构增长率；e_t 表示因行政重划导致的人口突然发生变化；v_t 表示增长率变动；e_t 和 v_t 的均值为零；r 表示增长率均值回归参数，$0<r<1$。根据这组等式，结构增长率会在长期当中达到 $d/(1-r)$ 的均衡；我们可以通过设定 $g_t = g_{t-1}$ 并且 v_t 等于其均值零来计算出这一均衡水平。参数 r 表示增长率的持续性：如 $r=0$，过去增长率对当前增长率没有影响；如 $r=1$，过去对增长率的冲击 v_t 将永远不会消退。如果不考虑行政边界的变动，并且将观测的增长率 $n_t - n_{t-1}$ 作为结构增长率的精确指标 g_t，就会严重高估增长率均值回归的程度。假设这一年里为正的冲击 e_t 造就了较高的 n_t，$n_t - n_{t-1}$ 的值也因此处在较高的水平上，而到了下一年的时候，自然 $n_{t+1} - n_t$ 就会回到较低的水平（因为 n_t 高）。为了纠正这一偏差，我们引入了不同滞后长度 $k(k>1)$ 下连续观测到的增长率之间的相关系数。如果 $k>1$，这些相关系数可以用以下方程表示：

$$\mathrm{cor}[n_t - n_{t-1}, n_{t-k} - n_{t-k-1}] = cr^k$$

其中 c 为常量。行政冲击 e_t 不会影响到这些相关系数的计算，因为任何两个间隔 $k>1$ 时期的行政冲击彼此都不相关。估计参数 r 有两个简单方法：第一，可以绘制所有 $k>1$ 的相关系数的对数图像。如果模型正确，我们应该可以得到一条向下倾斜的直线，其斜率就约等于均值回归参数减一（因为当 r 接近 1 时，$\ln r \approx r-1$）。第二，可以画出间隔 k 和 $k+1$ 时期的两个相关系数的比率，这个值在任何的滞后长度 k 下都应等于参数 r。

图 4.10 展示了这两项分析的结果。两个连续的相关系数之比确实大致保持不变，约为 0.95。各滞后长度对应的相关系数对数的斜率则近似于－0.05。因此，$r=0.95$，这意味着结构性增长率受到冲击的平均持续时间为 $1/(1-r)=$ 20 年。

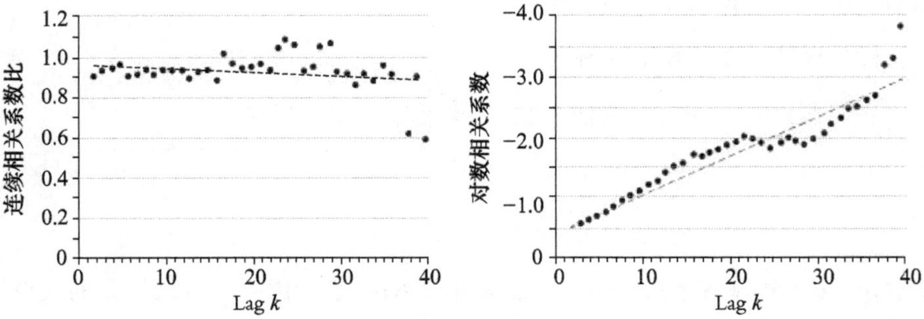

图 4.10　各区域发展的延续

来源：Vermeulen 等，2016.

参考文献

Ahlfeldt G M，Redding S J，Sturm D M and Wolf N(2015). The Economies of Density：Evidence from the Berlin Wall. Econometrica，83(6)：2127-2189.

Capozza D R and Helsley R W(1990). The Stochastic City，Journal of urban Economics，28(2)：187-203.

De Groot，H L F，Marlet G，Teulings C N and Vermeulen W(2015). Cities and the Urban Land Premium. Edward Elgar，Cheltenham.

Desmet K and Rappaport J(2017). The Settlement of the United States，1800—2000：The Long Transition Towards Gibrat's Law. Journal of Urban Economics，98：50-68.

Gautier P A，Svarer M and Teulings C N(2010). Marriage and the City：Search Frictions and Sorting of Singles，Journal of Urban Economics，67(2)：206-218.

Glaeser E L，Kahn M E and Rappaport J(2000). Why Do the Poor Live in Cities? No. w7636，National Bureau of Economic Research.

Glaeser E L，Saiz A，Burtless G and Strange W C(2004). The Rise of the Skilled City. Brookings-Wharton Papers on Urban Affairs，47-105.

Retrieved from www. jstor. org/stable/25067406.

Jacobs J (1961). The Death and Life of Great American Cities. New York: Random House.

Lucas R E and Rossi-Hansberg E (2002). On the Internal Structure of Cities, Econometrica, 70(4): 1445—1476. Retrieved from www. jstor. org/stable/3082004

Lange R J and Teulings C N (2018). The Option Value of Vacant Land and the Optimal Timing of City Extensions. www. coenteulings. com/option-value-vacant-land-optimal-timing-city-extensions/

Marlet G and van Woerkens C (2014). De Nieuwe Gemeentekaart van Nederland (New Municipality Map for the Netherlands). Nijmegen: VOC uitgevers (in Dutch).

Ossokina I, Teulings C N and de Groot H L F (2014). Welfare Benefits of Agglomeration and Worker Heterogeneity (No. 289). CPB Netherlands Bureau for Economic Policy Analysis.

Rossi-Hansberg E (2004). Optimal Urban Land Use and Zoning Policy. Review of Economic Dynamics, 7(1): 69-106.

Vermeulen W, Teulings C N, Marlet G and De Groot H L F (2016). Groei & Krimp (Growth & Decline), Nijmegen: VOC Publish (in Dutch).

第五章　绿化带、边缘地带和城市蔓延

——对于绿化带概念的重新思考

盖伊·M. 罗宾逊(Guy M. Robinson),阿德莱德大学(University of Adelaide)

1. 引言

当城市增长不断蚕食富饶的乡村土地时,如何管理城乡接合处[又称“城市边缘”(peri-urban fringe)]就成了发展规划和政策制定中的一项重要挑战。一直以来,规划者们都注重限制城市蔓延,一方面要防止其侵占农业用地、环境保护区和娱乐休闲区,另一方面又要找出足够靠近就业中心的土地用作住房开发。为了同时满足这两方面的需求,世界各地现已施行了多种区划安排,比如说保护优质农田,或者划拨专门的土地用于环保和(或)娱乐。人们还提出城市蔓延的替代方案,包括在建成已久但是仍在扩张的城市中心“棕色地带”进行改造建设,或者发展新城和卫星城区以服务大型城市。这些措施在发达国家和发展中国家均已得到了使用,但却很少有人注意到城乡接合部会因此出现怎样的景观风貌和土地利用模式。城乡接合部本该获得更多的关注,以便其发挥应有功能、满足城市人口增长带来的多种需求,然而现在它们中的大部分已经成了规划体系真正意义上的“边缘”——这个被忽视的地带就是本章讨论的重点。

2. 城市边缘

城乡接合部或城市边缘的概念在 20 世纪 30 年代诞生于英国,在此之后,发达地区使用许多不同的名称称呼该区域,比如“外城”(Herington,1984)、“区域城市”(Bryant 等,1982)、“城外城”(Robinson,1991)、“城市腹地”(Furuseth

和 Lapping,1999)、"城市边缘区"(Cadène,1990)以及"边缘地带"(Shoard,2002)。这一"城乡土地利用方式交织的现代城市周边地区"(Martin,1953),因经历不同的发展过程而各有其独特的面貌的特征。用专业术语来讲,这些发展过程包括"郊区化"(Jackson,1985)、"城市边缘化"(Liu 等,2004)、"市郊化"(Nelson 和 Dueker,1990)以及"城乡化"(Balk,1945)等。

全世界控制城市爆炸性蔓延的措施之一是将城市边缘的一部分用于建设"绿化带",通过绿化包围城市的方法防止发展扩张侵吞农业用地。这种"绿化带"和类似的"楔形绿地"措施已经被伦敦、东京、香港、墨尔本和维也纳等城市采用,同时施行的还包括保护环保用地、划拨土地提供休闲娱乐和利用空间的服务以及在城市外建造住房供城市外迁居民居住等其他措施(Amati,2008b;Buxton 和 Goodman,2003;Frey,2000;Lemes de Oliveira, 2014)。尽管"绿化带"因给住房供给和价格带来影响而招致不断增加的批评,其适用性也不免受到质疑,中国似乎仍在计划对其加以进一步的推广(Li 等,2005)。

从历史角度来看,城市的初始区划方案在很大程度上是政府监管的产物,这种区划通常依据福利原则而制定,并且属于由国家主导进行的宏观经济管理范畴。一个理性的规划需要优先考虑土地利用的蓝图(包括区划安排、绿化带的设置和新城的创建)而非市场流程(Alexander,2009;Hague,2002)。然而,当西方社会在 20 世纪 70 年代迈入新自由和后福特主义社会之后,市场导向型的手段成为主流,规划体系也进行了部分调整(Prior 和 Raemaekers,2007)。像设置绿化带这样之前通行的规划安排因此受到了威胁:人们开始认为绿化带无法满足当代的社会经济需求,一些地区的专用绿化带甚至因此快速消亡——比如在苏格兰的邓迪;或者不得不进行重大调整——比如在爱丁堡(Bramley 等,2004),目前人们对于伦敦都市区绿化带应该何去何从也争论不休。

3. 绿化带:英国案例

英国绿化带的前身出现于 20 世纪 30 年代:1935 年的《限制带状发展法案》限制了大城市的合并;1938 年的《伦敦绿化带法案》引入了在首都周围建设

“绿色腰带”的概念，以防止城市发展侵吞优质农地。战时的《大伦敦规划》里就包括绿化带的构思(Abercrombie,1944)；二战之后，其中的一些想法也被纳入1947年《城镇和乡村规划法案》之中，并在20世纪50年代由保守党执政的政府实施，正式划拨新的城镇并以法律名义在几个主要城市和大城市周围建设绿化带。该举动的目的是利用绿化带“保护其一边的建成区和另一边乡村的完整性”(Shoard,2002)。15%的英格兰土地被用作建设绿化带，涉及人口达3000万人，约占总人口的60%。大伦敦五分之一以上的区域(22%)都被用于建设绿化带，而33个伦敦自治市中有14个的绿化带面积比居住用地还大。

绿化带是土地利用规划体系的一部分，意图在“城市”土地利用和“乡村”土地利用之间画上清晰的界限，使城乡交汇处的区别更为明了并且限制城乡接合部的规模。在某些地区，城市和其邻近乡村之间的边界十分明显；而在其他案例中，城市发展逐渐入侵原有绿地，使不同用途的土地交织在一起。城市发展和相关基础设施的建设可能导致农地退化，而农民有各种方法可以通过较小的投入获取收入：比如建设“马场”和草皮农场、投机性持有土地等待出售以进行开发(Munton 等,1988)，或者将农地改造为高尔夫球场等娱乐场所以赚取丰厚利润(Booth,1996;Zasada 等,2013)。开发者在等待下一波城市扩张的同时物色土地，以准备建设住房或进行其他城市开发，进一步促进了投机买卖的发展。与此同时，有些本地居民则经常对潜在的开发进行抗议，并且提出了“别在我的后院”(NIMBY)的口号(Bailoni 等,2012;von der Dunk 等,2011)。尽管这些抗议者致力于通过游说保留绿化带的面貌，城市空间的蚕食往往已经导致“边缘地带”的土地利用模式错综复杂，十分混乱又缺乏美感。

Marion Shoard(2002)将边缘地带称作“被忽视的景观”，因为这片区域受到的关注少于其两边更加明确的城市地区和乡村地区。正如上文所说，城市入侵会影响有效农耕并且导致农业投资不足：边缘地带因靠近城市中心而遭受负面影响(比如污染、财物破坏、非法侵入)。这一地带的农地闲置或利用不足还有兼职农民或农耕爱好者不希望或者不能够完全利用他们的土地进行农业作业的原因(Houston,2005;Zasada,2011)，高额的市政税和农业的不确定性也让人们不愿意进行投资或者放弃低密度农耕。

“边缘地带”上的土地用途是不同服务功能的随机组合，Kaika 和 Swyngedouw(2000)因此形象地称之为“城市陪嫁品”。这片区域容纳了为城市正常运作所需但是却被驱逐出中心位置的设施，包括：商业活动；人们难以接受的喧闹或非社会性用途；暂时性的休闲市场；大批量零售；轻制造业；仓储和配送；一些公共机构；退化的农田；规划中的乡村公园和高尔夫球场等休闲娱乐区；以及等待重复利用的粗糙或废弃土地上进行的碎片化住房开发(一般集中于道路交叉口)(Gallent 和 Shaw，2007)。

学界最近的文献对这些地带的特点(Kabo，2015；Rippey，2012)进行了描述和概括：Farley 和 Roberts(2012)将边缘地带称为“英格兰真正的荒野”；Papadimitrou 的《悬崖》(*Scarp*)(2013)详细描述了伦敦北部边缘地区的生活和图景；以及 Sinclair 的《伦敦外环》(*London Orbital*)(2013)揭示出环绕伦敦的 M25 高速公路切割了绿化带。正如 Shoard(2013)所强调的那样，“它(边缘地带)有着重要的特质：它是野生动物被迫迁出愈发恶劣乡村后暂居的避难所；是活生生的当代社会工程的博物馆；蕴含巨大的休闲潜力，亟待开发。”

城市边缘的土地所有者可能会找机会再次分割自己的土地，将其一片一片地卖给开发商，城市蚕食的过程因此进一步推进，当地的土地利用模式也因此看上去杂乱无章。这种因为战后规划法律部分地禁止了某些土地使用模式导致的结果，同时还反映出城乡发展演变最新的动态。从后者的角度来看，越来越多的城外购物中心得到许可，可以在边缘地带开发。这些购物中心的地理位置通常与商业园区在一处，或者和战前农业主导时期的遗存相连。因此尽管有人试图完整地保存乡村风貌并且为城市创造“绿肺”，绿化带看上去既没有在城乡间画出一个完全令人满意的边界，严格意义上讲也没有完全实现其绿化的目标。

不过从实际来看，绿化带很好地发挥了缓冲隔离的功能，将两边更受重视的区域分离开。但是，尽管并未受到太多重视，边缘地带的面积正逐渐增加，且越来越多的人需要在绿化带用地上建设住房；目前在英格兰，绿化带“包含了

30 000 千米的人行小道等通行道，220 000 公顷（ha，1 ha＝10^4 m^2）的林地，250 000 公顷的优质农地以及 89 000 公顷的特殊科学用地"（Bryson，2015）。

接下来我们将为大家展现过去一个世纪伦敦西南斯皮尔索恩自治市的土地利用变化，通过这个简单的案例让人们了解边缘地带和绿化带的演变动态（表 5.1）。通过比较 1904 年、1939 年和 2004 年的历史数据，我们可以看出二战之前的住房开发如何将农地转化为住房，使得住房总面积扩张至几乎 3 倍。1955 年，大伦敦地区出于限制"城市蔓延"的目的开始采用绿化带，位于该地区西南的斯皮尔索恩自治市因此受到了影响。但是，正如表 5.1 所示，尽管绿化带的区划减少了转化为住房用地的农地，农地和草场却被大量用于其他用途。1939—2004 年，农地数量又减少了 70%，这一地区的商业果园甚至完全消失。大量的水库和采矿许可得到批准，该地逐渐成为伦敦的水源地和水上娱乐活动

表 5.1　边缘地带的土地利用变化：伦敦西南斯皮尔索恩自治市的案例

土地利用/年	面积/公顷（1904 年）	面积/公顷（1939 年）	面积/公顷（2004 年）	面积变化/公顷（1904—2004 年）
居住用地	32.9	90.0	155.5	+122.6
公共设施	—	—	18.5	+18.5
学校/操场	—	1.4	15.5	+15.5
休闲/运动场	1.9	1.9	7.9	+6.0
工业	—	0.9	19.2	+19.2
苗圃	1.9	6.8	1.1	−0.8
配给花园	—	1.1	1.1	+1.1
高尔夫球场	—	—	43.8	+43.8
马术/马厩	—	—	19.2	+19.2
正在使用的采石场	—	—	21.9	+21.9
被淹没的采石场	—	—	31.0	+31.0
蓄水	—	—	142.5	+142.5
农业/粗草场	472.4	416.8	125.2	−347.2
果园	93.3	83.5	—	−93.3
总计	602.4	602.4	602.4	—
总建成区	32.9	92.3	208.7	+175.8
总非建成区	569.5	510.1	393.7	−175.8
总城市使用	36.7	102.1	477.2	+440.5

来源：Gant 等，2011。

的基地。新的“绿”地使用模式也开始出现——尤以高尔夫球场、马场等休闲娱乐用途最为突出（Harrison，1981；Munton，1983；Robinson 等，2011）。这些设有公共设施、工业和学校的区域实际上逐渐变得更加城市化，使得 2004 年整体的城市使用面积比 1939 年多了 4.67 倍，而城市建成区的面积比 1939 年也翻了一番。当然这一切并不都是绿化区域中农地转变的结果，但却很好地体现了边缘地带的动态变化，从中可以看出规划者在适应城市发展的压力时所面临的艰巨任务。

绿化带的划拨并不一定会刺激边缘地带特定土地利用模式和景观的发展。这一定程度上是因为绿化带本身是一种高度灵活的规划手段，其法规中包含的控制条款可以在执行过程中被再次修订。举例而言，绿化带的边界经常改来改去以便使建成区可以拓展建设，而通过这种方式支持城市发展占用的土地，又会以划拨乡村新土地的形式回补绿化带——“再分配”的机制使得绿化带可以在整体面积几乎不变的条件下移动位置。当地理事会也可以轻而易举地改变绿化带内部的土地利用划拨，将某些区域定义为“进行非合规使用”或“城市围环”，然后再放开这些区域用作建设开发。此外，绿化带的存在经常导致“蛙跳式发展”，即城区发展会远离大城市而走向绿化带以外的小城镇和村庄，毕竟村镇中的规划控制可能没有那么严格。

最近几十年间，随着英国“可负担”住房的短缺愈演愈烈，绿化带占地也得到了越来越多的关注（比如，Gunn，2008）；20 世纪 10 年代中央政府牵头完成的巴克报告就提出通过大规模改革允许在绿化带建设更多住房，从而减少通勤出行的时间；并引入“更灵活的规划方法”，包括采用“楔形绿化块”而非“环状绿化带”（Barker，2006）。从更宏观的角度看，这场争论的背景还包括 20 世纪 80 年代英国重大改革之后新社会住房的供应减少（Whitehead，2014），人口增加导致低端住房市场压力增大（英格兰人口从 2001 年的 4910 万人增长到 2015 年的 5470 万人），以及伦敦和东南地区的人口越发集中（Jefferies，2005）。

有观点认为，绿化带的出现严重阻碍了大城市周围的新住房开发，而这种人为的住房供应的减少导致了房价的上涨，因此开放绿化带以建设住房的观点渐渐流行起来，坚持设置绿化带需要面对越来越大的政治压力。与此同时，房价涨幅之大实在令人咋舌。有评论员认为，如果自1971年起通胀率和房价涨上涨一样剧烈，那么现在超市里一只鸡的价格将会是51英镑(Carlyon，2013)。

在“地方规划”当中，地方政府可以在“特殊情况”(主要是指新开发建筑将能促进经济增长的情况)下批准在绿化带中建设新建筑。为了回应放宽绿化带限制以进行开发的游说，规定中又加上了“在地方有很大住房需求的情况下”支持新建筑的条件(Sawer，2016)。由于我们通常可以证明住房需求的规模，因此有观点认为敞开绿化带进行房屋建设有助于实现中央政府在2015—2020年建造100万套新住房的目标。过去5年中，英格兰获得批准在绿化带建造的新住房数量增加了5倍，在原有绿化带区域出现一些大规模的开发。这一数据支持了Amati的分析结果(2008)，即“只要绿化带内有大规模操作的需要，就可以获得可操作的灵活性”(Amati，2008)。不过，他认为当前土地利用模式的杂糅和针对绿化带开发的正反意见其实都已经反映在了现实当中，绿化带的开发已经蕴含了很高的灵活度。除此之外，目前也有一些人提出“重新定义绿化带，将其定义为拥有河流管理和气候缓和等一系列功能的区域”，因而需要“重新绿化”绿化带(Amati和Taylor，2010)，并且规划建设“绿色基础设施”(Kambites和Owen，2006)。后者可能包括从美学的角度出发重新对绿化带内部正在建设的环境加以考量，实现建设开发与风景美化兼容并蓄(Edwards，2000)。

4. 全世界的绿化带

英国的“绿化带之父”，规划师Patrick Abercrombie爵士在1947年访问香港时传播了他的理念。与此同时，另一位英国规划师F. J. Osborn也在20世纪50年代深度探访东南亚时宣扬了英国的“花园城市”思想(Osborn和Whittick，1963)。首尔和东京很快采纳了他们的建议并开始施行绿化带政策，中国香港也紧随其后划拨了绿化带用地，目前绿化带用地占香港法定土地利用规划下所有地块面积的比例已经达到25%。

绿化带区划的现实情况会随着时间推移产生不同的结果。来自各种社会舆论的压力可能会促使政策放宽对开发的管制，或者更加关注休闲娱乐追求以及(或者)自然保护，还有采用更灵活和不受限的措施。这一点在 Amati(2008a)编辑的论文集中亦有所体现。这本论文集记录了首尔和东京等全世界 11 座城市的绿化带经验，探索了绿化带和农村保护目标之间的联系，还讨论了绿化带这一概念和规划职业兴起如何在不同国家紧密相关。

作为经过理性思考的现代化规范政策，绿化带可以被应用于不同的环境，而各种应用目标中最主要的就是试图停止城市蔓延并且希望以更好的方式控制城市的空间增长。因此，“绿化带被视为城市增长的通用解决方法”(Amati，2008b)，其使用范围已经远远超过了 1945 年战后规划师们当初的设想，中国在 1978 年改革后也开始采用这项措施更是不在任何人的预料之中(Liu 等，2004)。但是，正如上文所说，在英格兰还有其他的地区，绿化带相关的法律正面临变革压力。Amati(2008b)引用了支持改革的四个主要论点，包括：土地所有者希望从城市发展中获益，因此反对绿化带对土地和住房市场造成的扭曲(Amati 和 Parker，2007)；绿化带和新自由制度的不兼容，使得人们希望放松规划制度(Alterman，1997)；新的城市边缘功能评估显示不间断绿化带之外有可替代方案存在(Freestone，2002)；人们意识到现实中绿化带已经是各种政策的大杂烩，常常抹消了城乡之间的连贯边界，因此认为在边缘地带划拨绿色空间需要更大的灵活度(Amati 和 Yokohari，2006)。

5. 中国的绿化带

在中国，人们已经意识到借鉴英国设置绿化带的措施，可能的话再同时辅以新城建设，应该可以改善城市增长的管理(比如，Jia 和 Gao，2005；Tan 等，2011；Wu 等，2001)。只不过类比世界不同国家的绿化带政策来预判中国类似政策的效果并不容易：一方面，中国最近几年城市化的速度非常快，规模非常大；另一方面，中国特殊的背景使得直接对比相当困难，政策转移的效果同样难以保证。尽管如此，中国仍然制定了一系列宏观政策，鼓励建设绿化带并采取其他“绿色”保护措施。比如，出于保证粮食产量的考虑，中国国务院在1994年颁布了《基本农田保护条例》，规定了县级政府应确保“耕地总量动态平衡”，要求在实施土地利用规划时确保在辖区内耕地的总量不会减少。

结果在接下来的20年当中，这一政策不得不和全国各个城市发展的巨大压力角力，特别是在北京和上海等特大城市里，这种情况格外突出。为了实现耕地总量动态平衡，人们在城市发展迅速的地区划出新的农业用地，有时甚至只好将生态脆弱地区（比如湿地和山地）改成农田。而在其他地方，为了促进经济和生态的“和谐发展”，中央政府为生态脆弱地区的退耕还牧、退耕还林和退耕还草提供补贴。比如中央政府在1998年引入“退耕还林”政策，就是要保护生态脆弱地区免受农业开发的影响（Wang等，2007）。因这些环保政策而减少的耕地面积占1998年到2003年总耕地减少量的50%，而由于让步给城市建设而减少的耕地面积占比仅仅为20%。耕地面积减少的同时，大规模的土地复垦和整理使得耕地单产大幅上涨，粮食总产量有所增加，中国农业变得更加现代化（Liu等，2008，2014；Long等，2010）。因此，“建成区扩张、农地保护和环保用地需求增长之间的冲突日益明显”（Tan等，2011）。最近几十年快速的城市化和工业化导致农地面积一直在不断减少，耕地总面积从1996年的1.311亿公顷减少到了2001年的1.274亿公顷，再减少到2011年的1.216亿公顷（国家统计局，多年数据）。

尽管中央颁布了农地保护措施，财政收入仍然激励地方政府进行土地开发，并因此在很大程度上推动了近几十年城市空间前所未有的迅猛发展。比如，北京城区面积在20世纪90年代的十年间增长了近30%，且自2000年起年均扩张速度为6%；而广州城区面积在20世纪90年代增长了近3倍（每年7～8平方千米），且自2000年起年均扩张速度为9.4%（Ding，2007；Wang等，2012）。小城市的土地扩张速度同样很快：山东烟台在2001—2004年建成区的面积扩大为原来的近3倍（从120平方千米到340平方千米），重庆的建成区亦从1994年的158平方千米增加至2000年的175平方千米。

为解决“建成区扩张、农地保护和环保用地需求增长之间的冲突”，《北京城市总体规划(2004—2020年)》(扩充了北京1958年规划中的一些想法)在离中央商业区约25千米远的区域划拨了一片不连续的绿色空间带和7个新城,另外又在60千米远的区域划拨了4个新城。尽管中国新划拨的城镇远比英国的规模更大(其中一些新城的人口数量已经超过150万人),这种绿化带和新城结合的模式本质上与英国1945年战后的城市发展规划十分类似。在北京,绿化带以“九片楔形绿色空间的形式存在,占地1000平方千米,被用于防止新城之间相互融合或与北京融合”(Tan等,2011)。北京在六环路沿线和温榆河边,也建立起“绿色带”来保护环境(Qiang等,2005;Shengquan,2001)。但是目前这些楔形绿化带的边界并未得到完全确立,新城和北京自身的城市发展压力隐隐对绿化带的完整性构成了威胁。

边界不清并不是唯一影响绿化带有效性的问题。《北京城市总体规划》仅(在平原地区绿化建设的章节中)大致陈述了设置绿化带的意图,而并未清晰地指出哪些土地用途是被允许的,又有哪些是被禁止的。因此事实上北京绿化带仅是一个规划概念,缺乏实际操作中能够限制开发的具体规定。不过,如果这一构思真的可被实现,北京绿化带将成为“一个互连的、一体化的城市绿色空间网络系统”,一个包括“楔形绿化、公园和绿色走廊的绿色网络系统……以此限制未来的城市扩张、提高城市环境质量并且为野生动物提供栖息地和迁徙路线”(Li等,2005)。但是,根据当前土地利用模式的变化趋势模型预测,无论是城市内还是城市周边的绿色空间在未来都会减少(He等,2006)。

北京在城市内部和周边创建绿色空间的生态原则已经被南京等中国其他城市借鉴(Jim和Che,2003),位于东北的重要港口城市大连则结合了新加坡的理念、英国先锋城市设计师/规划师Ebenezer Howard的观点、现代中国城市主义的概念以及日本北九州的经验,提出要建立“花园城市”和“环境友好型城市”(Hoffman,2011)。通过城市内部设置绿色空间、将重工业调整至市中心外、引入大规模回收项目以及其他城市发展的环境措施,“花园城市”的成功为大连赢得了很多国际奖项。尽管如此,城市快速蔓延和城内河流污染的问题并没有因此得到解决。

想要更有效地控制中国城市蔓延，必须对各级政府间不同的目标进行梳理和协调。经常把土地拍卖作为吸引投资和创造就业手段的地方政府(Ding 和 Lichtenberg,2011)能够从促进城市开发中获得巨大利益，因此不愿对城市边缘的绿色空间多作保护。然而地方政府的利益却和像北京这样更高级别政府的目标背道而驰：根据北京市政府的整体规划，在城市边缘保护绿色空间是必要之举，城市扩张的边界也应该被加以明确的限制。目前出售土地进行开发以获得收入对于地方政府而言显然比维护绿化带重要得多。无论如何，若要在城市边缘加强对“绿色空间”的管控，任何相关提议都需要慎重考虑中国土地交易和规划的特殊环境。

Tan 等(2011)强调，对北京来说，城市边缘规划的相关文件至少需要三级不同政府部门共同参与。由于不同政府部门在准备过程中使用的数据以及设置的目标并不一样，会在一定程度上导致规划中的冲突和矛盾。不同部门之间的紧张局势佐证了 Yang 和 Jinxing(2007)的论断，即对于北京的绿化带来说，“在绿化带等武断划定的边界内，城市蔓延很难控制”。

不同部门和不同层级的政府之间需要更多协调，以消弭矛盾、增加规划效率，去繁就简的顶层规划立法也有助于解决现有的诸多治理和管辖问题。在 2013 年 12 月举行的中央城市化工作会议上，习近平主席倡议实施标准规划蓝图用于城市和县城建设。这次会议促进了城市和地区规划的精简，推动了 28 个城市地区开展实验性的跨部门“多种规划整合”的试点项目(Zhou 等,2017)。尽管根据初步结果来看，设计出能够解决中央部门和地方政府间冲突的系统并不容易，如果还要考虑到地方政府在规划过程中的功能就更是如此。不过值得注意的是，旨在控制土地市场和实现国家政策目标的现行试验持续显示，发展新型规划模式和改进现有系统这两者皆大有余地(Zhang 和 Wu,2017)。

目前，地方政府同时扮演着管理者和销售员两个角色：即先以低价从农民手中征收土地，再以高价出售给房地产开发商。由于能够从销售中获利，地方政府愿意将农地转变为建设用地并且想要对之前的规划进行修订。

Tang 等人在研究城乡农业用地的划分时(2015)发现地方政府执意扩大建设用地面积但却忽略了集中整理后的农田质量,他们注意到地方政府因为有权售卖土地从而促进经济发展,因此更看重发展目标而非其他考量标准的完成程度(另见 Yue 等,2013)。改进后的规划体系需要赋予规划者控制土地销售以及阻止保护用地开发的权力,从而避免各个案例中绿化带被逐渐蚕食的现象出现。

此外,农地的实际质量在划分禁止开发的基本农田边界时起到了主要的作用。然而将农地用于其他用途的价值却往往不会被纳入考虑的范围当中,这样的遗漏往往会带来两个不好的后果:其一是土地价格的上升,尤其是在因土地不足约束了增长的东部大城市周围(Lichtenberg 和 Ding,2009)。而房屋的价格也随着地价的上升进一步高涨,对于农村进城打工的外来人员而言,房价会变得格外难以承受。其二是土地政策推动了城市蔓延(Ding 等,2014)。发达国家里,导致城市蔓延的因素是交通成本降低、收入提高、消费者更喜欢带有大庭院/花园的房屋等;而在中国,农地保护是城市空间"蛙跳式"发展的主要推动力。城市建成区附近的区域通常比较远的区域有更高的农业单产,因而毗邻城市的土地往往被划归为基本农田,反而是远离主要中心商业区的地方得到了发展。因此在某些案例——尤其是北京的案例当中,规划者会在远端绿地区域建设新城以安置数百万居民(Yang 等,2015)。

6. 结论

全世界的城乡接合部地区都因身兼数职而压力重重。城市里的居民没有足够多的可负担得起的住房,开发建设的目光因此投向了毗邻城市的农田——而此类农田又通常属于受保护区域,理应被用以维持便利设施并且为休闲娱乐和自然保护提供"绿色"空间。面对多种功能的需求,城市边缘地区想要面面俱到并不容易,我们必须调整甚至废弃现有的规划手段以迎接新的挑战。

正是因为这重重的压力,英国已经开始审视长期以来为了限制城市蔓延并在大城市周围提供绿色空间而普遍施行的绿化带法律。本章认为,绿化带政策的实施在保护环境和休闲娱乐方面做出了积极贡献，但是由于全国住房短缺导致城市发展压力陡增，绿化带也成为不同土地利用模式一争高下的竞技场。尽管如此，绿化带政策的实际施行过程其实非常灵活，并且这片绿化的区域也不一定如人们所想的那样与城市土地利用水火不容。事实上，绿化带（目前更多被称为“边缘地带”）增加了城市边缘土地用途拼接的复杂性。这种大城市周围土地利用越来越突出的特点，显示出竞争性的市场需求以及不同环境下规划体系面临的局限性。

本章除聚焦英国的绿化带政策外，对于最近几十年中国渐露端倪的绿化带理念本章也有所提及。诚然，包括规划和土地管理系统差异在内的许多因素使得类似的绿化带政策很难在中国环境下被简单复制，不过本章仍着重探讨了在中国城市边缘地区的规划中需要各级政府密切关注的问题。通过对高产农田保护、为扩张的城市人口提供休闲空间以及保护有价值的自然资产这些问题加以梳理，本章希望可以避免混乱的土地利用模式并理顺各问题背后的国家政策。

最后，我们打算在结论部分为中国城市边缘地区演化的规划提出一些建议。首先，考虑到国家政策目标的需求经常相互冲突，应当建立起更加连贯的政策框架。正如 Liu 等人（2014）的文章所说，实现增强可持续土地利用的终极目标需要建立战略土地利用政策体系，以联系不同的规划“层级”：战略、政策和保护。而在这体系之中应该像 Huang 等人（2015）所说的那样，对保护优质农田不被用于非农用途给予更多关注，同时还应设置边界清晰的保护区，比如开发严格受限的绿化带和环境保护区。为了使做出的努力行之有效，规划体系和地方政府财政体系可能需要进行重大变革，规划部门应被赋予更大权力去实施各部门共同决定的规划，而当地政府则应减少其财政对土地出让的依赖。严格的规划控制可能会减少目前普遍存在的城市边缘土地利用碎片化（Tian，2015）的现象，同时保证更多的绿色环保空间和额外的休闲娱乐场所。

参考文献

Abercrombie P(1944). Greater London Plan. In Standing Conference on London Regional Planning. London: Ministry of Housing and Local Government.

Alterman R(1997). The Challenge of Farmland Preservation: Lessons from a Six-Nation Comparison. Journal of the American Planning Association, 63(2): 220-244.

Alexander A(2009). Britain's New Towns: Garden cities to sustainable communities. London: Routledge.

Amati M(2007). From a Blanket to a Patchwork: The Practicalities of Reforming the London Green Belt. Journal of Environmental Planning and Management, 50(5): 579-594.

Amati M(Ed.) (2008a). Urban Green Belts in the Twenty-first Century. Aldershot, UK and Burlington, VT: Ashgate Publishing.

Amati M(2008b). Green Belts: A Twentieth-Century Planning Experiment. In M. Amati (Ed.). Urban Green Belts in the Twenty-First Century. Aldershot, UK and Burlington, VT: Ashgate Publishing: 1-18.

Amati M and Taylor L(2010). From Green Belts to Green Infrastructure. Planning, Practice & Research, 25(2): 143-155.

Amati M and Parker G(2007). Planned by Farmers for Farmers? Twentieth-Century Land reform and the Impact on Twenty-First Century Japan. In C. Miller and M. M. Roche (Eds.). Past Matters: Heritage and Planning History Case Studies from the Pacific Rim. London: Cambridge Scholars Press: 172-194.

Amati M and Yokohari M(2006). Temporal Changes and Local Variations in the Functions of London's Green Belt. Landscape and urban planning, 75(1): 125-142.

Bailoni M, Edelblutte S and Tchékémian A(2012). Agricultural Landscape, Heritage and Identity in Peri-urban Areas in Western Europe, European Countryside, 4(2): 147-161.

Balk H H(1945). Rurbanization of Worcester's Environs. Economic Geography, 21(2): 104-116.

Barker K(2006). Barker Review of Land Use Planning, Final Report Recommendations. London: HM Treasury.

Booth P(1996). Controlling Development: Certainty and Discretion in Europe, the USA and Hong Kong. London: UCL Press.

Bramley G, Hague C, Kirk K, Prior A, Raemaekers J, Smith H, Robinson A and Bushnell H (2004). Review of Green Belt Policy in Scotland. Research Report to Scottish Executive Development Department. Edinburgh: Scottish Executive Social Research.

Bryant C R, Russwurm L J and McLellan A G(1982). The City's Countryside. Land and its Management in the Rural-Urban Fringe. London: Longman.

Bryson B(2015). The Road to Little Dribbling: More Notes from a Small Island. London: Doubleday.

Buxton M and Goodman R(2003). Protecting Melbourne's Green Belt. Urban Policy and Research, 21(2): 205-209.

Cadène P(1990). L'usage des espaces péri-urbains: Une géographie régionale des conflits. Etudes Rurales: 235-267.

Carlyon T(2013). Food for Thought: Applying House Price Inflation to Grocery Prices. London: Shelter. http://england.shelter.org.uk/_data/assets/pdf_file/0005/625550/Food_for_thought.pdf

Ding C(2007). Policy and Praxis of Land Acquisition in China. Land Use Policy, 24(1): 1-13.

Ding C and Lichtenberg E(2011). Land and Urban Economic Growth in China. Journal of Regional Science, 51(2): 299-317.

Ding C, Niu Y and Lichtenberg E(2014). Spending Preferences of Local Officials with Off-Budget Land Revenues of Chinese Cities. China Economic Review, 31: 265-276.

von der Dunk A, Grêt-Regamey A, Dalang T and Hersperger A M (2011). Defining a Typology of Peri-urban Land-use Conflicts: A Case Study from Switzerland. Landscape and Urban Planning, 101(2): 149-156.

Edwards M(2000). Sacred Cow or Sacrificial Lamb? Will London's Green Belt Have to Go? City, 4(1): 106-112.

Farley P and Roberts M S(2012). Edgelands: Journeys into England's True Wilderness. London and New York: Vintage.

Freestone R(2002). Greenbelts in City and Regional Planning. In K. Parsons and D. Schuyler (Eds.). From Garden City to Green City: The legacy of Ebenezer Howard. John Hopkins Press, Baltimore: 67-98.

Frey H W(2000). Not Green Belts but Green Wedges: The Precarious Relationship between City and Country. Urban Design International, 5(1): 13-25.

Furuseth O J and Lapping M B(1999). Contested Countryside: The Rural Urban Fringe in North America. Ashgate Publishing Ltd.

Gallent N and Shaw D(2007). Spatial Planning, Area Action Plans and the Rural-Urban Fringe. Journal of Environmental Planning and Management, 50(5): 617-638.

Gant R L, Robinson G M and Fazal S(2011). Land Use Change in the "Edgelands": Policies and Pressures in London's Rural-Urban Fringe. Land Use Policy, 28(1): 266-279.

Gunn S C(2008). Green belts: A review of the regions' responses to a changing housing agenda. Journal of Environmental Planning and Management, 50(5): 595-616.

Hague C(2002). Response to Roberts, T., The Seven Lamps of Planning. Town Planning Review, 73(1): 1-15.

Harrison C(1981). A Playground for Whom? Informal Recreation in London's Green Belt. Area, 13: 109-114.

He C, Okada N, Zhang Q, Shi P and Zhang J(2006). Modeling Urban Expansion Scenarios by Coupling Cellular Automata Model and System Dynamic Model in Beijing, China. Applied Geography, 26(3): 323-345.

Herington J(1984). The Outer City. London and New York: Harper Collins.

Hoffman L(2011). Urban Modeling and Contemporary Technologies of City-Building in China: The Production of Regimes of Green Urbanisms. In A. Roy and A. Ong, (Eds.). Worlding Cities: Asian Experiments at the Art of Being Global. Chichester and Maldon, MA: Wiley Blackwell: 55-76.

Houston P(2005). Re-valuing the Fringe: Some Findings on the Value of Agricultural Production in Australia's Peri-urban Regions. Geographical Research, 43(2): 209-223.

Huang D, Jin H, Zhao X and Liu S(2015). Factors Influencing the Conversion of Arable Land to Urban Use and Policy Implications in Beijing, China. Sustainability, 7(1): 180-194.

Jackson K T(1985). Crabgrass Frontier: The Suburbanization of the United States. New York: Oxford University Press.

Jefferies J(2005). The UK Population: Past, Present and Future. In Office for National Statistics, Focus on People and Migration, 2005. London: HM Government.

Jia J and Gao J(2005). The Origination, Development and Challenge of

Green Belt Policy in the UK. Journal of Chinese Landscape Architecture, 3: 69-72 (in Chinese).

Jim C Y and Chen S S(2003). Comprehensive Greenspace Planning Based on Landscape Ecology Principles in Compact Nanjing City, China. Landscape and Urban Planning, 65(3): 95-116.

Kabo R(2015). Towards a Taxonomy of Edgelands Literature. Alluvium, 4(3), www. alluvium-journal. org/2015/06/26/towards-a-taxonomy-of-edgelands-literature/

Kaika M and Swyngedouw E(2000). Fetishizing the Modern City: The Phantasmagoria of Urban Technological Networks. International Journal of Urban and Regional Research, 24(1): 120-138.

Kambites C and Owen S(2006). Renewed Prospects for Green Infrastructure Planning in the UK. Planning Practice and Research, 21(4): 483-496.

Lai L W C and Ho W K(2001). Low-rise Residential Developments in Green Belts: A Hong Kong Empirical Study of Planning Applications. Planning Practice and Research, 16(3-4): 321-335.

Lemes de Oliveira F(2014). Green Wedges: Origins and Development in Britain. Planning Perspectives, 29(3): 357-379.

Li F, Wang R, Paulussen J and Liu X(2005). Comprehensive Concept Planning of Urban Greening Based on Ecological Principles: A Case Study in Beijing, China. Landscape and Urban Planning, 72(4): 325-336.

Lichtenberg E and Ding C(2009). Local Officials as Land Developers: Urban Spatial Expansion in China. Journal of Urban Economics, 66(1): 57-64.

Lin G C, Li X, Yang F F and Hu F Z(2014). Strategizing Urbanism in the Era of Neo-liberalization: State Power Reshuffling, Land Development and Municipal Finance in Urbanizing China. Urban Studies, 20(10): 1-21.

Liu S H, Chen T and Cai J M(2004). Peri-urbanization in China and its Major Research Issues. Acta Geographica Sinica, 59(S1): 101-108.

Liu Y, Fang F and Li Y(2014). Key Issue of Land Use in China and Implications for Policy Making. Land Use Policy, 40: 6-12.

Liu Y, Wang L and Long H(2008). Spatio-temporal Analysis of Land-use Conversion in Eastern Coastal China During 1996-2005. Journal of Geographical Sciences, 18(3): 274-282.

Long H, Liu Y, Li X and Chen Y(2010). Building New Countryside in China: A Geographical Perspective. Land Use Policy, 27(2): 457-470.

Martin W T(1953). The Rural-Urban Fringe: A Study of Adjustment to Residence Location. Eugene: University of Oregon Press.

Ministry of Land and Resources (2006). China Land and Resources. Statistical Yearbook, 2006. Beijing: Ministry of Land and Resources of the People's Republic of China.

Munton R J C(1983). London's Green Belt: Containment in Practice. Hemel Hempstead: Allen & Unwin.

Munton R, Whatmore S and Marsden T(1988). Reconsidering Urban-fringe Agriculture: A Longitudinal Analysis of Capital Restructuring on Farms in the Metropolitan Green Belt. Transactions of the Institute of British Geographers, 13(3): 324-336.

National Bureau of Statistics of China (various years). China Statistical Yearbooks. Beijing: China Statistics Press.

Nelson A C and Dueker K J(1990). The Exurbanization of America and its Planning Policy Implications. Journal of Planning Education and Research, 9(2): 91-100.

Osborn F J and Whittick A(1963). The New Towns: The Answer to Megalopolis. London: Leonard Hill Books.

Papadimitrou N(2013). Scarp: In Search of London's Outer Limits. London: Sceptre.

Prior A and Raemaekers J(2007). Is Green Belt Fit for Purpose in a Post-Fordist land-scape? Planning, Practice & Research, 22(4): 579-599.

Qiang Z H U, Kong-Jian Y U and Di-Hua L I(2005). The Width of Ecological Corridors in Landscape Planning. Acta Ecologica Sinica, 25(9): 2406-2412.

Rippey J(2012). Wild at heart: Exploring the edgelands of contemporary landscape literature, The Summary 44: 17-31 (in Chinese).

Robinson G M(1991). The City Beyond the City. In G. M. Robinson (Ed.). A Social Geography of Canada. Toronto and Oxford: Dundurn Press: 302-329.

Robinson G M, Gant R L and Fazal S(2011). Neglected Landscapes: A Study of Land-use Change in the Rural-Urban "Edgelands." In G. M. Robinson and F. Molinero (Eds.). Changing European Rural and Agricultural Landscapes: Papers from the Anglo-Spanish Rural Geography Conference, Canterbury Christ Church University, June 2009. Valladolid, Spain: Universidad de Valladolid.

Sawer P(2016). Plans for Thousands of New Homes Threaten Green Belt Areas. www. telegraph. co. uk/news/2016/04/16/plans-for-thousands-of-new-homes-threaten-green-belt-areas/

Shengquan C H E(2001). Study on the Green Corridors in Urbanized Areas. Urban Ecological Study, 25(11): 44-48 (in Chinese).

Shoard M(2002). Edgelands. In J. Jenkins (Ed.). Remaking the Landscape: The Changing Face of Britain. London: Profile Books: 117-146.

Shoard M(2013). Edgelands of Promise. Landscapes, 1(2): 74-93.

Sinclair I(2003). London Orbital. Harmondsworth: Penguin.

Tan M, Robinson G M and Li X(2011). Urban Spatial Development and Land Use in Beijing: Implications from London's Experiences. Journal of

Geographical Sciences, 21(1): 49-64.

Tang B S, Wong S W and Lee A K(2005). Green Belt, Countryside Conservation and Local Politics: a Hong Kong Case Study. Review of Urban & Regional Development Studies, 17(3): 230-247.

Tang B S, Wong S W and Lee A K W(2007). Green Belt in a Compact City: A Zone for Conservation or Transition? Landscape and Urban Planning, 79(3): 358-373.

Tang Y, Mason R J and Wang Y(2015). Governments' Functions in the Process of Integrated Consolidation and Allocation of Rural-Urban Construction Land in China. Journal of Rural Studies, 42: 43-51.

Tian L(2015). Land Use Dynamics Driven by Rural Industrialization and Land Finance in the Peri-urban Areas of China: The Examples of Jiangyin and Shunde. Land Use Policy, 45: 117-127.

Wang L, Li C C, Ying Q, Cheng X, Wang X Y, Li X Y, Hu L Y, Liang L, Yu L, Huang H B and Gong P(2012). China's Urban Expansion from 1990 to 2010 Determined with Satellite Remote Sensing. Chinese Science Bulletin, 57(22): 2802-2812.

Wang X, Lu C and Fang J(2007). Implications for Development of Grain-for-green Policy Based on Cropland Suitability Evaluation in Desertification-affected North China. Land Use Policy, 24: 417-424.

Whitehead C(2014). Social Housing in England. In K. Scanlon, C. Whitehead, and M. Fernández Arrigoitia (Eds.). Social Housing in Europe. London: Wiley-Blackwell: 105-120.

Wu G, Yu S and Wang Z(2001). The Discussion on the Concept of the Planning for the Green Belt around Shanghai. City Planning Review, 4 (in Chinese).

Yang J and Jinxing Z(2007). The Failure and Success of Greenbelt Program in Beijing. Urban Forestry & Urban Greening, 6(4): 287-296.

Yang X, Day J and Han S S(2015). Urban Peripheries as Growth and Conflict Spaces: The Development of New Towns in China. In T-C. Wong, S. S. Han, and H. Zhang (Eds.). Population Mobility, Urban Planning and Management in China. Cham, Switzerland: Springer International: 95-112.

Yue W, Liu Y and Fan P(2013). Measuring Urban Sprawl and its Drivers in Large Chinese Cities: The Case of Hangzhou. Land Use Policy, 31: 358-370.

Zasada I(2011). Multifunctional Peri-urban Agriculture: A Review of Societal Demands and the Provision of Goods and Services by Farming. Land Use Policy, 28(4): 639-648.

Zasada I, Berges R, Hilgendorf J and Piorr A(2013). Horsekeeping and the Peri-urban Development in the Berlin Metropolitan Region. Journal of Land Use Science, 8(2): 199-214.

Zhang Q F and Wu J(2017). Political Dynamics in Land Commodification: Commodifying Rural Land Development Rights in Chengdu, China. Geoforum, 78: 98-109.

Zhou X, Lu X, Lian H, Chen Y and Wu Y(2017). Construction of a Spatial Planning System at City-level: Case Study of "Integration of Multi-planning" in Yulin City, China. Habitat International, 65: 32-48.

第六章　日本大都市的土地和住房市场动态及住房政策

大泉荣治*，和歌山大学与追手门学院大学区域经济学(Wakayama University & Regional Economics Otemon Gakuin University)

1. 引言：日本后泡沫经济概览

目前，全球许多住房市场上都出现了更为剧烈的市场波动和更为扩大的住房差距。这些趋势在某种程度上归因于全球金融市场的资本流动动态、住房市场和住房金融市场持续的放松管制，以及不断加剧的收入不平等。本章试图从理论和经验方面对日本住房市场的独特动态以及社会、经济和空间关系进行解释。而本节引言将首先对20世纪90年代至21世纪10年代中期日本经济的主要发展加以概述。

1.1　通货紧缩周期延长

20世纪80年代后半叶日本出现了巨大的资产泡沫，20世纪90年代初资产泡沫破裂之后日本经济经历了一系列深刻的变化，包括：① 1998年以来的经济衰退——部分可归因于日本金融机构的"坏账"问题、亚洲货币危机的爆发，以及1997年4月消费税税率的提高；② 2003年和2007年的经济复苏——可归因于出口的显著扩大；③ 2009年重新开始的衰退——归因于2008年9月的"雷曼冲击"和世界金融危机；④ 因2014年4月消费税税率再次提高致使家庭消费大幅下降。除了这些事件之外，还有巨灾的发生，即：⑤ 1995年1月的

---

* 作者感谢各位编辑和Nabil Maghrebi(日本和歌山大学)教授对早期几稿提出的有益评价和建议。

阪神大地震;⑥ 2011 年 3 月日本东部地震与海啸灾难以及福岛严重的核事故。

图 6.1 显示了日本实际国内生产总值及几项需求侧指标(出口、投资、消费)的波动情况,清楚地反映了过去 25 年日本经济所经历的主要冲击和发展。日本自 20 世纪 90 年代资产泡沫破裂之后,经济进入了长期停滞。后泡沫时代的产能过剩和来自新兴经济体的激烈竞争带来了双重限制,日本制造业面临艰难的战略决策。在日元升值导致出口减少的背景下,日本制造商借助海外生产基地的转移,并通过用非正规就业(兼职、固定期限和临时劳动力)替代长期正规就业的方式来削减劳动力成本。

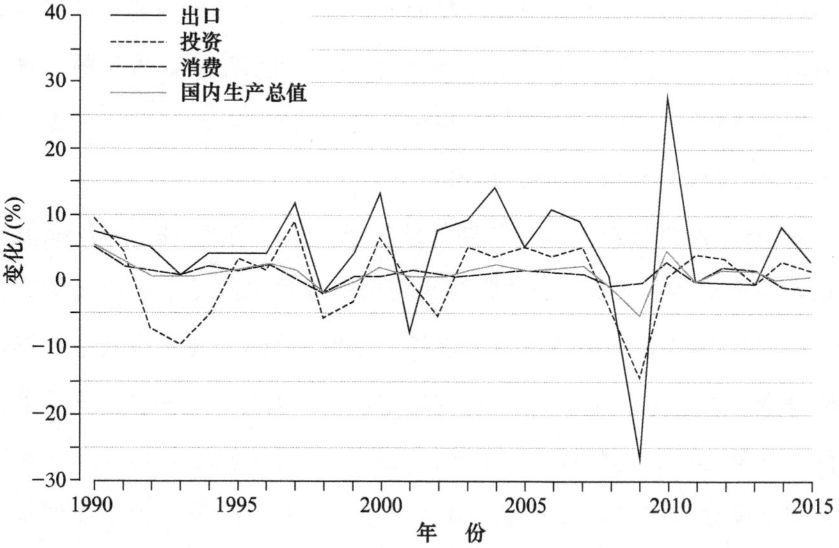

图 6.1　1990—2015 年日本国内生产总值变化和各个需求侧指数

说明：实际国内生产总值较前一年的变化率(百分比)、家庭消费支出、私人资本投资和产品与服务出口。

来源：政府内阁办公室,日本国民经济核算。

随着日本对美国市场和亚洲新兴经济体的出口显著扩大,日本经济在 2003—2007 年有所复苏。不过,尽管得名“战后最长的经济复苏”,这一时期日本国内生产总值的年均增长率实际上仅有 1%左右。快速增长的出口(从 2002 年的 56.7 万亿日元到 2007 年的 92.2 万亿日元,增长 1.6 倍),使得主要制造企业(由 2500 家至少拥有 10 亿日元资本的公司组成)的业绩大幅提高。同一时期,资本投资也从 65.1 万亿日元增至 81 万亿日元,增长了 24%。然而,主要制造企业增加值中劳动力的相对占比却从2002年的66.7%降到2007年的56.9%。相比之下,企业的留存收益从55.1万亿日元增至76.4万亿日元,增长了38.7%。

出口波动与实际投资波动之间存在明显的相关性。然而,增加的投资并不一定就能使就业和工资有所增长。由于各行各业的非正规低工资就业比例不断扩大,家庭支出受到限制,这段时间内家庭消费仅增长了3.6%(从2002年的277.6万亿日元增长到2007年的287.5万亿日元)。因此,国内生产总值的增长也保持在较低水平(Oizumi,2013)。

"雷曼冲击"之后,日本以出口为导向的经济增长因国际贸易量的减少而进一步减弱。直到2010年出口的快速反弹,加上为灾后重建而进行的扩张性基础设施财政支出,才使经济得以从衰退中恢复。然而,当2014年政府提高消费税税率之后,家庭消费随之萎缩,负增长也再次出现。

因此,日本经济已经陷入了长期持续的通货紧缩周期,商品、服务、股票以及房地产的价格都在下跌。通货紧缩周期的形成可以归结于多个复杂交织的宏观经济因素的相互作用:第一,由于工厂不断跨境向外转移,众多从事日本区域经济业务的制造商纷纷倒闭,国内需求的不断萎缩又进一步加剧了国内公司之间的竞争;第二,由于日本中央银行采用了超低利率政策,收入从家庭部门大量转移到金融部门;第三,大幅缩减的就业和工资水平反映出企业的裁员战略,这些因素造成了家庭消费的严重下降,自然也导致了持久的经济停滞;另外,还有日本经济中的人口问题和收入差距问题,下文将对此进行讨论。

1.2 人口减少和人口老龄化

日本经济面临着社会老龄化和人口萎缩的全面复合效应,这些人口变化是低出生率加上长寿的直接结果。目前,日本是世界上出生率最低的国家之一:2014年,总生育率降至1.42。从长远来看,这一低比率会导致人口规模的显著减少和老年人比例的增加。虽然日本2010年的人口为1.28亿人,但预计到2030年将下降到1.17亿人以下,仅仅在20年之内就会缩减8.6%。同一时期,65岁以上人口的比例预计将从23%增加到31.6%(IPSS,2012)。

尽管人口不断减少，但家庭数量仍在继续增加，特别是一人家庭数量的增加相当明显。2010 年日本已经有 1680 万个一人家庭，占到家庭总数的 32.4%。另外，预计 2035 年日本的家庭总数将降至 4960 万户。这一令人担忧的趋势必定会造成住房需求的长期下降。据估计，2035 年的住房需求将比预期的 2019 年峰值少 300 万套。

此外，日本还存在人口向大都市地区的流动问题，只有东京、神奈川、埼玉、爱知和福冈等少数几个辖区的人口仍在增加。老龄化社会相关问题的严重性不仅限于人口稀少的地方，还扩展至大都市。截至 2015 年，东京都就有 297 万 65 岁以上人口居住，占其总人口的 22.9%。2010 年东京的老年人口中有 38% 是一人家庭，这一比例是所有辖区中最高的。据估计，2035 年东京的单身老人家庭数量可能将超过 100 万户，占比达到 44%。

1.3 收入分配不平等与贫困

鉴于上述种种结构变化，无疑日本经济和社会的两极分化正在加剧。许多蓝领阶层的工作保障已被严重降低，他们的工作可以说是朝不保夕。劳动力市场的剧烈变化导致各阶层收入和生活条件的差距不断扩大，产生更大的经济不确定性和社会不安。这些变化不仅影响低收入群体，也影响中产阶级。

由 Thomas Piketty 和其他研究人员组织建立的世界财富与收入数据库(WID)提供了全方位的证据，表明许多国家的财富集中在少数超富裕阶层手中。根据 WID 2010 年的统计数据，日本、韩国、英国和美国整个收入结构前 1%的人口所占据的财富比例分别为 9.5%、11.8%、12.6%和 17.5%。尽管根据这一统计证据，日本的收入差距程度似乎比另外几个国家要低。然而，日本收入结构前 10%的人口所占据的财富比例相当于 40.5%，其实与其他三个国家的比例(分别是 43.3%、38.1%和 46.4%的高水平)相差不多。

我们主要担心的是那剩余 90%人口的情况。如图 6.2 所示，日本底层 90%的人口的年平均收入从 1990 年的 214 万日元下降到 2010 年的 149 万日元，下降了 30.2%。由于持续的通货紧缩，同期国内生产总值平减指数下降了 9.6%，因此实际平均收入下降率达到 23.7%。除了收入水平的下降之外，收入分配的变化也是一个非常关键的问题。

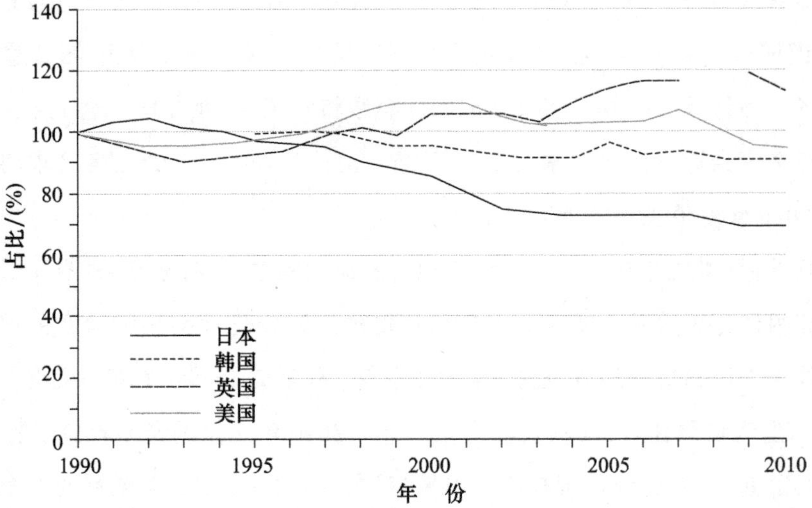

图 6.2 1990—2010 年排名后 90%人口的平均收入变化：日本同韩国、英国、美国比较

说明：每项指数均以 1990 年作为标准，即"100"而计算的。由于未得到 1990—1994 年的数据，只有韩国的指数是以 1995 年作为"100"计算的。未得到英国 2008 年的数据。

来源：世界财富与收入数据库(World Wealth and Incomes Database)。

经济合作与发展组织(经合组织)将相对贫困率定义为收入低于收入分布中位数一半的人口比例。以日本为例，2012 年的相对贫困率达到 16.1%，贫困线上的人均年收入为 122 万日元(见图 6.3)，几乎就等于上文提及的底层 90%人口的平均年收入(149 万日元)。

世界财富与收入数据库并未在底层 90%人口内部按收入再次细分层级，而国税厅公布的私营企业工资统计数据或许可以为这种分层提供依据。根据 2010 年的国税厅报告，大约有占所有受薪职工 82.3%的私营企业职工，年工资低于 600 万日元。这一收入群体大体上可以被归作底层 90%人口，因为世界财富与收入数据库估计前 10%和后 90%年收入的分界值大概是 576 万日元。低收入群体中占比最大的部分是年收入在 200 万日元以下以及 200 万～300 万日元之间的两档，分别占 27.9%和 21.4%。与此同时，400 万～600 万日元收入档的人口比例从 1990 年的 30.2%下降到 2010 年的 28.8%。因此，毫无疑问，用非正规雇员密集替代正规雇员的做法大大减少了年收入在 400 万～600 万日元的中间档，增大了年收入不足 200 万日元的"贫困职工"的规模。

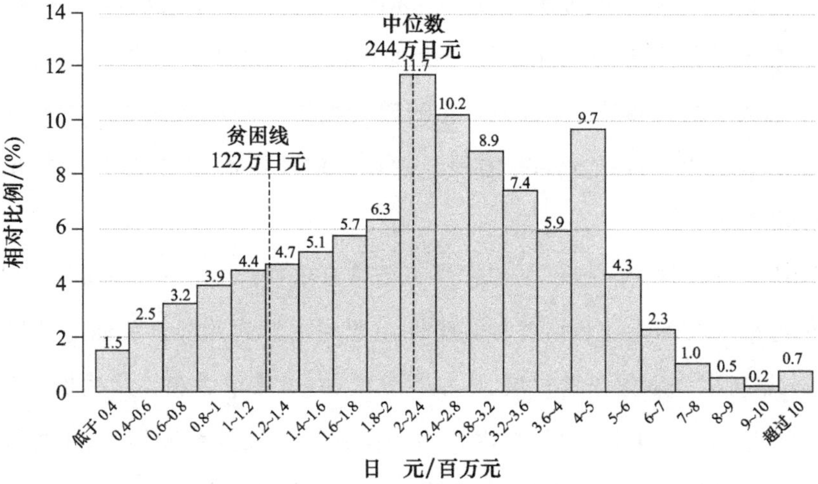

图 6.3　日本 2012 年家庭成员等量可支配收入的相对比例(百分比)分布

说明：等量可支配收入(equivalent disposable income)是指家庭可支配收入除以家庭成员人数的平方根。等量可支配收入的中位数是 2.44。

来源：厚生劳动省，生活条件综合调查(Comprehensive Survey of Living Conditions)。

我们预计上述强大的社会经济变化将影响当前的土地和住房市场动态。下一节将阐述日本城市土地政策和土地市场的独特发展。

2. 土地政策和城市规划的放松管制

2.1　日本城市的土地政策和城市规划

日本在 1968 年出台的新《城市规划法》取代了原本的 1919 年《城市规划法》，引入了多种针对城市土地利用的管理措施：① 确定城市规划区包括城市化促进区(UPA)和城市化控制区(UCA)；② 启动地市级规划主管部门的开发许可；③ 将土地利用按照其与住宅、商业和制造业用途的相关程度细分为八类。

虽然日本的规划体系与西方国家的规划体系有一些相似之处，但两者在 UPA 和 UCA 地区的监管方面存在差异。按照日本的规定，UCA 地区会出于防止无序拓展的目的而对开发加以限制，但仍允许在特殊情况下开发住宅综合楼和大型商店建筑。而 UPA 中的小规模开发项目不受此监管要求的限制，因此规划许可的范围并未穷尽所有可能的开发情况。此外，UPA 允许在除专门为住宅和制造目的指定的两类地区外的任何地方建造商店和办公室，这是其在土地使用管理上存在的一个主要缺陷。虽然合理控制土地利用结构可以形成良好的城市空间，但日本当时的城市规划体系缺乏这种措施。在内阁政府和城市土地政策都有强烈开发导向的环境下，会有这样那样的缺陷形成也非意外。

这些监管条件对土地市场和住房市场具有重要影响。由于监管相对宽松，城市土地市场实际上显示出各种竞争性土地利用形式的混合。住宅开发自20世纪70年代以来取得显著进展，不仅在郊区，在城市中心和其周边也有公寓建设全面展开。这一扩张过程中，由内而外向郊区扩展的商业地产、由外而内向城市中心扩展的住宅相互交织，加剧了各种土地用途在郊区和城市中心地区的竞争。因此，市中心与郊区的土地二元制度——这一曾经在自20世纪以来西方国家功能主义城市规划中占据重要地位的概念——现在已经呈现出一种复杂的、扩张分化的态势。土地用途的竞争性混合导致了土地价格的持续上涨。此外，对土地利用转换的宽松限制，进一步推动了投机性土地征用。价格上涨的势头在20世纪80年代下半叶的房地产繁荣时期达到顶点(Kawai,2015)。想要了解当时日本的资产泡沫，需要利用多维方法从制度、行政管理和社会因素方面进行研究。当然，本章关注的是土地市场的独特表现。

图6.4清楚地显示了房地产繁荣时期住房用地价格波动的传递过程。繁荣从东京市中心开始，并渐渐发展至东京都市圈的主要城市。随后，延伸到大阪和其他主要城市，此间对其他城市的波及速度和由此产生的最大土地增值因城而异。我们也可以在商业用地价格的波动中观察到类似的模式。许多公司的投机性土地收购为这种传递过程推波助澜。事实上，这种势头之所以能够形成，不仅仅是房地产公司的作用，在其他几乎所有的行业当中都出现了许多争着抢着想要开展房地产项目的公司。它们收购土地的标准并不取决于土地的分区用途，而只是希望容积率越大越好。

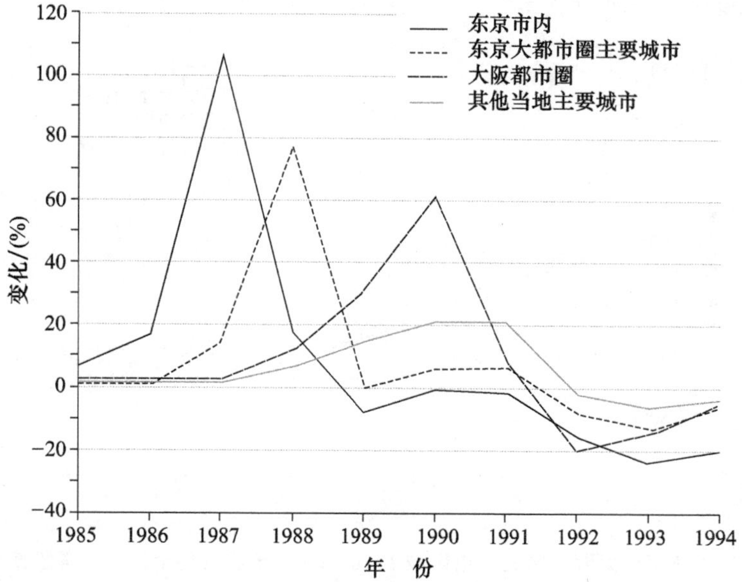

图 6.4 东京、大阪及其他城市 1985—1994 年市区内住宅用地价格的变化

说明：各地区住宅用地价格较前一年的变化比率。

来源：东京市政府办公室，1999 年。

日本在资产泡沫破裂后，为推动房地产市场从停滞中复苏而采取了放松管制的政策。其中的核心措施就是放宽建筑面积限制。1992 年修订后的《城市规划法》将原来的住宅区内三类土地用途调整为七类，以前的 8 个大类分区现被划分为 12 个。这实际上意味着提高容积率的上限，促进包括住宅区商用在内的混合土地利用。1997 年修订后的《城市规划法》在新划定的地区引入了更高的容积率上限，以方便高层住宅在此建设。

2.2　土地市场的两极分化和土地政策

图 6.5 显示了资产泡沫破裂后东京市中心和东京都、大阪及其他城市的居住用地价格趋势。土地价格长期下跌，同时 20 世纪 10 年代初期土地市场还出现了分化的迹象。虽然全国土地市场普遍停滞，但东京市中心的几个“热点”又有了新的房地产投资活动。东京市中心的居住用地价格似乎在 2003 年和 2004 年左右触底，并在 2005—2007 年快速增长。尽管“雷曼冲击”和 2007—2008 年的美国金融危机导致价格突然下跌，但近年来居住用地价格似乎恢复了上涨势头。截至 2015 年 1 月，东京都和大阪的居住用地价格分别较上年上

涨 1.3%和 0.5%,而其他地方的居住用地价格则下跌了 0.7%。

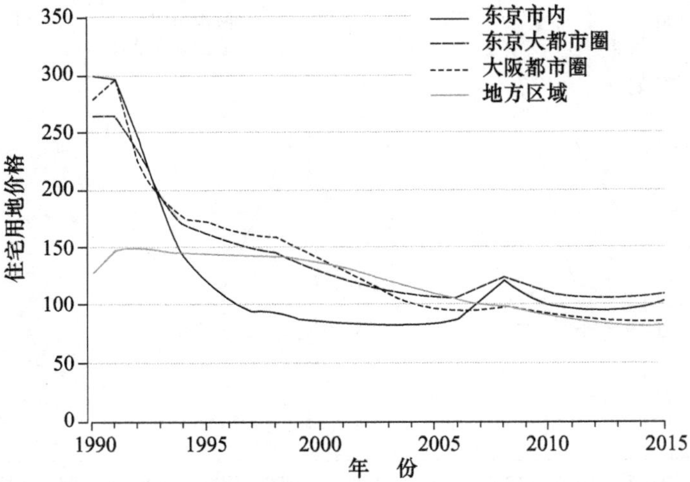

图 6.5 东京、大阪市区及当地区域 1990—2015 年住宅用地价格的累积变化

说明:每一项指数均已 1983 年为标准,即“100”进行计算。

来源:东京市政府办公室,2014 年;国土交通省,土地价格官方报价。

2.3 大都市:放松管制政策下的建设繁荣

作为政府商业刺激计划的一部分,城市开发政策对土地市场条件的变化产生了强烈的影响。政府的城市重建政策开启了一个放松管制的新阶段。2001 年政府内阁办公室城市重建指挥部成立,次年《城市重建专项措施法》出台。这项政策的目标是通过推动城市中心的土地集约利用项目,重新开发大都市的中心区域。政府指定了主要城市中心内的一些地点作为紧急重建区(URZ)。在占地 4749 公顷的 34 个紧急重建区中,有 7 个在东京,占地 2375 公顷;12 个在大阪,占地 1072 公顷。也就是说,这两座城市的紧急重建区的面积占了总体的 72.6%。截至 2014 年 9 月,紧急重建区扩大到 62 个地区,占地 8037 公顷,其中东京都紧急重建区的面积占总面积的 49.3%。

紧急重建区的出现代表了城市规划中放松管制过程的顶点。有关土地使用和建筑物的标准条例不适用于这些特殊区域,开发商可以无限制地提出自己的规划方案。在政府政策的刺激下,高层办公楼和公寓的建设在东京市中心随即蓬勃开展,一段时间之后也在大阪市中心开展起来。下一节将进一步详细讨论这些市场动态。

2.4 地方城市:"紧凑型城市"政策启动

与大都市不同,地方城市代表着房地产市场两极分化的另一边。大多数地方城市都面临着两个问题:商业地产(主要由市中心的小型私营商店组成)开发的减少,以及人口的老龄化和数量减少。与曾经强劲的郊区扩张趋势形成鲜明对比的,是城市和郊区空置房屋与土地正在无序增加,反映出"反向扩张"的趋势。类似的情况也出现在大都市的卫星城当中。

许多城市在寻找解决人口和城市僵局的可行方案时,都喜欢将"紧凑型城市"政策引入总体规划。这种模式是欧洲"可持续城市"模式的变体,包括一系列相关的政策措施,如:① 限制郊区发展;② 保护景观和环境;③ 控制机动化和推动公共交通系统的发展;④ 发展可再生能源;⑤ 改善和改造现有房屋;⑥ 将人口引入城市中心;⑦ 将公共设施重新分配到城市中心;⑧ 恢复城市中心购物街的密集人流(Suzuki,2007;Oizumi,2013)。

想要实现可持续社区的目标就必须面对各方面的重要挑战,如今日本各地由行政部门倡议或者居民自发组织的各种运动越来越多。然而,在郊区开发住房和建立大型零售商场的做法依然获得了批准。这与"紧凑型城市"政策显然并不一致,很可能会增加在不远的将来"反向扩张"加速的可能性。对许多城市当局来说,放缓以开发为导向的城市政策的势头困难重重。

3. 存量住房与住房市场动态

3.1 存量住房:过剩和质量差异

截至2013年,日本全国共有住房6060万套,而家庭数量大约在5250万个。包括41.2万套季节性二房在内的空置住房达到820万套,占住房总数的13.5%。而在这些空置房屋中,待售或出租房屋的比例又有56.1%。1998—2013年,房屋总数增加了1040万套,增幅20.7%,空置房增加了240万套,增幅42.2%。根据潜在的趋势,我们可以得出这样一些推断:除非住房建设意外减少或空置房屋被广泛消除,否则到2023年空置房屋的数量将超过1390万套，在总住房存量中的份额将达到21%。目前，地方上的空置率为14.8%，大都市地区的空置率为12.2%。由于人口外流，许多县级城市和农村社区面临着在未来消失的严峻形势。

虽然大都市的空置率普遍低于地方城市，但空置房数量的增长对大都市的住房市场也有强烈影响。例如，东京市中心非木质公寓的空置率据估计平均为14.5%(截至2013年，包含千代田区、中央区、港区、新宿区和涩谷区)。在中心地区高层公寓蓬勃发展的同时，周边地区现有公寓中的空房数量却在不断增加。尤其是，虽然海湾一带的住房发展迅猛，但东京港区的空置率高达15.6%。面对住房过剩时代的到来，国土交通省(MLIT)已将空置房再分配的解决方案视为一个重要的政策问题。

另一个值得关注的存量住房问题是业主自住房屋和租赁住房之间的质量差异。将日本房屋平均建筑面积与其他国家进行对比，可以使我们对这一问题形成全面的认识。如图6.6所示，一方面，日本业主自住房屋的平均规模(截至2013年估计为122.3平方米)接近或超过了英国、法国和德国。另一方面，租赁住房的面积(估计为46平方米)要比其他国家小得多。与1963年91.3平方米

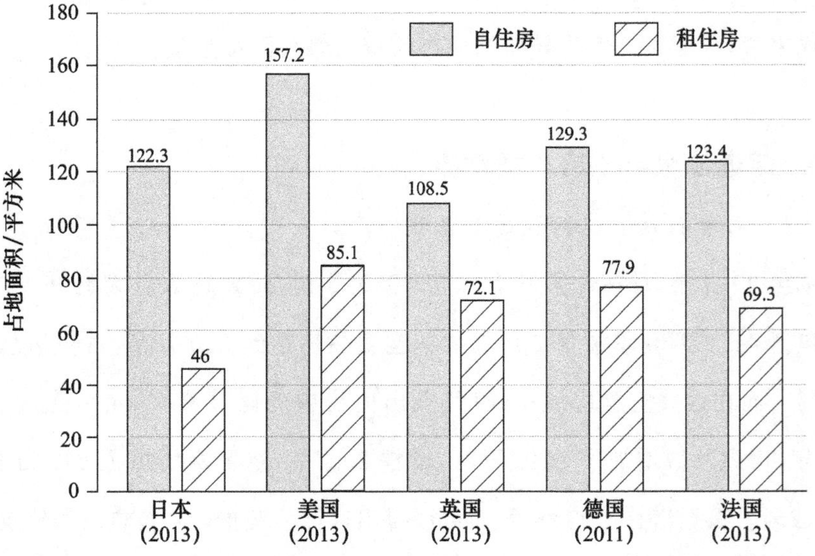

图6.6　业主自住或租住单元房的平均占地面积：日本同英国、法国、德国、美国比较

的历史估计值相比，日本业主自住房屋的规模有了显著的改善；然而与半个世纪前38.8平方米的估计值相比，租赁住房的规模几乎没怎么变。

私人出租房屋的质量差异问题尤为突出。为实现提高住房质量的政策目标，1976年原建设省出台了最低住房标准，要求1985年每个家庭都落实该标准内列出的健康和体面住宅的基础和基本条件。然而，这一目标并未在1985年实现，甚至在30年后也几乎没有迹象表明这一目标会在不久的将来完成。

虽然住房标准当中的具体数字常常会被修订，不过当前的标准规定，一人家庭至少应该拥有25平方米的居住面积，由父母和两个6岁以下儿童组成的家庭至少应该拥有40平方米的居住面积。根据这些数字，居住在不达标房屋内的日本家庭有370万户，占家庭总数的7.1%。私人出租房屋领域，房屋不达标的家庭比例更是占到20.6%。特别是在大型城市里，东京都有29.1%的家庭(53.5万户)居住在这样低于标准的私人出租房屋中，大阪市则有30.8%(15.2万户)。

事实上，存量住房质量差异问题主要出现在大都市的私人出租房屋。国土交通省正试图采取推动居民之间交换住房的政策，以解决住房过剩和质量差异的双重问题。为了保证交换顺利运作，市场流动性也被列为重要的政策问题。尽管如此，通过市场解决方案重新分配存量住房并没有取得预期的效果。相反，更具动态的住房市场似乎加剧了存量住房的现有问题。

3.2 住房市场：两极化和高波动性

住房建设可以被视为住房动态的晴雨表。图6.7显示了业主自住房屋和出租房屋的住房建设行为。资产泡沫破裂后，20世纪90年代末的住房建设规模是每年150万套，而在1987—1990年泡沫最盛时期，住房建设规模一度为每年170万套。2000年之后，住房建设在2006年达到每年120万套，但随着2008年美国金融危机的爆发，住房建设在2009年大幅减少到78万套，然后每年徘徊在80万～90万套左右。由于消费税税率即将在2014年上调，致使住房需求出现“最后一分钟”激增，2013年出现了短暂增长。

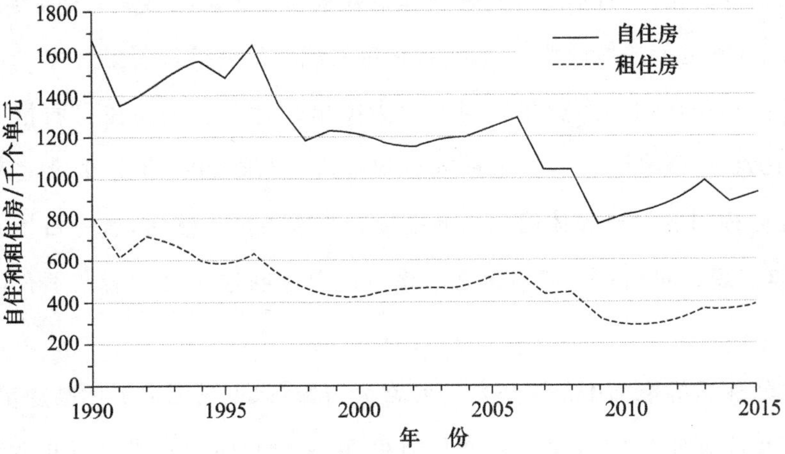

图 6.7 日本 1990—2015 年自住和租住房的建设

说明：数据(千个单元)是分别计存的。租住房包括公租房和公司宿舍。

区域经济和家庭收入之间的差距不断扩大，导致各城市的住房需求分配不均。在这样的情况下，住房市场上同时出现了两种不同的现象：大都市的增长和地方城市的停滞。蓬勃的公寓建设正是这些特殊发展的代表：自 20 世纪 10 年代初以来，大都市地区，特别是东京都的公寓建设一直十分活跃。虽然 2006 年和 2007 年高层公寓的建设热潮因美国金融危机爆发而一度中断，然而出于对 2020 年东京奥运会带来更大繁荣的预期，这种热潮又再次出现。2010—2014 年在建公寓总数达到 57.6 万套，其中有 56.7%集中在东京都地区。

正如本章第 2 部分所述，繁荣的市场是政府针对大都市中心采取的城市重新开发政策的结果。1997 年修订的《城市规划法》将一种分区的建筑容积率上限提高到 600%，并放宽了对建筑阴影控制，使得在该分区内修建高层公寓不再受限。另外自 2002 年起，紧急重建区被定为都市中心区，最大容积率由 800%提高到 1200%。这一系列的放松管制措施推动了大都市高耸的办公楼和公寓的建设，2004—2014 年，东京及其邻近地区(神奈川、埼玉和千叶)新提供的高层公寓超过 525 栋，大概容纳了 15.8 万套公寓，相当于同时期这些地区新提供的公寓总数的四分之一。

然而，这些繁荣的住房市场也变得更加动荡。由于土地供应相对价格和需求的变化表现出较强的刚性，土地和住房市场本质上是不完全竞争市场，不均衡的结果越积越多。在住房需求快速减少的情况下，仅有少数市场板块仍有投资和融资增长的迹象。这个过程虽有助于减少不均衡，却不能持久。这是因为蓬勃发展的市场只有孤零零的几个，进一步投资和建设的空间颇受限制，而且因建筑成本上升而随之飙升的房价进一步抑制了需求的增长。

事实上，2014 年和 2015 年全国公寓销量连续下降。2015 年销量共计 7.8 万套，较上年下降了 6.1%。正如图 6.8 所示，特别是东京都的销量下降了 11.1%。由于建筑材料和劳动力成本的激增，全国公寓的平均售价达到 4600 万日元/套，上涨了 7.2%。东京都的平均售价达 6700 万日元，上涨了 12.3%。住房负担能力恶化导致市场需求锐减。

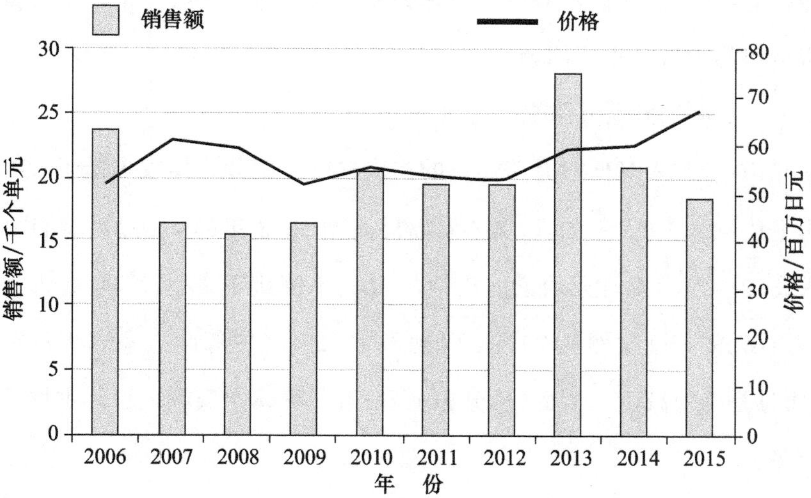

图 6.8　东京市内 2006—2015 年公寓销售额和平均价格变化

说明：数据包括东京市内的 23 个区。

此外，图 6.7 表明出租房屋的建设(其中很大一部分为私人出租房屋)保持在历史较高水平。然而，如图 6.6 所示，存量私人租赁住房的质量问题仍未解决。我们从图 6.9 中可以看出，东京都 23 个区的私人出租公寓中有 47.6%为不到 29 平方米的拥挤住宅。事实上，租赁住房建设的很大一部分是 20～30 平方米的小公寓，其实是高盈利预期驱动的投机性建设行为。

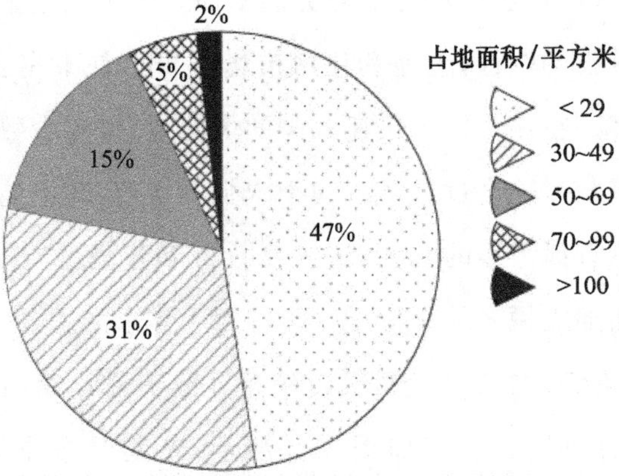

图 6.9　东京市内 23 个区 2013 年按占地面积区分的私人租住公寓房所占比例

说明：单元房总数为 140 万个。

动荡市场下的住房供给进一步加剧了过剩和存量住房差异问题，使得住房负担能力继续恶化，从而对房屋的合理分配构成了障碍。接下来讨论的重点就是住房负担能力这一重要问题。

3.3　*住房负担能力问题：房主和租户*

图 6.10 按收入高低对有房群体的构成进行了细分。年收入低于 490 万日元的房主比例从 1998 年的 32.8%大幅提高到 2013 年的 46.3%。相比之下，年收入(500～700)万日元的家庭比例从 19%下降到了 17.4%，年收入(700～1000)万日元的家庭比例从 20%下降到了 13.2%。中等收入家庭不仅在相对减少，而且是绝对减少。因此，从分布上看，有房群体中低收入群体占据的比重越来越多。

这种有房者分布向低收入倾斜的态势部分归因于依赖养老金福利的老年房主日渐增多。除此之外，低收入购房者增加的背后还有其他重要原因，包括土地价格和房价的下降以及历史上的低利率住房贷款。然而，尽管有非常便利的超低利率政策，背负房贷的家庭需要承受的压力却越来越大。表 6.1 显示了有住房贷款的职工家庭的平均收入和还贷情况。对比 2000 年和 2013 年的数据，可以发现可支配收入的显著减少(下降率为 11%)导致还贷负担加重。

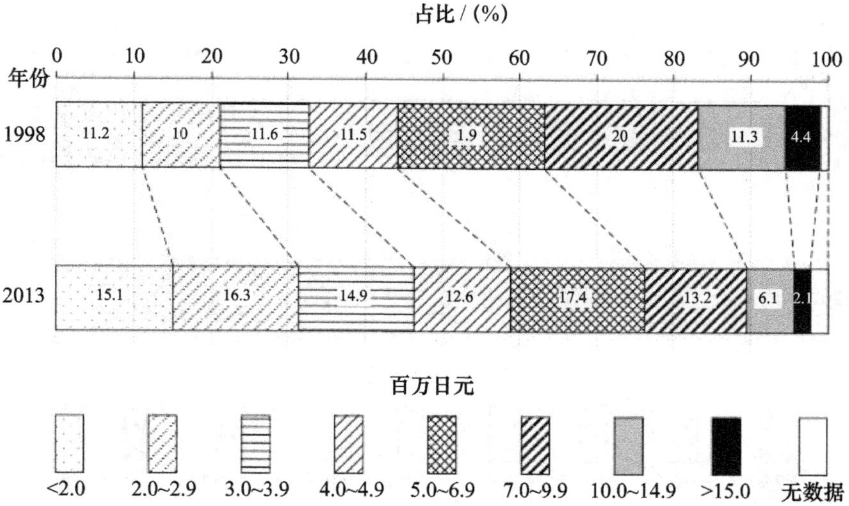

图 6.10　日本各收入阶层中拥有住房的家庭占比：比较 1998 年和 2013 年

说明：1998 年拥有住房的家庭共 2650 万个，2013 年共 3220 万个。

来源：MIC，2013 年及其他各年。

表 6.1　日本有住房贷款的职工家庭的平均收入和还贷情况(2000 年和 2013 年情况对比)

项目说明	2000 年	2013 年	变化率/(%)
家庭人数	3.77	3.67	—
户主年龄	46	45.9	—
总收入/(日元·月$^{-1}$)	653 760	601 951	−7.90
可支配收入/(日元·月$^{-1}$)	545 334	485 331	−11.00
还贷/(日元·月$^{-1}$)	101 770	99 867	−1.90
贷款收入比/(%)	19	21	—

注：贷款收入比＝还贷金额/可支配收入。

来源：总务省，“家庭账户调查”。

图 6.11 按收入高低对私人出租房租户群体的构成进行了细分。年收入不足 300 万日元的租户比例从 1998 年的 42.2%大幅增加到 2013 年的 45%，总数达到了 660 万户。表 6.2 显示了租用私人出租房屋的职工家庭的平均收入和租金支付情况。可以看出这一群体的可支配收入也显著下降(实际上其下降速度更快，为 23.1%)，导致支付租金的负担变得更重。

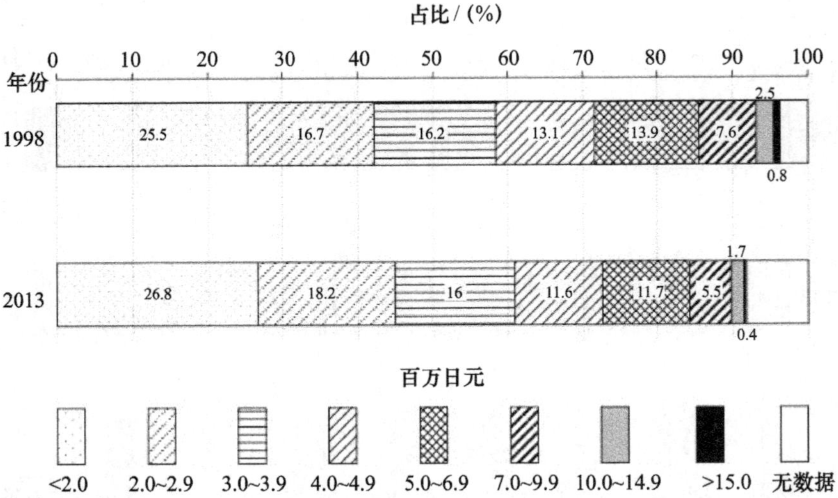

图 6.11 日本各收入阶层中居住私人租房的家庭占比：比较 1998 年和 2013 年

说明：1998 年居住私人租房的家庭共 1210 万个，2013 年共 1460 万个。

来源：MIC，2013 年及其他各年。

表 6.2 日本居住在私人出租房屋中的职工家庭的平均收入和租金支付情况（2000 年和 2013 年情况对比）

项目说明	2000 年	2013 年	变化率/(%)
家庭人数	1.47	1.28	—
户主年龄	38.7	40.6	—
总收入/(日元·月$^{-1}$)	459 826	369 979	−19.50
可支配收入/(日元·月$^{-1}$)	397 256	305 674	−23.10
土地和房屋租金/(日元·月$^{-1}$)	62 693	57 296	−8.60
租金收入比/(%)	16	19	—

注：租金收入比＝租金/可支配收入。

来源：总务省，“家庭账户调查”。

必须注意的是，以上数据反映的都是平均水平。在就业保障恶化和家庭收入下降的总体条件下，包括收入较低的年轻、中年和老年单身人士，单亲家庭和无家可归者在内的边缘群体的规模也在激增。

政府开展的“全国消费状况调查”（总务省，多年份）显示，年轻单身者的租金负担不断加重。从 30 岁以下单身职工的支出情况来看，1999—2009 年租金支出占月均消费支出的比例（以下简称“租金消费比”）大幅上升。单身男性的租金消费比从 14.6%上升到了 21.6%，而单身女性的租金消费比从 24.2%上升到了31.1%。男女之间租金消费比差异如此之大，主要有两个原因：首先，女性员工中非正规和低工资员工的比例要比男性员工高很多；其次，由于安全因素仍然是决定单身女性住房偏好的重要因素，单身女性更倾向于选择位置更好、设备齐全、也因此价格更昂贵的住房。

这些低收入边缘群体规模的增加为“住房穷人”的讨论提供了经济依据。低收入的家庭只能勉为其难地接受质量非常差且缺乏租赁保障的住房，这种现象反映出当前住房问题产生的严重社会经济影响(Inaba，2009)。

在住房市场的底层，确实存在着牺牲“住房穷人”而让企业受益的赚钱机会。有些租赁公司通过将房屋空间或建筑物划分成许多小房间，提供小得就像“兔子洞”，而不像人类的住所的“非法出租房间”。事实上，这些房间由没有窗户的易燃板墙分隔开来的，这种板墙隔断明显违反了《建筑标准法》。国土交通省于2014年12月首次调查了当时普遍的板墙情况，在全国发现了1148起非法案件，其中东京都以944例居首，占比达到82%以上。

4. 住房问题和住房政策

4.1　政府住房政策调整

第二次世界大战后的日本主要有三个20世纪50年代建立的机构负责出台促进住房供给的公共政策：① 住宅金融公库(GHLC)，为中产阶级购买住房提供资金；② 市政府管理的公共住宅体系，向低收入群体提供出租房屋；③ 政府赞助的日本住宅公团(JHC)，为大都市居民提供房屋出租和出售服务。快速城市化造成了严重的住房短缺，这些机构在群众住房体系中发挥了重要作用，在一定程度上解决了短缺的问题。不过，从20世纪90年代中期开始，政府对这些机构进行了大规模的重组。

1996年新修订的《公营住宅法》降低了公共住房租户的收入上限，同时也削减了政府对公共住房建设补贴。原日本住宅公团重组为都市整备公团，就此逐渐退出住房供应，并最终于2004年关闭，改由都市再生机构(UR)为民间城市重建工作提供支持。2007年住宅金融公库被废除，由专门处理银行住房贷款的证券化的住宅金融支援机构(HFA)取而代之。这一系列的机构重组按照限制住房政策以补充市场运作的原则进行,基本上遵循了新自由主义方法:既支持住房体系的私有化,也支持放松管制。为了完成这些改革,战后住房政策的法律依据——1966年《住宅建设计划法》也被废除,取而代之的是2006年《居住生活基本法》。

目前,日本政府制定并定期修订《居住生活总体规划》,以此为每个城市的住房政策提供指导。近期的总体规划确定了以下政策目标:① 创造一个支持安全富裕居住生活的环境;② 对现有公寓楼宇进行适当的管理和更新;③ 提供必要条件,以增加住房市场上现有房屋的流通使用;④ 为需要特别援助的对象确保住房稳定性。

在出生率下降、人口减少、家庭规模缩小以及就业恶化和家庭收入下降的社会经济环境当中,政府的住房政策面临着不断增加的老龄化程度的挑战。这种情况使得《居住生活总体规划》中目标③和④非常重要。

(1) 提高现有住房市场的流动性

在整个日本住房市场中,现有住房交易仅占总住房交易量的14.7%,与英国和美国(现有住房交易量为88%~89%)相比,这一比例相当之低。低住房交易流动性意味着,尽管实际上存在着大量存量住房,但很少有人通过搬家(使用这种存量)来改善住房条件。因此,国土交通省强调通过市场来增加现有房屋的交易。

(2) 加强低收入者的住房安全保障

为包括失业者、老年人、残疾人和单亲家庭在内的低收入者提供公共住房是安全保障网络建设的重要组成部分。然而,由于政府决定缩小补贴的力度和范围,许多城市已减少了公共住房的建设和供应。为了与住房政策的"市场化"统一步调,政府和城市正转而使用私人出租房来建设安全网络。

4.2 住房政策和私人住房租赁市场

表6.3中显示了住房所有权构成的动态,从中可以看出日本住房政策的一些特点——虽然住房政策有力地促进了自住住房的普及,但公共租赁住房的供

给水平仍然较低；针对私人租赁住房市场的公共干预未被落实，目前企业住房福利（即由公司向员工提供住房补贴或者低成本的住房供其租赁）仍然占住房租赁支持的大部分；尽管如此，公司住房所占的份额在近 20 年有所下降，并且该制度的受益对象仅限于公司的正式员工，兼职员工则不被包括在内。

表 6.3　1958—2013 年日本的存量住房和房屋产权的构成比率

年　份	总存量/百万套	自有住房/(%)	私人租赁住房/(%)	公司住房/(%)	公共租赁住房/(%)	空置率/(%)
1958	17.9	71.2	18.5	6.7	3.5	2
1963	21.1	64.3	24.1	7	4.6	2.5
1968	25.6	60.3	27	6.9	5.8	4
1973	31.1	59.2	27.5	6.4	6.9	5.5
1978	35.5	60.4	26.1	5.7	7.6	7.6
1983	38.6	62.4	24.5	5.2	7.6	8.6
1988	42	61.3	25.8	4.1	7.5	9.4
1993	45.8	59.8	26.4	5	7.1	9.8
1998	50.2	60.3	27.4	3.9	6.7	11.5
2003	53.9	61.2	26.8	3.2	6.7	12.2
2008	57.6	61.1	28.7	2.8	6.1	13.1
2013	60.6	61.7	28	2.2	5.4	13.5

注：公共租赁住房包括日本住宅公团/都市再生机构的住房。
来源：总务省，2013 年等。

在缺乏整体的住房补贴方案的情况下，鉴于公共租赁住房的稀缺性，许多人不得不选择私人租赁住房。因此，低收入租户面临着市场供求之间的结构性缺口：租户有限的租金支付能力，并不能与包括了适当的租赁住房维护费用和（或）重置费用的供给价格相匹配。正如本章第 3 节所述，租户的负担能力严重不足和租赁住房的质量低劣问题共同催生了这一困境。

在公共住房供给萎缩、私营企业住房福利减少的现状下，私人租赁住房市场结构失衡日益严重，低收入者的住房问题愈演愈烈。倡导解救无家可归者的非政府组织——大志日本基金会（Big Issue Japan Foundation）最近开展的一项调查揭示了年轻人的住房困境：在接受调查的 1767 名 20～39 岁、年薪低于 200 万日元且居住在东京都和大阪的单身人士中，57.4%的受访者的租金收入比超过 30%；另外 30.1%的人的租金收入比超过 50%。事实上，这些单身人士当中，年收入在200万日元以下者符合“生活保障制度”的官方标准，然而他们没有得到任何公共援助。

老年单身人士的住房状况也很严峻。如本章第1节所述，东京都是所有地区中老年单身人口比例最高的地区，2010年的数字为38%。例如，在东京市中心高层建筑和公寓蓬勃建设、人口不断增加的港区，2011年共有5656名老年单身居民，其中有15.9%的人居住在私人租赁住房、20.8%的人居住在公共租赁住房当中。这些老年单身居民的收入普遍较低：年收入不足200万日元的人占到了48.6%。老年单身者的住房问题不仅是住房负担能力，还包括社会孤立的风险(Kawai，2015)。

住房市场倾向于排除少数群体，如老年人、残疾人、外国人和低收入的单身父母。实际上，有很多这样的家庭会被私人房东拒之门外，因为房东对老年人存有偏见，并且试图规避与租客产生的麻烦。为了解决这一社会排斥问题，由政府行政部门牵头，联合房地产经纪人、房东和公民组织共同组成住房援助委员会(Housing Assistance Council)向少数群体提供信息和咨询等服务，以帮助他们获得住房。截至2016年4月，日本已在全部的47个县以及14座城市中组织起了61个这样的委员会，政府还计划在今后将其推广至更多的城市。

尽管如此，单是这一种援助显然不足以确保亟须体面居住条件的低收入者的住房稳定。随着低收入群体的快速扩大，提供优质低成本的租赁住房应当成为日本住房政策的核心问题。正如第3节所述，之所以会在供应侧出现大量的低质租赁住房，就是因为这一领域缺乏合理有效的住房政策。除非向房东和租户广泛提供生产补贴和住房补贴，否则无法实现私人租赁住房市场的理想发展。

4.3 住房政策建议：住房补贴和社会住房供给

政府政策的基本理念是将空置的优质存量私有房屋转变为租赁住房。然而，低收入租户的负担能力问题是决定顺利转换能否实现的关键。想要解决私人租赁住房市场上存在供求差距，需要将住房补贴和社会住房供给结合起来。

为了给低收入者提供体面的住房，符合标准的空置房屋应优先作为“准公共住房”。

在低收入家庭和单身家庭数量大幅增加的背景下，对低租金体面住房的需求也与日俱增。然而需要注意的是，易受风险影响的租户和“住房穷人”数量变多并不是唯一的问题，自有存量住房和租赁存量住房在质量上的差异也很显著。住房安全即民众安全，因此这一点应当成为租赁住房政策的重中之重。

但是，为所有人提供安全、体面住所的原则与新自由主义的住房政策并不一致。新自由主义允许的“安全网络”是对难以进入市场的经济弱势群体提供最低救济。相比之下，“住房安全”的概念则是适用于所有人的普遍原则，不会对业主还是租户区别对待。虽然保障性住房政策可能与纯粹的新自由主义并不一致，但它并非完全与住房市场的运作不可调和。因此，我们必须考虑住房安全与住房市场之间的关系。

日本当前的住房市场正面临着新的住房需求结构。首先，由于人口老龄化和就业条件恶化导致了家庭收入下降，住房需求总量正在减少。其次，不同家庭的住房需求构成的差异不断增大：一方面是城市与乡村之间的区域性差异正在扩大；另一方面，日渐加剧的收入差距也拉大了家庭住房需求的差异。这些结构变化导致大都市和地方城市的住房市场出现两极分化。

住房需求结构是市场的先决条件，且市场自身无法对需求结构做出改变。但是，住房制度与住房保障政策相结合，可以通过提供补贴来矫正家庭收入差距，从而影响住房需求结构。因此，提供保障性住房可以为住房市场的稳定增长创造有利条件。

日本政府在租赁住房政策上可以采取既提供租金援助又提供社会住房的方案。首先，政府应针对低收入租户建立常设且全面的租金补贴制度。实际上，截至2009年，已有75个市实施了私人租赁住房租金补贴计划。根据每个计划的目标对象的不同：老年人、低收入青年、残疾人、单亲家庭、新婚夫妇和抚养幼儿的夫妇，有资格获得援助的租户各不相同。然而，实施这一计划的城市并不算多；此外，计划中规定的福利期限也受到各种各样的限制。如果有充足的政府拨款，所有城市都应推行这类计划，而且在期限上也不应设限——只要租户有资格领取该福利，就应继续实施该计划。

其次，应该通过增加社会住房供给，以促进存量租赁住房质量的提高。各市应积极参与公共住房建设和私人租赁住房出租，并且根据德国与荷兰的社会住房制度建立起适合日本的社会住房制度。提供租金补贴和社会住房都能让更多体面且经济实惠的住房在租赁住房市场中出现。这种具有一致性的政策手段可以使自有住房市场稳定增长，从而有利于整个住房市场的可持续发展。

5. 结论：日本住房经验教训

住房市场不断扩大的差距已经成为当前全球住房问题的核心。本章揭示了日本住房鸿沟的独特动态和关系。最后一节将总结从日本住房经验提供的几点教训，以及从中升发出的政策议题。

（1）土地和住房市场两极分化

1991 年后，资产泡沫的破裂导致土地和住房市场的长期停滞。然而，自 21 世纪初以来，东京都的房地产和住房投资已逐渐恢复增长。此后，土地和住房市场的两极分化加剧，一些细分市场出现增长，其他细分市场出现停滞。在此背景下，大都市和地方城市的土地政策也出现了分化。

在大都市的中心区，公寓楼和办公楼建设蓬勃发展，放松的土地利用政策管制大大促进了这种扩张。相比之下，在人口减少越来越严重的城市的城区和郊区，以空置房屋和场地的无序增加为特点的“反向扩张”还在继续。面对这一空间性问题，许多地方市政当局都寄希望于“紧凑型城市”政策，希望这种政策能够将其有效解决。这种分化是追求实现可持续社区所面临的一项重大挑战。

（2）住房市场动态与住房问题

存量住房提高了空置率，并扩大了自有住房和租赁住房在质量上的差距。这些问题与大都市的住房市场动态密切相关。不稳定的住房建设使空置房屋的数量进一步增加，而小公寓的投机建设造成了租赁存量住房内部的增量差异。事实上，存量住房质量上的差异主要出现在大都市的私人租赁存量住房当中。

我们从业主和租户之间的收入分配可以看出，当前的住房市场中存在着低收入家庭数量增加的趋势，人们的住房负担能力在进一步恶化。虽然贷款偿还和租金成本略有下降，但可支配收入的大幅下降意味着抵押贷款人和租户的财务负担更重。特别是收入较低的边缘群体，需要同时面对住房支出过多和住房质量下降的问题。

（3）对替代性住房政策的建议

在空置率不断上升的背景下，有必要保证住房市场上现有的存量能够更好地流通。为低收入者提供负担得起的住房是解决"住房穷人"问题的必要措施。政府想要通过激励出租私有空置房屋的方法来提供优质住房，然而，低收入租户的负担能力问题或许会增添顺利落实这一构思的困难。

解决低收入租户负担能力问题的适当措施之一，是结合租金援助和社会住房供应。低收入租户迫切地需要一个全面且永久的租金补贴计划。为了给低收入租户提供体面的住房，应保留满足最低住房要求和标准的空置房，并将其列为"准公共住房"。对租赁住房市场采取连贯一致的公共政策，可实现整个住房市场的稳定增长。

参考文献

Alvaredo F，Atkinson T，Piketty T，Saez E and Zucman G. The World Wealth and Income Database. www. wid. world. Accessed July 26，2016.（This website is now succeeded by the World Inequality Database.）

Big Issue Japan Foundation（2014）. Housing Problems for the Young（in Japanese）. http://bigissue. or. jp

Government Cabinet Office，Japan's National Account，various years. http://esri. cao. go. jp

Hirayama Y（2017）. Individualisation and Familisation in Japan's Home-owning Democracy. International Journal of Housing Policy，17(2)：

296-313.

Inaba T (2009). The Housing Poor: Understanding Housing Poverty. Tokyo: Yamabuki Shoten (in Japanese).

IPSS (National Institute of Population and Social Security Research) (2012). Population Projection for Japan: 2011—2060. http://ipss.go.jp

Japan Housing Council. (2016). Citizens' White Paper on Housing 2014—2016. Tokyo: Domesu Shuppan (in Japanese).

Kawai K (2015). The Elderly in Poverty and Social Isolation. Tokyo: Kobunsha Shinsho (in Japanese).

MHLW (Ministry of Health, Labor and Welfare). Comprehensive Survey of Living Conditions, various years. http://mhlw.go.jp

MIC (Ministry of Internal Affairs and Communications). Household Accounts Survey, various years. http://soumu.go.jp

MIC (2013). Statistical Survey on Housing and Land 2013, and various years. http://soumu.go.jp

MLIT (Ministry of Land, Infrastructure, Transport and Tourism). Housing Starts Statistics; Official Listing of Land Prices, various years. http://milt.go.jp

MLIT (2015a). Collective Data on Housing Economy 2015. http://mlit.go.jp

MLIT (2015b). White Paper on Land, Infrastructure, Transport and Tourism in Japan 2015. http://mlit.go.jp

NRI (Nomura Research Institute). (2015). Projection for Japan's total number of houses, vacant houses and vacancy rate in 2018, 2023, 2028 and 2033. http://nri.com

Oizumi E(1994). Property Finance in Japan: Expansion and Collapse of the Bubble Economy. Environment and Planning A, 26(2): 199-213.

Oizumi(2002). Housing Provision and Marketization in 1980s and 1990s Japan. In G. Dymski and Isenberg, D. (Eds.). Seeking Shelter on the Pacific Rim. New York and London: M. E. Sharpe: 169-186.

Oizumi(2007). Transformations in Housing Construction and Finance. In Y. Hirayama and R. Ronald (Eds.). Housing and Social Transition in Japan. London and New York: Routledge: 47-72.

Oizumi(2013). Housing Market at Instability and Polarization. Tokyo: Hakuto Shobo (in Japanese).

REEI (Real Estate Economic Institute). (2016). Trends of Condominium Market 2015 (in Japanese). www. fudousankeizai. co. jp

Suzuki H (2007). The Japanese Version of Compact City. Tokyo: Gakuyo Shobo (in Japanese).

Tokyo Metropolitan Government. (1999, 2014). Land of Tokyo 1999, 2014. Tokyo: Bureau of Urban Development (in Japanese).

第七章 韩国住房市场动态和政府角色

河晟奎，中央大学与韩国房屋管理研究所(Chung-Ang University and Korea Research Institute of Housing Management)

1. 引言

住房是日常生活的核心组成部分，并且与社会经济、文化及政治环境息息相关。韩国的住房市场和住房政策是该国经济发展、政治制度及住房规范与偏好共同作用下的必然产物。城市中的住房情况可能与居住其中的人一样多种多样，并且住房政策的发展动态直接反映社会经济地位和文化多样性。

过去的几十年间，韩国在满足贫困人口住房需求方面取得了巨大进步，但一些城市仍面临着住房数量严重短缺和质量低于标准的重大挑战。韩国政府对住房市场的干预涉及方方面面，对住房供给的整个过程更是一直在进行调控(参见第八章 Cho 等人的讨论)，其中一项主要的工具是实施新房价格管理。住房条件的大幅改善在很大程度上也应归功于政府在住房领域所发挥的积极作用。

尽管住房供应不断增加，且政府对住房市场进行了积极的干预，住房仍然是韩国尚未解决的社会和经济问题。这种现象为什么会出现？政府如何在住房市场中发挥作用？再具体一点，政府是否通过这些干预措施实现了其政治目标呢？

理解住房市场结构对政府部门和私人机构而言都至关重要。住房市场，特别是住房次级市场，通常会被根据其自身结构和空间特点以及住户的社会经济和文化特征加以分类。本章阐述了过去 40 年韩国政府在住房领域发挥的作用，以及政府干预对住房市场的影响。

2. 住房现状和住房市场动态

表 7.1 列出了几项评价住房条件的重要指标，我们从中可以看出，韩国整体住房条件自 20 世纪 80 年代初以来得到了很大改善。无论是过度拥挤的状况，还是居所和设施的质量都有显著改进。公寓数量的大幅增长令人瞩目，传统单层家庭住宅被高层公寓迅速取代（参见表 7.2）。1995 年，这种类型的住房开发所占市场份额只有 38%，到 2015 年已经增长到 60%，这表明韩国社会的住房标准发生了显著变化。

表 7.1　韩国住房条件

项目＼年份	1980 年	1990 年	2000 年	2015 年
住房供求比/(%)	71.2	72.4	94.1	102.3
每千人拥有住宅人数/人	142.1	169.5	248.7	383.0
人均住房面积/平方米	10.1	13.8	20.2	33.5
房价收入比/(首尔)	N/A	N/A (9.2)	5.0 (7.9)	6.1 (11.0)[1]

资料来源：韩国统计信息服务中心. 各年份住房普查. [2016-05-03]. http://kosis. kr/eng/search/search01_List. jsp

表 7.2　韩国各类型住宅存量(单位：千套居住单元，%)

项目＼年份	1995 年	2005 年	2015 年
独立式住宅	4490 (46.9)	4264 (32.2)	3974 (24.3)
公寓	3610 (37.7)	6963 (52.7)	9806 (59.9)
排屋	1122 (11.7)	1788 (13.5)	2383 (14.6)
其他	348 (3.7)	209 (1.6)	204 (1.2)
合　计	9570 (100.0)	13 224 (100.0)	16 367 (100.0)

备注：建筑内居住单元并不是房屋单元外供人居住和生活的住处。

资料来源：韩国统计信息服务中心. 各年份住房普查. [2016-05-03]. http://kosis. kr/eng/search/search01_List. jsp

韩国拥有独特且充满活力的住房产权制度，包括自有住房、押租房（Chonsei 或 Jeonse，传贯）、有押金月租房（Bojeongbuwolse，保证附月贯）等（Ha，2002）（见表 7.3）。

(1) 自有住房。在韩国，拥有自己的住房是一项关键的文化目标，被认为是所有韩国人与生俱来的愿望。然而 1975—2015 年，韩国自有住房比例却从原本的 63.6%下降至 53.6%(见表 7.3)。

表 7.3 韩国住房产权，1975—2015 年(单位：%)

<table>
<tr><th>年份
项目</th><th>1975 年</th><th colspan="2">1995 年</th><th>2005 年</th><th colspan="2">2010 年</th><th colspan="2">2015 年</th></tr>
<tr><td>自有住房</td><td>63.6</td><td colspan="2">53.3</td><td>55.6</td><td colspan="2">54.3</td><td colspan="2">53.6</td></tr>
<tr><td>传贳(押租房)</td><td>17.5</td><td colspan="2">29.7</td><td>22.4</td><td colspan="2">21.7</td><td colspan="2">19.6</td></tr>
<tr><td>保证附月贳有押金月租房</td><td>—</td><td>10.3</td><td rowspan="2">14.5</td><td>—</td><td>18.2</td><td rowspan="2">21.3</td><td>21.8</td><td rowspan="2">23.9</td></tr>
<tr><td>月贳(无押金月租)和朔月贳房</td><td>15.6[a]</td><td>4.2</td><td>19.0[b]</td><td>3.1</td><td>2.1</td></tr>
<tr><td>其他(无租金)</td><td>3.3</td><td colspan="2">2.5</td><td>3.0</td><td colspan="2">2.7</td><td colspan="2">2.9</td></tr>
<tr><td>合　　计</td><td>100.0</td><td colspan="2">100.0</td><td>100.0</td><td colspan="2">100.0</td><td colspan="2">100.0</td></tr>
</table>

备注："和"包括月税房。

资料来源：韩国统计信息服务中心，各年份住房普查，http://kosis.kr/eng/search/search01List.jsp，浏览于 2016 年 05 月 03 日。

(2) 传贳(Chonsei 或 Jeonse)是一种押租制度。承租人需向房东支付一定数额的押金，在合同期满租房者不再续租时，房东会将这笔押金原数退还。房东通常使用这笔押金进行投资，所赚取的利润即代表估算租金。在经济繁荣时期，房东可以通过存款投资获得很好的收益，同时承租人也从中受益，因为他们在合同期内无须每月支付租金——对于那些寻求在未来购房的房客及房东而言，传贳制度是一种"双赢"。不过，如今的传贳房似乎已经不再如此。由于房屋所有者并不确信房价会像房地产泡沫时期那样出现大幅上涨，他们无法再从传贳房押金中获得很高的财务杠杆。银行存款利率在 20 世纪 80 年代经济扩张期间曾一度达到两位数的高位，而现如今却徘徊在较低的个位数，商业银行利率更是低于 2%。

(3) 保证附月贳(Bojeongbuwolse)是一种包括押金和月租的租赁方式。在合同期初，承租人提供可退还的押金并支付月租。万一出现支付不起月租的情况，将从押金中扣除相应的租金。

(4) 朔月贳(Sakwolse)是一种日渐式微的传贳租赁方式。承租人一次性存入押金，按给定金额予以扣除。因此，房东获得的租金总额即为扣除的押金部分再加上把剩余押金存入银行得到的利息。

(5) 月贯(Wolse)则是大多数国家都在使用的月租制度,在韩国也最为常见。

(6) 日贯(Ilse)是为低收入人群和无家可归者提供的一种新型租赁住房或住宿制度。它是一种日租制度,承租人可以在寄宿公寓、分租房或非法客栈租用一间房、床位或小时床。就收入水平而言,房主通常比租房的房客有着更高的收入,最低收入水平的家庭则会选择租赁朔月贯房或日贯房居住(Meen,2016)。

要了解韩国住房市场特点和动态,需着眼于住房次级市场的性质和类型。此前的诸多研究已经表明,想要更好地分析住房市场,就应从相互关联的次级市场角度入手,而不是将其当作单一同质市场来看待(Wu 和 Sharma,2012;Watkins,2001;Bourassa,Hoseli, Peng,2003;Palm,1978)。而空间边界、住房特征、人口因素及社会经济因素的组合和应用,则是住房次级市场的类型、分类和动态形成的基础(见图 7.1)。

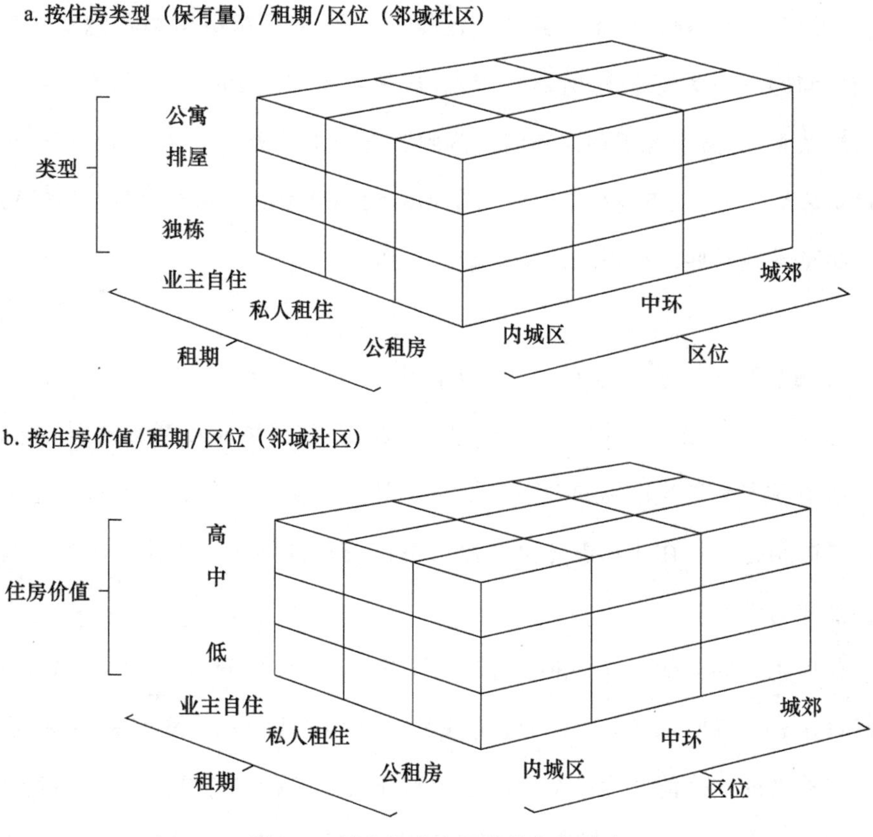

图 7.1 城市住房市场的特征和动态

韩国城市住宅次级市场的特征和动态值得我们进一步研究。图 7.1 展示了次级市场的不同组合和细分，其中图 a 选取的三个维度分别是住房类型、租赁和地理位置。在按这三个维度划分出的 27 个次级市场（即 3 的 3 次方）当中，最活跃的当属公寓、自有住房和内城区的组合。以首尔为例，内城区传统的业主自住独立式住宅会经城市改造或重建工程被重新开发，老旧住宅区现在多已成为高层公寓楼盘。

通过对住房次级市场组合的分析，不难认识到韩国住房次级市场具有以下静态和动态的特征：① 地理位置和能否出租是在对住房次级市场进行价值估量和重要性评级时的关键因素。韩国城市化的区域在地理上被细分为各个“空间次级市场”，它们的地理位置和产权形式并不相同，却又彼此相互关联。② 公寓次级市场在住房领域发挥着举足轻重的作用。过去公寓主要位于市中心区，近年来在农村地区也得到了广泛推广。③ 住房次级市场可能反映了社会产权问题——两极分化和区位劣势。居住隔离和社会排外的现象已经在韩国展露苗头，有必要考虑如何遏制这些问题进一步升级。④ 在 2008 年全球金融危机之后，韩国政府放松了对住房市场的大部分限制，以防止房价迅速下跌。这一举措导致某些次级市场的房价略有反弹。

3. 政府角色及对住房市场的干预

想要分析韩国住房市场，就需要参照政府在住房供应和消费方面的角色，因为政府颁布有影响市场的多项政策和计划。韩国政府在过去 40 多年来得出了这样的结论——住房不能完全按照自由市场标准供应。对住房市场进行干预已经成为惯例。

住房生产和分配存在两种主要机制（Spence，1993；Harvey，1977；Downs，1975；Bourne，1981）。第一种是传统的私人市场机制：在竞争性的市场当中，根据消费者的支付能力为各个家庭生产和分配住房；第二种是公共部门生产分配机制：由政府根据个人和集体需求，以及所涉机构的目标进行分配。从理论角度来看，私人市场强调效率、产出最大化和利润，而公共部门看重的目标则是根据住房需求提高公平或社会福利水平。因此纠正市场失灵、公平分配市场资源、实现宏观经济目标，以及补偿市场失衡等方面责任在韩国由政府承担而不是听凭市场决定，有其道理。

韩国政府几乎在住房生产和消费的所有方面都发挥着巨大的作用，其所承担的角色正随着时间的推进变得越发重要。在住房领域，政府是金融机构、监管者、管理者、建造者，也是房东或者频繁的破坏者。政府一直以来普遍采取的方法之一，就是颁布旨在稳定房价和控制住房次级市场投机需求的干预措施。联合国人居署（UN Habitat，2008）提出了如下观点：

> 政府控制着住房部门所有主要要素，包括住房价格、土地供应、住房单元面积分布、补贴利率住房贷款，甚至是私人开发商的客户。私人部门只能遵循政府的规则向选定的客户出售住房单元。韩国的干预程度可能比中国还要高。韩国的案例表明，韩国在住房部门取得的成功不应归功于自由市场模式；相反，在正处于经济发展早期阶段的国家和传统上由中央主导的国家当中，政府能够在满足住房需求方面发挥更具建设性的作用。

政府住房政策的基本目标是确保每个家庭都能在经济资源允许的范围内以他们能够负担得起的价格或租金，获得一个环境合意且达到良好标准的住所[①]。

韩国政府首先集中力量扩大住房生产，1988—1992 年的 200 万套住房的建设项目就是这种政策理念的体现。大规模住房建设在稳定房价和租金方面发挥了作用。

3.1　新建公寓次级市场的价格管控

政府主要采取的手段包括对新建公寓实施价格管控、对公寓面积分布进行监管，以及设定新建住房单元选择购买的规则。最高限价制度于 1963 年被首

① 《残疾人、老年人和其他住房弱势人群支持法案》，2016-08-12。

先应用于公共部门建造的85平方米及以下公寓，又在1977年扩大至私营部门公寓。[①]

最高限价制度是为了满足潜在购房者需求，并控制飙涨的房价。这一制度的推广增加了有效需求，并在1978年带来了房地产市场的爆炸性繁荣。当时任何20套或以上的新建住宅项目都要进行价格管制。为刺激住房供应，1989年价格上限改为直接与生产成本挂钩。需要注意的是，虽然价格管控措施适用于所有类型的住房，但实际上只对公寓产生了影响。而且由于这些管控规定有副作用，价格上限已于近年逐步放开。

对新建公寓次级市场进行价格管控产生了负面影响并导致了扭曲性的结果。第一，价格上限抑制了商品供应。由于价格受控制且与供应的居住空间的品质无关，追求利润最大化的开发商有动机最大化总建筑面积，特别是商业楼宇更是如此。政府规定的最低安全标准及其他质量标准（如提供一定面积的开放空间）就成了开发商努力达到的最高标准。

第二，价格管控的严重后果乃是贫困阶层和富裕阶层在住房条件上的分化加剧。公寓市场价格与控制价格之间的差异随其面积大小而增加，然而想要购买更大面积公寓需要更多资金，并且想要获取更大单元的竞标资格也需要更多的押金。过去购买公寓的权利可以转让，因此有些中等收入家庭能够通过出售购买资格的方式来从中获利。然而，现在这种做法已经被视为一种有违法律的投机行为（Ha，2018）。正是由于以上各种原因，相对富裕的中高收入家庭成了这一制度的主要受益对象。有人可能会问，既然韩国政府干预住房次级市场的重点在于促进中等收入群体拥有住房，价格管控这样一个效率低下且不够公平的制度因何得以长期持续？金（Kim，2000）认为原因在于成本大于收益：

---

① 1988年1月，价格上限分两个等级：小型公寓（小于85平方米）为1100美元（1 268 800韩元）/坪（3.3平方米），中型和大型公寓（超过85平方米）为1200美元（1 340 000韩元）/坪。到1989年新公寓价格上限被新的价格管控所取代，即所谓的“建筑成本联动机制”，并且销售价格随土地价值变动。首尔市价格上限定在市场价格的90%左右。

这一制度本身创造了需求，许多人正在等待行使按照折扣价购买公寓的权利，中断该制度在政治上是一个危险的举动。虽然目前的制度并不公平，因为它有利于中高收入群体而非低收入家庭，不过这个事实却为该制度提供了继续存在的理由——支持价格管制，你可能就赢下了一个阶层的选票。

所以说，韩国政府的干预措施似乎扰乱了住房市场。2008年爆发的全球金融危机一度使韩国房价崩溃，政府于是频频出招，希望提振房地产业以刺激经济复苏，许多曾在很长时间内被认为理所当然的规章制度因此被突然删除或修改。比如，新建公寓的价格管制于2015年4月被取消，只剩下公共部门房屋销售的价格管控仍在实施。之所以会推迟取消新建公寓价格管控，一个主要原因是人们普遍认为放松管制将至少会在短期内推高整体房价。

需要注意的是，住房市场已经从卖方市场演变为买方市场。新建的现代化公寓曾非常受人欢迎，但现在有越来越多的公寓卖不出去，并且待售住房的数量在全球金融危机之后又进一步增加。韩国自有住房市场曾因受预期的资本收益驱动而相当繁荣，然而金融危机爆发后下跌的房价改变了许多购房者的观念。住房需求的萎缩主要是因为对近期房价的悲观预期抑制了购买的想法，而推高了租赁的需求。尽管政府通过大幅下调利率来鼓励个人以较低的借贷成本购买住房，但租房仍然比购房更受欢迎，因为房价的小幅上涨不足以获得任何资本收益（《韩国先驱报》，2016）。政府在市场供给侧的各项法规以及针对投机性交易的直接管制，令住房供应在面对不断变化的次级市场需求时缺少弹性。这种缺乏弹性的供应可能是影响韩国房价的一个重要因素。

3.2　促进住房市场发展的措施

政府对房价影响巨大（见图7.2和图7.3）。2006年韩国房价达到峰值，当时首尔的房价一年内上涨了20%左右。韩国政府于是急忙踩下刹车，一面控制住房贷款的发放，一面提高“投机领域”的资本收益税。这些降温措施使房价在2007年小幅下滑，之后在2009年4—10月，又因受雷曼兄弟公司事件[①]和政

① 2008年9月，全球投行雷曼兄弟公司倒闭，成为全球金融体系危机的直接导火索。为巩固银行业，政府动用大量纳税人资金进行纾困。

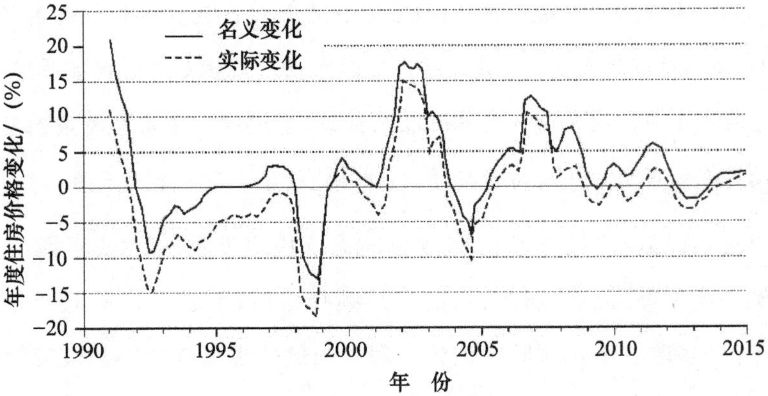

图 7.2 前一年的百分比变化

来源：韩国统计信息服务（Korean Statistical Information Service）

（浏览于 2016 年 3 月 29 日）

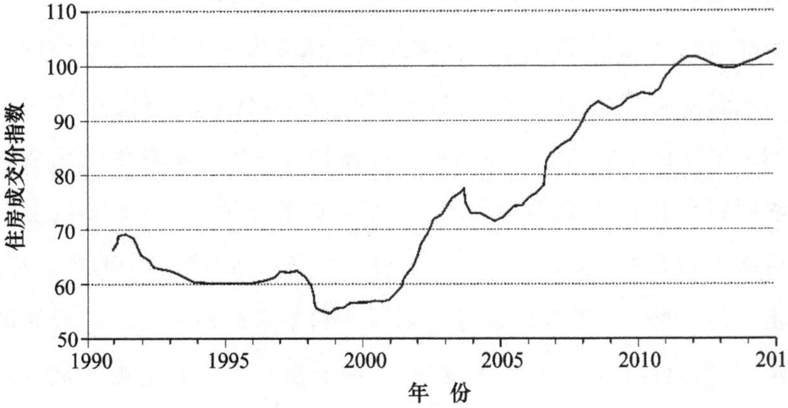

图 7.3 住房成交价指数(以 2011 年 6 月为参考值 100)

来源：韩国统计信息服务（Korean Statistical Information Service）

（浏览于 2016 年 3 月 29 日）

府调控措施的影响而大幅下跌。到了 2010 年 9 月的时候，韩国进入了过度建设周期的中段，房地产交易（非指房价）同比下降 35.8%。这一小型的萧条导致建筑行业出现了严重的问题（《韩国中央日报》，2008）。韩国政府自 2009 年起着手重振住房市场，随后又在 2010 年 8 月采取了更为密集的扩张措施，政府通过以下措施部分放宽了房地产贷款限制：

① 取消对非投机领域总偿债比率的限制；

② 年收入 4000 万韩元（合 35 787 美元）或以下的家庭可获得最高 2 亿韩元（和 178 937 美元）的购房贷款；

③ 延长资产转让收入加征税款的宽限期；

④ 延长住房登记税收减免期。

2011 年 12 月韩国政府出台的新政策措施主要包括以下 5 项：① 对拥有一处以上房产的所有者不再征收惩罚性的资本收益税；② 将建筑公司最高不超过 2 万亿韩元的债务加以证券化；③ 给予更多购买首套房夫妇和低收入人群的获得低息贷款的资格，并将贷款利率降低 0.5 个百分点，下调至 4.2%；④ 将多套住房所有者出售房屋所得利税从 2005 年开始实施的 50%～60%降至 6%～35%；⑤ 在首尔热点区域快速出售房产不再被禁止。

然而，2012—2013 年，韩国房价依然下滑。首尔房价的跌幅甚至超过全国房价，2012 年平均降幅为 2.32%，2013 年更是有 3.62%之多。房价下跌可能是因为经济不确定性、季节性放缓、抵押贷款限制以及对住房市场另一轮衰退的担忧，等等。针对这种情况，韩国政府采取了进一步措施，比如实行减税以刺激更多需求，同时施行其他控制供应方面的政策以提振房价。这些措施的效果到了一年之后才逐渐显现，最近两年房价之所以会逐步提升，正是归功于此。

2014 年 4 月 1 日，韩国政府出台了一揽子措施，利用贷款-价值比率(LTV)和债务-收入比率(DTI)来促进住房市场发展。韩国政府将 LTV 限值从此前的 50%～85%各个地区不等重新调整为统一的 70%；与此同时，DTI 限值也从此前的 50%～65%不等变成全国统一的 60%。受限家庭很容易被识别，与住房相关的社会目标可能会对执行 LTV 和 DTI 限值构成重大政策挑战(Lee，2014)。

截至 2015 年 11 月，韩国全国住房购买价格指数同比上涨 3.47%(经通胀调整后为 2.44%)。首尔房屋价格指数涨幅更大，年同比上涨 4.29%。由利率下调和经济增长共同作用而带来的房价上涨，使得传贯房的押金也一道攀升，导致潜在租房者选择购买自己的住房，而不再租房。传贯制度杜绝了租户拖欠月租的可能性。然而，相当于产权价值的 70%～80%的大额押金，给年轻租户和新的家庭带来了巨大的负担。

3.3　公共住房供应

韩国政府是如何应对低收入城市居民住房问题的呢？政府干预住房市场

的合理性引发了有关政治制度与现有住房体系之间关系的长期争论(Oxley 和 Smith,1996;联合国人居署,2008;Chiu,2008;Balchin,2013;Meen 和 Gibb,2016)。由于自由市场显然无法以合理价格为所有人提供足够数量和质量的住房,韩国政府通过建设公共住房直接进行了干预。我们有必要研究政府在为低收入家庭提供住房方面所起的作用,并探讨公共住房(或国家开发住房)领域和低收入家庭住房政策的问题。

在韩国,针对住房需求群体的政策措施可以分成三类:① 公共住房供应;② 住房价格和面积控制;③ 为购房者和租房家庭提供融资支持。本节重点关注公共住房供应和直接融资支持。

20 世纪 80 年代末,韩国中央政府制定了综合性的住房开发计划,以确定国家资源应在多大程度上向贫困人口公共住房开发项目倾斜。1989 年启动的永久性公租房计划标志着向低收入家庭提供社会住房传统的开始。20 世纪 80 年代末制订的另一项五年住房供应计划则提出要在 1988—1992 年建造 200 万套住房,并将其中的 90 万套分配给低收入家庭。在这样的政策环境下,政府还出台了为低收入家庭提供 25 万套永久性租赁住房的计划。虽然这项永久性租赁住房计划在住房公司建造了 20 万套住房后就宣告结束,但这毕竟是韩国住房史上第一次由政府提供不同补贴和融资方案来解决不同收入群体的住房困难,有里程碑的意义。

公共住房是指在韩国住房基金(National Housing Fund)的支持下建造的住房,分为出售型公共住房和租赁型公共住房两类。就出售型公共住房而言,有资格参与该计划的家庭应居住在新建住房供应地所属的同一行政区域内,并且在新房首次发布出售广告的时候已经至少有一年的时间没有房产(是法律上的无房产者)。加入住房认购储蓄的个人,将被根据金额的大小和加入时间的先后排列优先购买顺序。

韩国有好几种类型的公共住房计划。截止到 2014 年年底,公共租赁住房(1 709 000 套)占总住房存量(15 988 800)的比例约为 10.7%,但从长期(20 年以上)来看,公共住房数量(820 000 套)占总住房存量的比例仅为 5.1%(见表

7.4)。截止到2013年,首都可供使用的公共租赁住房数量为210 000套,其占总住房存量的比例上升至6.1%(见表7.5)。最近,韩国采取了多种不同的方法来解决住房用地的短缺:在市属小地块上建造开间类型住房;以合作方式提供公共租赁住房;以及通过改建私人住宅提供准公共租赁住房。

表7.4 2014年公共租赁住房存量

类 型(韩国)	永租房	公租房	国租房	公司员工租赁房	公私租赁房	公共采购和租赁房	合 计
租赁期(年)	50	50	30	(50/10/5)	5	3/5	—
住房套数(1000套)	193	106	521	30	501	358	1709

资料来源:国土交通部.公共租赁住房.(2016-04-07).http://stat.molit.go.kr/portal/stat/yearReport.do

表7.5 首尔20年及以上租期公共住房占总住房存量的比例

年 份	1995	2000	2004	2010	2012	2013
占比/(%)	3.5	4.5	5.0	4.6	5.2	6.1

资料来源:首尔市政府,2013.

依据韩国土地与住房公司法案,韩国土地公司(KLC)和韩国国家住房公司(KNHC)于2009年10月1日合并,并更名为韩国土地和住房公司(LH)。自1962年以来,LH公司共为低收入家庭提供了230万套公共住房,这一数字占韩国已建成住宅总量(1470万套)的15.5%。

成立于1981年的国家公共住房基金是韩国公共住房融资的核心。该基金的资金来源包括政府拨款、发行国家住房债券和销售住房彩票所得资金、一般性金融市场存款和国家公共住房基金债券以及住房储蓄账户,基金的持有人可以拥有优先购买权。该基金拥有多种用途:用于建造租赁型或出售型住房,为购买住房或传贳房押金提供贷款支持,修缮危房或购买住房用地。该基金自成立以来,已经为大约450万套住房提供了融资支持,其中公共租赁住房占比48.2%,出售的小型住房单元占其余的51.8%。

尽管韩国政府开展了多种项目以保证公共住房持续供应,公共住房仍存在严重短缺。对于那些无法入住公共租赁住房的低收入租户,政府提供了包括传赁房押金贷款计划和月租援助计划在内的“需求导向型服务”。除此之外，2015年开始政府还在全国范围内开展了住房券计划。2015年，全国目标家庭总数约为97万户，支付金额为11万韩元(合96.20美元)。租金援助制度被视为一项切实有效的政策，因为它利用广泛的私人租赁住房来尽可能地减少住房难的贫困人群数量，并满足了各种住房援助的需求。

在朴槿惠政府时期(2013—2016)，韩国出台了两项新的住房计划：第一个是“幸福住房”(Happiness Housing)，目标是为二三十岁的年轻人提供公共租赁住房，其中包括新婚夫妇、大学生和年轻职员。幸福住房的定价也低于市场价格。截至2017年，韩国政府一共已经提供了14万套幸福住房，以便年轻一代能够在工作地或学校附近找到住房，而不必对财务困难太过担心。

第二个计划为“企业型租赁住房”(New Stay)，这是一种新型长期租赁住房计划。与现有的公共租赁住房不同，申请者不会因其收入水平高低或者是否拥有自己的住房而受到资格限制。在8年的租住期限到来之前，租客不存在被迫搬家的风险。租金年增幅则被限定在5%以内。韩国政府计划在2016年提供1.8万套，在2017年提供超过6.0万套企业型租赁住房。

文在寅政府①的房地产政策可能更关注城市重建和扩大廉租房项目。在竞选期间，文在寅曾在多个场合承诺将通过一项总额为50万亿韩元的新政来更新城市面貌。他还承诺，其政府将通过一项每年提供17万套住房的政策以增加廉租房供应，其中包括13万套公共租赁住房和4.0万套公共补贴租赁住房。这比上一届政府每年提供10.07万套高出69%。

韩国因经济持续增长和城市化率不断提升所导致的住房短缺，往往会引发房价上涨和投机行为。如何在享受经济快速增长的同时寻找解决该问题的方案一直是韩国面临的重要挑战，这也是住房政策交替反复的原因所在：为应对住房短缺周期而实施住房供应和价格管控政策，随之而来的是房价不断上涨和投机活动，继而是又一轮调控政策。

① 文在寅被视为朴槿惠遭弹劾之后赢得2017年韩国第19届总统选举的领跑者。

4. 政策问题与影响

4.1 关于价格管控的争议

即使是运转良好的市场，在提供资源配置上也只能做到有效，却不一定能达到公平。而各国的政府不仅关注效率，也追求公平。后一理念涉及资源分配的公平性。

韩国的住房分析师对新房价格管制提出过诸多批评：在价格管控体系下，住房建造商的盈利能力得不到保障，因此首尔和各大城市新建公寓住房供应量都有所减少。首尔新住宅单元的供应已扩展至土地价格相对便宜的城市外环，新公寓的建设在很大程度上影响了首尔周边住宅区的扩建。这一点可以通过住宅建筑商在价格管控下的策略来解释：对他们来说，土地价格越便宜，可以获得的利润就越多。他们还在首尔市周边地价比较便宜的其他城市建造新的公寓。所以说，销售价格上限制度并不一定有助于稳定市场价格，甚至在长期反而可能会推高房价，因为它导致建筑商财务状况受损、土地利用效率低下，并在这个过程中降低了被迫居住在偏远地区家庭的福利（Kim，2004；Ha，2010；Kim，1997）。

政府和私人住宅建筑商在价格管制方面存在诸多争论，自该政策出台以来，建筑商就一直要求取消这种管制。到了 1989 年 11 月的时候，新建公寓价格上限制度终于被一种新的价格管控工具——即所谓的新建公寓价格与"建筑成本联动机制"——所取代。销售价格上限制度是导致首尔首都圈住房短缺的主要原因之一。引入建筑成本联动机制前销售价格由政府制定，而 1989 年 11 月之后销售价格就随土地价值而有所变动。自国际货币基金救助方案推行和全球金融危机爆发以来，韩国政府已经取消了价格管制制度（Ha 和 Lee，2001）。

4.2 公共部门角色和分配过程

为什么政府要一门心思建设用于出售的公共住房，而不是下大力气扩张房屋租赁市场？提供公共住房出售的政策现如今已经成为减轻公共住房财务困难一揽子政策中的一部分，这项政策旨在对销售型公共住房进行投资，并将所得利润重新投入，以便为城市地区低收入群体及其他受助人群提供低成本住房（Yoon，1994）

住房管理部门试图通过出售公共住房鼓励居民自置住所——大量家庭都希望成为自有住宅户，然而事实上，各种收入阶层（特别是低收入家庭）的住房需求无法在私人部门那里得到完全满足。因此，出售公共住房的目的是通过提供国家住房基金贷款，满足自置住房的需求。即使是由 LH 公司建造的租赁住房，其可供出租的期限也比较短：1982 年之前为一年，之后为五年。房屋到期后，这些住房将出售给此前签订了包含优先购买选项的租赁合同的租户。2014 年，公共租赁住房存量有 25%都是五年期租赁住房。

公共住房出售制度在管理上简单易行，并且容易被大众所接受。但它忽略了这样一个原则，即公共住房应按照家庭规模、现有生活条件及健康状况分配给需求最迫切的家庭。然而，由于申请公共住房的家庭在递交申请时需要缴付相当数额的款项，而许多低收入人群和租户因此不把钱存入银行——名义上以低收入人群为目标的公共住房往往被分配给中等收入家庭。

在制度方面，中央政府作为主要的政策制定机构，负责规划住房供应总量并在公私部门之间进行任务分配。而地方政府开展的活动，则与受中央政府指导的 LH 公司十分类似。尽管根据地方自治原则权力下放之后，地方政府在各个方面都充当着非常重要的角色，但是由于缺少资金和训练有素的政府官员，它们中的大多数难以很好地履行为低收入居民提供住房的职责。目前，在公共住房供应方面，LH 公司发挥的作用远比地方政府重要得多。

公共部门在住房领域发挥的作用应明显区别于私人部门。无论是从效率角度还是公平角度，我们都希望政府工作的重点从公共住房出售项目转为租赁住房。在制订未来社会住房计划时，住房管理部门应当力求清晰、明确目标人群、考虑当地的住房状况和社区目标以保证公众参与度。中央政府应把更多主动权交给地方政府以鼓励其满足当地住房需求，并推动私人部门更积极地参与其中。

4.3　社会融合

综观韩国当代各项城市住房政策，其共同目标是实现“社会融合”、创建包含不同居民收入水平和住房产权类型（公共租赁、私人租赁和自有住房）的社区。住房管理部门认为，构建提供多种产权类型可供选择的包容性社区非常重要（Chun，2004）。为了实现社会融合的目标，韩国政府主要采用以下两种策略：第一，公共部门开发的住宅项目中有40%的新开发用地只能用于出租房屋建设，地方规划部门应鼓励并通过城市改建和住房环境改善项目来实现住房结构规划——17%～20%的重建住房应为租赁住房；第二，由住房管理部门在广泛的由私人开发的已建成社区购买住房，并将其用于公共住房。地方规划部门试图通过避免建造大批具有统一特征的住房来鼓励社区融合和平衡发展。

“融合”与“平衡”意味着在最大限度上减少因社会经济特征而形成的两极分化、缩小土地产权拥有情况的极端差异，以及消除区位劣势。社会两极分化指的是不同人群因社会阶层或收入状况差异而产生分化的过程，往往表现为高收入人群聚集在自有住房而低收入人群聚集在公共租赁住房当中。此外，还存在社会-住房产权边缘化的现象，即低收入人群聚集并被“锁死”在公共租赁住房里面。而“包容性社区”和“社会融合”则建立在交叉依存或双向依存的基础之上。社会融合的理念指的是来自不同社会阶层、社会经济地位、住房产权、住户或家庭类型的人群生活在同一个特定空间（地区、社区或住宅区）里。

就韩国城市的次级住房市场而言，政府的住宅区社会融合政策往往具有负面影响。此前在首尔进行的一项研究对包括自有、私人租赁和公共租赁在内的各种产权类型住房的住户进行了调查。发现大约有一半的房主“反对在同一居住区实行公益住房和非公益住房混居”，相比之下，公共租赁住户当中持反对意见的仅有15%（Ha，2008）。这是一个至关重要的问题：将不同收入水平的居民安置在同一小区（街区）可能会增加人们对阶层差异的认知，制造紧张关系，并不能实现人们追求的社会凝聚。许多人都认为公益住房对社区可能会产生负面影响。非公益住房居民会觉得周边的公益住房给人以贫穷的印象，导致这些(公益)住房相对(非公益住房)而言价值较低。结果就是同一小区的楼群和建筑,又被按照居住权和经济状况进一步细分。显然,社会地位较高的居民无意和贫困的邻居混住在一起,他们认为就应该让类似的低收入人群聚集在同一社区。想要了解韩国住房政策下住房次级市场实际特点和性质,就需要对居民的经济地位和产权类型加以考量。

4.4 住房极化

富裕和贫困人口住房条件的两极分化是韩国住房领域最重要的问题之一。整体来看,过去几十年间每个韩国人的住房条件都有了很大改善,然而低收入家庭仍然面临着住房条件相对较差、负担能力不足的问题,贫富之间的差距越来越大。导致韩国住房两极分化的根源是什么呢?

我们从表 7.1 列出的关键性指标可以看出,过度拥挤的问题及住房与设施的质量在过去几十年间均有显著改善。但是新公寓价格管控产生的巨额补贴主要流向了中产阶级,那些有幸被选中购买新公寓的人相当于获得了意外的资本收益。尽管韩国在过去几十年中采取了许多改善住房质量的措施,但住房仍然是一个长期存在且分歧很大的社会问题。特别是在亚洲金融危机(1997)和全球金融危机(2008—2009)后,贫困人口遭受的创伤更甚于其他群体。在经历了 1997 年的金融危机和持续多年的住房危机之后,韩国现在应明确区分公共部门和私人部门在住房领域的角色(Ha 和 Lee,2001;Ha,2010)。

财富分配不均给普通人的生活带来了不幸,而收入不平等的恶性循环正威胁着韩国的市场经济。由于重要的社会经济变革进展缓慢,65 岁以上人口贫困率达到 48.5%,比经合组织(OECD)平均水平高 3.4 倍。此外,中等收入家庭占比也从 1990 年的 75.4%下降至 2010 年的 67.5%。现如今,韩国有 55%的中产阶级家庭因负债累累而入不敷出。

问题在于,随着时间的推移,收入分化和住房差距不断加剧。财富分配问题的进一步恶化不仅会导致一部分人生活更加困难,而且还会引起不同经济阶层之间的冲突。韩国是世界上自杀率最高的国家,近年来更是出现了离婚率激增而生育率低下的态势。在这样的环境下,失业和家庭债务的增加导致了中产阶级的衰落。

对韩国的贫困阶层来说,进入上层社会正成为一个越来越遥远的梦。工薪阶层想要取得更高收入水平变得越来越困难。这主要是因为韩国劳动力市场上存在着双重结构,尽管合同工和兼职者中受过良好教育的人员越来越多,他们收入的增加实在是微不足道(韩国卫生和社会事务研究所,2010)。

在快速城镇化过程中最为关键的阶段,韩国采取了渐进式的、扭曲性的住房政策,通常以短期问题为关注点、以物质问题为导向(Renaud,1993)。韩国的住房政策试图缓解住房短缺,并致力于通过大规模高层公寓建设来提高住房拥有率。尽管如此,这些干预性的措施并没有完全实现效率和公平目标(Chiu,2008)。政府应该认识到,住房市场中的各准独立板块需要的住房政策有所不同。在每个细分板块中,供给和需求相互作用,形成相对同质的住房类型或家庭特征,房价水平(或租金)也因板块而异。

住房分配不均和两极分化的问题与家庭收入不平等一样具有危害性,对此,为低收入家庭提供更多可负担的住房应该是一种可行的政策方案。尽管增加经济适用房供应显然是未来的首要任务,此外还需改善现有的公共住房项目。韩国应当推动私营部门更加积极地参与经济适用房项目,将目前由国家 LH 公司主导的公共住房供应模式转变为公私合营模式。

5. 结束语

多年以来,韩国政府通过出台大量有关住房建设、土地开发和其他活动的法律章程及规划,直接或间接参与住房市场的情况大幅增加(Kim 和 Park,2016;Ha,2013)。这是因为自由市场有时可能失灵,人们也会呼吁政府采取调控措施以实现住房公平分配。特别是在 20 世纪七八十年代房地产投机盛行的时期里,这种情况并不少见。不过,政府对住房市场的过度干预也可能会导致政府失灵。因此,确保参与适度、透明度和问责机制非常重要。

虽然韩国已经终止了影响私人部门的住房价格上限制度,其他形式的政府干预仍然普遍存在。韩国的住房市场一直由各级政府界定,政府按照“住房供应主导和反投机驱动方式”对其进行干预，以实现提高住房拥有率的目标及对住房建设和房地产“涓滴效应”的预期。值得注意的是，住房既是一种资产，又是一种消费品，住房领域的政策不能对这两种属性顾此失彼。不过，当一个国家迈向福利社会时，住房的消费属性就会比资产形成重要得多。此外，如果住房资源分配不能向贫困人口和弱势群体倾斜，政府可能就不得不干预市场。

良好治理意味着要处理好相互冲突的目标和不同利益集团之间彼此竞争的主张。人们日渐认识到，民主化和参与式的政府结构是韩国实现住房开发与分配领域目标的重要手段，因此对“赋能方法”的强调目前获得了相当大的支持。不过想要实施住房战略，政府还需解决一个潜在的矛盾——一方面应当放宽限制以鼓励私人部门参与，一方面应当进行监管以纠正市场缺陷并抑制投机——韩国经济面临着更加广泛的两难困境。

最后，政府应致力于实现以下三个目标：第一，保持经济增长、增加人民收入、选择间接干预，并且在国家经济走向成熟时应调整并促进市场发展；第二，降低社会及空间不平等；第三，减少经济体系的波动，并确保社会生产资源得到尽可能有效的利用。

参考文献

Balchin P(2013). Housing Policy in Europe, London: Routledge.

Bourassa S C, Hoseli M and Peng V S(2003). Do Housing Submarkets really Matter? Journal of Housing Economics, 12(1): 12-28.

Bourne L S(1981). The Geography of Housing. London: Edward Arnold.

Chiu L H(2008). Government Intervention on Housing: Convergence and Divergence of the Asian Dragons. Urban Policy and Research, 20(3): 249-269.

Chun H(2004). A Study on the Social Capital of Apartment Complex in Large Cities. Korea Journal of Sociology, 38(5): 215-247.

Downs A (1975). Urban Problems and Prospects, 2nd ed. Chicago: Rand McNally.

Ha S-K and Lee S-W(2001). IMF and the Crisis of the Marginalized Urban Sector in Korea. Journal of Contemporary of Asia, 31(2): 196-213.

Ha S-K(2002). The Urban Poor, Rental Accommodations, and Housing Policy in Korea. Cities, 19(3): 195-203.

Ha S-K(2008). Social Housing Estates and Sustainable Community Development in South Korea. Habitat International, 32: 349-363.

Ha S-K(2010). Housing Crisis and Policy Transformation in South Korea. International Journal of Housing Policy, 10(3): 255-272.

Ha S-K(2013). Housing Markets and Government Intervention in East Asian Countries, International Journal of Urban Science, 17(1): 35-42.

Ha S-K (2018). Housing Policy Challenges and Social Development in Korea. In R. Chiu and S.-K. Ha (Eds.). Housing Policy, Wellbeing and Social Development in Asia. London: Routledge.

Harvey D (1977). Government Policies, Financial Institutions and Neighborhood Change in United States Cities. In M. Harloe (Ed.). Captive Cities. New York: John Wiley.

Jang Y H (2015). Seoul Housing Policy, www. seoulsolution. kr/en/node/3448 Accessed July 23, 2018.

Kim C-H and Kim K-H (2000). Political Economy of Korean Government Policies on Real Estate. Urban Studies, 37(7): 1157-1169.

Kim K(1997). Government Intervention and Performance of the Housing Sector in Korea. Paper presented at the International Housing Policy Conference Seoul, Korea.

Kim K H(2004). Housing and the Korean Economy. Journal of Housing Economics, 13: 321-241.

Kim K H and Park M(2016). Housing Policy in the Republic of Korea, ADBI Working Paper 570. Tokyo: Asian Development Bank Institute. www. adb. org/publications/housing-policy-republic-korea/ Accessed July 10, 2018.

Korea Institute for Health and Social Affairs. (2010). Supporting Vulnerable Group and Strengthen Housing Welfare Plan, Policy Report 201—106. Seoul: KIHASA.

Korean Statistical Information Service, Housing Census, Various Years. http://kosis. kr/eng/search/search01_List. jsp Accessed May 3, 2016.

Korean Statistical Information Service. (2016). www. globalpropertyguide. com/real-estate-house-prices/S# south-korea Accessed March 29, 2016.

The Korea Herald (March 3, 2016). Savings Banks' Time Deposit Interest Dips Below 2 Percent. http://khnews. kheraldm. com/view. php? ud=20160303001025&md=2016 0306003333_BL) Accessed May 10, 2016.

Korea JoongAng Daily. (2008). Unsold apartments highest since 1996, April 14, 2008. http://koreajoongangdaily. joins. com/news/article/article. aspx? aid=2888613.

Lee S-H(2014). What are LTV and DTI? The Korea Times, September 9, 2014. www. koreatimes. co. kr/www/news/opinon/2015/10/162_164864. html Accessed May 10, 2016.

Meen G and Gibb K(2016). Housing Economics: A Historical Approach. New York: Palgrave Macmillan.

Ministry of Land, Transportation, and Maritime Affairs (MLTMA). (2012). The 2012 Housing Condition Survey, Seoul: MLTMA.

Oxley M and Smith J(1996). Housing Policy and Rented Housing in Europe. London: Routledge.

Palm P(1978). Spatial Segmentation of the Urban Housing Market. Economic Geography, 54(3): 210-221.

Renaud B(1993). Confronting a Distorted Housing Market: Can Korean Policy Break with the Past? In L. Krause and F.-K. Park (Eds.). Social issues in Korea: Korean and American Perspectives. KDI Press, Seoul.

Seoul Metropolitan Government. (2013). Basic Seoul Urban Plan for 2020, Seoul: The Seoul Institute.

Spence L H (1993). Rethinking the Social Role of Public Housing. Housing Policy Debate, 4(3): 355-368.

Watkins C A(2001). The Definition and Identification of Housing Submarkets. Environment and Planning A, 33(12): 2235-2253.

Wu C and Sharma R (2012). Housing Submarket Classification: The Role of Spatial Contiguity. Applied Geography, 32: 746-756.

United Nations Human Settlements Programme (UN Habitat). (2008). The Role of Government in the Housing Market: The Experiences from Asia. Nairobi, UN Habitat, HS/1013/08E.

Yoon I-S (1994). Housing in a Newly Industrialized Economy. Aldershot: Avebury.

第八章　韩国的土地和住房供应体系演化、评估和经验

文卓，韩国发展研究院公共政策 & 管理学院(The KDI School of Public Policy & Management)；金庆焕(通讯作者)，西江大学(Sogang University)；朴秀珍，韩国建设和经济研究院(Construction and Economy Research Institute of Korea)；承东佑，祥明大学(Sangmyung University)

1. 引言

韩国在20世纪60年代初与其东亚邻国一道进入了快速且持续的经济发展时期。全方位的工业化大大促进了城市化，韩国城市的人口占比随着GDP的快速增长不断攀升，从1960年的39%上升至2015年的91%。正如其他东亚国家一样，韩国过去的城乡人口密度都相当高，这在其经济高速增长阶段促进了农村人口向城市的转移(Renaud, Kim 和 Cho 2016)。1960—2015年首尔都会区(SCR，包括首尔、仁川和环绕首尔的京畿道)的人口从510万人增加到2540万人，该地区在韩国总人口的占比也快速增长，从20.8%上升至49.4%。

在经济快速增长的时期，迅猛推进的城市化和大城市人口的急剧增长创造了大量对保障性住房和城市服务的需求。韩国政府因此出台了一系列有针对性的政策措施，力图在城市区域增加保障性住房的供应，并且通过需求侧干预手段来控制城市土地和住房偶发的价格激增。

自20世纪60年代起，韩国在处理住房问题上主要以由政府采取干预性措施和公共机构发挥关键职能为特点。比如在建立可开发土地和住房的供应体系时，政府就对开发的方向进行了全面的战略引导。但同时韩国也依靠市场机

制分配稀缺资源，而且私有部门在实体经济和金融领域中的角色也随着时间的推移变得愈加重要。总体而言，尽管现在的住房价格对于某些特定的人群仍然高不可攀，但韩国的住房条件无论质量还是数量都得到了明显提升。

本章写作的目的有二：一是在市场环境和政府政策变化的大背景下，探讨韩国土地和住房供应体系在过去的发展；二是从韩国的案例中汲取经验，帮助其他国家解决保障性住房供应不足的问题。本章不拟详细描述韩国住房部门的发展历史，而是聚焦于整个体系的基本模块和突出特点，并探讨这个体系是如何建立且随着时间推进而变化的。在此基础上，将对韩国可以为其他国家提供的经验加以总结，此外还将对有待进一步研究的领域和方向提出建议。

本章包含五个部分：在第一部分的引言之后，第二部分概述了韩国土地和住房供应体系的发展；第三部分使用一系列住房指数评估其供应体系的表现；第四部分展示了韩国当前的土地和住房体系及其突出特点；最后，第五部分总结了主要的研究成果并且提出住房政策相关的建议。

2. 土地和住房供应体系的发展

20 世纪 60 年代早期韩国的城市人口比例不足 40%，然而半个世纪之后，这个曾经的低收入农业国家发展成了一个完全工业化的高收入城市经济体。在经济腾飞的初始阶段，韩国政府将稀缺的资源主要投入工业发展之中而并未对住房部门多关注，快速上涨的住房需求和反应迟缓的住房供给导致了首尔和其他大城市严重的住房短缺。针对这一情况，韩国政府及时采取了干预措施：成立了一系列公共住房机构，并且建立了全新的融资机制①——一个更市场化也更为成熟的土地及住房供应体系在几年之后得以形成。

---

① 韩国政府在南北战争结束后立刻着手解决住房短缺问题。1953 年 9 月，政府宣布了总统在 5 年时间内建设 100 万套住房单元的倡议，但是由于缺乏合适的实施手段进行土地征用、融资和建设，这一目标最终没能实现。

为了便于理解过去50年韩国土地和住房供应体系的变化，我们将这半个世纪的时间分为四个阶段：20世纪60年代早期到80年代中期的制度建立阶段（第一阶段）；80年代晚期到亚洲金融危机时期的新住房大量供应阶段（第二阶段）；亚洲金融危机后的恢复期到2008—2009年全球金融危机爆发之间的阶段（第三阶段）；后全球金融危机后的市场重塑阶段（第四阶段）。附录中提供了关于宏观经济和住房市场变化的更多细节，以及各个阶段住房政策的重要调整。

2.1 第一阶段——制度建立：20世纪60年代早期到80年代中期

在经济快速发展和城市化早期阶段，韩国建立了实体住房开发和融资相关的几个重要机构，其中较为关键的机构包括：

① 韩国国家住房公司（KNHC）（1962），作为由政府部分出资的机构在全国实施住房开发项目。

② 韩国住房银行（KHB）（1969），为消费者（通常是为中低收入家庭）和住房建设公司提供融资。KHB在1997年进行了私有化，更名为住房和商业银行，之后于2000年和国民银行（KB）合并。

③ 韩国土地开发公司（KLDC）（1979），[①]通过土地征收权征用土地以进行政府推动的住房开发。KLDC在2009年和KNHC合并，并更名为土地和住房公司（LH）。

④ 国家住房基金（NHF）（1981），通过有购房计划的住房买家的协议存款和发行住房债券筹集资金，资助保障性住房的建设和购买。

这个阶段还有几项住房开发相关的法律相继出台，比如1966年的《土地再调整法案》，1972年的《住房建设促进法案》，1976年的《城市再开发法案》和1982年的《公共土地开发法案》。

20世纪60—70年代，土地再调整制度是提供可开发土地的主要渠道。当地政府（或公有部门开发商）通过这一制度将私人持有的地块集中起来，制定该区域内的土地利用规划、建设基础设施，并对区域边界进行适当调整以适应道

① 其前身为土地银行，建于1975年。

路和其他已有设施。这些地块原来的持有者则将获得新的面积较小但形状规则、价值更高的土地作为补偿。经过这样一轮调整，政府手中可以留下选定的部分地块，将其拍卖或出售以收回开发建设基础设施的成本。尽管土地再调整制度拥有很长的历史，并且在 20 世纪 60—70 年代也曾为城市土地开发做出了巨大贡献，但这一制度其实非常耗时且并不适合大规模的开发项目。另外，还有批评的声音指出，土地再调整制度忽视了土地持有者可以从土地升值中获得的额外财富。基于以上种种原因，韩国政府自 20 世纪 80 年代早期开始便不再鼓励土地再调整制度的使用，转而选用全新的公共土地开发制度。

在公共土地开发制度下，政府（小项目的主体是省级政府）会在建成区外划拨一大片区域用于开发，再由公共部门开发商（KLDC，KNHC 和地方政府）通过协商或补偿性征用的方式从土地所有者一方购得划拨区域中的非城市土地。这些开发商会根据土地利用规划建设基础设施，并将重新划分的地块出售给建设公司以开发新的住房和公寓。KNHC 也会建设公寓以出售给符合条件的购房者，并为特定的家庭建设公租房。从可开发土地供应的角度来说，公共土地开发制度在 1982 年取代了土地再调整制度，成为了之后可开发土地供应的主要机制。然而这一新制度自身并非完美无缺，某些项目中土地征用和补偿的公平性存在一些质疑。除此之外，由于公共土地开发制度下在建成区外找到大片区域重新开发（绿地开发）更为容易，因此幢幢高楼在城外远郊拔地而起，这扭曲了都会区域的空间结构。

从需求侧的角度来看，韩国自 20 世纪 60 年代起实施了一系列政策措施以限制住房和土地的投机性行为，其中包括 1967 年出台的反房地产投机税（资本收益税的前身）、1977 年出台的新建住房单元价格上限、土地交易审批系统以及 1977 年出台的对公司持有与其核心业务无关的房地产进行特殊征税的政策。

住房建设既可以在新开发的土地上进行，也可以是对建成区进行的重新开发。首尔和其他大城市非正规建筑的再开发在城市化早期就曾一度构成了对政策制定者的巨大挑战：20 世纪 60—70 年代住房的严重短缺使得许多低收入家庭不得不在他们能找到的任何闲置土地上建设临时住房，首尔的违规房在1970年大约占住房总量的29%(Kim,1980)。

韩国政府最早采取的手段是在没有补偿的条件下拆除违规房，或单纯地提供可替代住房，这一举措遭到了居民的强烈抵抗。[①] 于是在20世纪60年代中期，首尔都会区政府(SMG)采取了进一步措施，即为违规房里的每个家庭在城外提供25平方米的公有土地，以对其进行重新安置。大多数情况下，重新安置的居民可以拥有其土地的隐性使用权及其在土地上所建住房的完整所有权。然而由于城外的用水管道和道路交通等基本的基础设施并不完善，有许多家庭放弃了新得的土地，选择回到位置更好的非法居住区(Chang,1989)。到了1968年的时候，鉴于占屋家庭数量众多，而用来安置他们的闲置公有土地又相对较少，市政府又于城市边界外购买了10平方千米的土地，开建卫星城城南市以安置10万个搬离首尔的家庭。然而，政府再一次忽视了基础设施的建设，且房屋的居住条件更是极度糟糕。此外，由于缺乏交通服务，大多数居民几乎无法前往他们在首尔的工作地——结果就是1971年暴动爆发，使得该项目无法完成。最终，SMG决定采取与此前不同的做法：如果非正规住房被拆除，那么相关家庭将获得现金补偿或者可以补贴价购买市政府建设的公寓。由于重新安置者可将其以低价购入的公寓进行转售，这个方案对他们而言利润颇丰。与此同时，城市还试图通过严控严惩的方式确保不会有新的非正规住房出现：由市政府进行严格的现场监控，一旦辖区内有新建的非正规住房，该辖区的公共官员就会受到严厉的惩罚。

2.2 第二阶段——大规模供应：从20世纪80年代晚期到亚洲金融危机爆发

随着经济增长，首尔都会区(SCR)的人口在20世纪70—80年代持续增长，因此需要在城市核心区域之外开发全新的大型城市集群，以满足对不断增长的住房和城市空间的需求。这种开发始于20世纪70年代初期，在首尔境内的江南区(汉江以南)第一次出现。之后得益于政府采取的主动建设措施，第二

---

① 本节中非正规部门开发的讨论基于Son(2015)。

次的空间扩张在20世纪80年代末出现。为了完成在1988—1992的5年内增加200万个新住房——相当于1989年总住房单位的30%——的宏伟计划，当时政府在首尔绿化带的外缘建设了5个新城。第一期新城的选址有以下几个标准：与首尔之间的通勤时间少于1个小时(距离首尔市中心20～25千米)；便于使用现有的城市基础设施；令人愉悦的居住环境；具备价格合理的可开发土地。

200万个住房建设政策(以下简称为TMHD)背后的驱动因素是房价的快速上涨和随之而来的住房可支付能力的恶化。由于20世纪80年代中晚期韩国宏观经济迅速发展，高质量住房的短缺问题不断加剧，同时针对中低收入家庭的保障性住房供应不足也成了首要的政治问题。1987年总统大选中，时任执政党的候选人卢泰愚宣称将在自己的6年任期内建设400万个住房单元。而当他赢得总统大选之后，政府在1988年出台该规划时将规模缩减到相对合理的范围之内，决定在1988—1992的5年时间内建设200万个住房单元。尽管政府内部有人对于该规划的可行性表达了担忧，韩国建设部(MOC)和总统办公室仍坚持要兑现选举时的承诺(Cho，2014)。

TMHD是韩国住房政策的里程碑，其目标之宏伟，直接提出要将当时的年建设量翻倍。更重要的是，TMHD成功地提前实现了新建住房的数量目标，并且在20世纪90年代为稳定首尔和其他大城市的房价做出了贡献。从住房类型的角度来看，高层公寓自20世纪80年代起逐渐成为主要的住房类型，在整体住房存量当中所占的比例从1980年的7%上升至2010年的59%，正是公寓楼的大规模建设，使得韩国政府在规定时间内有效地完成了住房单元的数量目标。

尽管如此，在如此短的时间内进行大规模的住房开发也产生了各种副作用，比如某些住房质量偏低、千篇一律的户型设计和楼层结构以及建筑材料价格和建筑工人工资的上涨。当这一政策最终退出历史舞台的时候，整个韩国的住房建设业都面临着产能过剩的问题(Cho和Kim，2011；Kim和Cho，2010)。此外，人们认为200万个住房单元项目没有让住房供应更具弹性，反而是更具刚性，一旦出现新的需求冲击就很可能导致另一轮的房价上涨(Green，Malpezzi 和 Vandell，1994)。

以下几项因素在 TMHD 的成功实施中发挥了重要作用：① 采用了对大型土地开发项目行之有效的公共土地开发制度；② 政府修正了对新公寓的价格控制，使价格能更好地体现生产成本和一定的利润加成，对建设商起到了激励的作用；③ 政府通过 NHF 给予住房买家和建设商一定补助；④ TMHD 动员了韩国所有的中央部委、当地政府和国有企业，并且由总统办公室进行整体协调。

1993 年，韩国还建立了重要的住房消费者保护制度：政府委托韩国住房建设商合作社提供担保项目，对通过预售合同购买住房的消费者提供保护，防止承包商无法兑现交房承诺。不过，由于合作社也为其成员从银行贷款提供担保，20 世纪 90 年代中期贷款担保业务中的损失使得合作社遭遇了金融困境，接下来的亚洲金融危机更是让其经济状况雪上加霜。韩国政府因此在 1999 年注入新资将合作社转型为韩国住房担保公司(KHGC)。

2.3 第三阶段——亚洲金融危机后的恢复阶段到全球金融危机爆发

1997—1998 年的亚洲金融危机重创了韩国经济。与其他亚洲国家的情况不同，韩国的房地产并不是危机产生的导火索，但却成了这次危机中最大的受害者。首尔和其他城市的实际住房价格飞速下降，在危机爆发后的两年内下跌了 30%。许多非常依赖债权融资的建设公司由于信贷紧缩和市场利率的突然上涨而遭受巨大冲击。仅仅是 1998 年就有 14%的住房建设公司宣告破产(Lim，2005)。

住房产业为减少负债不得不进行结构重组，运营模式因此出现了重要变化，开发和建设就此分离。在亚洲金融危机爆发之前，建设公司既是开发商又是承包商。在危机之后，住房产业分成清晰的两段流程：第一阶段由开发商拿下土地、申请建设许可、安排初始融资并且通过预售系统进行市场推广，之后承包商在第二阶段接管项目并且实施建设工作。尽管这样的分工可以通过加强专业化而提高效率，但这种新的商业实践却加剧了住房市场的波动。大多数开发商都因缺少自己的资金而非常依赖债权融资来购买土地，出借方在借出时又往往要求更大的商业实体即承包商为其提供担保，因此承包商在开发商无法偿还债务时也将被暴露在风险之下。

所幸亚洲金融危机很快结束，随之而来的是强劲且持续的经济恢复阶段。经济复苏以及住房市场和制度相关的变革这几个因素共同促成了 20 世纪 10 年代早期韩国房地产的繁荣。首先，低利率降低了融资成本，促进了住房需求和住房建设活动。其次，金融部门在亚洲金融危机之后出台的自由化措施（主要是借贷和存款利率的自由化以及房地产借贷的去监管化）促进了住房按揭借贷和建设融资的扩张。[①] 2000 年到来之际，韩国的住房按揭体系从小型的政府补助体系转型为更大的市场化体系，因此对中低收入家庭和其他获取服务不足的家庭来说负担房价变得不再那么困难。比如，贷款价值比（LTV）从 20 世纪 90 年代的 20%～30%上升到了 50%，经韩国住房金融机构（KHFC）证券化的 LTV 最高可以达到 70%，经商业银行和其他私有金融机构的证券化的也可以达到 60%。不管是从绝对数量还是从按揭未偿贷款占据 GDP 的比率，都可以看出韩国住房按揭贷款的规模在亚洲金融危机之后大幅扩张。

由于上述两个有利因素，再加上亚洲金融危机之后新住房的供应放缓，2002 年前后韩国的房价开始上涨，首尔热门次级市场的公寓价格迅速飙升。韩国政府因此又采取了多种政策工具来调控房价：先是出台了带有惩罚性质的资本收益税，对两套以上住房的持有者和短期交易进行征税；2006 年又引入了全面房地产税，在全国对个人持有房地产的总价值进行征税。尽管 LTV 上限收紧，对总负债收入比（DTI）的监管也有所加强，但是房市的繁荣仍然持续到了 2007 年。

韩国还开始对中低层公寓的高密度再开发中未实现的资本收益进行收费。这些 30 年前建成的中低层公寓过时且不安全，重新建设可以改善居住条件并提升建筑密度。再开发项目的实施被公寓所有者组成的委员会委托给住房建设者，区位良好的项目能够产生巨大的收益，此外高密度的再开发也意味着比

① 详见 Cho 和 Kim（2011）以了解亚洲金融危机之后的金融去监管化。

以前建设更多住房单元、出售给更多客户。韩国政府和SMG一直对再开发的流程和条件加以监督，比如对再开发建筑物的最低楼龄、最大高度和容积率的管控；为缓解现有基础设施承压而进行基础设施扩建的缴费；向非委员会成员出售的新公寓的价格做出规定，还要求公寓所有者组成的委员会在租赁市场上提供一定数量的住房。这些监管措施和开发收费饱受争议，因而在之后又随着市场条件和当权政府的立场变化而被不断调整。

住房供应方面，2003年韩国在距离首尔市中心30～50千米的地区开始了第二阶段的新城建设。但是，这些项目并没有像一期的新城那样取得成功，因为它们距离首尔更远(通勤更加不便)，且这些偏远地区的住房需求并不旺盛。因此，许多建成的住房并未售出，这使得SCR的住房市场在2008年的金融危机之后处于长期的衰退之中。

与此同时，住房福利逐渐成为住房政策的新重点。尽管韩国在20世纪10年代早期增建的住房已经解决了绝对短缺的问题，但是对于某些人群来说住房价格仍然过高。韩国政府为满足低收入家庭的住房需求出台了提供100万套公租房的十年计划，接下来的几任政府虽对此有所调整，但其核心仍得以施行。

2.4 第四阶段——全球金融危机后的市场重塑阶段

整体而言，全球金融危机对韩国经济的影响远比亚洲金融危机造成的要小，但是韩国的建设部门却在这次危机中遭受重创。即便宣告破产的建设公司并不太多，陷入财务危机的建设公司——或“僵尸公司”①——无论是在数量上还是占上市公司的比例上都在全球金融危机后迅速增加。其比例从2007年的8%增加到了2012年的16%，甚至比亚洲金融危机中“僵尸公司”的比例更高(Renaud等，2016)。

很多人认为，造成这种问题的根本原因是所谓的项目融资(PF)贷款——一种商业银行和其他金融机构在亚洲金融危机之后引入的建设融资制度——在这种制度下，开发商可以启用超高的杠杆，很多时候自己出资的部分仅达到

---

① 僵尸公司指的是偿债备付率连续三个财年小于1(比如净运营利润少于债务清偿额)的公司。见Renaud等，2016，第272—273页。

土地购买成本的 2%～3%时，即可开始实施项目。由于几乎没有风险，开发商在房市繁荣期间大举进入土地开发市场，使得之后几年住房供过于求，形成了高度“顺周期”的杠杆周期。

全球金融危机之后，住房需求的紧缩以及对市场的悲观态度使得潜在的买家认为房价的平缓是房市长期衰退的信号。之所以人们会产生这种想法，也是因为意识到韩国生育率降低、人口老龄化以及婴儿潮出生的人口逐渐退休将使得住房严重供过于求，从而可能导致房价崩溃。韩国政府因此出台了多项促进住房购买的激励措施，比如有利的贷款条件、减税以及放开监管，实际上，大多数的房价控制政策在 21 世纪的早期到中期时就已经被废除或修订。韩国房市于 2014 年开始复苏。

随着自住房的需求逐渐停滞，租赁房的需求逐步上升。租赁市场的结构发生改变，传统的押租（chonsei，传贯）形式逐渐被月租取代。在押租租赁合同之中，租户需要在两年租赁合同期开始时向出租方支付通常大约为房屋购买价格 40%～60%的大笔定金，此后的租赁期间无须每月交租，直到合同期结束之后再拿回所有的定金。押租是一种非正式的住房融资机制，即出租方向租户借钱，而租户有权占用住房但不能收取贷款利息。

押租在房价上升、住房短缺和高利率时期一度主宰了韩国的租赁市场。出租方从租户处拿到的定金与住房资产价格挂钩，房价上涨的情况下出租方能够拿到一笔巨款；住房短缺时出租方同样可以通过押租体系获益，因为租客拖欠租金的风险会变得很低；高利率则使得出租方将定金能够用于投资获得可观的收入。随着这些有利因素渐渐消失，出租方开始选择少量定金加月租而不是大量定金加零月租的方式。另外，租户更希望进行押租租赁而非月租租赁，因为出租方将定金换算成月租时适用的利率远高于银行的贷款利率。

紧缩的租赁市场造成定金或租金快速升值，政府的应对措施则是扩大公共和私有部门租赁房屋的供应。2015 年开始推行的新项目“New Stay”力图吸引私有部门开发商和投资者向中产阶级提供高质量的租赁房和其他服务，只要住房单元的租赁时间超过 8 年并且租金上涨幅度不超过每年 5%，相应的开发商便可以获得激励。房地产投资信托(REITs)也被用来为租赁房提供资助。目前韩国提供的公租房有好几种类型,其中就包括面向年轻租户的租赁房。而在需求侧,2015年韩国还引入了面向低收入租户和住房所有者的住房补助金制度。

上文中提及的机构都曾在保障性住房的建设以及向中低收入家庭分配的过程中起到过至关重要的作用。尽管如此,随着私有住房建设部门不断发展,上述一些机构的社会目标有所弱化,在进行了组织调整之后又重新对目标进行了设定。比如在2009年和KLDC合并的KNHC,就将自己的运营方向从自住房转向了租赁房的开发和分配:这是因为整体环境需要更多的公租房,同时自住房现在更多地由私有部门负责提供;而且NHF在2015年结构调整之后转型为住房和城市基金,除了传统的借贷业务之外,还提供股权投资和担保,主要为政府政策的新重点——城市改造筹措资金;KHGC也转型为韩国住房和城市担保公司(HUG),以国有企业的身份支援住房和城市开发。

3. 供应体系的表现及其在住房方面取得的成果

在这一部分中,我们将通过各式各样的数据来评估土地和住房供应体系对韩国住房条件改善做出的贡献。

3.1 住房条件

如表8.1所示,过去50年,尤其是1980年以来,韩国住房无论质量还是数量都迅速提升。住房供应比率,即住房数量和家庭数量之间的比率也稳步提高,现已超过100%,这表示全国整体的住房单元数量不少于家庭数量。[①] 整体量化研究更常使用的指标是每1000个居民的住房数,这一指标已从1980年的142增加至383。拥挤程度(比如每个房间或每个家庭的人数)以及住房消费(比如每人或每个家庭的平均室内使用面积)等通用指标均大幅上涨。表格中

① 2005年之后,住房供应比的定义有所调整,因此数字变小。详见Kim和Park,2016,第94页。

衡量住房质量的两个指标——拥有热水浴或淋浴的住房和拥有冲水马桶的住房——也明显提升。此外，表中没有体现的一点是根据 2000 年出台、2011 年又再次上调的住房标准，低于最低标准的住房比例大幅下降（Kim 和 Park，2016）。

表 8.1　韩国住房条件的提升

项　目	1980	1990	2000	2010	2015
住房供应比/(%)	71.2	72.4	96.2	100.5	102.3
每 1000 个居民的住房	142	170	249	302	383
每个家庭的房间数	2.2	2.5	3.4	3.7	3.6
每个房间的人数	2.1	1.5	0.9	0.7	1.3
人均室内使用面积/平方米	10.1	14.3	20.2	25.0	26.9
户均室内使用面积/平方米	45.8	51.0	63.1	67.4	68.4
拥有热水浴/淋浴的住房/(%)	9.9	34.1	87.4	96.9	99.8
拥有冲水马桶的住房/(%)	18.4	51.3	86.9	97.0	97.3

来源：MOLIT (a)（部分年份）。

3.2　新住房的供应

整体住房条件的大幅改善归功于高质量新房的供应增加，而我们接下来会用几个指标对新房供应加以探讨。图 8.1 展示了 1962 年后每年新房的建设量，并按照公共部门和私有部门进行了细分。由于我们只能获取 2011 年后的住房建成数据，图中的数据统一以核发的建设许可证数量为基础。需要说明：公共部门供应的住房单元是指由 NHF 资助的住房单元，与实际的住房建设者是公是私无关。[①]

图 8.1 中值得注意的几点：① 20 世纪六七十年代新建的住房单元数量并不算多；② TMHD 开始的一年，即 1989 年的新房供应量有了跨越式的提升，甚至比前一年的 2 倍还多；③ 除亚洲金融危机和全球金融危机之后的那段时间外，住房建设水平在其他时候一直得以持续提升。从公共部门和私人部门细分的角度看，私人部门占据主导地位的趋势在最近几年尤为明显。[②]

① 1981—2015 年，NHF 资助了 100 万亿韩元以建设 460 万套住房，包括 240 万套租赁房和 190 万套自住房。

② 尽管文中未体现相关数据，每 1000 个居民的新建设房屋也有着相同的趋势。

在1962年到2017年的整个阶段，公共部门和私人部门的住房供应比例分别为30%和70%。尽管并未体现在图8.1中，但LH（包括KNHC）的巨大贡献不可忽视。①

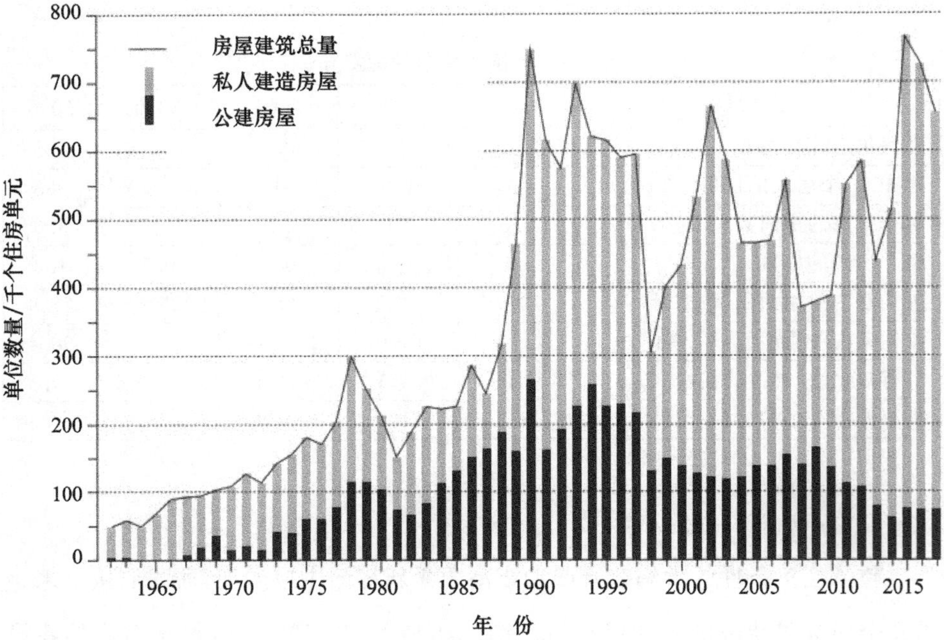

图 8.1 新住房供应（1962—2017年）

来源：土地、基础设施和交通部（MOLIT）

另外一个衡量新房供应的指标是国民收入核算中的住房投资或者住宅建设，即通过建设新住房或改善已有住房单元而产生的住房结构的增加价值。②图8.2显示了住房投资在GDP和总投资（总固定资本形成，TFCF）中所占的比例。我们可以看到，住房投资占GDP比例在1970—2017年平均为5.2%，③且该数字因受到1988—1992年TMHD的影响，自20世纪80年代末起飞速上升；而住房投资占据总投资的比例随时间变化不大。

---

① 1962—2014年，LH建设了243万个住房单元，占总数的13.5%（LH，2014）。在私有部门之中，前十大公司在1998—2016年建设了22%的住房单元。

② 因为土地不是新生产出来的产品，因此其价值不包含在住房投资中。

③ 1995—2017年的平均值是4.9%。根据欧盟统计局的数据，28个欧洲国家在同一段时期内的平均值是4.4%，其中德国和法国为5.9%，而英国为3.3%。

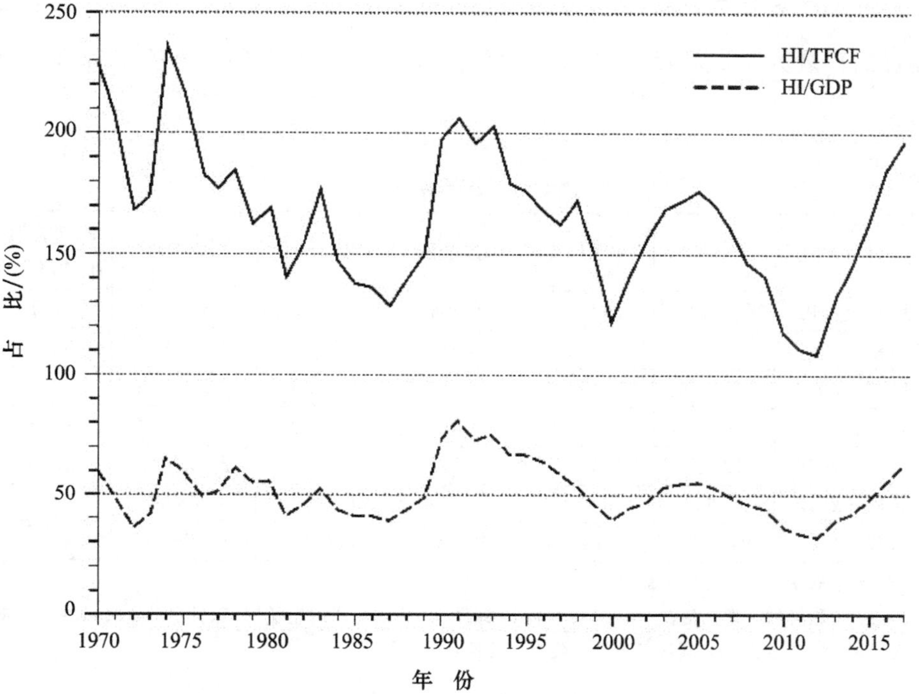

图 8.2　住房投资在 GDP 以及总投资中的比例(TFCF)

来源：韩国银行。

新住房用地来自新地开发或者建成区再开发。在韩国采用的两种再开发方式之中,较老的办法是清理并重建老旧社区,1973—2016 年,通过这种方法增加的新住房达到了 100 万套。第二类则是将中低层住宅经由再开发转变为高密度住宅,从 1983 年起到现在已有 16 万套住房单元通过这种方式被改造为 26 万套住房单元;更多的项目仍处于规划或实施当中。

新住房的供应由自住房和租赁房组成。[①] 租赁房包括先租后买的住房单元,即租户有权利在租住 5 年或者 10 年之后购买该住房单元。大多数租赁房由持有两套以上住房的所有者提供,且租期通常为两年。到 2016 年年末,韩国总住房存量为 1988 万套,其中租赁房为 779 万套,占据总住房存量的 39%。

韩国政府为满足低收入家庭的住房需求,一直试图大规模地建设长期公租房。表 8.2 显示了 1987 年以来公租房的供应数据：过去 30 年公租房占总体新

① 2016 年的住房拥有率为 59%,而自住率为 57%。

住房的比例平均为 17%，然而年与年之间的波动很大。到 2016 年年末，长期公租房的存量为 125 万套，占总住房存量的 6.3%(MOLIT(a)，历年数据，第 465 页)。

表 8.2　公租房的供应

年　份	私有	KNHC	地方政府	总　计	总住房	公共租赁比例/(%)
1987—1991	138 370	193 272	75 904	407 546	2 386 821	17.1
1992—1996	240 917	108 322	23 949	373 188	3 104 854	12.0
1997—2001	372 744	131 875	5810	510 429	2 270 523	22.5
2002—2006	49 219	388 401	48 283	485 903	2 648 867	18.3
2007—2011	42 812	400 812	86 795	530 419	2 245 000	23.6
2012—2016	75 614	267 043	54 203	402 400	3 033 627	13.3
1987—2016	919 676	1 489 725	294 944	2 704 345	15 689 692	17.2

来源：MOLIT (a) (历年数据)。

注：公租房的数据包括在 5 年或 10 年租期期满后出售给租户的租赁房；租赁房的定义是在公共部门提供和(或)由公共基金资助的地块上建设的任何住房单元。

3.3　可开发土地的供应

如此大规模的新住房建设之所以能够进行，是因为有了充足的可开发土地供应。20 世纪 80 年代初韩国采取公共土地开发制度前，土地再调整制度是可开发土地的主要来源。然而这一制度因耗时日久且规模有限而无法满足日益增长的需求。1989 年前首尔土地再调整项目的平均时长是 5 年，且 19%的土地再调整项目时长超过 10 年(首尔都会政府，2017)。截至 2000 年年末，542 个土地再调整项目一共提供了 477 平方千米的土地，即每个项目的平均面积为 0.88 平方千米。

表 8.3 显示了自 1962 年起，KLDC、KNHC 和地方政府提供的可开发土地数量。从中可以看出，1982 年公共土地开发制度取代了土地再调整制度之后，土地供应量迅速上升。根据土地利用的数据，1962—2016 年建设用地存量增加了 1219 平方千米。同一时期内，总土地供应量为 1052 平方千米，占到住房用地增量的 82%——显而易见，公共部门开发商在住房土地开发中起到了主导作用。

表 8.3　公共部门供应的可开发土地(单位：1000 平方千米)

年　份	KLDC	KNHC	地方政府	总计
1962—1966	—	1122	16 804	17 926
1967—1971	—	6042	80 265	86 307
1972—1976	—	2735	59 436	62 171
1977—1981	7601	10 203	56 077	73 881
1982—1986	34 955	13 291	38 652	86 898
1987—1991	55 789	21 735	35 338	112 862
1992—1996	68 352	20 308	76 666	165 326
1997—2001	51 703	18 626	54 464	124 793
2002—2006	73 529	63 502	45 050	182 081
2007—2011	167 202	40 060	39 150	246 412
2012—2016	37 424	—	22 897	60 321
1962—2016	496 555	197 624	524 799	1 218 978

来源：MOLIT (b)(历年数据)；Cho (1991)。

表 8.4 显示了 1981 年起不同地区的可开发土地供应。数据表明，总土地供应的 55%分配给了住房需求压力最大的 SCR 地区，这一比例比 SCR 占全国人口 49%的比例稍高。

表 8.4　不同地区可开发土地的供应(单位：1000 平方千米)

年　份	首尔	ICN+GG	SCR	5 个 MC	其他	韩国
1981—1991	44 318	72 606	116 924	35 709	74 450	227 083
1992—1996	3594	73 900	77 494	34 503	53 329	165 326
1997—2001	1864	53 979	55 843	21 653	47 297	124 793
2002—2006	7691	97 288	104 979	28 732	48 370	182 081
2007—2011	14 935	147 418	162 353	16 516	67 543	246 412
2012—2016	1974	38 019	39 993	3984	16 344	60 321
1981—2016	74 376	483 210	557 586	141 097	307 333	1 006 016

来源：MOLIT (历年数据)。

注：ICN=仁川，GG=京畿道，SCR=首尔都会区=Seoul+ICN+GG，MC=省级都会城市。

政府希望通过增加可开发用地实现增加住房供应的政策目标，进而稳定房价。房价由房市的供需关系决定，也和宏观经济，尤其是利率相关。从供给的角度来看，新住房的价格受到投入要素(尤其是土地)的可利用性和价格影响。

图 8.3 展示了自 1999 年起实际房价和实际地价以及实际建设成本(非土地成本包括材料和劳动力)之间的对比。① 从图中可以看出,地价的增长势头比房价更明显,与此同时非土地建设成本的增速弱于房价,但二者的差距在近几年却在不断缩小。土地成本平均约占新住房总成本的三分之一,虽然韩国的地价在过去 10 年增长迅速,但房价却趋于稳定,这表明是住房建设商自身吸收了地价成本的增量。②

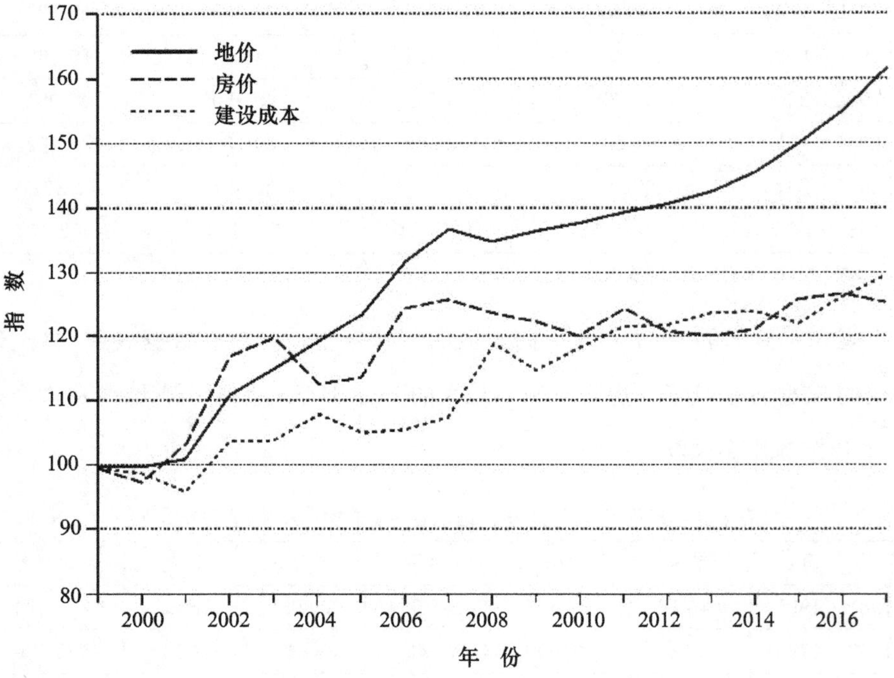

图 8.3 实际的房价、地价和建设成本

来源:基于韩国建设联盟提供的数据。

3.4 住房周期

住房建设活动的周期能够反映供需因素和宏观经济条件的变化。图 8.4 记录了自 1993 年起未售出住房和建成后但仍未售出住房数量的波动。未售出

① 非土地成本的数据来自韩国建设联盟。

② 理想状况下,对比应在新住房销售价格和现存房屋市场价格之间进行,使用的指标应是住房价格指数。土地成本占新房生产总成本的比例既和地点相关,也和购买土地的时间和成本相关。土地成本的比例平均大约是 30%。

住房单元数量呈现出两个高峰：一个由 1995 年大规模供应增加以及房价趋缓所导致，另一个则是 2008 年全球金融危机的结果。建成但未售出的新住房数量在 2008 年和 2009 年增长迅速。

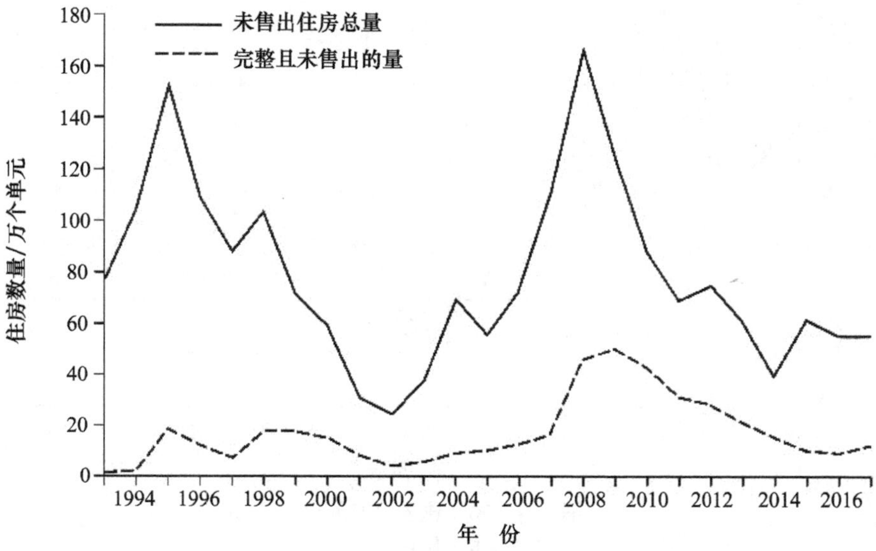

图 8.4　未售出住房数量

来源：MOLIT。

住房周期也体现在房价的波动当中。图 8.5 显示了韩国、首尔、京畿道和 6 个省级城市各自的实际房价指数，我们可以从中看到一些规律：① 20 世纪 90 年代 TMHD 完成后各地的房价都在不断下滑，之后又由于亚洲金融危机应声下跌。两个地区的房价在亚洲金融危机爆发之前体现出很强的同向关联走势，其中省级城市的房价升值速度要稍高一些。② 1998 年两个市场的房价短暂下跌之后，20 世纪 10 年代初开始又迅速反弹，这次 SCR 的首尔和京畿道房价增长率要远高于省级城市。③ 韩国的实际房价自 2007 年之后整体波动缓和。④ 危机之后两个地区的房价变化不再彼此关联：2009—2014 年 SCR 的房价有所下滑时省级城市的房价仍呈强劲上涨态势；而 2014 年之后，SCR 的住房又以高于省级城市的速度升值。

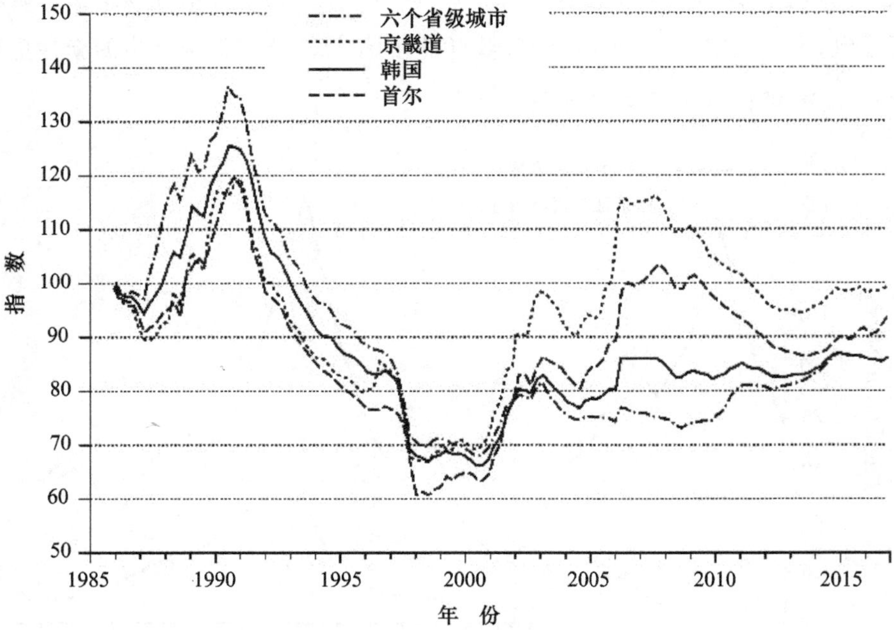

图 8.5　实际住房价格周期

来源：KB 国民银行。

4. 当前的住房供应体系及其突出特点

4.1　住房开发体系概览

新住房来源于新的住房用地开发或者是建成区的再开发。正如上文数据所示，尽管建成区的再开发在城市核心区域提供了主要的住房用地，大多数的新住房仍然需要依靠新住房用地的开发——我们在这一部分的讨论亦将聚焦于此。

如图 8.6 所示，韩国一个典型的住房开发项目可以分为 3 个阶段：① 土地收购和开发阶段(图中 t_0 到 t_1)；② 预售和建设阶段(t_1 到 t_3)；③ 入住和运营阶段(t_3 之后)。韩国大多数的公寓通过预售销售，在预售体系当中，买家在建设阶段(t_1)伊始就和建设者订立合同并支付通常为住房单元价格的 10%～20%为初始定金，之后，买家还要进行一系列总计为价格 60%的中期付款(t_2)，并在入住时付清最后的款项(t_3)。以上 3 个阶段各有其特殊的风险-回报模式，且每个阶段都有许多公共和私人机构参与其中。接下来我们将会详细描述韩国当前住房开发体系的突出特点。

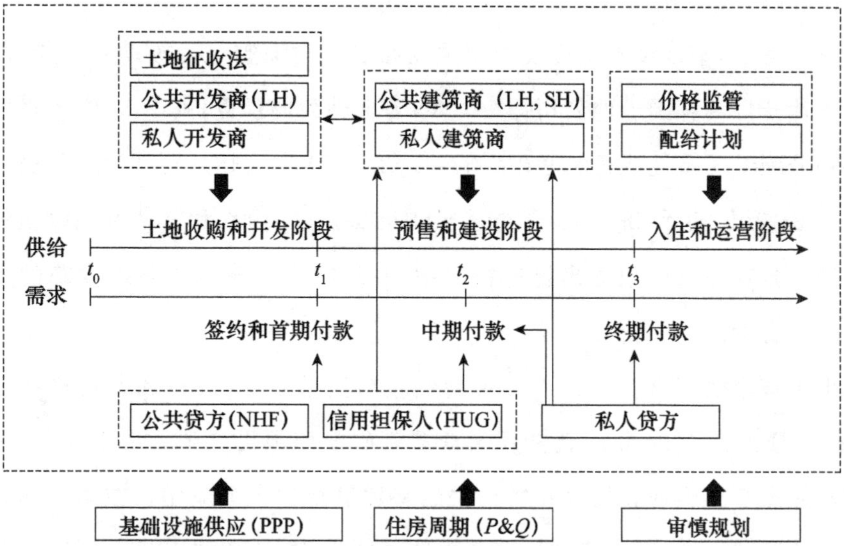

图 8.6　韩国土地和住房开发流程简表

注：P 和 Q 分别表示价格和数量。

4.2　土地开发

购买区划合理的土地是住房开发流程的第一步。对于大规模的住房开发项目，LH 会通过协商或者给予补偿的方法从土地所有者手中购买未开发的土地，搭好现场基础设施并完成土地划分之后再将各个小型地块出售给私人建设商。有些情况下，LH 也会负责建设租赁或自住公寓。如上文所述，公共开发商进行土地征用是大规模保障性住房建设的基石。之所以需要公共部门对大规模的土地开发加以垄断，是因为土地所有者会在区划重新设定的过程中积累起巨额财富，而将这些财富重新分配、共济社会的职责正应由公共部门承担。私有部门开发商则更适合参与再开发项目和小型项目。

4.3　基础设施的提供

完善的道路交通和基础设施是土地和住房开发项目成功的前提。基础设施包括供水和污水处理、电力、通信网络、热电厂、垃圾焚烧厂、公园和人造湖泊。

SCR新城建设等大规模土地开发项目都会在土地住房开发之外进行配套的基础设施建设，特别是第一期的新城，与SCR的其他城市相比拥有更高质量的城市公园、内部道路和停车场。

总而言之，基础设施由开发商根据受益者支付原则进行资助。比如，盆唐区的土地开发商韩国土地公司拥有4.16万亿韩元的预算，其中1.33万亿韩元（32%）分配给了土地改进和基础设施，1.58万亿韩元（38%）分配给了道路，剩余的1.25万亿韩元（30%）分配给了土地购买。水、污水和其他基础设施的成本已经包含在建设用地的出售价格之中，并将在之后转嫁给基础设施的受益者——购房者。

出于减轻政府财政负担以及吸纳创新想法的考量，政府和社会资本合作（PPP）的模式自1994年起就被用于众多基础设施项目之中。尽管如此，这种模式却并没有在土地和住房开发相关的基建里得到大量应用。在第一期和第二期的新城建设中，京畿道的校董会采取了建设-转交-租赁（BTL）制度来填补公共融资的缺口。建设校园大楼的成本由校董会支付，BTL模式下校董会在69所学校中的投资高达8850亿韩元。

4.4 融资

潜在的买家会在建设期与住房建设商签订预售合同，之后再支付预付金和中期付款，这构成了一种非正式的开发融资机制。承包商必须到HUG处为“建设完成交付住房”购买保险。如果承包商破产，该项目将由新的承包商接管并完成，或者在三分之二买家同意的情况下退还预付金。第一种方案在房市看涨的情况下比较受消费者欢迎，而第二种方案则往往在看跌的情况下被消费者选择。

HUG保险具有一定的担保性质，给想要在建设期内向银行贷款的住房建设商提供了方便。国家住房和城市基金（NHUF）为住房买家提供比较优惠的按揭贷款并为中小型建设公司提供建设贷款。KHFC则为住房买家和建设商的银行贷款提供担保，以便他们筹措中期付款或建设资金。[①] HUG和KHFC

① 在没有使用银行贷款缴纳中期付款的情况下，购房者向建设公司支付中期付款，相当于借钱给建设公司以资助建设活动，这就是一种对建设公司的非正式贷款。

提供的贷款担保在风险暴露上和美国的按揭保险产品类似，都可以让出借人免于借贷中的信用风险。不过，针对中期付款的银行贷款往往只面向买家团体而不会衡量具体买家个人的信用风险。因此，当近几年来贷款量随新房供应增加而增加时，人们也开始担心其中暗含的信用风险。

土地收购和许可发行阶段由私有贷款机构提供的项目融资（PF）同样也是一个重要的建设融资工具。PF 制度在亚洲金融危机后的经济恢复阶段出现，获得 PF 贷款的开发商通常规模不大但是却会使用很高的杠杆。通过创建一个破产风险隔离的特殊目的公司，PF 贷款（SPC）被证券化为资产支持型证券（ABS）。

21 世纪之初的前五年里，随着私有部门建设商占据新建住房的比例越来越高（见图 8.1），PF 贷款在史上最低利率的支持下迅猛发展。由此造成了全球金融危机前后住房和非住房开发两个领域里反复无常的大幅波动，继而引发了各界对于如何加强建设融资稳定性的讨论。可行的改进措施包括更扎实地评估相关现金流（尤其由出借人评估）、限制开发商的最高杠杆以及采取更谨慎的贷款审批（Son，2012）。

4.5　新住房的分配

如图 8.6 所示，在住房开发的第三阶段，新建的住房会依照详细的配给制度（包括合同存款的时长、家庭的规模和组成等）被分配给目标消费者群体，且住房的价格也会根据政府设定的价格上限被加以监管。在消费者最终付款时，商业银行和其他金融机构会发行传统的按揭贷款，而贷款风险也从公共部门（HUG 和 KHFC）转移给了私有部门（商业银行和其他金融机构）。

韩国住房政策的长期目标是以“合适”的价格将新的住房单元交付给“非投机者”，为了实现这一目标，政府常常使用多种监管措施进行直接干涉。1977 年开始的新公寓价格监管就是一个很好的例子：最初韩国采用的是不论面积的统一上限，此后价格上限逐年提高，直到 1981 年 7 月使用面积 85 平方米以上住房单元的价格上限被废除为止。1982 年 12 月，韩国又重新引入价格控制，并且以 85 平方米的使用面积为分界线，按照住房的大小设定了两种不同的价格上限。较小住房单元的价格上限缓慢上调，而较大住房单元的价格上限在1988年前都未有改变。而当政府意识到建设商的利润降低会限制新住房的扩张，TMHD的目标也可能因此受到影响时，又在1989年11月根据生产成本制定了全新的定价制度。

价格控制的施行又导致了几个相关监管措施的出台。由于新公寓的价格上限能够给买家带来和住房面积正向相关的额外财富，韩国政府设定了一系列的标准用于审查买家的购买资格以及控制新住房的面积分布。使用受控价格分配的住房需要遵循非常复杂的规则，这套操作的流程甚至对负责的政府官员也非易事。价格监管领域最新的一项政策变化是自2007年起，对供应商披露销售价格相关成本细分的要求有所放松。最初，在公共部门提供的土地上建设公寓需要提供61项细分，而在私人部门的土地上建设公寓需要提供7项细分。而到了2014年的时候，只有前者需要提供12项细分。根据价格上限制定的价格提议需要递交给地方政府，由地方政府官员、非政府组织（NGO）代表和消费者所组成的委员会进行审查。①

5. 总结和对其他国家的启示

本章对过去50年韩国土地和住房供应体系的演化历程进行了调查研究。韩国自20世纪60年代之后经历了快速的经济增长，而住房部门一开始并未在金融资源分配中占据重要地位，再加上住房开发的地块也为数不多，因此导致了首尔和其他大城市可开发土地和保障性住房的长期短缺。政府自20世纪80年代开始努力解决住房问题：1989—1992年建设200万套住房的主动型政策为韩国的住房供给奠定了坚实的基础；到20世纪10年代初时，除了曾在亚洲金融危机之中遭受冲击之外，韩国的新房得以持续供应，绝对的住房短缺已被解决。尽管目前的住房价格对某些特定人群仍是无法承担的，但韩国的住房条件自20世纪80年代以来在质和量上都迅速提升。

① 价格上限系统的描述和评估基于Cho和Kim（2011）。

我们发现韩国体系的四个特点可供其他国家在面临住房短缺时参考：① 快速建立公共机构以处理土地收购、建设和融资的问题；② 在常规融资手段之外也依靠非常规融资手段；③ 制定详细的配给机制以分配新住房单元；④ 结合土地开发和基础设施建设。

第一，住房供应体系的制度框架早在20世纪60年代就已搭建完成，并在之后成为保障性住房单元高效生产和分配的基石。[①] KNHC和KLDC这两个公共机构一度在大规模住房开发项目的土地征收、保障性住房单元的生产和向目标分配(或配给)住房单元等几个环节发挥了至关重要的作用。而随着时间推进，一个更加成熟和市场化的住房部门得以形成，私有机构(比如建设公司和开发商)的作用不断加强，公共机构的职能也随之发生改变。为了更好适应不断变化的环境，KNHC和KLDC于2009年合并为一个全新的机构LH，主要负责开发和运营公租房。韩国的经验告诉我们，在政府干预和市场主导之间达到平衡并非易事。

第二，融资机制是韩国住房供应体系的重要组成部分。1968年成立的KHB和1981年成立的NHF这两个关键的住房金融机构通过低成本的补贴贷款向供应商(建设公司)和潜在买家(目标消费者)注入流动性。除此之外，为了应对韩国新房供应的主要手段——预售合同所带来的风险，另一个公共金融机构HUG及其前身KHGC再加上1993年成立的住房建设者合作社负责对风险进行对冲。KHGC提供的履约保险产品好似市场的压舱石，既保护消费者免受风险，同时又让住房建设者可以从银行获取建设贷款。最近几年，NHF和HUG在住房开发之外也同时受托支持城市再开发项目，不动产投资信托基金(REITs)则更多地被用在租赁房和城市改造的融资当中。

第三，建设完成的住房单元会根据详细的资格标准和规定条款分配给目标

① 在这里的制度表示政府建立的所有和住房相关的法律实体，以及影响房市供需两侧经济因素行为的法规和规定。广义上的制度还会加上治理、人力资本和影响劳动力和(或)资本生产率的非正式规定。见Rodrik(2013)。

买家。资格标准包括住房购买的最小合同存款时长、居住时长、住房所有权历史以及孩子的数量。除此之外，政府自 1977 年开始监管新公寓的销售价格，以确保新住房的价格对于符合条件的买家而言更容易接受。为了防止投机行为，新公寓的买家在规定时间内转售公寓也被禁止。但是，价格管制和其他管制的可行性和有效性很多年来都受到争议。

第四，大规模住房开发、土地利用规划和城市基础设施建设在韩国整体推进。全面的土地利用规划中规定了基础设施投资，这一点从第一期首尔附近 5 个新城的建设中就可见一斑。基础设施建设的成本由土地开发的利润支持，而主干基础设施的延伸部分则需要受益者分担成本。尽管韩国使用了多种形式的 PPP 以减轻 1994 年以来因基础设施开支不断增长带来的财政负担，但这一模式在住房开发的基础设施融资中始终处于边缘地位。PPP 确有潜力，但仍需探索合适的模式。

任何国家都有可能在任何时间点上遇到本国的住房问题。上文总结的韩国经验可能对其他国家有所帮助，但是必须根据不同的国情进行调整。

总而言之，土地和住房供应领域仍有一些课题值得更多的研究和政策关注：① 由于房价稳定最为重要，我们需要深入理解城市层面上房价和数量的周期模式以及该周期模式的决定因素。初步分析指出，首尔和 SCR 的住房供应弹性比韩国的其他省级城市要小。我们需要更细致地调查城市层面上的供应弹性和决定因素，比如自然限制和监管约束等。② 尽管整体住房短缺已被基本解决且大规模开发需求也已有所减弱，政府仍在进行老旧街区的重建和城市的改造工程而不是在建成区外开发绿地。新方法的成功依赖于项目规划和实施的治理、社区参与以及融资机制。③ 需要加强 PF 以增加住房开发的可行性，同时缓解市场周期。由于预售制度容易引发人们短期内转售并导致住房质量变差，对预售制度设限的压力不断增加，更凸显出 PF 的重要性。如果只能在建设完成或者接近完成时才能销售公寓，那么开发商/承包商就必须取得足够的建设贷款，而这对于小型公司来说可能比较困难。

参考文献

Chang S H(1989). Urbanization, State, and Urban Poor. In H. K. Kim (Ed.). Informal Housing Area and Redevelopment. Seoul, Korea: Nanam Publishing (in Korean).

Cho J H(1991). Policies for Developable Land for Housing. In Solutions for housing problems, Seoul, Korea: Hyundai Research Institute.

Cho M(2010). The Real Estate Stabilization Policies in Korea, Presented at the CASS Conference in Beijing, September 2010.

Cho M(2014). Housing Price and Mortgage Credit Cycles. In Susan Wachter, Man Cho, and Moon Joong Cha (Eds.). The Global Financial Crisis and Housing: A New Policy Paradigm, Edward Elgar: 82-111.

Cho M and Kim K-H(2011). Housing Sector Reform in Korea. Revised draft of presentation at the OECD Conference Making Reform Happen. Paris, November 2010.

Cho M and Kim K-H(2015). Real Estate Cycles: International Episodes. In P. Chinloy and K. Baker (Eds.). International Real Estate Investment. New York: Oxford University Press.

Green R, Malpezzi S and Vandell K(1994). Urban Regulations and the Price of Land and Housing in Korea. Journal of Housing Economics, 3: 330-356.

Kim J W(1980). A Study on Informal Housing Policies: Case of Seoul. Master's thesis, Graduate School of Public Policy. Seoul, Korea: Konkuk University (in Korean).

Kim K-H and Cho M(2010). Structural Changes, Housing Price Dynamics and Housing Affordability in Korea. Housing Studies, 25(6): 839-856.

Kim K-H and Park M S(2016). Housing Policy of the Republic of Korea. In N. Yoshino and M. Helble (Eds.). The Housing Challenge in Emerging Asia: Options and Solutions. Tokyo: Asian Development Bank Institute: 92-125.

Korea Development Institute (2012). Policy for the Construction and Supply of Affordable Housing in Korea. Seoul, Korea: KSP Modularization Project.

Land and Housing Corporation (LH). (2014). Land and Housing Statistics, Seoul, Korea.

Lim S H(2005). Housing Policies over the past Half Century, Seoul, Korea: Gi-Moon-Dang.

MOLIT (a) (various years). Compiled data from several documents published by the Ministry of Land Infrastructure and Transport. www. index. go. kr/potal/main/EachDtlPageDetail. do? idx_cd=1230 (in Korean); www. index. go. kr/potal/stts/idxMain/selectPoSttsIdxSearch. do? idx_cd=1229

MOLIT (b) (various years). http://kosis. kr/statHtml/statHtml. do?orgId=116&tblId=DT_MLTM_5546&conn_path=I3

Renaud B R, Kim K-H and Cho M(2016). Dynamics of Housing in East Asia. West Sussex, UK: Wiley Blackwell.

Rodrik D(2013). The Past, Present, and Future of Economic Growth. Working Paper 1, June 2013, Global Citizen Foundation.

Seoul Metropolitan Government. (2017). White Paper on Land Readjustment. Seoul, Korea.

Son J-Y(2012). Korea's Development Finance at the Crossroad. In S. Wachter, M. Cho, and M. Tcha (Eds.). The Global Financial Crisis and Housing: A New Policy Paradigm. Cheltenham, UK: Edward-Elgar-KDI: 208-228.

第九章 通过住房政策建设平等和包容的城市
——新加坡的经验

潘淑莹，新加坡管理大学

其实，就像我们玩的游戏那样，每个城邦里都有许多城邦，而不仅是一个。总有两方在相互争斗，一方贫穷，一方富裕。两方之间还有许多群体。

——柏拉图(公元前380年)，《理想国》(第四卷)

1. 引言

不平等问题由来已久。自2011—2012年的占领华尔街运动以来，日益加剧的收入不平等问题受到了全世界媒体和政策的关注，也引发了学界Stiglitz(2012)、Piketty(2014)和Atkinson(2015)等人竞相出版相关学术著作的一波浪潮。特别是Piketty的《21世纪资本论》——这本专业书籍出人意料地登上了畅销榜，它通过大量数据揭示了发达经济体中富有人群占据的收入和财富比例不断增加的态势。在这本书中，Piketty将资本和财富作为整体来看待，而并没有将房地产或土地视为完全不同的资本形式。他既没有谈论空间不平等，也没有谈论房价上涨是否会加剧不平等，而是使用了非空间的方法讨论不平等的问题应该如何解决。包括提高收入所得税和财富税、实施健康和教育政策以及执行最低工资和全民基本收入等劳动力市场干预措施在内的非空间因素，都是他着重探讨的内容(Piketty，2014；Atkinson，2015；IMF，2018)。

但是单看国家层面的不平等数据，可能会忽视该国不同城市之间的巨大差别。一国最庞大、最具活力的城市通常也是房价最高、房产财富最集中和收入财富最不均等分配的地方。Baum-Snow和Pavan(2013)、Eeckhout等(2014)

以及 Behrens 和 Robert-Nicoud(2014)都分析了城市规模和不平等之间的联系。在一份对 Piketty 著作的早期综述中,Rognlie(2015)曾进行仔细研究并将资本细分归类,发现 1948 年之后发达经济体的净资本占比不断上升,且该增长完全出自住房部门。因此,他建议研究收入分配的学者专家应该更加关注住房成本。

Atkinson 认为房子是大多数英国有房者最具价值的资产,而房产财富的提高也是英国大众财富增加的主要原因(Atkinson,2015)。Bastagli 和 Hills(2013)也举证说明了住房对英国财富积累和财富分配的重要意义。他们两人使用了 1995—2005 年英国的家庭面板调查数据,表明房产财富的变化在很大程度上影响了整体财富的变化,而分配环节是房产财富升值最快的阶段。Phang(2015,2018)则着重探讨了全球城市住房可负担性的问题以及新加坡住房产权政策在解决收入和财富不均时扮演的角色。

正如市场无法形成切合社会期许的合理收入分配,单靠市场同样也没办法为城市提供平等的住房条件和包容型的社区环境。不同家庭对本地公共物品、税收种类、收入水平和邻居的种族都有各自偏好,从而造成城市分裂的现象:不同的社区会因为收入(Comandon 等,2018)和种族(Kucheva 和 Sander,2018)的差异而产生隔离。在没有适当政策干预下,我们可以看到城市里不平等、住房可负担性低、房产财富分配不均、收入隔离和种族隔离等问题日益突出,特别是大都市区的情况更为严峻。

在一些国家当中,历史和政策因素是社区隔离背后的原因。土地利用规划部门和权力机构也可能过于碎片化或者过于分散,从而导致人们对土地的混合利用和(或)高密度开发持抵触态度。住房所有者"不要在我的后院"的举动,再加上家庭倾向于和有着类似观点偏好的人毗邻,使得城市中开始出现收入和种族隔离,并带来社会紧张情绪。早在 1971 年,诺贝尔奖得主 Thomas Schelling 就指出:个体不愿成为非主流群体的倾向在最初或许微不足道且并非出于恶意,但可能很快演变为完全的社区隔离(Shelling,1971)。Shelling 的研究内容还包括社区的种族构成为何在到达临界点之后,会迅速从一种情况跳跃到另一种情况。最近，Bishop(2009)和 Florida(2017)分别出版了《大分拣》和《新城市危机》两本书，呼吁人们关注社区隔离问题。

最近几年，代际流动性以及与之相伴的不平等现象获得了更多的关注。一些跨国研究显示，代际流动性和收入不平等之间存在负相关关系，Krueger(2012)将其称为"了不起的盖茨比曲线"(Corak，2013；Narayan 等，2018)。但是 Chetty 等(2014)却发现对美国而言，尽管最近几十年收入不平等更加严重，整体的代际流动性却变化不大。在深入研究之后，他们发现不同地理区域的代际流动性差别很大，并认为社区的种族隔离和收入隔离与流动性息息相关——比如孩子们的社会前景取决于他们成长社区的特点。尤其是在非裔美国人数较多的地区，其儿童未来收入上涨的可能性显著较低(Chetty 等，2018)。

自 2014 年起，公众对于不平等问题愈发担忧，促使一些国际组织制定全球议程以促进平等和包容，并且把城市作为重点关注的对象。2016 年 3 月，经济合作与发展组织(OECD)和福特基金会开展了"城市包容性增长的宣传活动"，为全世界的市长提供了探讨解决城市不平等的交流平台。① 2016 年 10 月在基多举办的联合国第三届世界人居大会设立了"新城市议程"，旨在为所有人建设可持续的、平等的城市。② 本次大会的重点之一是遏止许多城市中最富和最穷人群之间收入差距进一步扩大的势头。2018 年 OECD 发表的一份研究报告《分裂的城市：理解城市内的不平等》(OECD，2018)阐释了全球范围内多个城市的不平等和隔离现象在社区发展的过程。

仁人家园 CEO，Jonathan Reckford，精准地指出住房是建设平等和包容城市的关键："到 2030 年，全世界 60%的人口都会聚集在城市，而到时候发展平等、包容和可持续的社区就需要在就业机会附近建设人们买得起的住宅"(Reckford，2018)。那么，城市如何能以平等、可持续的方式供应土地和相关基础设施，从而实现"在就业机会附近建设人们买得起的住宅"呢？

---

① OECD 包容增长议程的信息见：www.oecd.org/inclusive-growth/

② 第三届世界人居大会"新城市议程"的信息见：http://habitat3.org/the-new-urban-agenda/

美国改革家 Henry George 在 19 世纪晚期提出了上述问题的解决方案。他注意到美国 19 世纪工业产品的爆炸性增长促使城市土地价格飙升，土地所有者从中获得的意外之财又掀起了土地投机热，带来房地产泡沫和波动。实业家、银行家和土地所有者在“镀金时代”积累了巨额财富，但是与此同时，贫困、不平等、经济危机和社会动乱也不断出现。1879 年，George 在《进步和贫困：解析工业衰退和财富累积下的需求增长；解决方案》一书中对资本主义体系作出了评论。他针对不平等和危机提出了富有争议的解决方案，即土地应该成为共同资产，社会应该一起享受土地租金的增长，并且土地价值增长的税收应为 100%。[①]

新加坡在建造平等包容城市方面付出了很多努力。不过，尽管对土地的关注点和 George 的观点相同（Phang，1996），但是在 20 世纪 60 年代就土地政策改革进行激烈的政策辩论时，新加坡却没有人提出和 George 相同的解决方案。当时的政策制定者已意识到土地可以推动经济发展，并努力促进住房项目实施。他们注意到了未开垦土地价值增长带来的不公平、土地投机的负面影响以及捕获土地价值对国家而言的必要性——这些观察结果都和 George 的观点不谋而合，但是新加坡却实施了不同的政策。本章将对新加坡的土地和住房政策进行探讨，以便帮助人们思考是否存在解决城市不平等和城市分裂问题的其他方案。

新加坡是座不同寻常的城市——拥有 560 万的密集人口，既是城市也是国家。所有国家正常运作需要的物理空间（比如军事基地、港口、机场和水库）都必须汇集在 720 平方千米的城市面积之中——这一面积比纽约市略小，仅为大伦敦的一半。[②] Devan（2018）提出，新加坡有 42%～43%的土地用于军事、门户（机场和港口）和制造业。与此同时，新加坡也是全球金融中心，其向国际资本流动开放，并且 40%的人口都是非新加坡公民（外籍人员和永久居民）。

---

① O'Donnell（2015）描述了 Henry George 的想法，并且表示这些想法仍然与我们的当今社会相通。

② 新加坡的土地面积在 1960 年为 582 平方千米。通过昂贵的围海造陆，自 20 世纪 60 年代起，新加坡的面积增长了 24%。

考虑到新加坡特别的自然环境和土地限制，新加坡政府充分意识到仅仅依靠市场来高效平等地处理复杂问题和土地背后的竞争性需求是不可能的。极端的资源不足导致新加坡政府的政策重心一直放在土地政策和土地、住房以及土地交通部门的高度干预措施上面。在 20 世纪 60 年代，新加坡从英国殖民地到独立国家的过渡时期，贫民窟和占屋者住房随处可见。据估计，1965 年新加坡的失业率高达 10%。当时，大多数新加坡人居住在拥挤的环境之中，他们居住在战争前的店屋或者用棕榈树-锌片做房顶的住所之中。新加坡政府正是在这种极为糟糕的居住环境下开始了土地和住房改革，目标直指住房条件的改善。

50 年之后，新加坡和世界其他城市相比，其土地和住房政策已经产生了一些非同寻常的结果：90%的土地属于新加坡政府，而 82%的居住人口住在由政府机构建设的高层公寓中。完全国有的建屋发展局（HDB）是新加坡最大的住房开发商。HDB 出售其占有的大部分组屋（99 年租期），因而新加坡居民的住房占有率高达 91%（图 9.1）。

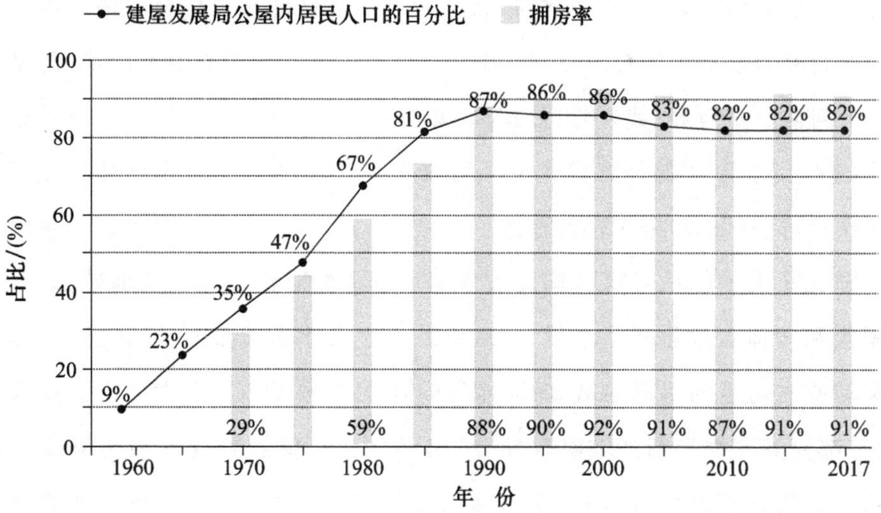

图 9.1　拥房率以及建屋发展局公屋内居民人口所占比例

来源：新加坡统计局和建屋发展局官方网站。

新加坡没有贫困社区，并且会使用民族配额制来对街区和 HDB 住宅区的种族结构进行管理。新加坡针对土地、住房和社会融合审慎地采取政策通过“为新加坡公民和居民创造优良工作和居住场所，为新加坡的人口建设基础设施使之成为20世纪末东南亚经济奇迹的典型”（Sargent，2018），从而促进了社会和政治稳定，激励了经济发展。

本章的第2部分将展示新加坡收入不均的相关数据以及收入和种族隔离的空间参数，并且将这些数据和其他国家的城市进行对比。第3部分总览了新加坡为减少住房分化并建设不同收入种族混合的社区所采用的土地、住房和财政政策。第4部分聚焦未来，做出总结，讨论新加坡目前正在进行的争论，即是否需要额外的措施来缓解经济不平等并且提高社会流动性和社会融合。

2. 收入不平等和隔离的参数

2.1 收入不均和房产财富分配

基尼系数是衡量收入不平等时广泛使用的参数。大多数公布的基尼系数显示的都是某给定社会在一段时间内考虑税收和转移支付因素前或后的数据。但是，在使用基尼系数进行对比时，研究者们也需要注意数据背后使用的计算方法。计算方法的差异体现在诸如总收入、工作收入或工资数据的使用；是否包含或排除了失业和（或）非工作家庭；是否包含或排除了外籍人员；以及在考虑家庭支出时，使用的是家庭成员人均收入或者采用OECD在计算家庭支出时规模经济因素的家庭规模调整法。

图9.2展示的是OECD国际收入基尼系数的对比。尽管新加坡2017年的税收和转移支付前基尼系数为0.417，小于大多数OECD国家，但是其税收和转移支付后的基尼系数却为0.356，比大多数OECD国家（除了美国和英国）都要高。根据新加坡财政局（2015）的说法，新加坡税收和转移支付前后基尼系数之所以相差不大，是因为和其他OECD国家相比，新加坡的税收负担更小，并且新加坡更倾向于进行目标明确的补助而非大规模的社会转移支付。

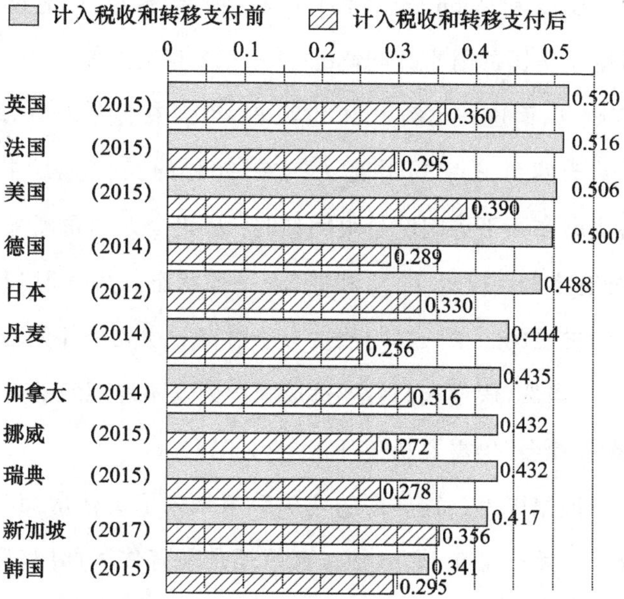

图 9.2　采用经济合作与发展组织(平方根)研究方法的收入基尼系数国际比较

说明：新加坡的基尼系数是基于居民家庭工作收入计算而得，经济合作与发展组织各经济体数据则是基于所有来源收入计算而得。

来源：新加坡财政部，议会就“税收和转移支付前后——新加坡的基尼系数”所作答复，2018 年 3 月 19 日。

但是，一座城市的基尼系数通常要比全国性的数值高得多(Phang，2015；2018)。新加坡的基尼系数(税收和转移支付之后)低于其他全球性城市，比如纽约(0.504)、[①]伦敦(0.44)、香港(0.40)和巴黎(0.37)。Devan(2018)提出，造成这种现象的原因之一乃是占新加坡 GDP 20％的大规模制造业为中产阶级提供了大量工作，而其他全球性城市除在顶层有金融和银行业提供的高薪工作，在底层也有低薪工作。除此之外，基尼系数并不会反映扣除住房成本之后的收入，而本地政策可以在很大程度上影响住房价格、家庭消费和福利。

收入不平等加剧也会导致财富不平等加剧，而后者反过来又是前者的推动因素。Piketty(2014)注意到，“无论在何处，财富不平等总是比劳动收入不平等更加严重”。高收入所有者有着更高的储蓄率，使得其财富不断集中，产生更

① Florida(2017)提供了美国都会区的基尼系数：纽约-北新泽西-长岛(0.504)；旧金山-奥克兰-弗莱蒙特(0.475)；芝加哥-内珀维尔-乔利埃特(0.468)。

多的资本收入。Saez 和 Zucman(2016)发现这种“滚雪球”效应过去 30 年间在很大程度上改变了美国的财富分配情况——2012 年美国前 10%的富有人口掌握 77%的国家财富,而这一比例在 20 世纪 80 年代中期为 65%。因此在 2012 年,美国只有少于四分之一的财富为剩余 90%的美国人所共享。Piketty(2014)承认解决财富不平等问题是很困难的:从我个人的角度来说,无论在何种社会,资本拥有率都不会处于“温和的”不平等状态。所谓温和的不平等,就是说社会中较为贫困的一半人口仍然占有总财富的很大一部分(比如五分之一到四分之一)……当然,假设人们希望达成减少财富不均现象的目标,如何去建立这样一个“理想社会”仍需要观察(Piketty,2014)。

新加坡半个世纪以来一直贯彻的住房政策带来了高住房拥有率和更公平的住房资产分配。无论是在 HDB 住房部门还是私有住房部门,房价升值都给住房所有者带来收益。政府关于 2015 年住房资产的数据显示,HDB 住房里的那 80%的家庭拥有 48%的总住房资产。而 Phang(2015,2018)使用市场上不同类型住房的平均价格,估算出 2015 年新加坡底层 50%的家庭拥有 25%的住房资产。[①] 事实上,根据上述预测,新加坡的住房所有政策使得新加坡总住房资产的分配接近 Piketty“理想社会”中的资本占有分配。

2.2 收入隔离

城市之中贫困人口的空间聚集受到了越来越多的政策关注。Reardon 和 Bischoff(2016)提供的证据表明尽管美国收入不均的现象日益严重,但都市区收入隔离的增长趋势却自 20 世纪 80 年代起一直非常相似。贫困或富有社区内家庭所占的比例是衡量收入隔离的指标之一,该指标从 1970 年的 15.0%增加到了 2012 年的 34.3%;而居住在中等收入社区的家庭比例从 1970 年的 64.7%减少到了 2012 年的 40.5%。2018 年的一份研究指出美国的收入隔离

① 新加坡住房资产分配的分析是源于 Piketty 的担忧:“无论在何处,财富不平等总是比劳动收入不平等更加严重。”Piketty 展示了美国的数据,说明在 21 世纪 10 年代早期,美国前 10%的富有人口拥有美国 72%的财富,而底层 50%的人口只拥有 2%的财富。在法国,最富有的 10%人口拥有 62%的国家财富,而最贫困的 50%只占有不到 4%的国家财富。在他看来,这种不平等的资本占有关系是收入不均的首要原因。

在 OECD 国家中最为严重，而对于澳大利亚、新西兰、丹麦和荷兰等整体不平等水平较低的国家，其城市的收入隔离也更不明显（OECD，2018）。

影响城市社区包容和隔离的因素有很多，包括区划法律、住房政策、房地产因素、种族和民族构成、历史因素和移民趋势。孩子们成长所在的社区会对他们的未来产生长期影响（Chetty，Hendren 和 Katz，2016；Chetty 等，2018；Wodtke，Harding 和 Elwert，2011）。Chetty 等（2016）提供证据，证明在美国，如果孩子年轻时跟随家庭搬到低贫困率的社区，则他们长大后的大学入学率和收入会显著提高（13 岁以下）。而且孩子搬家时的年龄越大，搬家产生的影响就越小。这一发现也和最近的一项证据相吻合，即童年时期生活在优质环境中的时间是决定个人长期成就的一个关键因素。

我现在就收入隔离模式问题将新加坡和美国的都会区域进行对比，以观察两者社区收入构成的不同。我使用了新加坡统计局提供的 28 个规划区的数据集，根据收入将居民家庭分为了 18 个类别。①

首先，我们借鉴了斯坦福贫困和不平等中心以及 Reardon 和 Bischoff（2016）使用的分类标准，计算了每一个收入类别的中间值和 2015 年新加坡家庭收入中位数的比值（8666 新币）。② 基于这个比例，将所有收入类别分为 6 组：富有（$r \geqslant 1.50$）；高收入（$1.25 \leqslant r < 1.50$）；中高收入（$1.00 \leqslant r < 1.25$）；中低收入（$0.80 \leqslant r < 1.00$）；低收入（$0.67 \leqslant r < 0.80$）；贫困（$r < 0.67$）。表 9.1 显示出了根据此种分类 2015 年新加坡家庭收入的分布情况。根据计算，在新加坡，约 30％的家庭属于“富有”，即他们的收入至少是家庭收入中位数的 1.5 倍；约 34％的家庭为“贫困”家庭，即他们的收入少于中位数的三分之二。

① 新加坡统计局 2015 年家庭普查，表 152，不同规划区域的居住家庭月工作收入。详见：www.singstat.gov.sg/find-data/search-by-theme/population/geographic-distribution/latest-data。

② 本章中的 $ 符号表示新币。2018 年 7 月的汇率大约是 1 新币兑换 0.73 美元。

表 9.1　2015 按家庭收入类别计算的家庭分布

收入类别（r=家庭工作收入/家庭收入中位数）	家庭数量/(按 1000 计)	比例/(%)
贫困（$r<0.67$）	373.9	33.8
低收入（$0.67\leqslant r<0.80$）	70.8	6.4
中低收入（$0.80\leqslant r<1.00$）	130.4	11.8
中高收入（$1.00\leqslant r<1.25$）	111.3	10.1
高收入（$1.25\leqslant r<1.50$）	90.7	8.2
富有（$r\geqslant 1.50$）	329.4	29.8
总　计	1106.5	100.0

来源：新加坡统计局，家庭普查 2015。

之后我们计算了 28 个规划区中每个规划区内家庭收入中位数和新加坡全国家庭收入中位数的比率。根据这个比率，将规划区分为富有（$r\geqslant 1.50$）；高收入（$1.25\leqslant r<1.50$）；中高收入（$1.00\leqslant r<1.25$）；中低收入（$0.80\leqslant r<1.00$）；低收入（$0.67\leqslant r<0.80$）；贫困（$r<0.67$）。根据这个定义，富有社区是那些至少一半家庭的收入超过新加坡家庭收入中位数的 1.5 倍的规划区；贫困社区则意味着这里至少一半家庭的收入少于新加坡家庭收入中位数的三分之二。

表 9.2 显示了规划区内不同收入家庭的占比，并将其和美国都会区（117 个都会区，人口超过 50 万人）的数据进行了对比。2015 年，尽管新加坡居住人口中有 34%的贫困家庭，但是新加坡的所有规划区都不属于“贫困”区域，并且 28 个规划区中只有一个“低收入”区域。与此同时，尽管新加坡全国有 30%的富有人口，但是却只有两个“富有”规划区。而新加坡居住在“贫困”或“富有”规划区的人口比例也仅有 2.6%，而在美国都会区，这一数字为 34.3%。[①]

在新加坡，住房类型和家庭收入之间有很强的关联。表 9.3 显示了 2017 年不同住房类型家庭月均工作收入的情况。本地住房类型的构成在很大程度上决定了本地不同收入家庭的构成。由于规划区的面积太大无法体现本地差异，所以我们选择使用了 2017 年子区域的人口和住房类型数据。根据中间住房类型（median house type）对新加坡的 180 个子区域（人口超过

---

① 低收入：欧南；高收入：碧山、马林百列、诺维娜；富有：武吉知马和东陵；其他 22 个规划区属于中低收入或中高收入。

2000 人)进行了分类,并以中间住房类型为基础计算了居住在各个类型子区域的人口比例。

表 9.2　低收入、中等收入和高收入社区的家庭比例:美国的都会区和新加坡

单位:%

收入类别	美国都会区(大于 50 万人口)		新加坡
	2000	2012	2015[a]
贫困	15.2	18.6	0.0
低收入	11.9	11.0	0.7
中低收入	23.2	18.9	73.2
中高收入	23.9	21.6	18.7
高收入	13.1	14.2	4.9
富有	12.7	15.7	2.6
中等收入	47.1	40.5	91.9
贫困+富有	27.9	34.3	2.6

a. 新加坡 2015 年的数据基于居住家庭收入和 28 个规划区的家庭数据。

来源:美国家庭数据由 Reardon 和 Bischoff(2016)提供;作者评估时使用新加坡统计局 2015 年家庭普查提供的数据集。

表 9.3　新加坡:家庭平均收入和住房类型的关系(2017 年)

住房类型	居住家庭比例/(%)	家庭月均工作收入/新币	家庭平均收入占中位数收入 9023 新币的比例/(%)
HDB 一室和两室组屋	5.8	$ 2748	0.30
HDB 三室组屋	17.8	$ 6450	0.71
HDB 四室组屋	31.8	$ 9260	1.03
HDB 五室组屋和行政组屋	23.5	$ 12 554	1.39
私有住房:共管公寓和其他公寓	15.6	$ 20 491	2.27
私有住房:带地不动产	5.2	$ 26 701	2.96
	100	$ 12 027	1.33

来源:新加坡统计局,家庭收入关键趋势 2017。

尽管新加坡有 20.8%的私有住房居民(表 9.3),但是其中只有 10%的人生活在以私有住房占主要部分的社区(表 9.4)。中间住房类型是 HDB 一室或两室组屋的社区只有一个。居住在中间住房类型是三室 HDB 组屋的社区之中的人口只有 7.5%;而居住在"中等收入"社区,即中间住房类型是 HDB 四室或五室组屋的人占大多数(82.3%)。使用"子区域"住房类型数据而非"规划区"收入数据使得"贫困"和"富有"之间的空间隔离程度增长到了 17.7%。

表 9.4　2017 年居住在低、中等和高收入社区的人口比例

中间住房类型	子区域数量/个	以中间住房类型为基础，居住在各类子区域的人口比例/(%)
HDB 一室和两室组屋	1	0.2
HDB 三室组屋	19	7.5
HDB 四室组屋	77	54.5
HDB 五室组屋和行政组屋	36	27.8
私有住房：共管公寓和其他公寓	33	7.1
私有住房：不动产	14	2.9
总计	180	100
中等收入（HDB 四室五室组屋和行政组屋）	113	82.3
贫困（HDB 一室到三室组屋）＋富有（私有住房）	47	17.7

来源：新加坡统计局，2017 年人口趋势。

2.3　种族隔离

2017 年新加坡的 561 万人口中，有 344 万的公民，53 万的永久居民，164 万的外籍人员。新加坡的居住人口涵盖多种种族、文化、宗教，混合了马来人、华人、印度人和其他人群。2015 年新加坡居住人口的种族构成是 13.3％的马来人，74.3％的华人，9.1％的印度人以及 3.3％的其他种族。其他种族包括菲律宾人、高加索人、欧亚人、阿拉伯人、泰国人和日本人。根据 2015 年的家庭普查，佛教是新加坡最重要的宗教，为 33.2％的新加坡人口所信奉；另 18.5％的新加坡人口认为自己不信仰任何宗教。几乎所有马来人(99％)都是穆斯林；华人信仰的主要宗教是佛教、道教(55.2％)和基督教(20.9％)，也有 23.3％的华人不信仰任何宗教；印度人信仰的宗教包括印度教(59.9％)、伊斯兰教(21.3％)、基督教(12.1％)和锡克教(4.3％)。

表 9.5 对比了新加坡 2015 年三种主要种族的社会经济特点。数据显示马来家庭的收入中位数较低，并且拥有大学学历的马来户主比例也最低(6％)。马来家庭居住在 HDB 一室或两室组屋的比例较高(14.6％)，而新加坡全国的平均值仅为 5.6％。尽管印度家庭的住房拥有率较低(84.1％)，但是印度家庭户主拥有大学学历的比例(37.9％)却比全国水平(28.2％)高得多。对这三个种族中的任意一个而言，HDB 四室组屋都是其中间住房类型，也是最多的住房

类型。且所有三个种族都有超过一半的家庭居住在中等收入住房中,即四室和五室 HDB 组屋。

表 9.5　2015 年不同种族的社会经济特点

	人口	华人	马来人	印度人
居住家庭比例/(%)		74.3	13.3	9.1
家庭月均收入中位数/新币	$ 8666	$ 8000～$ 8999	$ 5000～$ 5999	$ 8000～$ 8999
户主拥有大学学历的家庭比例/(%)	28.2	28.5	6.0	37.9
住房占有率/(%)	90.8	93.2	87.0	84.1
居住在一室或两室 HDB 组屋的家庭比例/(%)	5.6	4.4	14.6	6.6
居住在四室或五室及行政 HDB 组屋的家庭比例/(%)	56.2	56.0	61.8	55.8
居住在私有住房的家庭比例/(%)	19.5	21.1	2.5	19.1
收入超过 20 000 新币的家庭比例/(%)	13.4	14.3	2.5	13.6

来源：新加坡统计局,家庭普查 2015。

在多种族人口共存和大量少数群体生活的城市中,居住社区隔离现象很是常见。但是在新加坡,除了甘榜格南、唐人街和小印度等历史区被划定为保护区之外,其他地区的住房模式未出现明显的少数族群聚居现象。

Massey 和 Denton(1988)的相异指数可以衡量特定地理实体的小地理单元中,任意一个团体和其他相互排斥的团体之间的空间隔离程度。这个指数的最小值是 0,最大值是 100。在种族完全隔离的城市,该指数就是 100;如果城市所有社区的种族构成和城市整体的种族构成相同,那么该指数就是 0。计算相异指数的公式为

$$\frac{1}{2}\sum_{i=1}^{N}\left|\frac{a_i}{A}-\frac{b_i}{B}\right|$$

其中：a_i—i^{th} 子区域内 A 团体(比如华人)的人口数量;A—新加坡团体 A 的总人口(比如新加坡的华人人口)数量;b_i—i^{th} 子区域内 B 团体(比如非华人)的人口数量;B—新加坡团体 B 的总人口(比如新加坡的非华人人口)数量。

最后的总和是将所有地理单元的数据结合起来进行计算。指数的值表示一个特定种族(比如华人)中有多少比例的人口需要重新定居,才能使得其人口在所有地理区域形成均匀分配。

参考新加坡 2015 年家庭普查,我们从中获取了 224 个子区域(平均每个子区域有 17 000 居民的种族数据)。估算之后,得出华人的相异指数是 16.5%,马来人的相异指数是 26.2%,而印度人是 10.2%。也就是说,印度家庭居住更为分散,而马来家庭最为隔绝。和美国的大城市相比,新加坡的隔离水平并不高。比如,如果使用美国普查区的数据计算,可以得到 2010 年,纽约-北新泽西-长岛的相异指数是黑人-白人为 78.0%,拉丁-白人为 62.0%以及亚裔-白人为 51.9%。[①]

3. 建设新加坡的包容性土地和住房政策

美国最高法院大法官小 Oliver Wendell Holmes 发表意见称"税收是我们为建设文明社会包括获得保障的付费"。[②] 为了建设一个有包容性的城市,新加坡采取的措施远远不止税收,而是一系列互相关联的政策,其中包括土地和住房法律、土地利用规划、土地价值捕获、国有住房开发和住房金融机构的设立、住房市场监管、税收和补助。[③]

毫不令人意外的是,在 33 个发达、新兴和新工业化经济体之中,国际货币基金组织将新加坡评为政府参与住房金融市场指数最高的国家(IMF,2011)。新加坡有不少意在再分配并确实对此有所影响的土地和住房政策。本节将对新加坡用于促进可持续、可负担住房的政策框架和加强社会包容性的 15 个政策加以总结。

---

① 密歇根大学人口研究中心种族居住隔离项目。详见:www.psc.isr.umich.edu/dis/census/segregation2010.html

② 此段落引用自大法官小 Oliver Wendell Holmes 在 1927 年菲律宾烟草总公司和内部收入收缴员一案中发表的反对意见。

③ 专门的讨论和分析详见 Phang(2018)。

(1) 政府作为主要的住房开发商

成立于1960年的HDB是新加坡最大的住房开发商。新加坡2017年住房总存量中的73%是HDB组屋,并且政府建设组屋中的94%以补贴低价99年租期的形式销售给了符合条件的家庭。得到补贴的住房所有者可以转租卧室,并且达到最低使用时间后可以在活跃(但仍受监管)的租赁和二手市场出租或转售组屋。如果住房所有者以补助价格从HDB购买了第二套组屋或者在执行共管公寓项目下购买单元,则需要根据组屋类型的不同,向HDB缴纳15 000～55 000新币不等的转售税。

(2) 国有土地用于住房开发

政府有权从私有土地所有者手中购买土地,以便进行住房建设等经济开发活动。新加坡政府还负责围海造地。新加坡的实体土地面积自20世纪60年代开始增加了24%。国有土地占据总土地面积的比例从1960年的44%增长到了1985年的76%,而目前这一数字据估计为90%。

(3) 住房公积金

新加坡的养老金制度以固定缴款而非固定收益为基础。雇员受强制性要求缴纳的金额和其中央公积金(CFD)个人账户中的累计存款可以用于住房首付和按揭付款(但是不能用于租金)。在2016年,CPF成员(通过其雇主)将相当于新加坡GDP 8.7%的金额储存到了CPF之中;从CPF取出的金额占据缴纳额的46%,即相当于新加坡GDP的4%左右(Phang,2018)。CPF会代表成员缴纳按揭付款,从而减少按揭违约风险。

(4) 按揭贷款可用性

政府通过HDB为HDB组屋购买者提供较低利率(2.6%)的按揭贷款,不会因借贷者的违约风险而有所不同——即在次级贷款情况下,HDB也不收次级贷款相应的利息。HDB按揭贷款周期最长可达25年,贷款价值比为90%,且每月分期付款金额最高不超过申请者月收入的30%。自2003年起,商业银行也可以向HDB组屋买家提供贷款,因而HDB未偿还按揭贷款的比例从2000年的59%减少到了2015年的17%。但是,就按揭贷款数量而言,HDB仍然是最重要的出借方。2016 年有 100.2 万的成员从 CPF 取出存款，用于缴纳住房按揭贷款，其中就有 52%的成员有来自 HDB 贷款(Phang，2018)。

(5) 房价可负担性

HDB 出售新组屋的价格低于二手市场中相似旧单元的价格。新加坡政府密切监控住房价格的相关参数，比如房价收入比和按揭付款收入比。为了帮助低收入家庭负担住房，新加坡政府根据每个家庭的特点以住房补助的形式提供不同级别的有效补助。对月收入低于 1500 新币的低收入家庭，购买 HDB 组屋的补贴可能高达 80 000 新币。

由于高收入家庭购买大型组屋时每平方米的价格更高，因此 HDB 的定价也起到再分配的作用(Phang，2018)。2017 年，新加坡盛港区 HDB 组屋的房价-家庭年收入中位数比分别为两室组屋(45 平方米)1.9，三室组屋(65 平方米)3.7，四室组屋(90 平方米)4.7 以及五室组屋(110 平方米)5.0。月按揭付款-家庭收入比最低是两室组屋的 7%，最高是五室组屋的 25%。新加坡的价格和按揭可负担性使底层 10%的居民人口(即公民和永久居民)有着 84%的住房拥有率，而底层 20%的居民人口有着 87%的住房拥有率。

(6) 促进私有住房供应

政府每五年和每十年会分别修订土地利用的概念规划和整体规划。这一流程使得土地利用随着经济和人口增长不断改变和加强(Phang，2018)。在政府土地销售(GLS)项目下，政府向私有部门开发商出售土地，并提出符合政府规划和私有住房供应目标的条件。土地价格会通过竞标确定，而销售收入会进入政府储备金之中。除了私有部门住房外，政府也出售土地实施公共-私有混合“执行共管公寓”项目，为月收入低于 14 000 新币的夫妻提供住房。为了促进高密度再开发，新加坡在 1999 年修订了法律，允许在所有者并非 100%同意的情况下，进行私有集体(整体)销售，以开发新住房。允许通过集体销售进行再开发的法定比例限制为十年以下房产是 90%，十年以上房产则是 80%。

(7) 预防土地投机和囤积的措施

新加坡土地管理局采取措施，防止人们利用 GLS 土地进行土地投机和囤积。土地管理局在竞标条件中注明了项目完成期限,开发商若要延长期限,就需要缴纳附加费。对于非 GLS 开发,外国和上市开发商需要在购买土地五年内完成,并且在项目完成两年内出售所有的住房单元。若要延长期限,则需要为第一年延迟、第二年延迟和之后每年的延迟分别缴纳土地购买价格的 8%、16%和 24%作为罚金,不足一年的话则需要按照未售出住房单元的比例进行缴纳。

(8) 住房市场的细分

居住状况、家庭收入、婚姻状况、年龄以及当前和过去房产的持有情况将决定人们是否有资格购买特定类型的住房(Phang,2018)。这些标准确保了高收入和高财富的家庭不会把低收入家庭“排挤”出去。外籍人员不符合 HDB 住房购买条件,而永久居民家庭的常住时间超过 3 年之后可以购买 HDB 二手组屋。每个公民和永久居民家庭只允许拥有一套 HDB 组屋。公共租赁房制度要求的家庭,其收入(按月计算)上限是 1500 新币;购买全新二室或三室 HDB 组屋的家庭,其上限收入是 6000 新币;四室或五室 HDB 全新组屋、使用 CPF 住房补助购买二手组屋或者获得 HDB 优惠贷款的家庭,其收入上限则是 12 000 新币。若要购买全新的执行共管公寓,其收入上限是 14 000 新币。购买 HDB 二手组屋则没有收入上限。

(9) 监管住房需求

自 2011 年起,新加坡政府就通过高额的买家印花税来减少投资者和外籍人员对于私有住房的需求,而印花税同样也有反投机的作用。2018 年 7 月 6 日最新一轮的需求“降温”措施包括征收针对居住房产的附加买家印花税(ABSD),其中企业实体的税率为 25%、外籍人员的税率为 20%。永久居民购买第一套房产需要缴纳 5%的 ABSD,从第二套起每一套房产需要缴纳 15%的 ABSD;公民需要为首套房产缴纳 12%的 ABSD,从第二套起的每一套缴纳 15%的 ABSD。ABSD 是买家印花税(针对所有交易,最高税率为 4%)之上额外征收的费用;新加坡政府对住房占有期少于三年的卖家征收卖家印花税(最高为 12%)以减少投机行为。对于贷款价值比、按揭还本付息和总债偿备付率，以及商业银行提供的住房贷款周期等指标，新加坡政府也规定了上限。[①]

(10) 累进式房产税

新加坡的房产税根据年租金的一定百分比收取。居住房产税采取累进制度，自住房的税率最低是0%（年价值最高为8000新币）不断上升至最高值16%（年价值超过130 000新币）。HDB一室或两室自住组屋所有者不用缴纳房产税，且其他HDB自住房所有者的房产税率为最低档的4%。在2017年，三室HDB自住组屋所有者一年缴纳的房产税最高不超过18.40新币；四室HDB自住组屋所有者一年缴纳52～100新币不等；五室HDB自住组屋所有者一年缴纳95.20～143.20新币不等（《海峡时报》，11月28日，2016b）。非自住房的房产税率从10%（最初的30 000新币）～20%（超过90 000新币）不等。

(11) 根据住房类型进行的转移支付

1994年，政府开始使用住房类型作为计算家庭收入和财富的指标，以进行定向转移支付，用于商品和服务税（GST，一种消费税）返税、减免HDB租金，而且HDB服务和保护费等返还金额会根据住房类型决定。诸如CPF附加收款和现金凭单等其他财政转移支付金额，也以住房类型或住房价值作为决定依据。

(12) 在住宅区内部整合住房类型

从空间上说，作为主要的住房供应商，HDB可以在其住宅区和新城镇内将收入水平不同的群体整合起来（Phang，2018）。新加坡80%的居住人口使用HDB住房，因此在新加坡，公共住房不存在社会污名。这也使得HDB社区更为稳定，因为即便收入增长，新加坡居民也不想升级住房，离开HDB社区。新加坡特意出台一项政策，规定在公共住宅区内必须提供所有类型的组屋（通常从一室到五室）。在规划2.5～3.5公顷的住宅区（足够安排所有类型的住房）时，不同房型的街区混合在了一起。在每个街区之中，不同的单元类型也混合起来，如两室和三室、三室和四室以及四室和五室。这也就是“将可能兼容的社会经济层级结合起来”（Liu和Tuminez，2015；Wong和Yeh，1985）。在HDB

---

① 详见 www.srx.com.sg/cooling-measures 参阅随时间演进的衡量和变化细节。

占主导位置的区域进行的私有住房开发也有助于两种不同住房类型居民之间的融合。

（13）种族融合政策

新加坡处于殖民时期时，不同种族之间，甚至是操着不同方言的华人之间，他们的居住区域高度隔离（Phang，2018）。而 HDB 在 20 世纪 70 年代分配新组屋时，会在新住宅区内将不同的种族混合起来。不过到了 20 世纪 80 年代，马来人又通过二手市场重新聚居，政府因而在 1989 年决定实施种族融合政策，对 HDB 街区和社区内的种族比例限制加以规定。[①] 这些配额（表 9.6）限制了街区和社区中特定种族持有组屋的比例。当达到上限的时候（信息在网上公开），希望在特定街区或社区出售 HDB 组屋的人则不能将住房出售给和他们同样的种族群体。由于在 HDB 部门居住的非公民数量不断增加，新加坡在 2010 年引入了永久居民配额，于 2014 年又引入了非公民租户配额。

表 9.6　HDB 种族融合政策规定的种族上限

	2017 年居住人口占比/(%)	社区配额/(%)	街区配额/(%)
华人	74.3	84	87
马来人	13.3	22	25
印度人＋其他	9.1＋3.2	12	15
永久居民房屋所有者		5	8
非公民和永久居民租户		8	11

来源：新加坡政府和 HDB 网站。

（14）设施和公共交通的可达性

在开发 HDB 城镇时，除了居住用途外，HDB 的规划师还需要全面规划公共设施。HDB 城镇是以公交为导向的开发项目；土地利用规划需要提供空间用于建设公共交通、公共汽车站和大众捷运车站。新城镇的整体土地使用分配包括儿童游乐场地、停车场、购物设施、学校、公园和花园、体育和休闲场所。机构设施包括城镇行政办公室、诊所、医院、社区中心和宗教场所。除此之外，土地规划还需要划拨空间以建设生鲜市场、熟食中心和商业工业场所，以此来为

① 新加坡政府承认 Thomas Schelling 的观点影响了种族融和政策的制定（Dodge，2006）。

居民提供必要的便利和就业(Wong 和 Yeh,1985;Cheong,2017)。

(15) 学校可达性

与好学校之间的距离是许多国家城市为住房选址时最有力的推动因素。在美国,本地学校的资金来源是本地房产税,从而造成了学校质量的巨大差异,进一步扩大了收入隔离。

新加坡的教育体系有着很好的国际声誉,新加坡学生在全球数学和科学基准测试中表现出色(《海峡时报》,11 月 29 日,2016a)。和美国系统有所区别,新加坡各个级别的学校和教育机构都由国家预算资助。除非是有豁免的情况,否则新加坡公民必须进入国立小学(6 岁的时候)接受为期六年的免费义务教育。新加坡的系统确保了公民可以免费获得高质量的初级教育,而不会受到收入和住房位置的影响。因此在新加坡,大多数小学会招收来自所有社会经济和种族背景的儿童。其中 80%的小学中至少 5%的学生来自社会经济等级的顶层 20%和底层 20%(Ong,2018)。但是,一些小学由于历史、校友和其位置位于私有住宅区等原因,其招收的学生有很大一部分来自高收入群体。在新加坡,12 岁的儿童通过全国“小学毕业考试”进行中学择校。择校标准并非住房位置,而是偏好、考试结果以及小学的附属关系。

4. 是否建设更包容的社会

新加坡在住房拥有率上投入了非比寻常的政策关注和资源,促使新加坡住房分配更加公平,社会更加稳定,经济不平等情况有所缓解。但是,完美的系统并不存在,社会一直在动态发展,总是存在改进的空间。因此,本章结尾部分将探讨新加坡目前出现的一些争论、忧虑、建议,以及其最近针对减少收入不均,提高社会包容度而采取的新政策。

首先,新加坡的福利政策非常倾向于将住房用作支持低收入群体的主要手段。与澳大利亚、新西兰以及西欧国家等福利完善的地区相比,新加坡的这种倾向更为突出。但是,尽管住房供应可以推动(在新加坡,提供住房需要很多大动作)建设更加平等包容的社会,但是住房供应毕竟只是一个政策。简而言之,政府需要在其他领域进行改革以补充住房供应政策的调整。比如说，新加坡并没有全国上下统一的法定最低工资和失业金。相反，新加坡政府只是在没有其他援助手段的情况下，在评估资格之后，给予定向的公共援助。[①] 但是在过去十年之间，新加坡政策风向有所转变，更倾向于在医疗、教育和技能升级等领域投入更多的社会支出。在累进式的工资模型中，以基于技能的最低工资于2012年引入，适用于保洁、安保和景观部门的公民和永久居民。新加坡政府并未理会要求政府提供失业保险的声音，而是建立基金项目提供培训、技能升级和终身学习，并且为年龄较大的低工资工人提供现金和中央公积金支付。

第二，新加坡政府已经意识到新加坡面临老龄化和社会流动性降低这两项挑战。到2030年，四分之一的新加坡人将超过65岁。非流动的房产占据了家庭的很大一部分资产，而到时候越来越多的家庭需要将自己的住房资产转化为金钱，为退休后的生活做准备。新加坡政府建立了一系列制度以支持房产变现，其中转租房间和出售HDB组屋是最受大众欢迎的方案。租赁面积更小或租期更短的组屋[老旧工作室或两室灵活（Flexi）住房]则是另外一种可供选择的方案。HDB会使用出资回购制度，以回购房产租赁期的收尾阶段，使老年人可以安度晚年。但是符合条件的家庭参与该项目的比率仅为1%左右（Phang，2018）。新加坡需要探索更多的住房资产变现渠道，否则可能会在老年人之中形成消费不平等。

第三，新加坡代际流动性的相关证据有好有坏。Ng（2015）发现新加坡的代际流动性相对较低，并且认为在新加坡现有教育体系下（主要是高中水平和大学教育成本），流动性会进一步降低。相反，Yip（2012）和2015年财政部的一份研究则认为，与美国、日本、英国和丹麦等国家相比，新加坡的代际收入流动性相对处于中高水平。新加坡总统以及一些高级公共政策制定者都强调了新加坡需要利用政策减少不平等并且提高社会流动性，教育和建设包容性社区都

① Ng（2018b）将新加坡的制度概括为“剩余福利模型”，即新加坡高额的行政成本创造了可及性的壁垒，而Haskins（2011）认为新加坡的社会政策是“个人责任感的考验”。

被列为重要的策略。[①]

第四，在新加坡的住房体系之中，自有住房的倾向导致公共租赁住房体系边缘化。为了不让租赁成为更多人的租购选择，HDB仅提供小型租赁组屋，并且自2003年开始就未曾调整过月收入上限1500新币。HDB社区将租赁组屋和自住组屋分隔在不同的街区，并且很多年(1982—2006年)都没有建设租赁街区(Ng,2018a)。2015年，新加坡有3.7%的家庭居住在HDB提供的一室或两室出租组屋内，其中的32.1%是马来家庭。与住房所有者不同，租户并没有从过去几十年全国房价升值中获益。Vasoo(2018)提出在一室和两室HDB社区里重新出现的种族贫民窟，逐渐成为新加坡需要解决的问题。HDB进行了政策的根本调整，自2014年起HDB新的建设方案会将出租组屋和出售组屋放在同一片街区之中(《海峡时报》,5月17日,2018a)。

第五，社区多样性并不一定有助于提高社会凝聚力。[②] 除了HDB租赁与自住房之间的割裂之外，2017年一份关于社会网络的研究指出“精英”和“社区”学校之间、公共住房和私有住房的居民之间也存在割裂关系。[③] 调查的研究对象可以说出不同种族、宗教和国籍团体的网络成员。但是，“精英”和“社区”学校之间以及公共住房和私有住房之间的社会网络却远弱于团体内部的网络。[④] 为了在所有住房类型中推进社会融合，新加坡总理在2018年7月宣布建立新形式的基层组织“居民网络”。现在HDB住宅区里有本地居民委员会，私有住宅区也有社区委员会。这些委员会可能会维持现状或更名，抑或可能将相邻的委员会整合组成一个“居民网络”(《海峡时报》,7月21日,2018c)。

最后，新加坡的一些人群并未从住房福利体系中获益。HDB在规定住房

---

① 新加坡的总统、总理、副总理和教育部长在2018年已经针对不平等和社会流动性发表演说或接受采访。

② Putnam(2007)提供证据，证明美国种族多样化的社区里，人们的信任感(甚至是同种族之间)更低，无私奉献和社区合作更难得，朋友数量也更少。

③ 新加坡国立大学政策研究院在2016年和3000位受访者进行了面对面调查以衡量社会资本。方法和结果可参考：http://lkyspp2.nus.edu.sg/ips/wp-content/uploads/sites/2/2017/11/Study-of-Social-Capital-in-Singapore_281217.pdf

④ 教育部长Ong关于下一个阶段教育政策解决不平等问题的提议详见Ong(2018)。

制度资格时，将单亲母亲和孩子排除在外。尽管新加坡未婚生子的比例不是很高（2015 年占居民新生儿的 2.2%），这样特殊说明的排除政策却显示出新加坡社会倾向于维护传统的“婚后生子”准则（《海峡时报》，11 月 29 日，2017b）。

从另一个角度来说，官方在统计收入、财富、家庭和住房时涵盖了居民人口（公民和永久居民）的数据，但是却忽视了大量外籍人员。在 2017 年，新加坡有 137 万外籍工作者，占据总劳动力人口的 37.4%。本章根据新加坡外籍工作者持有的工作准证类型和工作部门对其进行划分。在 137 万外籍工作者中，14% 持有就业准证，而有 14%持有中级技能准证（S 准证）。就业准证的持有者大多数居住在私有住房中，而新加坡是世界上对外籍人口最昂贵的城市之一（《海峡时报》，6 月 26 日，2018b）。

在收入分配层级的另一端，另外 100 万外籍工作者持有的工作准证既没有给予他们独立特权，也没有给他们提供未来成为新加坡居民的可能。在 2017 年，18%的外籍工作者是女佣，53%的外籍工作者在工地、制造业、造船厂、加工业或服务业工作。尽管女佣和雇主住在一起，其他持有工作准证的人（超过 70 万人）却只能居住在专门建造的宿舍、工业区中得到批准的工人区以及共同租赁的 HDB 和私人住房。来自不同国家的低收入外籍工作者生活在本地居住区，使得新加坡居民家庭对“安居”更加担心。① 在 2014 年，HDB 针对自己建设的住房引入了非公民租户的配额；除此之外，还出台规定说明了租赁占有率的上限和工作准证持有者可以租赁 HDB 住房的国籍资格（马来西亚/非马来西亚）以及工作部门资格。② 与此同时，新加坡政府定期审查住房标准，并且检查

---

① 在 2008 年，私有房地产土地上的居民向议会成员请愿，反对政府提出将其社区内不使用的学校改造为外籍工作者宿舍的规划。见 Shaw 和 Ismail（2010），以及 Baey（2010）对实龙岗花园“骚乱”的讨论。De Koninck（2017）列出了 42 个外籍工作者宿舍的位置，其中大多数宿舍是几乎全男性的“工人阶级城镇”，每个宿舍提供超过 10 000 个床位。

② 自 2006 年 11 月 7 日起，建造部门的非马来西亚籍工作准证持有者不能转租 HDB 住房或房间。这一规定在 2015 年 5 月 1 日扩展到了海洋和加工部门。自 2017 年一月起，制造部门的非马来西亚籍工作准证持有者无法租赁完整的 HDB 住房，只能租赁房间。只有服务部门的非马来西亚籍工作准证持有者可以租赁完整的住房（《海峡时报》，1 月 24 日，2017a）。

所有类型的外籍工作者居住情况(Ng 和 Neo,2018)。

无论如何,作者确信本文讨论的问题和揭示的新挑战丝毫没有否认新加坡当局在为绝大多数新加坡居住人口建设可负担得起的住房和包容性社会方面所做出的巨大贡献。

参考文献

Atkinson A B(2015). Inequality: What can be done? Cambridge, MA: Harvard University Press.

Baey G H Y(2010). Borders and the Exclusion of Migrant Bodies in Singapore's Global City-State. Master of Arts Thesis, Kingston, Ontario, Canada: Department of Geography, Queen's University.

Bastagli F and Hills J(2013). Wealth Accumulation, Aging, and House Prices. In J. Hills, F. Bastagli, F. Cowell, H. Glennerster, E. Karagiannaki, and A. McKnight (Eds.). Wealth in the UK: Distribution, Accumulation, and Policy. Oxford: Oxford University Press: 63-91.

Baum-Snow N and Pavan R(2013). Inequality and City Size. Review of Economics and Statistics, 95(5): 1535-1548.

Behrens K and Robert-Nicoud F. (2014). Survival of the Fittest in Cities: Urbanization and Inequality. Economic Journal, 124(581): 1371-1400.

Bishop B with Cushing R G(2009). The Big Sort: Why the Clustering of Like-Minded America is Tearing Us Apart. New York: Houghton Mifflin Harcourt.

Bowdler J, Cisneros H, Lubell J and Phillips P L(2017). Building Equitable Cities: How to Drive Economic Mobility and Regional Growth. Washington, D. C.: Urban Land Institute.

Cheong K H(2017). The Evolution of HDB Towns. In C. K. Heng

(Ed.). 50 Years of Urban Planning in Singapore. Singapore: World-Scientific: 101-126.

Chetty R, Hendren N and Katz L(2016). The Effects of Exposure to Better Neighborhoods on Children: New Evidence from the Moving to Opportunity Experiment. American Economic Review, 106(4): 855-902.

Chetty R, Hendren N, Jones M R and Porter S R(2018). Race and Economic Opportunity in the United States: An Intergenerational Perspective. NBER Working Paper No. 24441.

Chetty R, Hendren N, Kline P, Saez E and Turner N(2014). Is the United States Still a Land of Opportunity? Recent Trends in Intergenerational Mobility. American Economic Review Papers and Proceedings, 104(5): 141-147.

Comandon A, Daams, M, Garcia-Lopez M-A and Veneri P(2018). Divided Cities: Understanding Income Segregation in OECD Metropolitan Areas. In OECD (2018), Divided Cities: Understanding Intra-Urban Inequalities. Paris: OECD Publishing: 19-51.

Corak M(2013). Income Inequality, Equality of Opportunity, and Intergenerational Mobility. Journal of Economic Perspectives, 27(3): 79-102.

De Koninck R(2017). Singapore's Permanent Territorial Revolution: Fifty Years in Fifty Maps. Singapore: NUS Press.

Devan J(2018). Preface. In C. Gee, Y. Arivalagan, and F. Chao (Eds.). Singapore Perspectives 2018: Together. Singapore: World Scientific, vii-xii.

Dodge R(2006). The Strategist: The Life and Times of Thomas Schelling. Singapore: Marshall Cavendish.

Eeckhout J, Pinheiro R and Schmidhein K(2014). Spatial Sorting. Journal of Political Economy, 122(3): 554-620.

Florida R(2017). The New Urban Crisis: How Our Cities Are Increasing Inequality, Deepening Segregation, and Failing the Middle Class——and What We Can Do About It. New York: Basic Books.

George H(1879/1971). Progress and Poverty: An Inquiry into the Cause of Industrial Depressions and of the Increase of Want with Increase of Wealth... The Remedy. San Francisco: Author's Proof Edition. New York: Robert Schalkenbach Foundation.

Haskins R(2011). Social Policy in Singapore: A Crucible of Individual Responsibility. ETHOS, 9(June): 73-80.

Institute of Policy Studies, Singapore(2017). A Study of Social Capital in Singapore. http://lkyspp2.nus.edu.sg/ips/wp-content/uploads/sites/2/2017/11/Study-of-Social-Capital-in-Singapore_281217.pdf

International Monetary Fund(2011). Global Financial Stability Report. Washington, D.C.: International Monetary Fund.

International Monetary Fund(2018). How to Operationalize Inequality Issues in Country Work. IMF Policy Paper. Washington, D.C.: International Monetary Fund.

Krueger A(2012). The Rise and Consequences of Inequality. Presentation at the Center for American Progress, January 12, 2012.

Kucheva Y and Sander R(2018). Structural versus Ethnic Dimensions of Housing Segregation. Journal of Urban Affairs, 40(3): 329-348.

Liu T K and Tuminez A S(2015). The Social Dimension of Urban Planning in Singapore. In D. Chan (Ed.). 50 years of Social Issues in Singapore. Singapore: World Scientific: 97-116.

Massey D S and Denton N A(1988). The Dimensions of Residential Segregation. Social Forces, 67(2): 281-315.

Narayan A, Van der Weide R, Cojocaru A, Lakner C, Redaelli S, Mahler D G, Ramasubbaiah R G N and Thewissen S(2018). Fair Progress?: Economic Mobility Across Generations Around the World. Equity and Development. Washington, D. C. : World Bank.

Ng I(2015). Education and Social Mobility. In F. B. Yahya (Ed.). Inequality Singapore. Singapore: Institute of Policy Studies and World Scientific: 25-50.

Ng K H and Neo Y W(2018). HDB Should Apply its Own Occupancy Rules to Rental Housing. The Straits Times, February 16, 2018.

Ng K H(2018a). Direct Interventions, not just Social Mixing, Needed to Narrow Housing Inequality. Channel NewsAsia, June 23, 2018.

Ng K H(2018b). To Tackle Inequality, Policy Mind-sets Must Change. The Straits Times, May 11, 2018.

OECD(2018). Divided Cities: Understanding Intra-Urban Inequalities. Paris: OECD Publishing.

Ong Y K(2018). The Unfinished Business of Tackling Inequality. Speech delivered by the Minister for Education in Parliament. May 2015. www. moe. gov. sg/news/speeches/speech-by-mr-ong-ye-kung—minister-for-education—at-the-debate-of-presidents-address—the-unfinished-business-of-tackling-inequality

O'Donnell E T(2015). Henry George and the Crisis of Inequality. New York: Columbia University Press.

Phang S-Y(1996). Economic Development and the Distribution of Land Rents in Singapore: A Georgist implementation. American Journal of Economics and Sociology, 55: 489-501.

Phang S-Y(2015). Superstar Cities, Inequality and Housing Policies. Celia Moh Professorial Chair Lecture, delivered at the Singapore Management University, April 23, 2015. A summary of the lecture was published as

Home Prices and Inequality: Singapore versus Other Global Superstar Cities in The Straits Times, April 4, 2015.

Phang S-Y(2018). Policy Innovations for Affordability Housing in Singapore: From Colony to Global City. Cham, Switzerland: Palgrave Macmillan.

Piketty T(2014). Capital in the Twenty-first Century. Cambridge, MA: The Belknap Press of Harvard University Press.

Putnam R D(2007). E Pluribus Unum: Diversity and Community in the Twenty-first Century; The 2006 Johan Skytte Prize Lecture. Scandinavian Political Studies, 30(2): 137-174.

Reardon S F and Bischoff K(2016). The Continuing Increase in Income Segregation, 2007—2012. Stanford Center for Education Policy Analysis. Access at: http://cepa. stanford. edu/content/continuing-increase-income-segregation-2007-2012

Reckford J(2018). Housing for Inclusive and Equitable Cities. Wrigley Lecture at Arizona State University, January 30, 2018.

Rognlie M(2015). Deciphering the Fall and Rise in the Net Capital Share: Accumulation or Scarcity? Brookings Papers on Economic Activity.

Saez E and Zucman G(2016). Wealth Inequality in the United States since 1913: Evidence from Capitalized Income Tax Data. The Quarterly Journal of Economics, 131(2): 519-578.

Sargent T(2018). Foreword. In S.-Y. Phang, Policy Innovations for Affordability Housing in Singapore: From Colony to Global City. Cham, Switzerland: Palgrave Macmillan.

Schelling T C(1971). Dynamic Models of Segregation. Journal of Mathematical Sociology, 1(2): 143-186. Reproduced in Schelling, T. C. (1978). Micromotives and Macrobehavior. New York: Norton.

Shaw B J and Ismail R(2010). 'Good Fences Make Good Neighbours'? Geographies of Marginalization: Housing Singapore's Foreign Workers. Paper presented to the SEAGA International Conference, November 2010.

Singapore Department of Statistics (2017). Population Trends 2017.

Singapore Ministry of Finance (2015). Income Growth, Inequality and Mobility Trends in Singapore. Occasional Paper.

Stiglitz J(2012). The Price of Inequality: How Today's Divided Society Endangers Our Future. New York: W. W. Norton & Company.

The Straits Times (2016a). Lower property tax for HDB flat owners in 2017. November 28.

The Straits Times (2016b). Singapore students top global achievement test in mathematics and science. November 29.

The Straits Times (2017a). New HDB rental rules for work permit holders. January 24.

The Straits Times (2017b). MND rejects petition to reform public housing policies for single parents. November 29.

The Straits Times (2018a). Parliament: HDB to go one step further to integrate rental and sold flats in same block: Lawrence Wong. May 17.

The Straits Times (2018b). Singapore is 4th most expensive city in the world for expats, with Hong Kong costliest: Mercer. June 26.

The Straits Times (2018c). Residents' Network to help spur social mixing in estates. July 21.

Vasoo S(2018). Investments for Social Sector to Tackle Some Key Social Issues. In S. Vasoo and B. Singh (Eds.). Critical Issues in Asset Building in Singapore's Development. Singapore: World Scientific: 21-35.

Wodtke G, Harding D and Elwert F(2011). Neighborhood Effects in Temporal Perspective: The Impact of Long-Term Exposure to Concentrated Disadvantage on High School Graduation. American Sociological Review, 76

(5)：713-736.

Wong A and Yeh S H K(Eds.)(1985). Housing a Nation：25 Years of Public Housing in Singapore. Singapore：Maruzen Asia for Housing & Development Board.

Yip C S(2012). Intergenerational Income Mobility in Singapore. Singapore：Ministry of Finance. www. mof. gov. sg/Portals/0/Feature% 20Articles/IG% 20Income%20Mobility% 20In%20Spore. pdf

第三篇

国内住房市场研究

第十章　台湾地区的房价、住宅流动性和住宅政策

彭建文，台北大学；谢伯明，长荣大学；张振宇，政治大学

1. 引论

影响住宅市场的因素纷繁复杂，除市场供需外，宏观经济和金融环境对住宅市场也有重要影响。住宅市场的供需不平衡不仅会引起住宅价格和交易量的剧烈波动，而且会严重地影响经济增长和金融市场的稳定；甚至导致社会不平等。因此，在制定住宅政策时，政府应考虑住宅市场的多样性和复杂性。

中国台湾地区房地产市场在 1973—2014 年经历了 4 个急剧变化的周期：[①]第一和第二个周期分别出现在 1973—1974 年和 1979—1980 年，均由 20 世纪 70 年代油价上涨带来的通货膨胀造成。许多家庭急切地购买房地产，想要以此保护自身利益来对抗通胀。第三个房地产周期出现在 1987—1989 年，由经济和货币供应量的快速增长、储蓄过剩、货币升值和金融市场放松管制引起；因此这一周期推高了房地产价格，且股票价格指数达到了历史新高。[②] 1989 年 8 月 26 日，混乱的经济和巨大的泡沫在台湾地区引发了大规模的住宅抗议——数千名抗议者在台北市忠孝东路四段 Sogo 百货附近扎营过夜，被称为“无壳蜗牛运动”。为了抑制房价的快速上涨，台湾地区货币政策主管机关于

---

① 有关台湾地区房地产周期和泡沫应对政策的详细讨论，请参阅 Chang 和 Chen (2012)的“台湾：住宅泡沫和可负担性”(Taiwan：Housing Bubbles and Affordability)。

② 1987 年 2 月，国泰人寿保险以惊人的价格投标了台北市南京东路的一块国有土地，引发了房地产价格的快速上涨。1990 年 2 月 12 日，股票价格指数达到 12 682 点的历史新高。

1989 年 2 月 28 日推出了选择性信贷控制政策；[①] 1990 年后，该政策的效果逐步显现出来。第四个也是最近一个周期始于 2003 年第二季度"非典"爆发之后，一直持续到 2014 年年底。在此期间，整个台湾的房价上涨了 100%～200%，远高于经济增长率和消费价格指数(图 10.1，图 10.2)。此外，这一时期的家庭收入增长率低于通货膨胀率，从而使得实际的收入增长为负。第四个周期与前三个周期完全不同，因为这一周期的房价上涨并非由经济增长推动，而是由金融市场的低利率和超额货币供给引发。

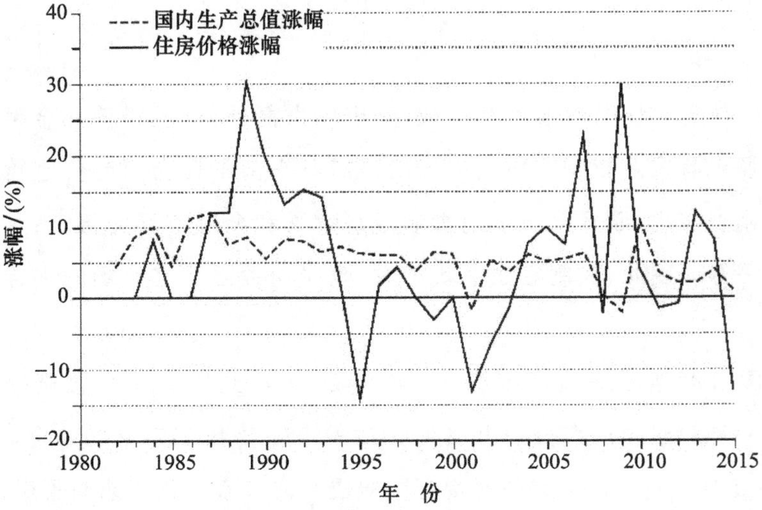

图 10.1　住房价格年度涨幅和国内生产总值涨幅

来源：1. 国内生产总值来自台湾地区行政管理机构主计总处预算中心台湾统计数据。
2. 住房价格涨幅是由台北市信义房价指数测算(Sinyi House Price Index)得来的。

房价的快速上涨引发了严重的住房负担能力问题，不仅是许多年轻人和租房家庭，还有众多有房业主也找不到适合他们需要的住宅。住宅的流动性因此降低，这些人改善生活条件的机会也被剥夺。针对这一问题，台湾推出了一系列的对策，例如选择性信贷管控手段、增加非居住家庭的交易成本以及基于真实市场价格的新登记制度，以提供关于住宅市场的透明信息(第 4 节将对这些政策的细节内容加以讨论)。

① 选择性信贷控制政策包括：停止土地的无担保贷款，限制建设贷款的数量，并将住宅贷款的贷款价值比保持在 50%以下。

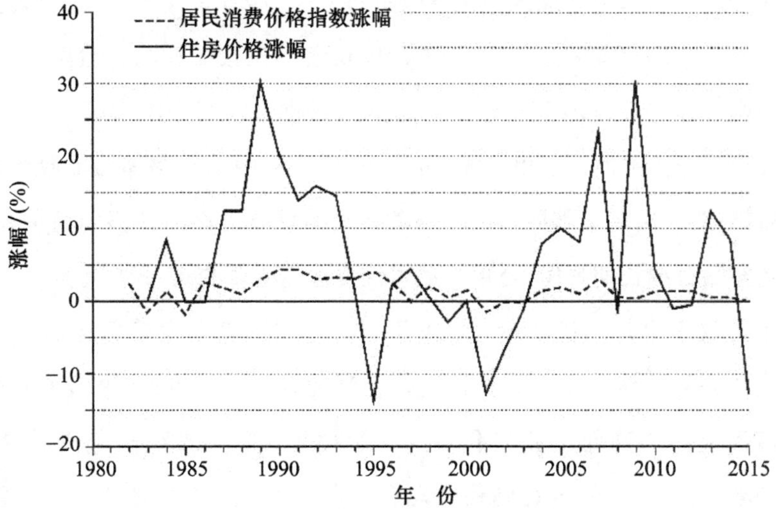

图 10.2　住房价格年度涨幅和居民消费价格指数年度变化

来源：1. 居民消费价格指数的年度百分比变化来自台湾地区行政管理机构主计总处预算中心台湾统计数据。

2. 住房价格涨幅数据如图 10.1 所示。

这些政策导致住宅市场交易量大幅下降。2011 年台湾地区共销售住房 40.67 万套，然而到了 2016 年，销量降至 24.54 万套——台湾地区历史最低水平(图 10.3)。然而，在住宅交易数量大幅减少期间，房价却稳步上升。

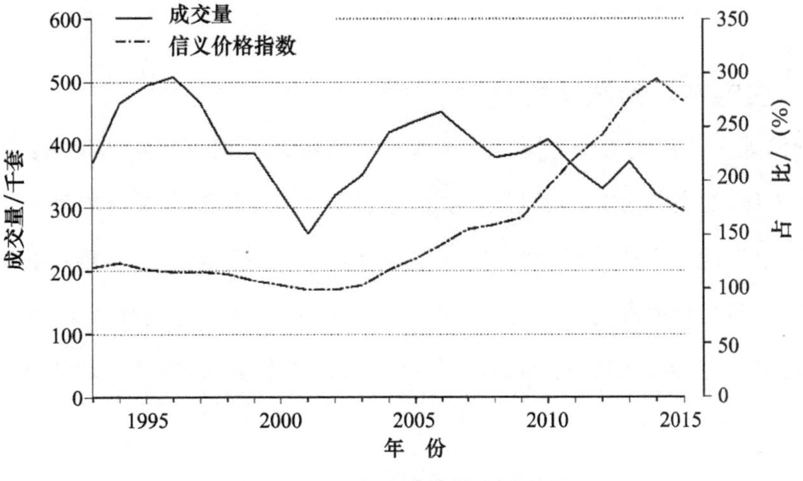

图 10.3　住房价格指数和成交量

来源：1. 成交量数据来自台湾地区内政事务主管部门房地产信息平台。

2. 信义价格指数数据来自信义房屋中介。

过去 40 多年里,台湾地区的住宅政策目标是"居者有其屋"。政府花费了大部分资源来建造供出售的公共住宅,并向购房者提供按揭补贴。然而,这些业主补贴却加剧了住宅市场的不平等——大多数低收入家庭买不起自己的房子,因而也无法享受业主补贴。所以,2005 年台湾地区开始推行《整体住宅政策》,住宅政策的目标变为"居者适其屋",住宅补贴计划的重点也逐渐转移到租金补贴上。鉴于住宅补贴分配长期失衡,公租房数量仅占住宅存量的 0.08%[①]。

为了抗议不合理的高房价,2014 年 10 月 4 日,来自台湾各地的数千名市民在台北仁爱路的帝宝豪宅前扎营过夜。当晚,组织者"巢运"提出了五项住宅市场改革诉求:① 确保居住权利写入宪制性规定;② 改革房产税制,抑制投机;③ 广建社会住宅,使其达到住宅总存量的 5%;④ 停止建设用于出售的经济适用房;⑤ 改革住宅租赁市场。这次集会也是对 25 年前举行的"无壳蜗牛运动"的纪念。以前的住宅政策和补贴计划主要针对业主,导致台湾地区住宅市场发展不平衡。为促进台湾地区住宅市场的健康发展,本研究提出了一系列策略和建议。

本章分节安排如下:第 2 节回顾台湾地区住宅市场的问题及原因;第 3 节分析房价变化和住宅流动性;第 4 节讨论当前的住宅政策改革;第 5 节分析住宅政策面临的挑战和未来发展;第 6 节给出结论。

2. 住宅市场问题及其原因

台湾地区的住宅市场上同时存在着三种独特而且很不寻常的现象:较高的房价收入比,对市场经济而言极高的住宅拥有率以及超高房屋空置率。如前所述,第四个房地产周期始于 2003 年第二季度,并一直持续到 2014 年年底。在这个周期中,整个台湾岛的平均房价上涨了 100%~200%。特别是 2015 年第一季度,台北市的房价收入比(PIR)达到了 16.2 的历史新高,按揭还款收入比(MIR)

① 有关台湾地区社会住宅问题的详细讨论,请参阅 Chen(2011)的"台湾社会租赁住宅的新局面:住宅可负担性危机和住宅运动的作用"(New Prospects for Social Rental Housing in Taiwan: The Role of Housing Affordability Crises and the Housing Movement)。

也上升到68.6%，台北市已经成为世界上最难实现业主自住的城市之一。[①] 在其邻近城市新北市，房价收入比和按揭还款收入比也分别达到了13.0%和55.4%。同时，台湾地区的平均房价收入比和按揭还款收入比分别为8.5%和35.9%。这些数据表明，台湾北部的房价特别高，而且让人难以负担(图10.4，图10.5)。[②]

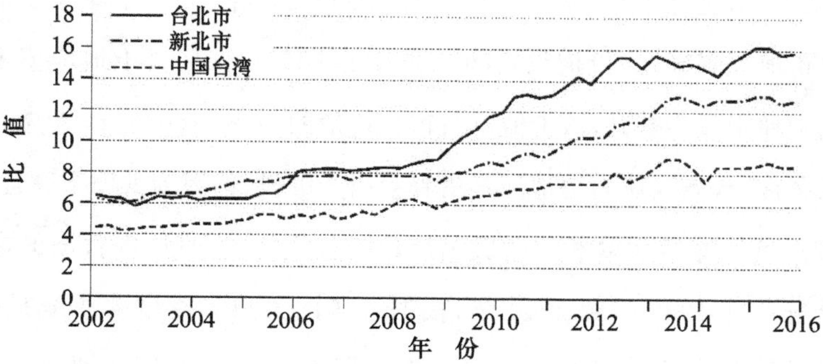

图10.4　住房价格与收入之比

来源：住房价格与收入之比数据来自台湾地区内政事务主管部门房地产信息平台。

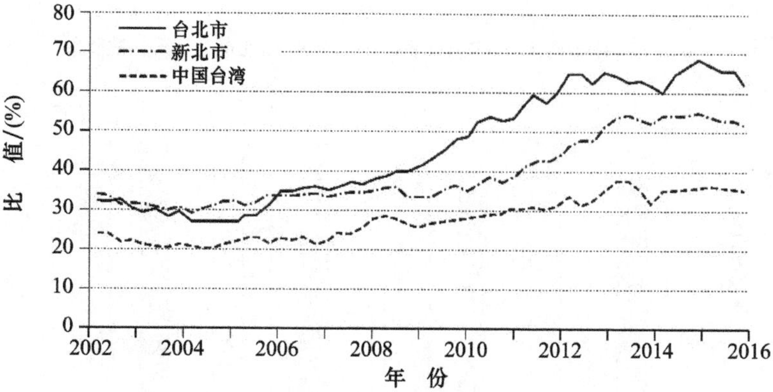

图10.5　按揭贷款还款额与收入之比

来源：按揭贷款还款额与收入之比数据来自台湾地区内政事务主管部门房地产信息平台。

---

① 根据美国城市规划咨询机构Demographia的《2016年第十二次国际住宅负担能力年度调查》，香港的比率为19.0，悉尼为12.2，温哥华为10.8，这是世界上三大最负担不起房价的城市。台北不在这项调查中。

② Demographia的《国际住宅负担能力调查》使用中位数倍数(类似于房价与收入之比)来衡量住宅负担能力。如果中位数倍数大于等于5.1，则被视为严重负担不起。如果数值在4.1～5.0，住宅负担不起；如果数值在3.1～4.0时，住宅中度负担不起；房价在3.0及以下时，住宅可负担得起。

房价的快速上涨受多个因素的影响，例如量化宽松(QE)的货币政策、台湾与大陆活跃的经济互动和贸易、低利率以及特别低的遗产税和赠予税，都会吸引岛外热钱不断流回台湾。[①] 另外，台湾地区房地产税的税基以评估价值为基础，而评估价值大大低于市场价值。因此，与市场价值相比，房地产税的有效税率仅占0.09%～0.13%，远低于0.6%的加权名义税率(Peng 等，2007)。地价税的税基以公共评估价值为基础，该价值仅占市场价值的15%～20%。土地增值税的税基以评估的土地现值为基础，该价值仅占市场价值的50%～60%。[②] 考虑到这些长期存在的条件，台湾人认为房地产是最具吸引力的投资，因为其回报高且风险低。

尽管房价飞涨给大多数人造成了严重的负担能力问题，但台湾的住宅拥有率仍在上升。从1980年到2010年，根据各年的人口和住宅普查统计数据，台湾地区的整体住宅拥有率从79.1%上升到了84%。在几座主要的大城市中，台北市的住宅拥有率从59.2%上升到了81.5%，新北市从69.7%上升到了84%，桃园市从77.04%上升到了86.5%(图10.6)。

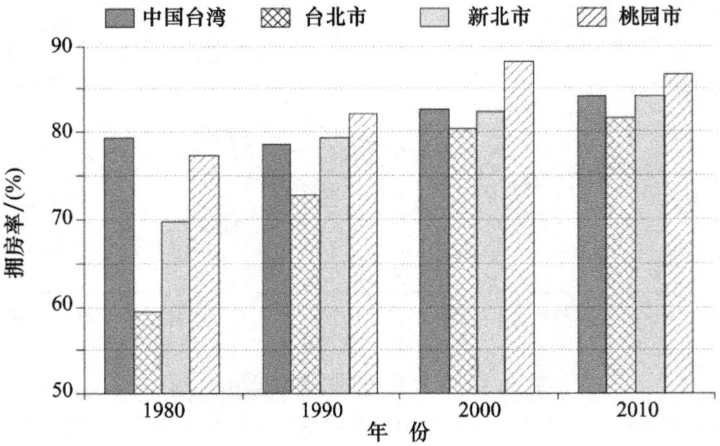

图10.6 拥房率

来源：拥房率数据来自台湾地区行政管理机构主计总处预算中心2010年住房普查。

---

① 2016年1月，遗产税和赠予税的边际税率从50%降至10%。政府降低遗产税是为了促进投资，弥补台湾地区外部投资的下降。这一政策出台于香港和新加坡取消遗产税之后。

② 2002年1月30日，土地增值税税率降至正常税率的一半。与之前的40%、50%和60%税率相比，累进税率降低至20%、30%和40%。根据公布的统计数据，土地评估现值达到了市场价值的90%；实际仅占市场价值的50%～60%。

为什么台湾地区的住宅拥有率如此之高？如 Bourasa 和 Peng 的研究(2011)所示，房价的快速上涨相对降低了业主的交易成本，使得拥有住宅比租赁更具吸引力。虽然住宅拥有率高达 85%，但严重的住宅负担能力问题依然存在。市场经济中非常高的住宅拥有率，意味着家庭没有什么中性的住宅产权方案可选。如前所述，政府的补贴计划长期以来偏向购房者，导致租赁领域不但小而脆弱，而且房屋的质量相当之低。这些情况迫使家庭去购买住宅，而不是租房，以获得更高质量的居住条件。[①]此外，面对长期不断上涨的房价，许多家庭宁愿在现在买房，也不愿意等到以后，这也意味着他们必须支付很高的按揭，并推迟一些重要的家庭生命周期决定，比如怀孕生子。Peng 和 Tsai(2012)的研究结果显示，许多年轻家庭正在购买住宅，却被迫决定不生育。根据人口资料局的统计数据，台湾地区生育率持续走低，而住宅市场的状况则是造成低生育率的主要原因。

房价的稳步上涨使家庭更加关注出售的高回报，而不考虑出租的选择，因为租金收益率极低。[②] 此外，房东与租客之间的纠纷也提高了租赁的交易成本。在这些情况下，许多业主宁愿让自己的投资住宅空置，也不愿租给租客。根据人口和住宅普查，1980 年至 2010 年全岛的总体空置率从 13.1%上升到了 19.3%。在主要的大城市中，台北市的房屋空置率从 11.3%上升到了 13.8%，新北市从 16.7%上升到了 22.1%，桃园市从 16.7%上升到了 21%(图 9.7)。这项研究表明，高空置率不仅严重扭曲了居民的住宅资源配置，而且加剧了住宅不公平：许多台湾家庭在住宅市场空置率如此之高的情况下仍然买不起自己的住宅。

---

① 有关台湾地区税收和购房补贴计划的更详细讨论，请参阅 Bourasa 和 Peng(2011)的“为什么台湾的住宅拥有率如此之高?”(Why is Taiwan's Homeownership Rates So High?)。

② 根据《全球房地产指南》，中国台湾地区的整体租金收益率仅为 1.57%，这意味着房东需要累积大约 64 年的回报才能盈利。然而，一套房子的平均经济寿命只有 50 年，因此，许多房东没有很好地维护自己的房产，从而降低了租赁房产的质量。

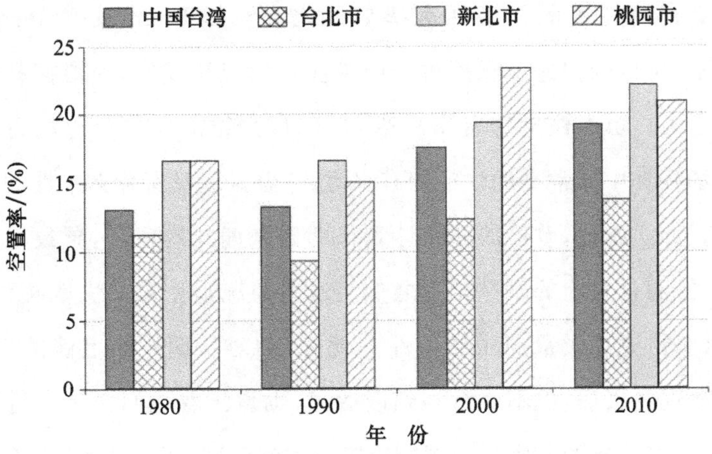

图 10.7 住房空置率

来源：住房空置率数据来自台湾地区行政管理机构主计总处预算中心 2010 年住房普查。

3. 房价变化和住宅流动性

搬到另一所房子会产生许多有形和无形的成本，尤其是对业主来说。理论上，各个家庭在行动前都会仔细衡量搬迁的成本和益处。任何自愿的家庭搬迁都可以被看作一次居住质量的提高，但是长距离搬迁也可能是由于工作原因而不是住宅原因。

根据以往的研究，人口因素，特别是迁移和城市内的流动都会影响住宅需求，进而影响住宅市场的交易价格和交易量。从国家整体角度来看，移民的增加是导致住宅租金或住宅价格上涨的一个重要诱因；从区域角度来看，地区净移民的增加也会增加住宅需求并推高房价，反之亦然。不过，住宅需求既包括消费需求，也包括投资需求。迁移对房价的影响取决于这两个需求的相对变化（Saiz，2007；Akbari 和 Aydee，2012）。

相反，房价的变化也会影响流动性。Sterk（2015）发现，房价的下跌减少了地理流动性，因为业主面临着房屋净值水平的下降，这使得为新按揭提供所需要的首付更加困难。然而，Nenov（2015）指出，区域内搬迁对整体劳动力市场的影响有限，而且住宅市场对迁移的影响也较小。

Peng 等（2009）发现，区域内流动率与房屋拥有率呈负相关，但与结婚率、占用许可面积、房屋空置率和房价收入比呈正相关。房屋拥有率和结婚率都是关键的决定因素。我们可以从这种实证结果中得到一些启示：第一，拥有一所房子会增加一个家庭的搬家成本，所以一个家庭搬家的可能性会更低。第二，已婚家庭更可能经历家庭生命周期的变化，所以调整住宅需求的可能性也将更高，并导致更高的住宅流动率。第三，城市的住宅负担能力水平较低，意味着家庭无法一步就获得他们的理想住宅。为了获得理想住宅，他们需要分几个步骤进行调整，所以流动率就会更高。第四，如果一个城市的住宅供给具有弹性，无论是新建房屋还是空置房屋，家庭都有更多的搬迁选择，这会导致住宅流动率更高。

我们可以总结出，一个地区房价的上涨将对居住流动性产生 4 种不同的部分影响：

(1) 房价上涨将提高业主的房屋净值。为了提高居住质量或实现资本收益，该地区的家庭更有能力迁移到同一地区或其他地区内房价较低的地方。这种能力意味着房价上涨对区域间或区域内的居住流动性具有正向效应。

(2) 房价上涨将降低一个地区的租房者的住宅负担能力，这可能会使他们放弃搬迁，或者迫使他们搬到同一地区或其他地区房价较低的地方。房价上涨对租房者流动性的净影响不明确。

(3) 如果一些家庭预计未来房价将持续上涨，他们将选择原地不动，而不是搬家。房价上涨对家庭搬迁决策有负面影响，导致流动性下降。

(4) 如果一个地区的房价上涨率低于其他地区，那么家庭迁移到其他地区的能力就会降低，导致居住流动性较低。反之，如果一个地区的房价上涨率高于其他地区，则会阻碍其他地区的家庭迁入，导致迁入率较低。

由于区域间和区域内的房价相对水平以及公共设施和服务质量存在很大差异，因此房价上涨对居住流动性到底能发挥多大影响，其背后的决定因素多样且复杂(Cebula 和 Vedder，1973；Cebula 和 BelTon，1994；Grassmueck，2011；Cebula 和 Nair Reichert，2012)。我们利用台北都市圈的 3 座城市——台北、新北和桃园——来研究住宅市场繁荣和萧条期间居住流动性的变化。台北是台北都市圈的核心城市，被新北环绕，而桃园位于新北的南部。台北的房价水平最高，大约是新北的 2 倍、桃园的 4 倍。

根据房地产周期，我们将台湾的萧条期定义为1994—2002年，繁荣期定义为2003—2014年。2015年年初，房价开始下跌。我们使用4个不同的指标来衡量住宅流动性，即：净迁移率(NMR)、迁移率(MR)、城市内流动率(ICMR)和区内流动率(IDMR)(分别为图10.8、图10.9、图10.10和图10.11)。[1] 净迁移率是迁入者和迁出者之差，再除以一个城市的中期人口；迁移率则是迁入者、迁出者再加上城市内迁移人口之和，再除以一个城市的中期人口；城市内流动率是区间和区内迁移人口之和，再除以城市的中期人口；区内流动率则是区内迁移人口除以城市的中期人口。

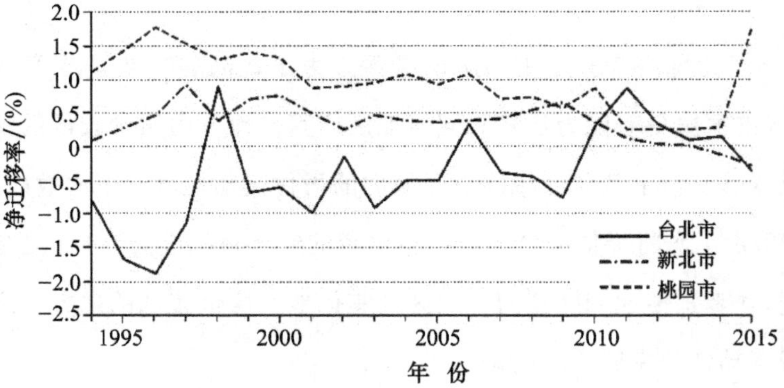

图10.8 净迁移率

来源：净迁移率数据计算自台湾地区行政管理机构主计总处预算中心2010年台湾统计数据。

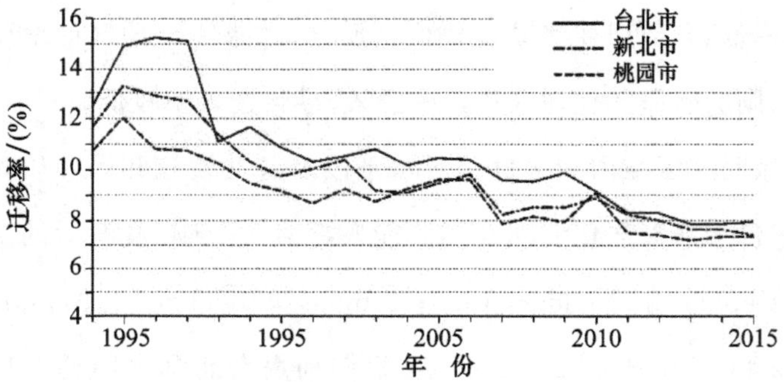

图10.9 迁移率

来源：迁移率数据计算自台湾地区行政管理机构主计总处预算中心2010年台湾统计数据。

① 台北、新北和桃园分别有12个区、29个区和13个区。

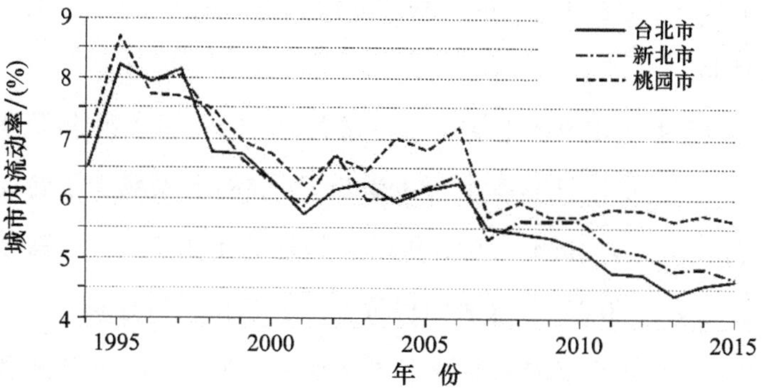

图 10.10　市内流动率

来源：城市内流动率计算自台湾地区行政管理机构主计总处预算中心 2010 年台湾统计数据。

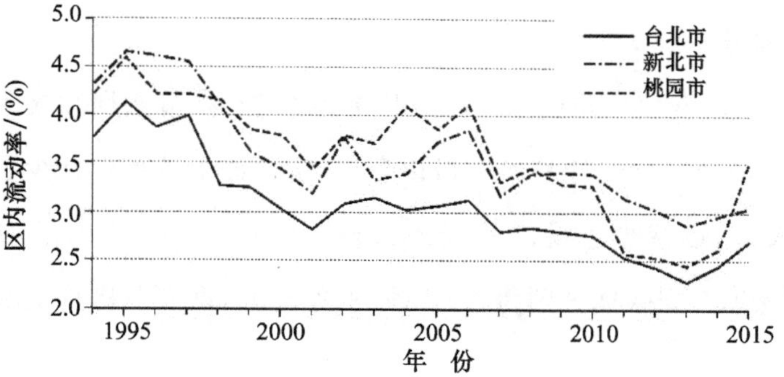

图 10.11　区内流动率

来源：区内流动率计算自台湾地区行政管理机构主计总处预算中心 2010 年台湾统计数据。

3.1　台北

1994—2015 年台北市的平均净迁移率为－0.4%，萧条期和繁荣期分别为－0.78%和－0.11%。从净迁移率上可以看出，房价的上涨减少了迁出人口数量，特别是自 2010 年以来台北的净迁移率已转为正值。1994—2015 年的平均迁移率为 10.6%，萧条期和繁荣期的分别为 12.47%和 9.36%，这表明房价上涨减少了人口迁移。

1994—2015 年台北市的平均城市内流动率为 6.0%，萧条期和繁荣期分别为 6.95%和 5.38%。从城市内流动率上可以看出，房价上涨会降低城市的居住流动性。1994—2015 年的平均区内流动率为 3.06%，萧条期和繁荣期分别为3.47%和2.77%，这表明房价上涨会降低城市的区内居住流动性。

3.2 新北

1994—2015年新北市的平均净迁移率为0.36%，萧条期和繁荣期分别为0.49%和0.31%。从净迁移率上可以看出，房价的上涨减少了台北的迁出人口和新北的迁入人口。1994—2015年的平均迁移率为9.71%，萧条期和繁荣期分别为11.40%和8.60%，这表明房价上涨会减少人口迁移。

1994—2015年新北市的平均城市内流动率为6.14%，萧条期和繁荣期分别为7.06%和5.56%。从城市内流动率上可以看出，房价上涨降低了城市的居住流动性。1994—2015年的平均区内流动率为3.60%，萧条期和繁荣期分别为4.03%和3.31%，这表明房价上涨会降低城市的区内居住流动性。

3.3 桃园

1994—2015年桃园市的平均净迁移率为0.97%，萧条期和繁荣期分别为1.29%和0.67%。从净迁移率上可以看出，房价的上涨不但减少了台北和新北的迁出人口，也减少了桃园的迁入人口。1994—2015年的平均迁移率为9.03%，萧条期和繁荣期分别为10.13%和8.31%，这表明房价上涨会减少人口迁移。

1994—2015年桃园市的平均城市内流动率为6.58%，萧条期和繁荣期分别为7.24%和6.13%。从这些城市内流动率上可以看出，房价的上涨会降低城市的居住流动性。1994—2015年的平均区内流动率为3.60%，萧条期和繁荣期分别为4.03%和3.02%，这表明房价的上涨会降低一个城市的区内居住流动性。

3.4 三市对比

在台北都市圈中，台北属于人口输出城市，而新北和桃园为人口输入城市。桃园的净迁移率是新北的2倍，这可能由两个城市的房价水平不同造成。然而，台北房价的上涨减少了台北的外迁人口，也减少了新北和桃园的迁入人口。台北的迁移率最高，其次是新北，桃园的迁移率最低。迁移率表明，房价越高，越需要更多的住宅需求调整，导致居住流动性越高。

就城市内流动率而言，桃园的平均值最高，其次是新北，台北最低。产生这种情况的原因可能是因为桃园和新北的土地面积更大。不同城区的公共设施和服务质量也存在较大差异，成为家庭搬迁的一个动机。然而，这3座城市的平均城市内流动率的差异只在毫厘之间。最后，台北的区内流动率最低，新北和桃园的区内流动率几乎相同。3座城市的平均区内流动率约为3.5%，差异不大。

4. 住宅政策改革和可负担住宅战略

4.1　住宅政策的变化

曾经在很长一段时间里，台湾住宅政策的目标是“住者有其屋”。台湾当局从1957年开始为家庭提供按揭补贴用于建造他们的住宅，并鼓励房地产开发商建造住宅、重新开发眷村。[①] 1999年1月，由于空置住宅的快速增加和住宅市场的衰退，台湾当局宣布将停止建造住宅。随后，不再鼓励私人投资住宅，转而于2001年开始实施购房按揭利息补贴。政策重点自那时起逐渐从供给侧补贴转向了需求侧补贴。[②] 此后，还进一步制定了一系列对各类购房者的补贴，包括对军官、政府雇员、教师、劳工、少数民族等的按揭利息补贴。

然而，后来人们发现重复补贴针对的对象其实是同一群家庭，因此造成了不公平的情况。于是政府在2005年提出了“整体住宅政策”，并将住宅政策的目标修改为“居者适其屋”。在新政策目标下制定的几个具体目标，包括推动建立一个健康的住宅市场，建立公平、高效、合理的补贴制度，以及改善居住环境。2007年，政府进一步实施了针对低收入和弱势家庭的综合住宅补贴计划。住宅补贴有三种形式：对购房者的按揭利息补贴、对现有业主的住宅改善按揭补贴和对租户的租金补贴。

---

① 政府建设的公共住宅具有以下特点：① 弱势群体住宅数量极少；② 供出售，不供出租；③ 选择家庭的标准较为松散。有关台湾地区公共住宅政策历史的详细讨论，请参阅Chang和Yuan(2013)的“台湾公共住宅政策”(Public Housing Policy in Taiwan)。

② 台湾当局作为台湾的住宅供应者和监管者发挥了消极作用，尤其是在20世纪90年代结束了新的公共住宅建设时。Chiu(2008)指出，在东亚，台湾的住宅制度监管最差。

如前所述，自2003年以来，房价的快速上涨造成了严重的住房负担能力问题。事实上，直到2008—2009年的全球金融危机期间，这个问题也没有得到缓解。根据2010年台湾当局在互联网上开展的民意调查，高房价已成为导致都市地区民众不满情绪的最大原因。为回应公众意见，2011年台湾当局通过了“住宅法”，为现行住宅政策和社会住宅供应提供法律依据。然而，如前一节所讨论的，社会住宅数量仅占总住宅存量的0.08%，远远低于任何合理数值。

在住宅补贴计划方面，租金补贴的申请人数稳步增加，超过计划数。相比之下，针对首次购房者和现有业主改善住宅的按揭利息补贴申请数量每年都在下降。因此，台湾当局于2007—2014年逐步调整了三类住宅补贴间的资源配置。近年来，各都市地区进一步调整了住宅补贴计划。2015年，台北市向购房者发放的低于市场利率的按揭贷款总额由2亿新台币增加至2.5亿新台币；新北市增至2.3亿新台币；其他地方增至2.1亿新台币。贷款期限被延长至20年，且前五年为净息还款。

租金补贴额现在也在按地区进行调整。台北市租金补贴额为每人每月5000新台币；新北市、桃园市、台中市、新竹市和新竹县等地，为每人每月4000新台币；台南市和高雄市为每人每月3200新台币；其他地方为3000新台币。台湾当局已拨款33亿新台币协助地方当局发放租金补贴。在接受者获得的租金补贴中，由台湾当局向地方当局提供的租金补贴比例从60%到90%不等。

除常规的住宅补贴外，当局还向各类购房者提供了一系列政策性的按揭补贴，以提高他们的购房能力。例如，2000年8月，以低于市场利率的水平向申请按揭的年轻购房者提供了1200亿新台币。2000—2009年，当局向首次置业者提供的按揭补贴金额达到16 800亿新台币之多。然而，对于其他购房者来说，从按揭补贴中节省下来的金额远远低于他们在房价上涨期间支付上涨房价所需的金额。因此，按揭补贴尚未实现其提高购房者购房能力的目标。此外，房地产开发商从按揭补贴中获得的好处似乎比购房者还要多。

2015年9月，台湾当局修订了“整体住宅政策”。现在，住宅政策的4个战略目标为健全住宅市场机制、维护社会正义、鼓励私人参与社会租赁部门以及保障住宅权利。实现这些目标的主要途径包括：加强住宅租赁市场，提供多样化的住宅援助，以及改善居住环境。基于这些目标，台湾要求各级机构都需要制定住宅规划和财政计划。

4.2 健全房屋市场策略

为应对房价的持续上涨，台湾地区行政管理机构于2009年1月12日召开了健全房屋市场策略研讨会。会上提出了包括保障购房者的权利、向购房者提供充分的帮助和向租户提供租金补贴、提供公开透明的房地产交易信息以及建立合理的房价调整机制在内的一系列策略。

(1) 选择性信贷控制

过去几年当中，台湾地区货币政策主管机关也实施了一系列政策工具策略来应对不断飙升的房价。2010年6月，台湾地区货币政策主管机关在台北市和新北市的10个特定地区实施了选择性信贷控制，在这些地区购买第二套及以上住宅时，家庭的按揭房价比(MPR)最高限制在70%。2010年12月30日，选择性信贷控制的实施地区被进一步扩大，包括新北市的林口、三峡和淡水。最高按揭房价比进一步降低到60%。台湾地区货币政策主管机关还将最高土地贷款比例限制在65%，其中10%的贷款为建设后再提供。

2012年6月，台湾地区货币政策主管机关进一步将台北市及新北市成交价高于8000万新台币及其他城市成交价高于5000万新台币的住宅的最高按揭比例限制在60%。此外，还于2014年6月对其他地区实施了一系列更为严格的信贷控制。在全台湾范围内，购买第三套及以上住宅者的最高按揭比例降至50%。台北市将符合信贷控制条件的最低房价(最高按揭比的50%)定为7000万新台币，其他城市定为4000万新台币；新北市将最低房屋价值定为6000万新台币。在全台湾范围内，企业所有者的最大按揭比例也被限制在50%。

鉴于市场上的房地产交易量下降，台湾当局对信贷控制做出了部分调整。2015年8月13日，削减了信贷控制的应用地区。新北市的八里和莺歌以及桃园、芦竹、中坜、龟山等六个区均取消了信贷控制。这些地区的最高按揭率从50%上升到了60%。由于信贷控制对住宅市场产生了有效影响，2016年3月23日，台湾地区货币政策主管机关结束了对全台湾的信贷控制，但对高价住宅的控制依然存在。

(2) 房地产税收改革

除选择性信贷控制外，台湾地区还实施了一系列房地产税收改革，以确保所有家庭的居住条件更加公平。2011年6月1日，台湾当局颁布了“特种货物及劳务税条例”(即所谓的“奢侈品税”)，根据这一条例，政府有权对任何持有不满两年的房产征税：不满一年，按售价的15%征税；不满两年，按售价的10%征税，对于交易中的得失则不纳入考虑范畴。奢侈品税的税基是房产的实际成交价格，而不是土地增值税所用的更低的评估现值。奢侈品税的高税收负担迫使许多现有业主持有房产超过两年。因此，住宅市场的交易量大幅下降。然而，随着市场上待售房屋数量明显减少，房价水平稳步上升。

台北市还推行了一系列房地产税收改革。自2011年7月开始，对高质量的豪华住宅加征房产税，称为“豪宅税”。2014年7月1日，豪宅税的评估现值被提高到了100%。2015年5月起，对拥有三套以上住宅的业主征收囤积房屋税。针对三套、四到五套以及六套或以上住宅，征收的税率分别为1.2%、2.4%和3.6%。

此外，台湾当局于2016年1月1日开始征收不动产利得税，旨在纠正有关每年公布一次且大大低于市场价值的评估现值(如前所述)的土地增值税的缺点。由于针对房屋和土地销售的综合利润(通过从销售收入中减去购买房产的实际成本来计算)征收，该税又被称为“房地合一税”。对房屋和土地交易利润征收的税率从15%～45%不等，业主自住的住宅将享受10%的优惠税率，价值400万新台币以下的不动产直接免征此税。该税收收入将用于住宅政策和社会福利政策。

(3) 房地产交易透明度

为提高房地产交易的透明度，台湾地区立法机构于 2011 年 12 月通过了“不动产经纪业管理条例”“地政士法”和“平均地权条例”的修正案。实价登录制度也于 2012 年 8 月 1 日起实施，规定所有不动产交易应在交易结束后一个月内申报登录。违者会被处以 3 万新台币以上、15 万新台币以下罚款。

5. 面临的挑战和未来发展

5.1　面临的挑战

虽然台湾地区最近更新的整体住宅政策引入了一些合理的新概念，但也有部分政策相互之间存在矛盾。一方面，一些政策计划抑制房价上涨。另一方面，其他政策又在促进房地产市场的交易。另外还有一些特定利益集团一直在积极地向立法者和政策制定者游说，阻碍了现行住宅政策的改革。因此，过去三四十年里，台湾政策改革的效果非常有限。

民众认为台湾当局对“巢运”提出的五个问题的回应比较消极，让人不满；这也是造成国民党在地区领导人选举中失利的主要因素之一。为什么政府会如此消极地回应人们对住宅正义的呼吁？政府决策的背后存在着一些误导性的概念或观点。住宅建设是所有固定资产投资中的一项重要投资，这或许是正确的。建筑业可以创造许多就业机会，也在过去(特别是在住宅供给不足的时期)刺激了其他住宅相关产业的发展。然而，台湾地区的经济结构正在发生变化，经济增长的驱动力已经从制造业转向信息、高科技和服务业。特别是在我们如今面临着住宅市场供过于求和住宅资源配置不当(正如非常高的空置率所显示的那样)的情况下，尽管住宅业仍然是一个重要产业，但不应被视为经济增长的唯一动力。

住宅按揭也是金融和保险业的重要资产类别。如果房价大幅下跌，抵押物价值的下降可能会引发潜在的金融危机。此外，由于大多数家庭都是房屋所有者，房产财富的下降将降低总需求，并影响公众对政府的支持。房价下跌也将影响房地产商的利润，因此他们会尽力说服政府减轻这些住宅市场改革的影响。他们的游说行为可以用俘获理论和寻租活动来解释，这其实是政府失灵的一种形式。[①]

为什么人们不去走正常的法律程序，而是选择上街抗议不合理的高房价呢？这是因为在“巢运”积极分子看来，台湾当局被利益集团尤其是大企业控制。[②] 新住宅政策公布的目标是解决住宅负担不起的问题，但实际结果却是情况变得更加糟糕。建立一个健全的房地产市场的政策实际惠及的是房地产相关企业，而非广大民众。再加上许多与住宅有关的官员都涉及腐败案件，支持“巢运”的人对于依靠政府实现住宅正义，实在没有信心。[③]

此外，台湾地区现在正面临人口结构的巨大变化，生育减少和人口老龄化已经成为台湾人口结构的主要趋势。2015 年台湾地区老年人(65 岁以上)的比例达到历史新高——12.5%，将台湾从“老龄化”社会转变为“老龄”社会。而在总生育率(TFR)和一般生育率(GFR)这两个衡量分娩趋势的最重要指标方面，2015 年，台湾地区的总生育率和一般生育率分别为 1.175 名儿童和 35%，其中 35%是世界上生育率最低水平之一。同时，设施不足，无法满足老龄化人口的需求。面对这些挑战，我们建议台湾当局加大住宅市场改革的力度。

5.2 未来发展

我们想强调的是，住宅政策的目标不应只是解决住宅负担能力问题，而且还要保证良好的住宅质量。为了实现这两个重要目标，我们提出了一项由六部分组成的住宅新战略，并对未来政策提出四点建议，具体如下：

---

① 寻租是通过操纵经济活动发生的社会或政治环境，而不是通过创造新财富来获取经济租金的一种尝试。在许多市场经济中，大部分租金竞争是合法的，无论它可能对一个经济体带来多大的危害。然而，一些寻租竞争，如贿赂或腐败，是非法的。

② Chang 和 Yuan(2013)认为，台湾地区的公共住宅政策之所以会颇受掣肘，是因为它无法控制利益集团的游说和政治捐款。2000 年后，一系列与“阳光法案”有关的法案相继实施，如“公职人员利益冲突回避法”“政治献金法”“公职人员财产申报法”和“游说法”。然而，这些法律的效力仍然值得怀疑，因为许多人依然怀疑法官的公正性。

③ 近年来有两起非常著名的腐败案件。第一起案件涉及桃园副县长、营建署原署长叶世文。他因在其两个职位上收受远雄建筑公司与两个公共开发项目有关的贿赂而被起诉。第二起案件是新北市前副市长，也是台北市政府都市发展局前局长许志坚。他因涉嫌收受建筑承包商的贿赂，帮助他们获得都市更新项目的标而被指控贪污。

（1）住宅新战略

① 加快都市更新改造。特别是在老城区和拥挤地区，都市更新是改善居住环境质量的重要手段。然而，台湾地区的都市更新极其缓慢，因为建筑方与家庭之间，以及同意家庭与反对家庭之间的协商谈判都非常困难，尤其是由多方所有的不动产，情况更是如此。对政府来说，最重要的是建立一个透明的利润分享机制，提高建筑方和家庭之间的相互信任。此外，台湾当局应努力避免臭名昭著的建筑商参与都市更新项目，针对所谓“钉子户”——即少数反对家庭制订出一个让大家都满意的解决方案也很关键。

② 增加社会住宅。当前台湾的社会住宅存量极低。根据政府的承诺，到2026年会增加建设20万套住房。我们希望政府尽最大努力履行这一承诺，并考虑如何平等有效地管理这些社会住宅。作为住宅补贴计划一部分，社会住宅是非营利的。我们建议政府建立有效机制，鼓励更多非政府组织和非营利组织参与进来。另外，政府还需要将为经济和社会弱势群体储备的社会住宅比例从目前的10％提高到至少50％。

③ 扩大房屋租赁市场。目前台湾的房屋拥有率很高，然而这并不是一个好的现象，甚至可以称之为住宅市场的“扭曲”。我们建议政府通过改善住宅租赁市场并对自住用房和租赁房采取其他税收激励措施，使房屋使用权的选择更加中性。政府当前最重要的任务之一，就是制定一部具体的租赁房屋法，使房东和承租人的法律地位更加平等。此外，政府还需要提供更多的激励措施，鼓励更多的非政府和非营利组织加入这一重要行业。我们期望房屋租赁行业至少能满足三分之一家庭的住宅需求。

④ 改革房地产税收。为减少房地产市场的投机活动，房地产税制改革势在必行，然而当前台湾地区所谓“法律”环境结构使得改革任务相当困难。政府房地产税制改革的策略是先“有”后“好”，即先推动起来再加以改善。但是即便政府采取了这样的策略，房地产税制改革仍不容易实现。当前房地产税制改革的最佳结果是通过一个可接受的项目，而不是一个理想化项目，因此它对房地产市场的影响往往与其目标不同。我们认为，各项房地产税种的设计应充分考

虑税种之间的关系，并将其作为一个整体。否则，就无法做到公平，也不能以此减少房地产投资的不确定性。

我们建议，房地产税的税基应结合土地和建筑物的价值，避免出现估价相互冲突的问题。此外，税基应该是市场价值而非评估价值。为了减轻不动产所有者(特别是以自住为目的的业主)的税收负担，地方政府可以根据其财政状况制定优惠政策。而想要减弱不动产所有者可能出现的反对声音，税收负担调整过程可以是渐进和灵活的。

⑤ 加强房地产业管理。在交易过程中，家庭与房地产相关企业，尤其是建筑商和经纪人，存在着许多冲突。主要矛盾是建筑质量缺陷和广告与合同欺诈，这些都对住宅的安全性和资产价值有很大影响。由于台湾地区房地产行业管理过于宽松，其房地产市场存在太多建筑商和经纪人。一些建筑商甚至是一个项目公司，出售该项目后便不承担任何责任。为了提高住宅质量和安全性、建立一个良好的住宅市场，政府最重要的工作就是加强房地产相关行业的管理。

⑥ 健全住宅金融体系。政府有责任建立一个健全的住宅金融体系，帮助家庭购买住宅。特别是，应该有一个严肃的承办审查程序来区分购房者和投资者。如果有太多可以轻松从金融机构借到钱的投资者，那么他们就会挤走真正的消费者，助长住宅不公的态势。

(2) 对未来政策的四点建议

除上述六大战略要素外，我们还有以下四个执行建议：

其一，建议行政管理机构召开土地及住宅会议，广泛讨论有争议的土地及住宅相关问题，并争取达成一些共识以解决问题。

其二，目前台湾地区的土地和住宅事务分配给不同的部门和组织负责。但土地和住宅相关政策的规划应进行综合考虑和多学科整合。否则，这些政策带来的惠益将非常有限，有时甚至会产生不良副作用。因此我们建议行政管理机构建立跨部门沟通协调机制。

其三，当前住宅补贴和社会住宅的申请以户籍为基础。鉴于跨区域迁移者较多的情况，最好是以跨都市的方式而不是单独地考虑和解决住宅问题。因此我们建议建立政府之间的合作机制，更加公平、高效地分配有限的住宅资源。

其四，由于政府过分强调规划和调控阶段，却忽视了下一步的管理阶段，因此一些住宅相关政策目标无法实现。公布的住宅政策与实际实施之间存在巨大差距。我们建议政府应当加强住宅政策管理、缩小这种差距，实现住宅政策目标。

6. 结论

房价的快速上涨是台湾地区住宅市场最为严重的问题，并且降低了居民的住宅负担能力。飞涨的房价不仅恶化了生活条件，还降低了住宅流动性，从而削减了家庭通过调整住宅需求来提高其居住质量的机会。此外，稀缺资源压倒性地集中在住宅市场，对于总体经济发展也有弊无利。过去几十年里，我们见证了金融机构在房地产市场提供大量按揭融资。按揭市场的高杠杆率暗中增加了爆发金融危机的风险，也加剧了贫富之间的收入和社会不平等。在此情况下，许多年轻人陷入贫困，看不到未来，从而使台湾地区产生更严重的经济和社会问题。

半个多世纪以来，不合适的住宅政策、不完善的税制和不充足的财政计划，导致台湾地区形成了一个不健康的住宅市场——业主可以从交易中获得超额利润，从而在住宅市场上吸引了大量的投资需求。这是房价上涨的主要驱动力。同时，台湾地区现在正面临人口结构的巨大变化。全台湾的生育率下降和人口老龄化趋势十分明显。此外，现有建筑过于陈旧，且缺乏足够的设施来满足这些趋势。鉴于这些挑战，本研究建议，台湾当局应加大住宅市场改革力度。本研究提出了推动住宅市场健康发展的六大战略要素，即：加快都市更新改造，增加社会住宅，扩大房屋租赁市场，改革房地产税收，加强房地产业管理以及健全住宅金融体系。

我们还鼓励政府举办土地和住宅研讨会，以便就住宅市场改革的战略内容达成共识。由于土地和住宅问题十分复杂且与其他经济事务有广泛关联，我们建议行政管理机构建立跨部门沟通协调机制，明确政府的职责分工，特别是在大都市内更应如此。

总之，近年来，许多政策之所以会宣告失败，部分原因是缺乏有效的管理。因此，我们建议各级政府应更加重视管理问题。鉴于政治环境的复杂性和曾经发生的政府失灵，我们认为，民众应该发展其他方式，迫使政府实施住宅市场改革。

参考文献

Akbari A H and Aydede Y（2012）. Effects of Immigration on House Prices in Canada. Applied Economics，44(13-15)：1645-1658.

Bourassa S C and Peng C-W（2011）. Why is Taiwan's Homeownership Rates So High? Urban Studies，48(13)：2887-2904.

Cebula R J and Vedder R K（1973）. A Note on Migration，Economic Opportunity，and the Quality of Life. Journal of Regional Science，13(2)：205-211.

Cebula R J and Belton W J(1994). Voting with One's Feet：An Empirical Analysis of Public Welfare and Migration of the American Indian，1985-1990. American Journal of Economics and Sociology，53(3)：273-280.

Cebula R J and Nair-Reichert U(2012). Migration and Public Policies：A Further Empirical Analysis. Journal of Economics and Finance，36 (1)：238-248.

Chang C-C and Yuan S-M(2013). Public Housing Policy in Taiwan. In J Chen，M Stephens and Y Man (Eds.). The Future of Public Housing：Ongoing Trends in the East and the West. Berlin Heidelberg：Springer-Verlag. DOI：10.1007/978-3-642-416224-4_6.

Chang C-C and Chen M-C(2012). Taiwan: Housing Bubbles and Affordability. In A Bardhan, R H M Edelstein and C A Kroll (Eds.). Global Housing Markets: Crises, Policies, and Institutions, Kolb Series in Finance: Essential Perspectives. Hoboken, New Jersey: John Wiley & Sons, Inc.

Chen Y-L(2011). New Prospects for Social Rental Housing in Taiwan: The Role of Housing Affordability Crises and the Housing Movement. International Journal of Housing Policy, 11(3): 305-318.

Chiu R L H(2008). Government Intervention in Housing: Convergence and the Asian Dragons. Journal of Urban Policy and Research, 26 (3): 249-269.

Demographia (2016). Rating Middle-Income Housing Affordability. 12th Annual Demographia International Housing Affordability Survey: 2016. Belleville, IL: Demographia.

Grassmueck G(2011). What Drives intra-country Migration: The Impact of Local Fiscal Factors on Tiebout Sorting. The Review of Regional Studies, 41(2, 3): 119-138.

Nenov P T (2015). Regional Reallocation and Housing Markets in a Model of Frictional Migration. Review of Economic Dynamics, 18 (4): 863-880.

Peng C-W, Wu S-T and Wu S-H (2007). The Influences of Effective Property Tax Rates on Housing Values: Evidence from Ta-tung and Nei-hu Districts in Taipei City. Journal of Taiwan Land Research, 10(2): 57-66 (in Chinese with English abstract).

Peng C-W, Wu W-C and Kung S-Y(2009). An Analysis of Determinants of Residential Migration. Journal of Population Studies, 39: 85-118 (in Chinese with English abstract).

Peng C-W and Tsai I-C (2012). Long-and Short-term Influences of

Homeownership Rates on Fertility Rates: An Application of the Panel Cointegration Model. Journal of Population Studies, 44(1): 57-86 (in Chinese with English abstract)

Saiz A(2007). Immigration and Housing Rents in American Cities. Journal of Urban Economics, 61(2): 345-371.

Sterk V(2015). Home Equity, Mobility, and Macroeconomic Fluctuations. Journal of Monetary Economics, 74(3): 16-32.

第十一章　香港特别行政区二元住房体制面临的挑战

赵丽霞，香港大学

1. 引言

香港特别行政区拥有二元的住房系统，以 2016 年为例，香港人住房的 46%和 54%分别由公共部门和私有部门提供(香港特别行政区政府统计处，2016a)。在公共住房当中，租赁房占 67%，自住房占 33%。公共部门需要解决的问题包括：① 在私有住房价格自 2010 年起迅速上升的情况下也能满足低收入家庭快速增长的需求；② 在最低工资政策颁布之后提升收入资格标准的上限。2011 年，香港的收入房价比为 17，没有资格以补贴价格购买住房的家庭正面临着房价过高的严峻问题，这给香港特区政府带来了前所未有的挑战。

毋庸置疑的是，21 世纪 10 年代初的推迟填海造地和在 2000—2010 年对新地供应的减少是造成香港土地住房供应短缺的主要原因，因此香港现政府穷尽了所有方法以在短期、中期和长期扩大土地供应。但是土地短缺是否房价高企背后的唯一原因呢？如果一个经济体的土地属国家所有且土地利用区划靠法律决定，[①]为什么用于住房开发的土地供应会如此短缺呢？除了土地住房供应短缺之外，香港还面临着其他住房问题吗？香港 2014 年出台

---

① 在香港，土地利用区划由法律而定，所有的土地所有者和使用者都必须遵守。以不同的用途使用土地的行为将遭到起诉。土地利用区划的法律地位在香港可被强制确立，但是在内地城市囿于时间、位置和治理因素，其强制力较小。

的长期住房政策采用了基于人口变化趋势的住房需求预测模型，这是否足以帮助香港抵御未来的市场震荡呢？考虑到香港和内地的城市在土地所有制和法定土地利用区划上的相似性，香港的住房挑战是否能给内地城市带来启示呢？

本章试图回答上述问题。首先，本章将探讨香港住房部门面临的显性挑战，之后会探讨其面临的隐性挑战；其次，根据香港和内地城市住房体系之间的相似处和不同点，同时以深圳的住房补贴政策为例，本章将通过香港的住房问题为房价高企的内地城市提供建议。

2. 显性的挑战

2.1 挑战1：难以承担和不可获得的住房所有权

尽管香港是世界上最自由的经济体之一，但是其住房存量中有31%是公共租赁房(765 080个单元)，15%(370 200个单元)是由政府直接生产提供的补贴自住房，只有54%(1 332 720个单元)是私有住房(香港房屋委员会和房屋署，2016a)。因此香港住房拥有率并不高，在2016年为51%(政府统计处，2016)。事实上，住房拥有率只是在20世纪70年代末香港由制造业转向服务业的时候开始上升，在20世纪80年代末第一次达到高峰，在2004年第二次达到高峰，此后自21世纪10年代中期开始便止步不前，并在2011年之后有些许回落(图11.1)。有证据显示，香港家庭对私有住房的拥有率同经济增长、家庭收入等呈正相关关系，而与房价呈负相关关系。毫不意外的是，补贴类住房与上述动因之间就没有相关性，因为这类住房更多受到住房政策、补贴、住房资格和供应的影响 (Chiu，1998；Yip等，2007)。

私有住房价格的可负担性一直是香港住房面临的最大挑战。如图11.2所示，自从中英两国的政府在1984年决定了香港的未来之后，香港房价就不断攀升，直到1998年亚洲金融危机影响房市之前，平均每年的上涨速度达到19%。为了评估买房的可负担性，我们使用了香港最常见的住房单元大小和家庭收入的中位数。如表11.1所示，香港最常见的住房类型是40～69.9平方米的套间

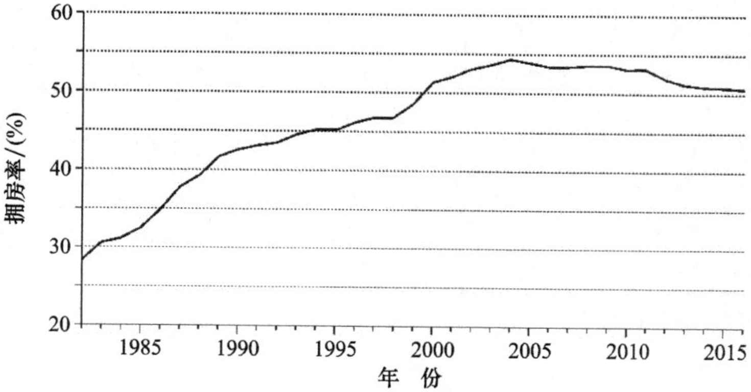

图 11.1　1982—2016 年拥房率趋势

来源：调查与统计部(Census and Statistic Department)，2016 年。

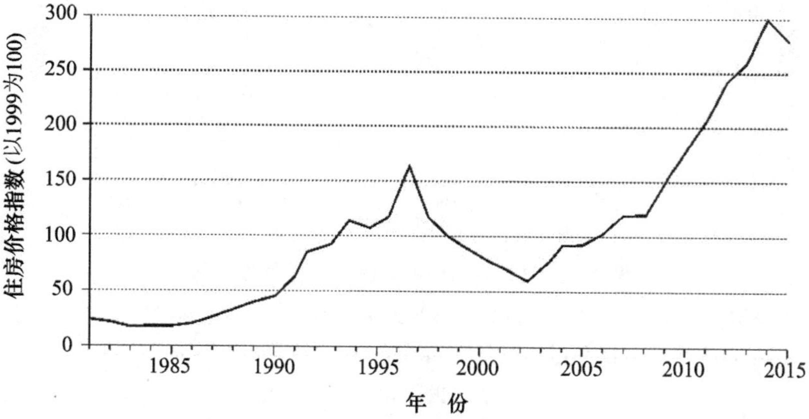

图 11.2　1981—2016 年私有住房楼盘价格趋势

说明：价格指数是基于楼盘价格计算得来。

来源：评级与估价部(Rating and Valuation Department)，2016 年。

(49%)和小于 40 平方米的套间(31%)。因此，我们选择中等价位地理区域内 46.45 平方米住房的价格作为参考。如图 11.3 所示，1998 年之前，香港住房的可负担性快速下降。1997 年香港住房价格收入比达到 9.5 且可负担率(月按揭付款/家庭收入)接近 90%，达到历史高峰。香港房价在金融危机之后的经济萧条中下滑 60%，可负担性问题有所缓解。然而，由于糟糕的经济前景、不稳定的就业和削减的工资水平，在此期间的住房交易量也减少了 40%～70%(图 11.4)。

表 11.1　部分年份住房单元大小的组成变化　　单位：平方米

年　份	A	B	C	D	E
	＜40	40～69.9	70～99.9	100～159.9	≥160
1985	41.7	40.9	9.4	5.2	2.8
1991	38.9	43.8	9.6	5.1	2.6
1997	37.0	45.6	9.9	5.1	2.4
2003	34.1	47.5	11.2	5.1	2.2
2015	31.1	48.9	12.2	5.5	2.2

来源：差饷物业估价署，2016。

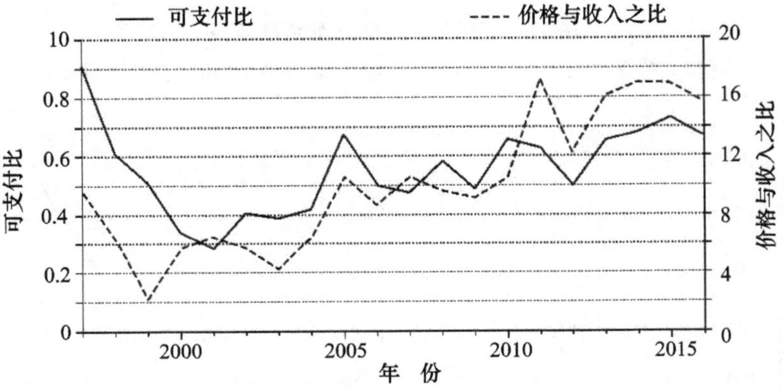

图 11.3　1997—2016 年住房可支付性趋势

说明：住房价格与收入之比＝(每平方英尺价格)×500/家庭年均收入。

可支付比＝每月还贷额/每月家庭收入。2016 年利率为 2.15%。

来源：中国银行，2016 年 9 月。

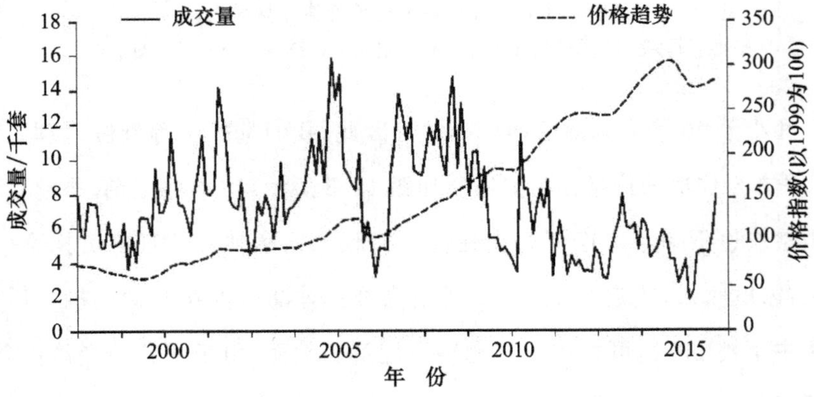

图 11.4　2002—2016 年住房价格和成交量趋势

来源：评级与估价部，2016 年。

随着香港经济在21世纪10年代中期逐渐复苏，房价也出现了反弹（图11.2）。全球金融海啸给香港带来负面影响的时间并不长，因此香港房价最后比1997年的历史高峰水平还高出31%（香港特别行政区财政司司长办公室，2013），给中等收入及以下的家庭带来了严峻的住房压力。2011年，香港的房价收入比达到了惊人的17。尽管这一数字在2012年有所回落，但仍在其后的几年出现反弹。好在这一期间香港的按揭利率处于历史较低的2.75%，因此住房可负担率仍然维持在60%左右（图11.3）。香港特区政府曾经直接使用住房补贴制度，有效帮助低收入家庭获得住房。但是由于住房贬值期间私有住房的价格一度回落到家庭可负担的水平，该制度于2002年终止。直到2010年，香港特区政府又再次引入这一制度，只不过由于土地供应的限制只能局限在较小的规模进行。

总体来说，香港住房拥有率的增长主要归功于20世纪七八十年代的经济结构调整和发展。但是随着香港经济持续繁荣，住房需求飙升，香港住房可负担性的问题也在不断恶化。政府补贴——即以低于市场价的价格直接提供住房——可以帮助低收入家庭购买自己的住房。但是对于未享有补贴资格的家庭来说，尤其在当今的市场环境之下，进入私有市场相当艰难。香港的二元体系中，有两个群体都受困于住房所有权的过渡夹层，既包含公共住房的部分，也包含私有住房的部分。

2.2　挑战2：可负担的保障性租赁房的短缺

私有部门内住房租金和售价的变化趋势类似，只不过前者的上涨幅度更小：2009—2015年，住房售价增长150%，而租金仅上涨60%（图11.1和图11.5）。众所周知，与反映投资价值的房价相比，反映消费的租金波动程度更小。类似的是，1997年和2015年香港的租金收入比均达到高峰38%，而这两年的房价收入比则分别为9.5和16.6。但是，自2008年开始，私有市场整体的租金收入比逐渐接近并超过30%，并且自2013年开始向40%迈进，从而不断增加租赁成本负担。根据Tang、Zhang和Chiu(2015)对拥有住房的户主年龄的研究，30岁以下的户主比例从1991年的46%下降到了2013年的39%。

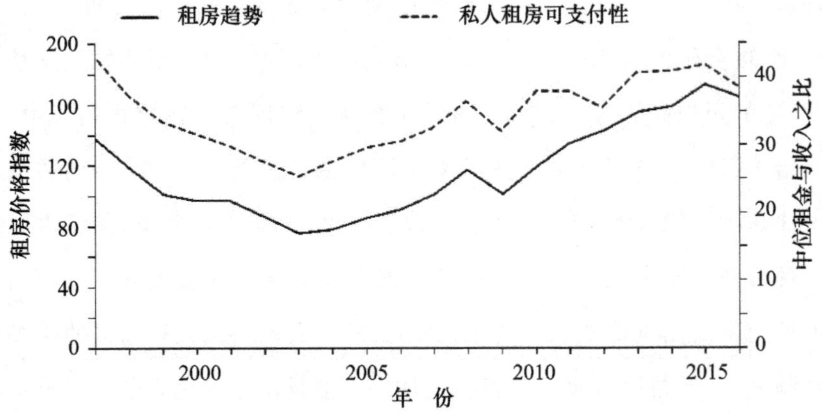

图 11.5 1997—2016 年租房趋势与租房可支付性

来源：笔者基于评级与估价部 2016 年中等面积(例如 40～69.9 平方米)物业私人租金数据整理所得。

因此,香港的租赁需求不断增加,而这一趋势在低收入家庭中尤为明显。

从图 11.6 可以看出,自 2005 年起,香港经济逐渐从亚洲金融危机中复苏,租金收入比有所反弹,但是公共租赁房新申请者(大多是低收入家庭)的数量却不断上升,尤其是单身申请者(一人住户)的数量不断增加。之所以 2011 年开始申请者的数量会急剧上升,在一定程度上是因为政府实施了最低工资政策以

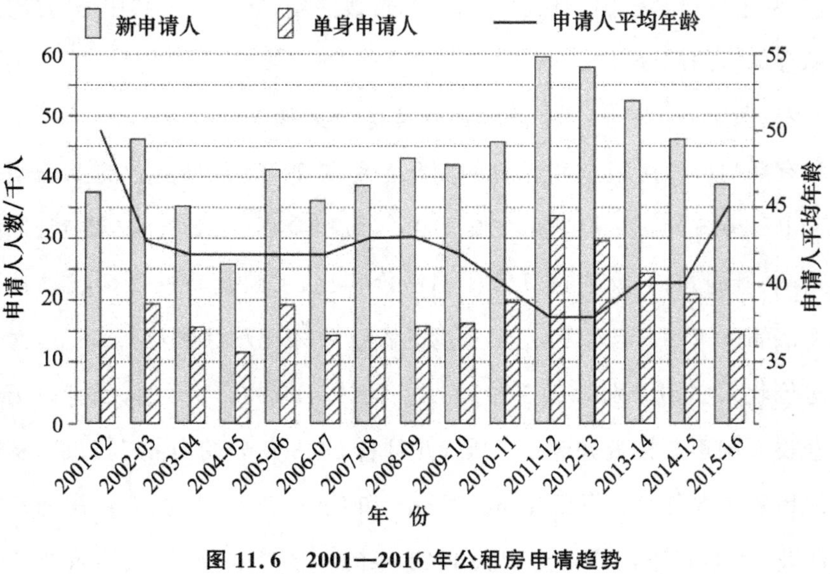

图 11.6 2001—2016 年公租房申请趋势

来源：香港屋宇署,2016 年。

保证保安和清洁工等低收入雇员可以获得公共住房，从而导致以收入为标准的申请资格的提高。这一申请资格标准的提高也解释了为什么第二年申请数量的增长速度放缓。而单身年轻申请者增加和申请者平均年龄下降的原因则是租金可负担性问题恶化，且有更多的年轻人离开父母追求独立生活。事实上，2015 年 3 月，30 岁以下的单身住户占据总单身申请者的 55%（香港房屋委员会和房屋署，2016c）。

上述现象再加上我们之后将要探讨的供应瓶颈，使得核心家庭获得公共租赁房的平均等待时间从 2010 年的 2.1 年增长到了 2016 年 9 月的 4.1 年（香港房屋委员会和房屋署，2016c）。因此，为满足市场的需求，拆分单元——即从原有高层住房单元分离出的带有厕所或不带有厕所的房间——的供应不断增加。拆分单元的数量从 2013 年的 66 900 增长到了 2016 年的 87 600，迅速增长了 31%（香港特区政府统计处，2016；运输及房屋局，2014）。

因此，香港特区政府面临的一个巨大挑战是不只要限制拆分单元的数量增加，实际上更应该通过增加供应以缩短公共租赁房的等待时间。同时香港特区政府也需要给私有住房市场的租赁成本“降温”。不幸的是，上述两方面的发展方向都和期望背道而驰。2016 年核心家庭等待公共租赁房所需的平均时间是 4.1 年。老年单身住户的平均等待时间也从 2015 年的 1.9 年增加到 2.4 年（星岛日报，8 月 12 日，2016b）。

2.3　挑战 3：低住房空间标准

香港 2014 年的平均住房消费为人均 16.7 平方米以及平均每户 48.4 平方米，在包括内地主要城市的亚洲城市当中处于最低水平（表 11.2）。空间标准的水平之所以如此之低，其原因有二：① 由公共部门提供的大规模住房是只满足人均空间等基本住房标准的租赁房，或者不高于低端私有住房标准的自住房；② 私有部门住房糟糕的可负担性。正如上文所说，除了 1997 年亚洲金融危机之后长期的经济萧条时段之外，香港私有住房的可负担性问题一直都非常严峻。

鉴于香港自 2011 年起房价收入比居高不下的情况，开发商倾向于建造小型住房单元以适应香港住房的可负担性。一个很好的例子是最近香港的一个开发项目只提供15.2～18.1平方米的套房，比1999年的平均套房面积45平方米和2014年的平均面积48.4平方米要少66%（星岛日报，6月10日，2016a）。事实上，提高香港住房空间标准的前景非常黯淡：总住房存量中公共住房的比例不太可能减少，而私有住房的可负担性问题只有在市场衰退时才会好转，同时伴随市场衰退随之而来的还有经济萧条和就业不稳定。

一项针对1998/1999至2014年期间内主要住房类型人均住房面积的分析指出，公共租赁房是人均住房面积增幅最大的住房类型，从8.6平方米增加到13平方米，而补贴自住房从14.3平方米增加到14.5平方米，私有住房从16.4平方米增加到20.1平方米，整体的人均住房面积从13.3平方米增加到16.7平方米（表11.2）。公共住房空间标准的大幅提高并不是有意为之，而主要是因为亚洲金融危机之后补贴住房制度终止，2002年建设中的补贴住房项目因此转变为了公共租赁房；近年香港家庭规模减小也是原因之一。在非补贴家庭难以购买基本标准的住房的情况下，如果有意提升公共住房的空间标准也很难

表11.2　香港不同住房类型的居住空间(2013/2014年)

住房类型	供应商	总住房面积/平方米	存量	居民	人均居住面积/平方米
公共租赁房	HKHA	26 712 440	748 605	2 055 380	12.9
	HKHS	1 027 470	33 055	87 679	
					(8.6)
补贴自住房	HKHA	18 926 270	452 614	1 312 581	14.5
	HKHS	974 697	19 280	55 912	
					(14.3)
私有住房	HKHS	184 799	3473	10 071	20.1
	开发商	65 418 230	1 123 633	3 258 536	
					(16.4)
总　计		113 243 906	2 380 660	6 780 159	16.7
					(13.3)

注：*括号中的数据是1998/1999年的人均居住面积。**HKHA—香港房屋委员会和房屋署；HKHS—香港房屋协会（使用政府土地提供补贴住房的非政府组织）。HKHS的住房空间标准和HKHA类似，但是更加灵活。与此同时，HKHS也为中低收入群体提供租赁制度。***公共租赁房和临时住房计算的是室内面积。其他类型住房计算的是销售面积。

来源：中原数据公司，2014；Chiu，R. L. H.，2005；香港房屋委员会和房屋署，2014a；香港房屋委员会和房屋署，2014b；香港房屋协会，2014a；香港房屋协会，2014b；差饷物业估价署，2014；香港房屋委员会和房屋署提供的信息；香港房屋协会提供的信息。

被认为是恰当的。

如欲解决住房空间标准过低、改善宜居度，唯一的方案也许是提高社区公共空间和商业空间（餐厅、咖啡厅）的供应和设计标准，尤其是住宅区内的公共空间和商业空间，从而可以允许某些家庭活动（比如休闲和社交活动）在住房单元之外进行。事实上，公共空间和餐厅已经在受补贴的和私有的住宅区内得到了很好的利用。

2.4　挑战4：二元体系下的住房流动性瓶颈

基于上述讨论，本节将指出香港特区政府在试图帮助住房使用者攀登住房阶梯时所面临的挑战（图11.7），而帮助住房使用者攀登住房阶梯也是香港特区政府制定的一项政策目标。1997年香港回归之后，当时的新政府第一次强调了住房阶梯概念，表示希望通过扩张住房补贴政策而提高向上的住房流动性。住房阶梯的等级则可以根据住房产权、住房类型或补贴资格等因素进行定义。

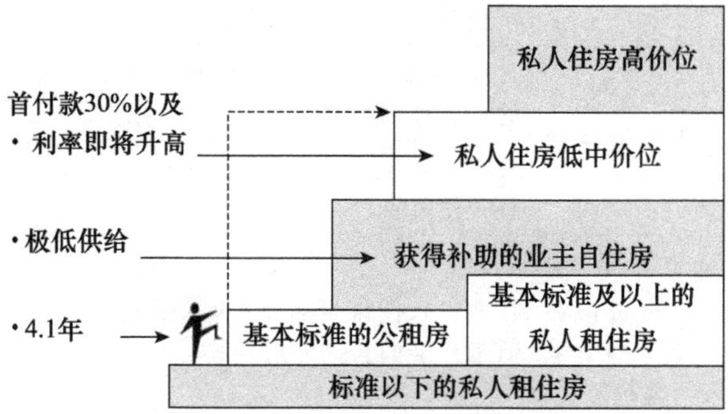

图11.7　住房阶梯和住房层级——仅按补助金资格划分

来源：笔者。

上述因素中和本章讨论相关的是补贴资格。根据2016年的普查数据，公共住房部门为大约一半（46%）的香港家庭提供了住房：其中有31%的公共租赁房，15%的补贴自住房。香港剩余的54%人口居住在私有住房当中：其中21%是租户，33%则是自有住房者（政府统计处，2016）。收入水平和特定住房类型对居住者身份的要求划分了住房的不同等级：在香港，有资格获得住房补贴的家庭需要满足一定的收入限制，并且要有一半以上的成员在港居住至少7

年。收入限制的确定则参考了城市内社会经济团体租赁或购买与其各自的生活方式相配的自有住房的可负担性。

表 11.3 显示了各类住房补贴的资格标准，在按揭利息的微薄收入免税额度之外，补贴覆盖了二元体系的 6 个住房等级。由于公共部门对境遇改善的租户心怀仁爱，允许他们仍住在公租房内，公共部门住房中因此会出现不同收入群体相混合的现象。多样的收入意味着不同的生活方式和生活机遇，而香港的资格标准和实际的住房分配流程也未考虑种族因素，因此 Rex 和 Moore (1971)的住房类别概念不足以概括香港的住房等级。

表 11.3　根据住房补贴资格定义的住房等级　　单位：套

住房等级	住房补贴	符合条件的家庭	2011 年家庭数量（占据总家庭数量的比例）
第 1 级	为未达标私有住房的租户提供公共租赁房	月收入小于 20 000 港币* 的私有住房租户，收入标准根据家庭规模和居民身份有所浮动	117 681 (4.8%)
第 2 级	公共租赁房	在获准入住时收入低于资格审查标准的公共住房租户	720 892 (30.3%)
第 3 级	为符合条件的私有和公共租户提供受补贴自住房	月收入 20 000～40 000 港币** 的私有住房租户	92 223 (3.7%)
		月收入高于 20 000 港币*** 的公共住房租户	188 962 (7.7%)
第 4 级	受补贴自住房，同时按揭人有资格在支付利息时享受微薄收入所得税豁免	在获得入住许可时，收入水平低于标准的公共住房租户	377 615 (15.3%)
第 5 级	满足基本标准的私有租赁房，无补贴	月收入大于 40 000 港币的私有住房租户	119 821 (4.9%)
第 6 级	私有自住房，同时按揭人有资格在支付利息时享受微薄收入所得税豁免	全体私有住房所有者（无论何种收入水平）	845 272 (34.3%)

注：* 2014/2015 年四人家庭的公共租赁房收入标准是每月 25 168 港币。在本文中使用的 20 000 港币是不同家庭规模收入标准的平均值，并且普查数据在进行收入等级细分时会使用整数；** 我们认为月收入少于 20 000 港币的家庭由于其承担能力和满足公共租赁房申请资格等原因不想通过住房产权制度购买住房；*** 我们认为公共租户家庭若月收入少于 20 000 港币则无法承担住房所有权的成本。

来源：香港特区政府统计处，2012。

正如上文所说，香港居民在获得公共租赁房前等待的时间不断增加，使未达标私有住房的租户在刚开始攀登第 1 级阶梯时就需要面临第一个挑战（图 11.7）。除了供应短缺之外，居民身份要求也延长了新移民家庭获准入住公共住房的等待时间，只不过这样的阻碍是暂时的，因为一个家庭在香港居留 7 年便可以获得永久居住权。香港居民面临的第二个挑战是从租赁房转变到自住房。1980—2016 年，有两个主要的社会经济群体一直在等候沿着阶梯逐级而上成为有房一族的机会：他们是可以获得补贴购买自住房的中低-中等收入的私有和公共住房的租户（图 11.3 中第 3 级），是否能买到房取决于收入资格标准和受补贴住房的供应情况；中等-中高收入私有租户（第 5 级），如上文所说，其拥有住房的可能性取决于他们的负担能力是否在私有房价波动中足够强劲。

香港特区政府通过收紧按揭贷款来减少需求以提高住房拥有率，或者至少在表面上扩大补贴住房制度。但是，正如上文所说，香港的房市已经经历了 3 个价格周期并且正处在第四个周期之中，一些“倒买倒卖者”会利用房产周期在住房所有部门买进卖出，积累财富。这些倒买倒卖者大多是第 6 级的私有自住房所有者。第 4 级的补贴自住房所有者对倒买倒卖兴趣不大，因为补贴房的价格更加稳定。在香港房市经历的前三个房产周期之中，总共发生了两次大型的价格崩盘，分别是 1982—1984 年和 1997—2003 年。

在第二个萧条时期，第 6 级住房阶梯出现了更多的“退出者”。这主要是因为这个时期价格下跌更加迅猛，经济下行周期更长，而香港特区政府恰好在市场崩溃之前颁布了宏伟的住房购买扶持政策以帮助边缘购房者（本文之后会详细描述该政策）。用 Wood 等人（2013）的话来说，“倒买倒卖者”和“退出者”分别是住房阶梯的赢家和输家。但是最感到沮丧的群体还是潜在的住房所有者，而他们的存在给香港特区政府建立运转良好的住房阶梯提出了最严峻的挑战。

潜在的住房所有者指的是愤怒的私有和公共租户（图 11.3 中的第 3 级）。他们希望购买自己的住房并且为之努力存钱，到头来却要么因为连续或间歇的涨价而无法承担房价,要么因为没在受补贴住房销售时被选中而仍处于过渡夹层。这些人虽然可以在租赁房居住很长一段时间,但是并不愿意一辈子住在租赁房内,因此他们被视作是落入了拥有房产之前的过渡夹层并且受困其中的人。1990—2014 年,尽管香港人的收入增加了 2.5 倍,却仍远远落后于增加了 5 倍的房价(政府统计处,2015;差饷物业估价署,2015)。但是,作者的研究团队在 2014 年对香港不同地区的 5000 人进行的面对面调查中,发现收入超过 20 000 港币的私有和公共租户中有 69%的人表示如果可以负担的话还是希望购买自己的住房(Chiu 等,2015),这说明香港有很多潜在住房所有者被困在了过渡夹层之中。

处在过渡夹层的中低收入私有租户(收入大约在 20 000 港币和 30 000 港币之间)①是最沮丧的潜在住房所有者,他们没有资格参与"居者有其屋"的大型政府项目,既无法获得补贴自住房,要买私有住房也只能在 1999—2003 年私有房价处于低位时才买得起(图 11.2)。在 1998 年房市崩溃前后,只有 20%新建的受补贴自住房分配到了中低收入私有租户手中,这一群体的申请量和供应量相比却达到了 12 倍之多。香港将大部分补贴套房分配给了公共租户,这样他们可以腾出租赁单元、再分配给公共住房等待名单上的申请者。

因此我们可以看出,香港特区住房政策的重点是使低收入家庭尽快获得标准住房,对那些收入有所改善以至于可以购买私有住房的公共租户,政府的移出政策非常宽松,相比之下私有租户的买房需求则没有得到多少关注。事实上,在 1998—2003 年的经济萧条期间,公共租户对购买补贴住房的需求不足且香港房产整体供大于求,只有在这段时期私有租户才有机会购买住房。然而经济和就业前景不明却让很多人在当时对买房望而却步。

如果不使用补贴制度,中低收入私有住户只能购买私有住房。起初,中低价位私有住房的涨价势头要小于高价位私有住房(图 11.8),但是 2008 年后,中低价位私有住房的价格也开始出现两位数的增长,这让即使是拥有中等收入的家庭也难以承受。自 2011 年起,整体住房交易量又回到了亚洲金融危机后

---

① 2015 年 5 月 3 日,1 美元=7.8 港币

的水准。如果仔细研究香港的可负担性就会发现，香港的可负担率之所以能维持在40%（政府使用的并且可被社区普遍接受的标准），主要是因为利率处于历史低位。然而，即便香港家庭每个月存下收入的25%、房价增幅没有超过收入增幅太多，若想要购买符合中低收入和中等收入消费行为的住房，仍需存够13年的钱才能支付首付款。2010年时，香港特区政府最终承认了可负担性问题的存在并且引入了试点项目，希望帮助中等收入家庭储蓄以支付首付款（香港特别行政区，2010）。这一项目在新特首于2011年上任后，和原有的补贴自住房制度合并。

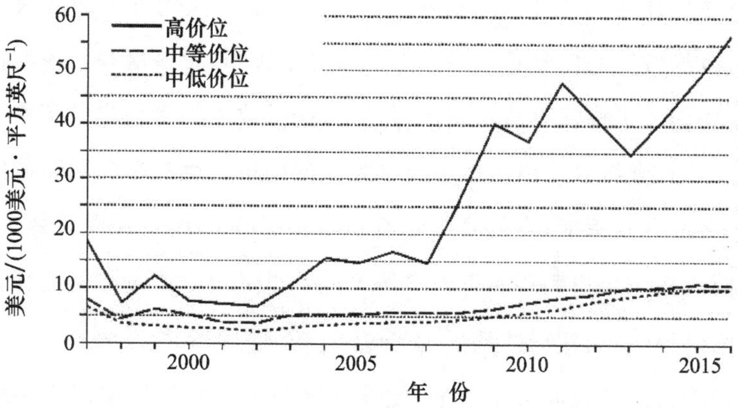

图 11.8　1997—2016 年不同住房市场定位下的价格变化

说明：高价位、中等价位和中低价位住房的参考价格分别收录自浅水湾、黄埔花园和沙田第一城。

来源：笔者基于中原地产成交价整理得来。

在重新引入的制度中，一个主要的变化是提高收入上限以把中等收入家庭纳入覆盖范围，从而缓解他们对房价飙升的愤怒情绪。但是这种粉饰太平的表面措施却进一步降低了中低收入家庭获得补贴住房的可能性。让人感到雪上加霜的是，由于自21世纪10年代初开始就不再划定或通过挖山/填海的方式建造新的住房开发用地，住房用地出现了严重的短缺，下文将会对这一点加以详细论述。但即便是符合条件并且有着相对而言较为充足收入的家庭当中只有一半想要加入该制度，住房供应和他们的需求相比仍然微不足道。在2016年3月的销售活动中，私有住房租户的超额认购率达到26.4倍，而公共住房租户的超额认购率则为2.2倍(香港特别行政区政府新闻发布会,2016年5月10日)。

因此,中低收入私有租户受到了可负担保障房的可及性的限制;当住房供应充足的时候,经济和市场前景过于黯淡又使得买房意味着承担巨大风险。正如上文所述,对于中低收入私有租户而言,香港特区政府给他们的新补贴住房在数量上不仅少于未达标租赁房中低收入家庭获得的补贴租赁房,也比所有收入层级公共租户获得的补贴自住房要少。与私有租户不同,无论公共租户的收入多寡,他们都有权参加任何补贴住房出售制度。这是因为香港特区政府急需从有条件沿着住房阶梯向上攀登的租户手中收回公共租赁房。

香港住房体系的公私二元制导致这一体系层级僵化且不同层级之间冲突频发。这也导致从租房到买房的过渡夹层过于漫长,很多潜在买房者都深陷其中。在这些憧憬买房又万分沮丧的群体中,中低收入私有租户处于最不利的位置。一方面,香港特区政府为解决公共租赁部门的过度补贴问题而制定了受补贴住房出售的条条框框,中低收入私有租户被排在了优先队列的最末;另一方面,中低收入私有租户购买私有住房的可能性总是因为市场波动而变得不堪一击。他们之所以成为住房体系中的失败者,是因为香港特区政府既没有给出承诺、也没有能力执行定向补贴政策,此外还因为在公共住房部门为一半香港人口提供住宅、起到兜底作用的情况下,香港特区政府在私有住房领域仍然实施了自由市场政策。

为了减少社会对可负担性快速恶化产生的不满,香港特区政府放宽了补贴住房出售制度对买家的收入限制。但是这一权宜之计实则为雪上加霜。在未来几年,新的受补贴自住房的供应估计依然不会太高,中低收入租户想要在近期实现他们买房的梦想会变得更加困难。①

① 小规模的"首次置业"制度在2018年8月开设试点,但是政府并未承诺这类住房供给会持续下去。在2013年引入的一项试点制度,允许私有租户按照公共租户同等的条件在二手市场购买补贴自住房,即使用相同的补贴价格购买自住房。该制度使得4000名私有租户成为住房所有者。该制度在2018年正式出台,政府做出承诺每年供应2500个住房单元(运输和住房部,2018)。这些制度为低收入私有租户带来了更多获取住房所有权的机遇,但是和需求水平相比仍然远远不够。

如此看来，二元住房体系面临的两难境地牺牲了公共住房部门的边缘人群——拥有资格但是没有优先权的家庭——他们被卡在了过渡夹层之中，无论是想要购买补贴住房还是私有住房都很困难。而对于那些拥有受补贴租赁房的群体而言，一旦储蓄并赚取了足够的钱，就能拿下受补贴的住房并在住房阶梯上再进一步。尽管有限的新房供应使他们在一手市场上选择有限，但是他们在二手补贴住房市场上仍有很多选择。因此，补贴制度内群体和制度外边缘群体之间存在明显的断层和结构不平等，这是二元住房体制中过渡夹层的突出特点。在住房供应短缺时，断层会变得更为明显。

在二元住房体系中，直接提供受补贴住房所导致的结果可能会在住房所有权方面颇具差异，这取决于人们是否能登上公共住房的第1级阶梯和受补贴住房的所有权是否被用于纠正公共住房部门的扭曲现象。因此，香港二元住房体系面临的最大问题是让居住在未达标住房单元的低收入家庭迅速移居到公共租赁房之中，以及允许中低收入和中等收入家庭购买受补贴和不补贴的自住房。这两大挑战均不容小觑，尤其第二个更是正在愈演愈烈。即便宜居问题可以通过提高公共空间供应和改善住宅区设计得以缓解，上述局限势必会导致住房标准低下。现有挑战只是冰山一角，在水面之下还潜藏着诸多隐形挑战，关乎香港地形、结构、制度问题和短板。

3. 隐藏的挑战

3.1　挑战1：受限的土地供应

香港的土地面积为1106平方千米，2016年人口为735万人，平均人口密度为6642人/平方千米。但香港是由1个主要城区和9个相互分离的新城镇组成的复合城市，因此发达区域的人口密度更高(比如香港繁忙的老城区旺角拥有130 000人/平方千米的人口密度)。由于丘陵地貌占据香港面积的78%，香港可供开发的土地很受限制。即便香港进行了挖山造陆和填海造陆，开发的面积仍然只占到总面积的24%。为了克服自然条件的限制，在港口位置填海造陆一直是香港大规模土地供应的主要来源，不仅促进了经济增长，也满足了人口扩张带来的住房需求。填海造陆的面积达到了香港总开发区的26%(6824公顷)。但是,正如Gurran、Gallent和Chiu(2016)所说的那样,自从1998年引入《海港保护条例》,再加上社会的环保意识逐渐增强、想要将维多利亚港作为一项自然遗产加以保存的想法愈发强烈,这一土地供应的来源也消失不再,详见图11.9。

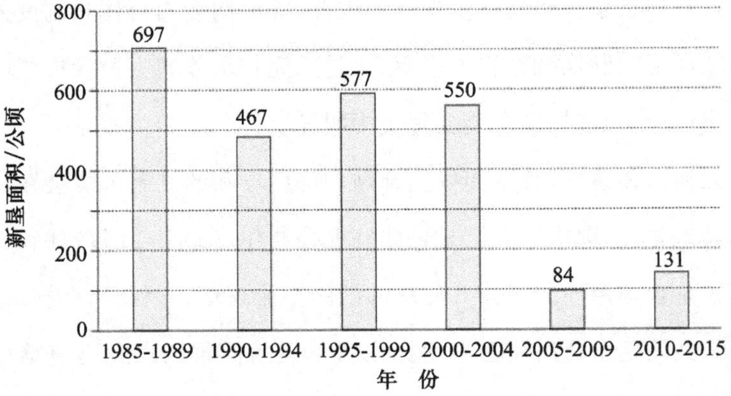

图11.9 1985—2015年新垦土地供给

来源:立法委员会秘书处研究室,2016年。

严重的土地短缺是住房可负担性难题的根本原因,而填海造陆是提供大规模可开发土地的最有效方案,因此目前香港特区政府提议在香港岛和大屿山之间建设一个人工岛,作为2030年之后新的土地供应来源。据估计,这个人工岛将为60万人提供住房。尽管人工岛的位置在受到保护的内港之外,但是正如Gurran、Gallent和Chiu(2016)所说,规划过程中涉及的政治因素和公众参与,以及对环境保护的重视会给这个全新土地供应手段的效果和效率打上折扣。

其他土地供应方案——重新划分土地用途、从现有土地使用方手中收回土地、岩洞开发、重新使用废旧采石场以及再开发——要么规模更小,要么棘手程度只高不低。因此,地形限制和多元决策的掣肘使得香港在确保新土地供应的有效来源时面临重大挑战。

香港的土地管理和土地政策也造成了制度上的限制。尽管香港除了一个小教堂之外的所有土地都归国有(Gurran,Gallent和Chiu,2016),但是一旦土地被租出，这块土地实际意义上已经成了私有土地，除非政府出于少数重要公共目的而需要将其收回，否则这块土地的租赁权可以自主更新。除了每年缴纳土地可估价值的3%作为租金之外，租赁方不需要再缴纳额外的费用。因此土地国有也无助于使用土地再开发来增加住房用地供应。尽管理论上，作为唯一的新土地供应者，香港特区政府可以监管新土地供应以缓解供需不平衡，从而使房价更容易承担。

但是，香港特区政府也希望最大化土地投资的金融收益以及土地作为公共资源产生的交易价值。因此，政府既是主要市场参与者，也是土地作为公共资源的监管者。政府的双重角色减弱了土地公有制原本对市场房价可负担性可以产生的影响。政府有时会在两个角色之间有所倾斜，比如21世纪10年代中期到2010年间，政府在市场不景气的时候放弃了所有新土地的搜寻和填海造地，却没想到自己其实需要积累土地储备，以便在住房需求快速回暖时供应土地。类似的情况在2011年再次出现。政府忽视其监管者的角色是目前香港社区房价高得让人难以承受的根本原因。因此，香港特区政府面临的另一个挑战是在市场参与者和公共管理者之间寻求平衡。

3.2 挑战2：缓解住房所有者风险的财政工具有限

香港特区政府在监管市场需求时面临一个显而易见的短板，即缺乏独立的货币政策和对利率的内部管控。2002年后的大多数年份，香港的按揭利率都处于低位。1983年，港币为保持稳定而选择和美元挂钩。不幸的是，香港和美国的商业和房产周期在1983年以后从未重合，而美国货币政策对利率的控制加剧了香港房市的震荡。如图11.10所示，尽管香港自2010年起房价开始飙升，按揭利率仍然处于2.75%的历史低位，诱使人们在上行的市场当中购买住房以进行消费或投资。

值得注意的是，香港的按揭贷款主要是根据银行基准利率制定的浮动利率贷款，这意味着承担利率风险冲击的是住房买家而不是出借机构。随着美国经济逐渐复苏，利率上升近在咫尺。2016年香港有34%的住房所有者还未偿清按揭贷款，利率一旦上升，他们就会被暴露在风险之中，尤其是对前几年房价飙升时购买住房的人群来说更是如此。目前，除了提醒公众利率可能上浮之外，香港特区政府并未采取具体措施以减少住房所有者的风险。

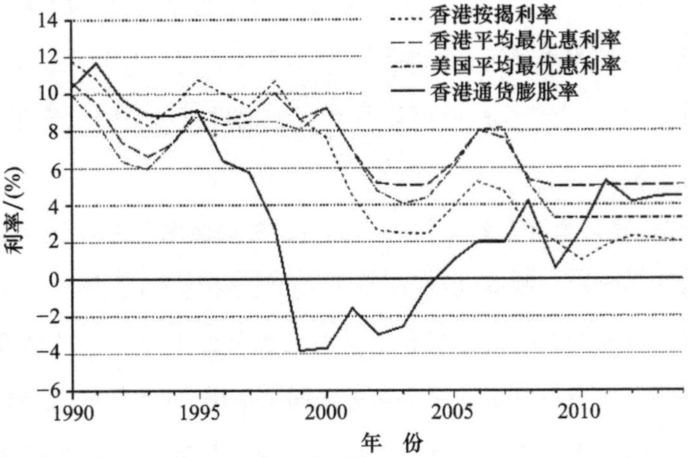

图 11.10 1990—2014 年香港和美国平均最优惠贷款利率，香港的按揭利率和通货膨胀率

说明：按揭利率反映的是业主根据参照客户的认可按揭利率所得到的加权平均按揭利率。

尽管无法控制利率，金融监管者可以使用贷款价值比率上限作为主要工具，辅之以偿债备付率，以此调节住房市场（Ahuja 和 Nabar，2011）。20 世纪 90 年代初，香港特区政府收紧了贷款价值比率。而针对现阶段房市过热的现象，香港特区政府自 2011 年起再次收紧贷款价值比率。

但是，这些预防性的措施基本上是为了减少住房需求并且降低金融机构的风险，而不是降低住房买家的风险。香港金融管理局的一份调查报告指出："这项工具（贷款价值比率）能有效减少房产市场荣衰周期带来的系统性风险"（Wong 等，2011）。无论如何，贷款数量减少，每月浮动按揭还款也会随之降低，所以流动性限制可能也会间接降低买家的风险。

由于房产净值的增加，住房所有者因此可以抵御房地产周期带来的更大冲击。因此，有观点认为，即便是在亚洲金融危机之后房产价格下跌 60%的情况下，贷款价值比率政策有利于将按揭还款拖欠率维持在 1.43%的较低水平（Wong 等，2011）。除此之外，人们认为贷款价值比率政策可以被视为一种审慎的借贷标准，有助于减少按揭违约率（Wood 等，2013）。但是，1999 年香港特区政府在经济萧条背景下出台了按揭保险政策，使得购买额外按揭贷款保险的住房买家可以获得更高的贷款杠杆，将住房买家重新暴露在更大的风险之中。按揭保险政策稀释了金融机构的风险，但却没有稀释住房买家的风险。

此外，新房销售市场上的开发商，或者是金融公司等其他不受香港按揭管理局管理的联合投资者，会为买家提供补充性贷款以吸引其买房。正如图11.11所示，联合投资是房市进入衰退周期时最活跃的融资方式，尽管如此，这种融资方式却给住房买家在经济下行时维持月收入以支付按揭贷款的能力带来了额外的风险。所以说，补充性贷款虽然降低了市场的准入门槛但是却增加了买家的风险。香港房屋委员会及房屋署既是受补贴自住房的直接提供者，也是买家按揭的担保者；但是同样地，这一措施只是用于确保金融机构在按揭贷款出现违约的情况下依然能完全收回按揭未还余额和违约成本。

因此，整体而言，香港特区政府并未采取具体的政策措施来帮助住房买家减少或免受房产冲击或利率变动带来的风险。到目前为止，香港并未使用Smith等(2009)建议的重要风险共担金融工具。但是，贷款价值比率等其他制度因素在一定程度上抵消了风险，降低了按揭拖欠比率。

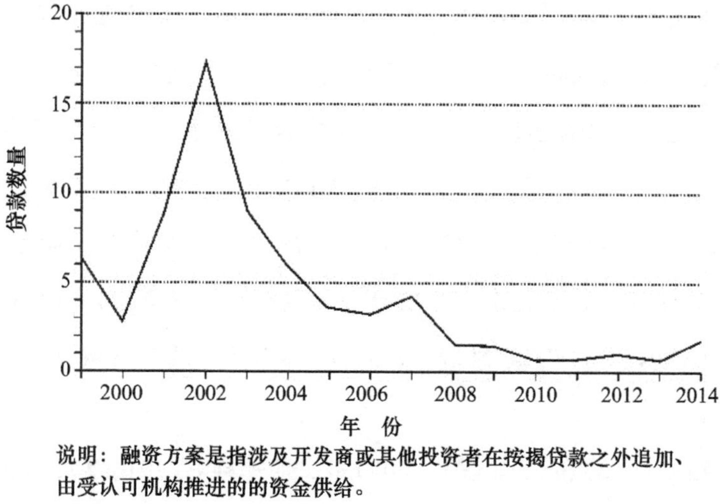

图 11.11　1999—2014 年与融资方案相关的贷款量

说明：融资方案是指涉及开发商或其他投资者在按揭贷款之外追加、由受认可机构推进的资金供给。

来源：香港金融管理局，2015。

3.3 挑战3：管理投资需求

造成房价通胀和波动的一个重要因素是香港经济向外资——尤其是房产投资者开放(Chiu,2006)。在全球金融危机之后，来自西方和中国内地的热钱流入香港房市，导致房价飙升。尽管香港特区政府发现2011—2012年85%的房产买家是本地居民，但是在决定价格的一手市场中，非本地个人买家平均占到15%；另有17%是本地和非本地的公司买家。因此外部投资者对香港房产价格的影响并非微不足道，尤其在高端房产领域更是如此，投机者和买房人群中的倒买倒卖群体也伺机而动(图11.3)。尽管和其他国际房市相比，香港房价的变化并不显著，但是香港房价只升不降的特点却非常引人瞩目：香港房价在1983—2014年整体上升了12倍；1990—1997年上升了3.7倍；2003—2013年上升了3.8倍；2009—2013年上升了2倍。另外，直到2013年2月之后，香港才开始对非本地房产买家征收定向税费。

香港人民希望购买住房作为家庭投资和退休保护的另一个原因是香港的货币政策。如上文所说，香港的货币政策使其政府无法使用利息工具监管通胀和房价。如图11.10所示，1990—1995年以及2010年后香港经济向好，通胀率高于按揭利率。因此，购房和消费升级就被视为是应对通胀最好的手段。如Smith等(2009)探讨的那样，这种保护作用为住房所有权增加了额外的“保险”和“投资”功能。一些住房所有者选择净值贷款以进行收益平滑、另类投资和融资缓冲。从图11.12和图11.10显示的再按揭数量当中，可以看出再融资活动在价格上涨和负实际利率时期更加活跃，但在2011年颁布价格降温措施后有所减少，从而证明了操纵住房财富的行为的确存在。在香港，高收入家庭之所以可以利用住房所有权积累财富，是因为香港市场的经常性震荡、货币政策和开放的房市。

正如Lee(2013)和Smith等(2009)指出的那样，住房财富可以提供福利。这对香港尤其重要，因为香港既没有养老金体系，其2000年12月引入的强制性公积金目前最高缴费额也很低，每月仅从雇员和雇主手中收取192美元。

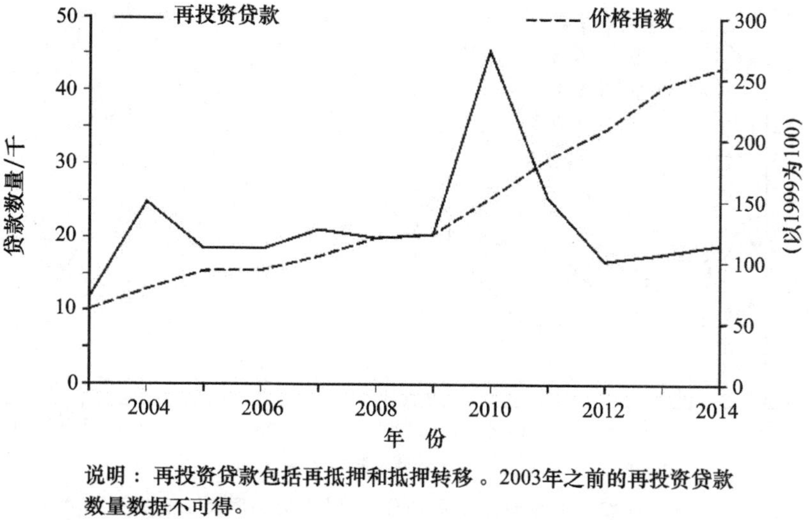

图 11.12　2003—2014 年相较私人住房价格指数的住房贷款再投资数量

说明：再投资贷款包括再抵押和抵押转移。2003 年之前的再投资贷款数量数据不可得。

来源：香港金融管理局，2015。

2014 年香港的长期住房政策使用了基于人口的住房需求预测模型，而其中有一个基本错误，即该模型仅仅根据不同经济场景下的家庭增长来预测未来 10 年的住房需求。这个预测模型忽视了投资需求，因为预测者认为住房投资者会将自己的房产放在租赁市场上。也就是说，无论住房资产是用于自住还是用于投资，最终会回到市场上满足住房需求。所以在需求预测中不需要单独考虑投资性购买，而只需要考虑家庭增长即可。然而图 11.13 表明，针对住房投资需求使用简化的方法是错误的。大型住房单元是外来投资者的主要目标(100～159.9 平方米的住房和 160 平方米以上的住房，有一些投资外溢到 70～99.9 平方米的住房)，而大型住房单元的空置率比小型单元要高，超过 10%。值得注意的是，在香港，不使用按揭购买的空置房的持有成本很低，只包括基本市政服务费和管理费两个部分。

香港特区政府没有办法解释为什么最近几年尽管住房单元数量大于家庭数量——比如在 2015 年，前者为 2 668 000 个，后者为 2 449 400 家，但是住房可负担性问题仍然十分突出(图 11.3)，更谈不上去解决这个问题。香港在 2011 年

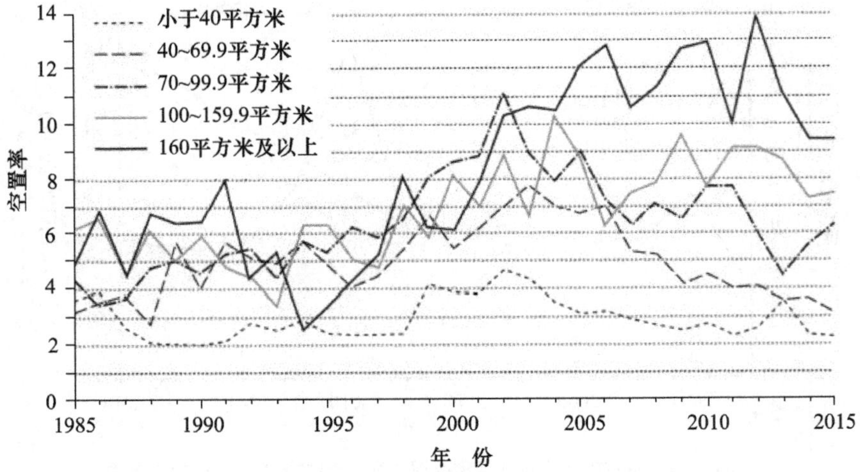

图 11.13 按照单元面积划分、随时变化的房屋空置率

针对外来和本地住房投资者引入了额外的印花税,但该印花税在降低房价方面收效甚微,只是在一段时间内降低了交易数量(图 11.4)。所以说,尽管香港特区政府是房产市场上活跃的参与者和唯一的新地供应者,香港特区政府仍然没有理解不同的住房需求,以及不同需求对住房供应和可负担性的影响。香港特区政府从根本上就将住房需要(need)和住房需求(demand)两个概念混淆起来。而事实上,前者由人口驱动,而后者由市场驱动。由于香港的市场向全球和地区市场开发,而本地人口也将购房视为对抗通胀的方法、积累家庭财富的手段和保障退休生活的工具,这些因素导致住房需求很难管理。

香港二元住房体系面临的挑战包括严峻的房产可负担性、保障性租赁住房供不应求和由此带来的住房流动性瓶颈,以及住房标准低下。这些挑战实际上是三个结构性问题的必然后果:① 香港的丘陵地形、政治化和多元化的规划流程以及政府既作为土地所有者又是市场稳定者的矛盾角色阻碍了土地供应;② 香港特区政府缺乏可用的金融工具来管控供需平衡或者尽量减少民众维持产权时的金融风险;③ 毫无控制的投资需求(直到最近),这是因为香港房市向全球房产投资者开放,尤其在 2009 年后吸引了大量希望在亚洲市场获得高回报的国际和中国内地投资资金,另外本地投资者也将买房视为对抗通胀、保障退休生活的手段。香港特区政府 2014 年的长期住房政策采用了纯粹人口意义上的预测模型而并未考虑投资需求带来的影响。因此，如果亚洲经济仍不断发展并将投资资金吸引到香港地区，在未来住房可负担性问题可能会因为政府对投资需求的忽视而愈演愈烈。

4. 香港住房挑战对内地城市的启示

香港的住房挑战对上海、北京、广州和深圳等内地主要城市来说有着直接的借鉴意义，因为这些城市也有非常活跃的房市和高企的房价。香港是全球和地区投资者的主要目标地，而这些城市则需要满足城际移民和投资者的大量流入以及收入不断增加所带来的强劲内部需求。比如，北京市的人口从 1990 年的 1090 万人增长到了 2015 年的 2170 万人；上海市的人口从 1990 年的 1280 万人增长到了 2015 年的 2420 万人；深圳市的人口从 1990 年的 200 万人增长到了 2015 年的 1140 万人。

香港特区政府使用财政措施抑制价格上涨，而内地城市政府则使用行政(居民身份)和金融管制措施(利率控制和国有银行以及住房公积金管理办公室的按揭贷款批准)来限制非本地买家和降低本地居民的投资需求。如上文所说，尽管香港的住房交易量有所下降，但是房价仍然居高不下。图 11.14 表明中国内地尽管在曾通过采取加紧限购的降温措施，但是对主要城市的房价仍是收效甚微；这些措施在后来又被迅速废除，以确保房市的活跃(如 2015 年的深圳)。

中国一线城市面临的问题和香港类似，即保障性租赁房和自住房供不应求。其背后的原因也和香港如出一辙：供应短缺；年轻家庭，尤其是外来人员家庭数量快速增加；以及市场为满足租户需求和承担能力供应了大量标准低下的住房，如城中村(He，2010)。与内地城市相比，香港运行着规模更大、质量更高的公共租赁房项目。

尽管中国的公共住房存量不多，但是中国内地的一线城市采用了混合制的住房补贴制度。比如，深圳提供四种住房补贴，尤其关注半熟练和熟练工的处境：① 公共租赁房；② 租赁补贴；③ 购买和转租制度，即政府或雇主购买或租

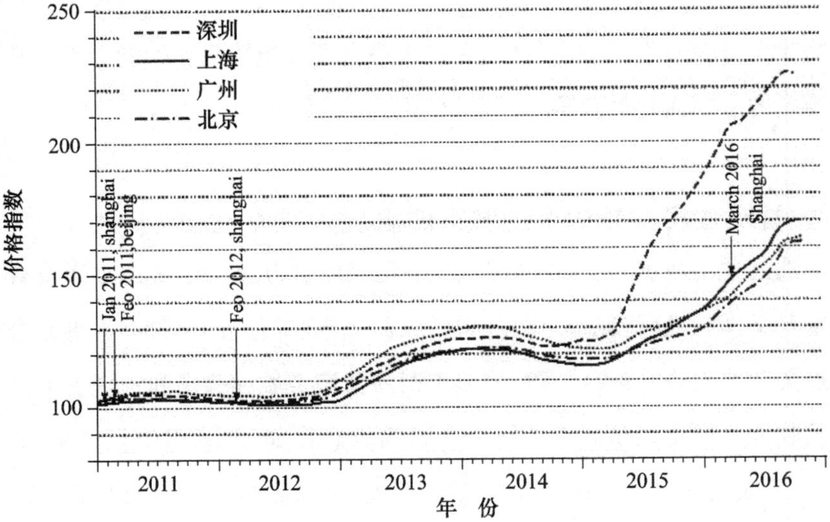

图 11.14　中国四大一线城市的房价趋势(2011—2016 年)及历次房价降温

来源：国家统计局,2011—2016 年。

赁市场住房,之后以更低的价格转租给熟练工;④ 保障性住房制度,即原有的经济适用房制度加上现有的安居型商品房制度。这种混合的模式减少了过度补贴,不像香港的租赁房部门那样怠于清退收入超过补贴限值的租户。深圳混合模式也有其缺点:如果住房补贴资源不对房价具有弹性,那么市场波动就会削弱现金补贴的效果以及政府和雇主购买市场住房之后进行转租的能力。

中国内地一线城市里大量的进城务工人员给住房带来了更大挑战,这不仅是因为其迁移规模巨大,也是因为各方在这一群体是否应当合法获得当地政府提供的住房补贴、当地政府能否有财力负担如此规模的住房需求等问题上各持己见。

就土地供应短缺而言,香港的土地面积相对较小,其政治边界包围的面积仅相当于深圳的一半、上海的六分之一、广州的七分之一和北京的十六分之一;而中国的一线城市都有农村腹地。但是,由于农村区域建设用地扩张往往受到管控,再加上不同土地使用者之间存在激烈竞争,中国城市在为满足住房需要和需求找寻充足土地的方面仍需努力。中国内地的新地供应速度更快,因其规划流程以增长和效率为中心。无论在内地还是香港,中国政府都是城市土地的所有者，他们面临一个共同的问题：如何在市场参与者和市场社会监管者这两个冲突的角色之间达到平衡。

香港的启示是建立土地储备以应对需求波动，这一点十分必要而且切实可行，而建立土地储备需要政府承担起社会监管者的角色。但是可想而知，政府作为市场参与者，自然会利用权力根据市场情况来决定土地供应的数量、位置和时间，从而实现公共收入的最大化。这对于中国内地城市的地方政府而言就更为明显，因为房市能够促进经济增长，而经济增长是考核政府领导绩效的主要指标，因此上述行为在这些地方政府中屡见不鲜。

最后，香港给内地一线城市的启示还同一些仍未显现或仍待解决的基本问题相关：① 住房作为基本消费品的定位，家庭在利用存款投资时是否具有较强的投资属性，以及是否要通过家庭住房投资制定以资产为基础的福利政策；② 所选择的补贴形式的特点和目的，即在国家资本主义占主导的政治经济以及市场化占主导的住房体系环境下，政府是采用直接生产者补贴，还是消费者补贴，抑或是混合模式；③ 住房等级是否会成为社会流动性阶梯，即住房在社会主义市场经济和市场化住房体系中扮演的社会工程角色；④ 政府在土地国有制度和政府主导的规划体系中起到什么样的作用。

鸣谢

本文中提到的研究工作由中国香港特别行政区研究资助局赞助（项目编号：17612215HKU）。

参考文献

Ahuja A and Nabar M (2011). Safeguarding Banks and Containing Property Booms: Cross-Country Evidence on Macroprudential Policies and Lessons from Hong Kong SAR, IMF Working Paper WP11/284. Washington: International Monetary Fund.

Beijing Municipal Bureau of Statistics (1991). 1990 Beijing Statistical

Yearbook. Beijing: China Statistics Press.

Beijing Municipal Bureau of Statistics (2016). 2015 Beijing Statistical Yearbook. Beijing: China Statistics Press.

Census and Statistics Department of the Government of the Hong Kong SAR (2012). 2011 Hong Kong Population Census, www. census2011. gov. hk/en/index. html. Accessed March 20, 2015.

Census and Statistics Department of the Government of the Hong Kong SAR (2015). All Tables, Publications, Charts and Articles, www. censtatd. gov. hk/hkstat/quicklink/index. jsp. Accessed March 20, 2015.

Census and Statistics Department of the Government of the Hong Kong SAR (2016). All Tables, Publications, Charts and Articles, www. censtatd. gov. hk/hkstat/quicklink/index. jsp. Accessed March 20, 2017.

Centadata (2014). Centadata, www1. centadata. com/ephome. aspx. Accessed March 20, 2015.

Chiu R L H (1998). The Home Ownership Drive of Hong Kong Special Administrative Region (HKSAR), Planning and Development Journal of the Hong Kong Institute of Planners, 14(1): 12-20.

Chiu R L H (2005). Housing in the Social Development Perspective. In R. J. Estes (Ed.). Social Development in Hong Kong: The Unfinished Agenda, Oxford University Press: London and New York: 157-169.

Chiu R L H (2006). Globalization and Localization: Economic Performance and the Housing Markets of the Asian Tigers Since the Financial Crisis. Housing Finance International, 20(3): 12-17.

Chiu R L H, Tang B S, Tse J K H, Lum T, Chui E Y T and Kee T (2015). Full Report: A Comprehensive Study of Housing in an Ageing Community, Contract research report submitted to Hong Kong Housing Society, Hong Kong, Chapter 4.

Development Bureau and Planning Department (2014). Hong Kong 2030+ Towards a Planning Vision and Strategy Transcending 2030; Public engagement. Hong Kong: Government Printer.

Federal Reserve Board (2015). FRB: H. 15 Release—Selected Interest Rates—Historical Data, www. federalreserve. gov/releases/H15/data. htm. Accessed March 25, 2015.

Financial Secretary's Office, HKSAR Government (2013). Hong Kong Economic Reports. www. hkeconomy. gov. hk/en/reports/archive. htm. Accessed October 20, 2014.

Financial Services and the Treasury Bureau (2013). The Administration's Responses to Matters Arising from the Meeting of the Bills Committee on Stamp Duty (Amendment) Bill 2013 held on 22 November 2013, www. legco. gov. hk/yr12-13/english/bc/bc05/papers/bc051213cb1-491-2-e. pdf. Accessed April 20, 2015.

Gerlach S and Peng W (2005). Bank Lending and Property Prices in Hong Kong. Journal of Banking & Finance, 29(2): 461-481.

Gurran N, Gallent N and Chiu R L(2016). Politics, Planning and Housing Supply in Australia, England and Hong Kong. New York and London: Routledge.

He S, Wu F, Webster C and Liu Y (2010). Poverty Concentration and Determinants in China's Urban Low-income Neighbourhoods and Social Groups. International Journal of Urban and Regional Research, 34 (2): 328-349.

HKSAR Government Press Releases (2016). Press Releases, May 10, 2016. www. info. gov. hk/gia/general/201605/10. htm. Accessed June 10, 2016.

Hong Kong Housing Authority of the Government of the Hong Kong SAR (2014a). 2013/14 Annual Report, www. housingauthority. gov. hk/

mini-site/haar1314/en/index. html. Accessed March 10，2015.

Hong Kong Housing Authority of the Government of the Hong Kong SAR (2014b). Housing in Figures 2014，www. housingauthority. gov. hk/en/common/pdf/about-us/publications-and-statistics/HIF. pdf. Accessed March 10，2015.

Hong Kong Housing Authority of the Government of the Hong Kong SAR (2016a). Housing in Figures 2015，www. housingauthority. gov. hk/en/common/pdf/about-us/publications-and-statistics/HIF. pdf. Accessed March 10，2017.

Hong Kong Housing Authority of the Government of the Hong Kong SAR (2016b). 10 May 2016 Press Releases：Ballots drawn for Sale of Home Ownership Scheme Flats 2016，www. info. gov. hk/gia/general/201605/10/P201605100621. htm.

Hong Kong Housing Authority of the Government of the Hong Kong SAR (2016c). Special Analysis of Housing Situation of General Applicants for PRH as at End-June 2016，www. housingauthority. gov. hk/en/common/pdf/about-us/housing-authority/ha-paper-library/SHC52-16. pdf. Accessed March 10，2017.

Hong Kong Housing Society (2014a). All Tables，Publications，Charts and Articles. www. hkhs. com/index. asp? lang=eng.

Hong Kong Housing Society (2014b). Heya Green Sales Brochure. www. heyagreen. com/download/sales_brochure_files/Heya_Green_Sales_Brochure_Part%20B_20140925. pdf.

Hong Kong Monetary Authority of the Government of the Hong Kong SAR (2015). Monthly Statistical Bulletin. www. hkma. gov. hk/eng/market-data-and-statistics/monthly-statistical-bulletin. Accessed March 20，2015.

Information Services Department of the Government of the Hong Kong SAR (2015). 2015 Hong Kong Yearbook. Hong Kong：Government Printer.

Lee J (2013). Housing Policy and Asset Building：Exploring the Role of Home Ownership in East Asian Social Policy. China Journal of Social Work，

6(2)：104-117.

Lee R K B (2014). Challenges in Hong Kong Land Supply by Reclamation. www. engineeringforum. hk/publications/2014-06-13/4 _ Challenges% 20in% 20HK% 20Land% 20Supply% 20by% 20Reclamation. pdf. Accessed June 10, 2016.

National Bureau of Statistics of China(2011—2016). 2011—2016 Monthly Report: Housing Sale Price Changes in 70 Large and Medium Cities. China: Government Printer.

Panel on Development, Legislative Committee (2011). CB(1)2293/10-11(04), Development of Greening Master Plans (GMPs) for the New Territories: Legislative Council Panel on Development on 24 May 2011. www. legco. gov. hk/yr10-11/english/panels/dev/papers/dev0524cb1-2293-1-e. pdf. Accessed July 20, 2017.

Rating and Valuation Department of the Government of the Hong Kong SAR (2014). 2014 Hong Kong Property Review. www. rvd. gov. hk/doc/en/hkpr14/PR2014_full. pdf.

Rating and Valuation Department of the Government of the Hong Kong SAR (2015). Private Domestic-Price Indices by Class (Territory-wide). www. rvd. gov. hk/doc/en/statistics/his_data_4. xls. Accessed March 10, 2015.

Rating and Valuation Department of the Government of the Hong Kong SAR (2016). Private Domestic-Price Indices by Grade (from 1981). www. rvd. gov. hk/en/property_market_statistics/. Accessed November 10, 2016.

Rating and Valuation Department of the Government of the Hong Kong SAR (2016). Domestic Sales (from 2002). www. rvd. gov. hk/en/property_market_statistics/. Accessed November 10, 2016.

Rating and Valuation Department of the Government of the Hong Kong SAR (2016). Private Domestic-Completions, Stock, Vacancy and Take-up.

www. rvd. gov. hk/en/property_market_statistics/completions. html. Accessed May 7, 2017.

Research Department of Referral of the Government of the Hong Kong SAR (2015). Referral Mortgage Brokerage Services. www. mreferral. com/tables-and-charts. html. Accessed March 25, 2015.

Rex J and Moore R (1971). Race, Community and Conflict: A Study of Sparkbrook. London: Oxford University Press.

Saunders P(1990). A Nation of Home Owners. London: Unwin Hyman.

Smith S J, Searle B A and Cook N (2009). Rethinking the Risks of Home Ownership. Journal of Social Policy, 38(1): 83-102.

Smith S J, Searle B A and Powells G (2010). Introduction. In S. Smith and B. Searle (Eds.). The Blackwell Companion to the Economics of Housing: The Housing Wealth of Nations. New York: John Wiley & Sons, 1-27.

Sing Tao Daily (2015). March 27, 2015, A6.

Sing Tao Daily (2016a). June 10, 2016, A3.

Sing Tao Daily (2016b). August 12, 2016, A8.

Shanghai Housing Security and Administration Bureau (2016). All Tables, Publications, Charts and Articles. www. shanghai. gov. cn/nw2/nw2314/nw2319/nw14868/index. html. Accessed December 20, 2016.

Shanghai Municipal Bureau of Statistics (1991). 1990 Shanghai Statistical Yearbook. China Statistics Press.

Shanghai Municipal Bureau of Statistics (2016). 2015 Shanghai Statistical Yearbook. China Statistics Press.

Shenzhen Housing and Construction Bureau (2016). All Tables, Publications, Charts and Articles. www. szjs. gov. cn/ztfw/zfbz/fpfy/. Accessed December 20, 2016.

Shenzhen Municipal Bureau of Statistics (1991). 1990 Shenzhen Statistical Yearbook. China Statistics Press.

Shenzhen Municipal Bureau of Statistics (2016). 2015 Shenzhen Statistical Yearbook. China Statistics Press.

Tang B S, Zhang J and Chiu R (2015). In R. L. H. Chiu, B. S. Tang, J. K. H. Tse, T. Lum, E. Y. T. Chui, and T. Kee (Eds.). Full Report: A Comprehensive Study of Housing in an Ageing Community, Contract Research Report Submitted to Hong Kong Housing Society, Hong Kong, Chapter 4.

The Government of the Hong Kong SAR (1997). Progress Report: The 1997 Policy Address. Hong Kong: Printing Department. The Government of the Hong Kong SAR (2010). 2010-11 Policy Address: Sharing Prosperity for a Caring Society. Hong Kong: Government Printer. The Government of the Hong Kong SAR (2013). 2013 Policy Address: Seek Change Maintain Stability Serve the People with Pragmatism. Hong Kong: Government Printer.

The Land Registry (2014). Statistics of Agreements for Sale and Purchase of Building Units. www. landreg. gov. hk/en/monthly/agreement. htm. Accessed March 20, 2015.

Transport and Housing Bureau (2014). Long Term Housing Strategy Implementation Milestones as at December 2014. Hong Kong: Government Printer.

Transport and Housing Bureau (2018) Hong Kong: The Facts (Housing). www. thb. gov. hk/eng/psp/publications/housing/hongkongthefacts/index. htm. Accessed August 6, 2018.

Wood G, Smith S, Ong R and Cigdem M (2013). The Edges of Home Ownership, AHURI Final Report No. 216. Melbourne: Australian Housing and Urban Research Institute.

Wong E, Fong T, Li K and Choi H (2011). Loan-to-value Ratio as a Macro-prudential Tool-Hong Kong's Experience and Cross-country Evidence, Working Paper 01/2011. Hong Kong: Hong Kong Monetary Authority.

Yip N M, Forrest R and La Grange A (2007). Cohort Trajectories in Hong Kong's Housing System: 1981—2001. Housing Studies, 22(1): 121-136.

第十二章　中国大陆(内地)城市住房市场的挑战

刘志，林肯土地政策研究院，北京大学-林肯研究院城市发展与土地政策研究中心；刘颜，湖南大学

1. 引言

在经历了1988—1998年一系列的渐进式改革后，中国住房市场实现了由福利住房制度向市场化住房制度的转变(Wang，2011；Yang和Chen，2014)。此后，中国城市住房存量迅速增加。根据国家统计局公布的数据，1998—2017年中国城市居民人均住房面积几乎翻了一番，从1998年的18.7平方米提高到2017年的37平方米，已经高于中等收入国家的平均住房水平(20平方米)，与28个欧盟国家的平均住房水平相差不远(2011年为42.6平方米)。[①] 目前，90%的中国城镇居民拥有一套或一套以上的住房，且大多数城市住宅区的公共基础设施服务质量也达到了较高的国际标准。

然而，发展过快的住房市场渐渐失衡，最终引发了一系列的经济、金融和社会问题。超高的增速数据背后隐含着高收入群体和低收入群体住房消费的显著差异。一线[②]及部分二线城市的房价飙涨，一方面吸引了本地和外地富裕家庭的住房投资，另一方面却导致本地年轻家庭和新成立家庭(并不包含外地移

---

① 欧盟委员会的人均住房面积来源于：https://ec.europa.eu/energy/en/content/housing-space-person (accessed August 27，2018).

② 房地产部门和媒体大众通常根据城市排名、经济发展以及人口规模，将中国的住房市场分成五类。其中，北京、上海、广州和深圳是一线城市。二线城市包括大部分省会城市和其他几个主要城市。三线城市包括若干省会城市和其他地级市。四线城市主要是县级市。中国国家统计局对70个城市的房价进行了监测，包括所有一、二线城市和部分三线城市。

民家庭)越来越难以负担得起住房。而三、四线城市的住房市场则呈现出明显不同的发展态势：由于超额供应及其他因素的共同影响，三、四线城市普遍存在商品房库存过剩的现象，部分城市甚至成了“鬼城”，这对土地、资金、能源和建筑材料等住房资源都是极大的浪费。在上述背景下，一些城市家庭担忧房地产价格泡沫已经形成，而那些无法负担得起自有住房的家庭则对购房不抱希望。

受户籍限制，外地移民家庭无法参与到城市保障性住房项目当中，他们中的大多数居住在城中村(被城市发展包围的农村)、拥挤的宿舍、地下室(Kim，2014)或者城市边缘农村地区。对于生活在这种条件下的城市居民以及移民工人而言，农村社区非法提供的小产权房虽然不具备完整的住房产权(这一点将在后文详谈)，但也是他们替代商品房的无奈之选。

为了更好地了解当前中国政府和城市居民面临的关键住房问题和挑战，本章全面概述了1998—2017年中国城市住房市场的发展轨迹、政策演变以及居民居住体验。具体而言，本章梳理了1998年房地产市场化改革以来，住房交易市场、租赁市场、保障性住房政策以及小产权房的发展周期，并着重探讨了推动商品房市场快速发展的因素(包括经济政策、土地政策和城市财政)以及驱动住房需求的因素。最后，本章讨论了未来住房政策改革中可能存在的挑战。

2. 黄金时期及其后果

1998年的住房市场化改革标志着中国城市住房市场发展的开端，而房地产行业在2003年被确定为国民经济的支柱行业，又一次对市场发展起到了加速的作用。自此，房地产市场繁荣发展的大幕已经被完全打开，中国房地产市场步入了2004—2014的“黄金十年”，这段时间内的GDP增长率同样也维持在较高水平(年均增长速度超过10%)。然而之后中国经济发展就进入了“新常态”阶段，全国GDP增长速度也降低到7%以下。

产业政策是中央政府推动经济增长的政策工具。政府通常会选择与其他生产和服务部门有密切联系的一个生产部门，将其确立为国民经济的支柱产业，以带动其他相关部门的发展。例如，中央政府在1994年颁布的汽车工业产业政策将汽车产业确立为重点支柱产业，鼓励家庭购买私人汽车——这项政策就推动了汽车制造业、汽车贷款和保险业务的快速发展。

房地产政策大力鼓励地方政府通过宽松的信贷规定和土地供应，以及更快的审批流程来支持和促进房地产开发。这类政策在中国房地产市场发展的“黄金十年”里起到了极其显著的效果。如图12.1所示，住宅投资占国内生产总值的比重从2004年的不到2%，提升到2014年的8%多。2004—2014年，住房销售面积也从3.4亿平方米增加到超过10亿平方米（图12.2），人均住房建筑面积则从26平方米提高到34平方米。[①]

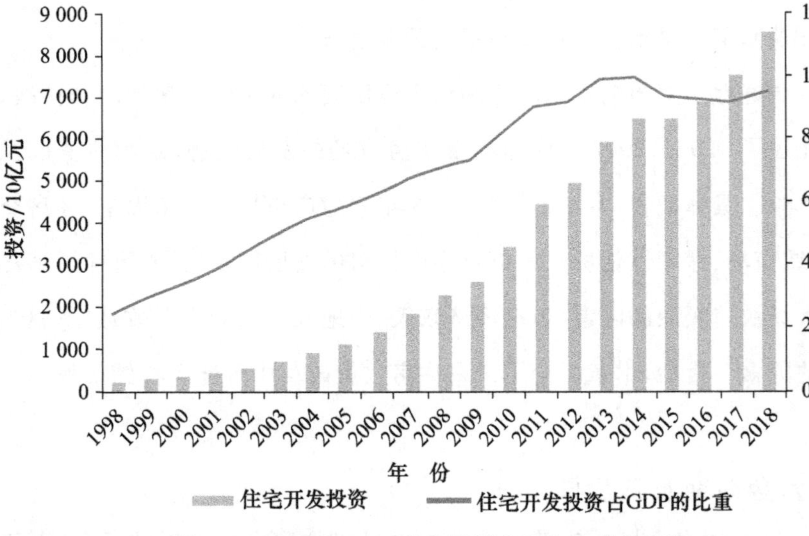

图12.1　1998—2018年中国城市住宅完成投资额

数据来源：历年《中国统计年鉴》。

然而，房地产市场的快速发展同时还引发了各种各样的问题，房价持续上涨以及住房空置率提升就是其中主要的两项。如图12.3所示，2004—2014年间35座大中城市的住房平均销售价格增长了137%，年均增长速度达到9%。由于担心房价泡沫的出现，在房地产市场过快发展时，中央指示地方政府实施

① 人均住房面积来源于中国国家统计局。

了一系列抑制性的宏观调控措施，包括限制土地和信贷供应、提高购房者首付款比例、限制购房资格等；[①]而当房地产市场走向萎缩时，中央又指示地方政府放松信贷供应、降低首付款比例或者取消购房者的资格限制——这种反复调整是中国在房地产市场发展“黄金十年”当中的特征。值得注意的是，尽管政府时常出台政策以进行宏观调控，住房市场和住房价格仍然发展过快。

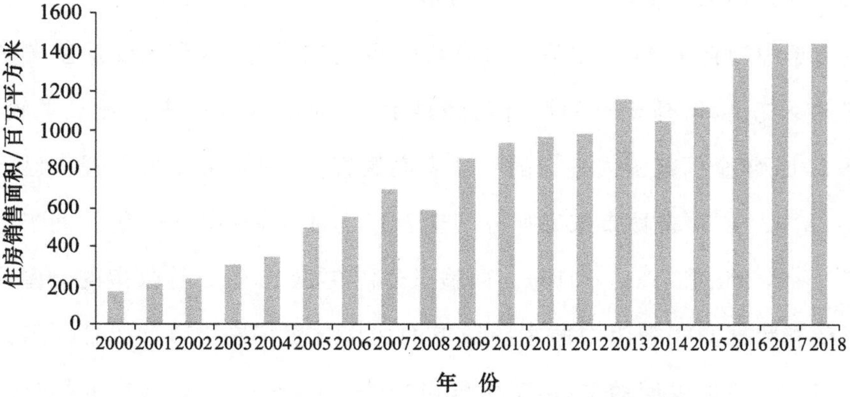

图 12.2　2000—2018 年中国城市新建住房销售面积

数据来源：历年《中国统计年鉴》。

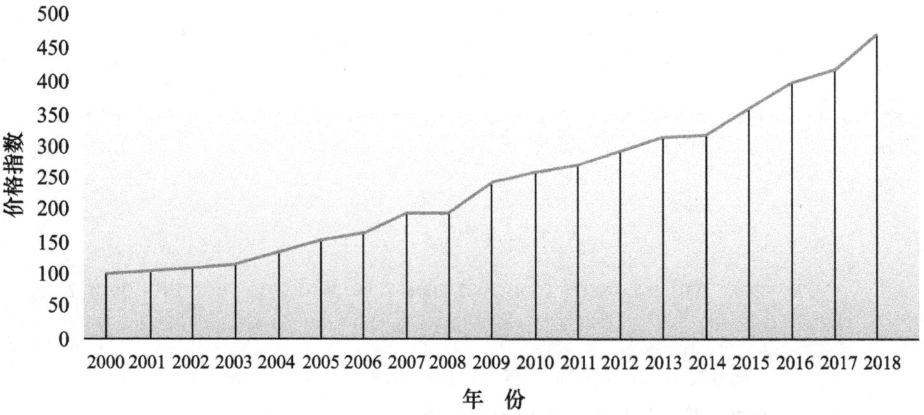

图 12.3　2000—2018 年 35 个大中城市住房销售价格指数(以 2000 为 100)

数据来源：历年《中国统计年鉴》。

① 更详细的讨论请见本书第 13 章。

中国35座大中城市的房价收入比在21世纪初期属于中等水平，快速攀升之后于2010年一度达到了9.2的最高点，尔后又稍有下降，并维持在8.7左右（图12.4）。一线和二线城市的房价收入比提升尤为显著，据报道2016年部分一线和二线城市的房价收入比甚至已经超过了20，[①]房价收入比的不断提高降低了城市居民的住房支付能力。针对这种情况，政府计划在“十二五”期间（2011—2015年）为低收入家庭提供3600万套住房。

由于中国自1984年之后就没有再进行过住房普查，有关住房空置率的数据并不充足，但是现有的调查已经显示，目前中国的住房空置水平较高。根据2013年全国范围内进行的一项家庭调查，中国城市住房空置率已经达到了22.4%，[②]诸多城市家庭拥有一套及以上住房，其中许多住房处于空置状态（Gan，Yin和Tan，2015）。而腾讯公司在2015年5月收集的全国住房市场调查数据同样表明中国主要城市的住房空置率在22%～26%（腾讯安居，2015）。需要说明的是，由于中国尚未开征房产税，空置住房的持有成本微乎其微。

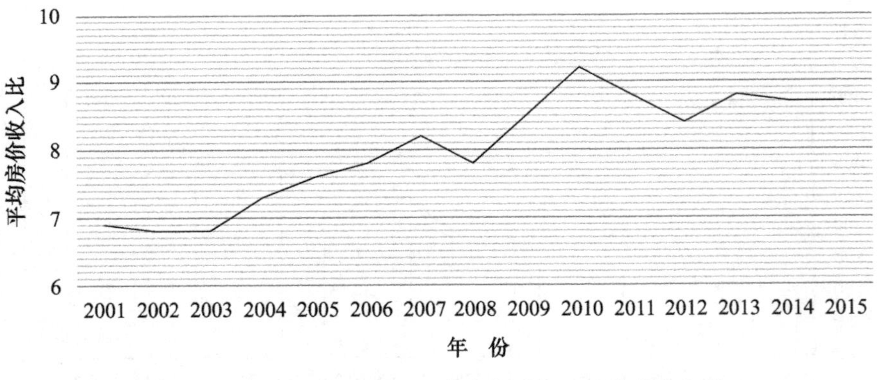

图12.4　2001—2015年35个大中城市平均房价收入比

数据来源：易居研究院（2015）以及2016年《中国统计年鉴》。

---

① 中国指数研究院（www.industry.fang.com）发布了35个大中城市的房价收入比报告。2016年，深圳的房价收入比达到了40.42，上海、厦门、北京的房价收入比分别为24.29、24.21和21.35。

② 调查将住房空置率定义为空置住房数量占住房总数比率，本次调查不包括已经完工但尚未售出的住房。

中国住房市场发展的黄金时期在2014年宣告结束，城市中普遍出现了新建住房（即新建但尚未售出的住房）过剩现象。表12.1显示了国家统计局公布的住房待售状况（包括住宅、办公楼以及商业营业用房）：2012—2015年住房待售面积大幅度增加，住房存量明显提升。为了吸收过剩的住房供应，许多城市纷纷采取了刺激住房需求的政策。

表12.1　2011—2016年中国住房待售面积

年份	待售面积/百万米^2			比上一年增加/(%)		
	住宅	办公楼	商业营业用房	住宅	办公楼	商业营业用房
2011	181	13	61	35.8	10.8	11.9
2012	236	16	71	39.7	26.4	20.9
2013	324	20	93	37.2	25.7	31.1
2014	407	26	118	25.6	34.4	26
2015	452	33	147	11.2	24.7	24.6
2016	403	36	158	−11.0	10.8	8.0

数据来源：国家统计局。

2016年中国城市住房市场的分化趋势十分明显：一线城市的住房需求强劲，房价在过去三年持续呈现出上涨趋势；而二、三线城市的住房需求相对疲软，房价也较为平稳（如图12.5所示）。这是因为一线城市是中国最具经济活力

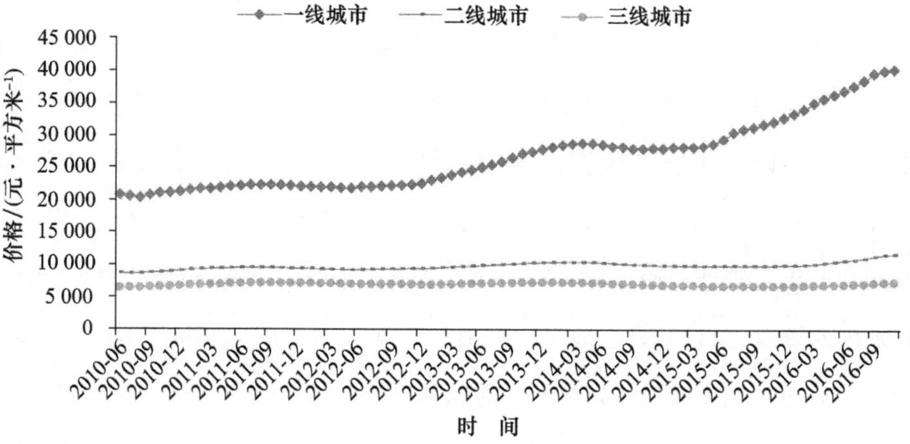

图12.5　2010—2016年中国100个城市的住宅销售价格

数据来源：Wind数据库，原始数据来源于中国指数研究院。

的地方，拥有优质的公共服务以及完善的基础设施建设，自然能够吸引本地和外地家庭的投资；而二、三线城市对居民家庭的投资吸引力则相对较弱。

3. 土地金融对住房市场的影响

中国城市住房市场的发展与土地政策、城市财政密切相关（Liu 和 Wang，2014）。根据《中华人民共和国宪法》，城市土地归国家所有，农村土地属于集体所有——土地所有权不属于私人。《中华人民共和国土地管理法》则进一步规定，农村集体土地必须通过政府征收的方式，才能转变为城市建设土地。从城市层面来看，地方政府是国家的代表。

地方政府在征收来的农村集体土地上进行基础设施建设，然后再将土地使用权出售给房地产开发商或者将土地用于公共用途——这就是城市扩张的过程。值得注意的是，地方政府往往基于土地的农业价值对征收的农村土地进行补偿，转过来再通过市场化方式出让商业用途的土地。由于出让价格通常数倍于农村土地补偿价值，地方政府可以从这一过程中获得巨额的收入。

中国的地方政府不仅需要提供市政基础设施服务，同时还要负责推动地方经济发展。事实上，在以 GDP 为主要内容的地方政府政绩考核体系下，地方政府纷纷将促进经济发展当成首要任务，而城市扩张以及基础设施投资则会被地方政府当作拉动当地经济增长的重要工具。

然而尽管面临着多项任务，地方政府可用的财政手段却十分有限。自1994 年开始实行分税制以来，中国的税率以及税收分配情况（即哪些税收属于中央政府，哪些税收属于地方政府，哪些税收由中央和地方政府共享）由中央政府确定，地方政府基本上没有税收自主权。而限制地方政府直接从商业银行借款的禁令则是直到近些年才得以解除。在重重限制之下，地方政府只好借助于其他的融资渠道，包括将土地出让为商业用地和居住用地获取收益、将土地作为抵押品通过城市建设投资公司间接从商业银行获取借款等。

土地出让为地方政府带来了大量收入。如图 12.6 所示，2001—2016 年土地出让金相当于地方政府税收收入的 20%～70%，而大部分（如果不是全部）

的土地出让收入都被用于城市基础设施建设的投资。地方政府通过土地获取的融资(包括土地出让收入和土地抵押融资),是过去 20 年里中国城市快速发展和再开发的关键推动因素。

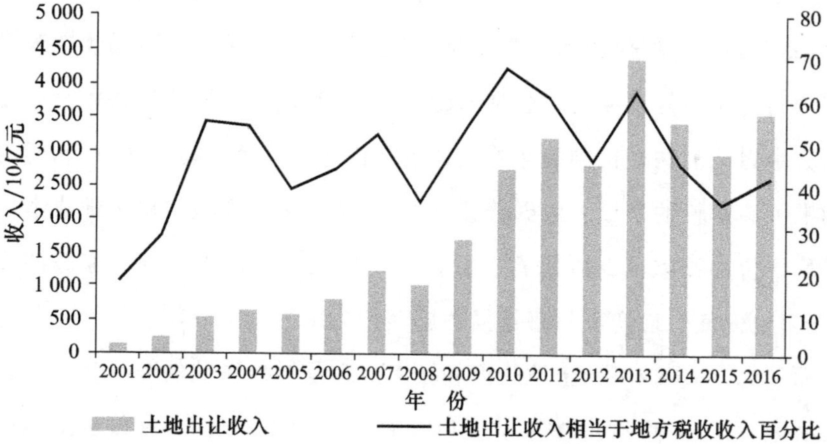

图 12.6　2001—2016 年中国土地出让收入与地方财政收入

数据来源：历年《中国国土资源年鉴》。

出让国有土地使用权用于住宅和商业房地产开发只是城市土地经营的一部分;为了增加投资和就业,大多数城市还会以极低甚至免费的价格提供工业用地,从而吸引制造业企业进入。地方政府认为吸引进入的制造业企业将创造就业机会,进而提高 GDP 并增加地方税收。与此同时,新的就业机会将产生对住房和服务的需求,由此带来住房市场供给的增加并进一步提高本地 GDP 以及税收收入。而低价出让工业用地,甚至对其进行补贴的费用,可以通过把土地使用权高价出让给房地产开发商来平衡。实际上,住宅和商业用地的价格比工业用地价格要高出许多倍(5～15 倍)(Liu 和 Wang, 2014)。

城市层面的土地利用规划受到《基本农田保护条例》的严格限制。该条例规定,为了保证粮食安全,必须守住全国 18 亿亩耕地的红线。[①] 根据此项政策,各省必须保持固定数量的基本农田,如果城市建设要占用一定大小的基本农田,则必须在省内其他地方补上同等的面积——这项政策为城市发展用地的

① 亩是中国的农田测量单位,一亩相当于 666.67 平方米。

总供应量设置了明确的上限。

住宅和商业用地的供应则更加有限。在新开发的城市建设用地中，只有一小部分(通常为15%～20%)能够被用于住宅和商业用地开发，另外很大一部分则被用于包括工业生产、公共基础设施建设、公共管理、保障性住房建设等其他用途，而上述活动仅仅能为地方政府带来微薄收入。正因为市场预期未来用于住宅和商业用地开发的土地会越来越少，住宅和商业用地的价格才会一路飙升。上文中讨论的这种机制虽然给地方政府创造出大量土地出让收入，但也进一步助推了高房价的形成。数据普遍表明，如今中国主要城市里土地成本占商品房平均售价的比重至少达到了30%。高房价吸引了城市高收入家庭的住房投资，同时也促使房地产部门每年提供更多的住房。

显而易见，中国独特的土地政策和城市财政是导致特殊的商品房供应行为的重要因素。2013年11月中央政府启动的新一轮经济改革，涵盖了土地以及城市财政等方面的改革行动：土地政策改革的目的是要在符合城市用地规划的前提下，允许农民集体直接将集体土地使用权转让给开发商——这项改革如果确有成效，可能会打破地方政府对城市土地的垄断供应，减弱地方政府对土地出让收入的高度依赖；城市财政改革中的一项重要内容则是引入私人住宅房产税——房产税有望成为地方政府可持续的收入来源，并且在降低住房空置率方面发挥作用。

4. 住房需求的影响因素

驱动中国住房需求的多重因素中既有常见因素，也有中国特有的因素。其中，常见的影响因素包括：人均收入增长、城市化进程的推进以及家庭规模的变化。根据世界银行数据库的资料，中国人均国内生产总值已经从2000年的959美元提升到2017年的8836美元，人均实际GDP增速即使是在进入“新常态”阶段之后也维持在6%，按照这个速度，中国的人均国内生产总值将在10年内增加到15 000美元。图12.7表明，2005—2015年中国的城市人口稳步增加，2017年城市化率已经超过了58%。而根据国务院发布的《国家人口发展规划(2016—2030年)》，中国城市化率预计在2030年将达到70%。虽然大多数进城务工家庭无法负担得起一、二线城市的住房，但在三、四线城市购买住房对于他们当中的一部分来说并不困难。另外《中国统计年鉴》的数据表明，中国平均家庭规模已经从1988年的4.03人下降到2017年的3.11人，最近出现了越来越多1～2人的小型家庭。家庭规模的下降不仅创造了更多的住房需求，同时也改变了住房需求的结构。

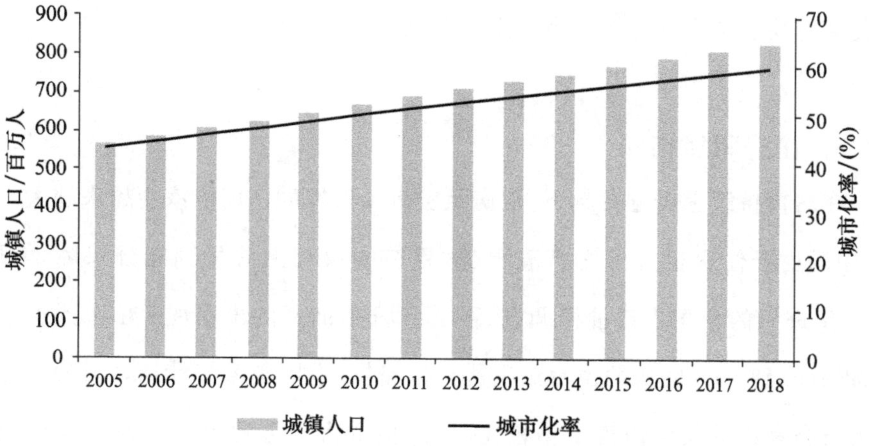

图 12.7　2005—2018 年中国城市人口与城市化率

数据来源：历年《中国统计年鉴》。

中国城市家庭偏好于进行住房投资。与其他地方类似，住房价格的持续上涨吸引了大量的投资性住房需求。在中国，购买住房是多数家庭常见的投资手段。城市家庭的储蓄率维持在25%～30%的较高水平（Xie 和 Mo，2015），高收入家庭的储蓄率更是超过50%（Gan，Yin 和 Tan，2015）。这种高储蓄倾向，其背后的原因是由于社会保障体系不够完善，人们普遍预期未来的教育、医疗和老年护理成本会上升，因此倾向于将大部分的收入储蓄起来。但是目前家庭能够实现储蓄资产保值的投资渠道十分有限：首先，人民币并不能轻易地兑换成国际货币，因此大多数家庭无法直接进行海外投资；其次，如果将家庭储蓄存放在商业银行，家庭能够获得的储蓄利率也很低；此外，股票市场监管力度不足且信息不够透明，过去10年虽然经济持续增长，但是股票市场投资者的整体业绩是亏损的。在投资渠道极为有限的情况下，家庭更加倾向于投资住房。再加上中国目前尚未征收房产税，进一步鼓励了上述住房投资行为。

最后，受城市化进程持续推进、土地供应有限、人口密度不断提高以及城市公共服务不断完善等因素的影响，家庭预期未来城市房价将继续增长。不断飙升的房地产价格进一步强化了这种预期，促使父母为他们的子女准备更多的储蓄，在子女成年或者结婚之前提前购置住房。上述情况在拥有男孩的家庭中尤为突出（Wei 和 Zhang，2011），由于男女比例略有失衡，中国的男性多于女性，因此拥有住房的男性在婚姻市场上更具竞争力。

5. 住房租赁市场

在房价持续上涨的背景下，住房租赁市场发挥的作用应该会越来越大。然而，中国由于住房租赁市场管理不善，租客的权利无法得到充分保障。根据 2015 年进行的全国人口抽样调查，租赁市场上 90％的出租住房由个人房东提供，仅有不到 10％的房源由专业租赁机构提供（中国国家统计局，2015）。这是因为与高利润的住房销售市场相比，住房租赁市场上的投资收益周期要长得多，因此房地产开发商提供租赁住房的动力较弱。

根据第六次全国人口普查（中国国家统计局，2010）的数据，中国城市家庭租赁住房比例为 27％，远低于欧洲国家的水平（通常高于 40％）。而越是大规模的城市里，租赁住房比例越高，在农民工大量涌入的城市当中更是如此。例如，2010 年，北京的租房比例达到 37％，上海为 38％，广东高达 47％。相比之下，经济欠发达省份的住房租赁占比较低，例如，四川省为 24％，河北省和辽宁省的这一占比则分别为 19％、13％。而根据 2015 年全国人口抽样调查的数据，全国租赁住房占比为 20％，北京为 34％，上海为 33％，天津和重庆的占比分别为 15％、18％（中国国家统计局，2015）。对比两组调查数据可以发现，2010—2015 年，全国以及北京、上海等城市的住房租赁比重有所下降。

另外，住房租金则稳步上升，但其增速远远低于房屋售价上涨的速度。根据 35 座大中城市的数据，每月租金费用从 1999 年的 15.75 元/平方米提高到 2016 年的 28.18 元/平方米，年均增长速度达到了 3.5％（Zhang 和 Zhou，

2016)。图 12.8 展示了 2012—2016 年北京月平均租房费用的变化,可以看出,北京的租房费用比 35 个大中城市平均值的 2 倍还要多,年均增长速度高达 6.6%。

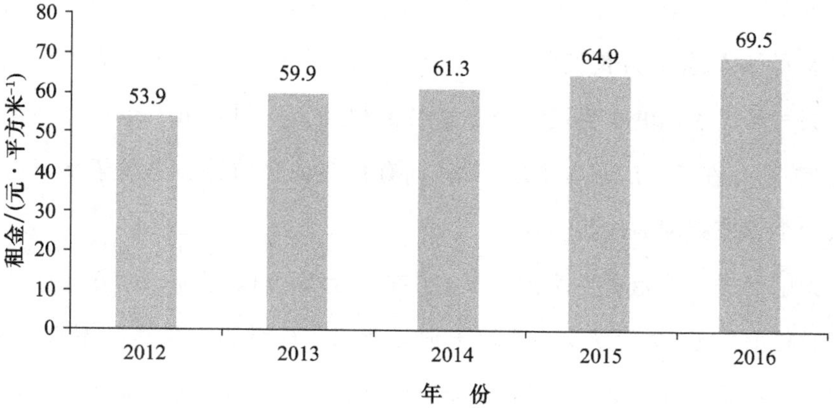

图 12.8　2012—2016 年北京市住房月租金

数据来源:链家研究院(2017)。

我们可以将大城市的住房租赁市场细分为几个部分:① 最高层是高收入人群以及外籍人群的租房市场,该市场管理较完善;② 中间市场是给大量技术工人以及年轻的中等收入家庭提供住房租赁服务的,包括刚从大学毕业的人,他们通常在住房租赁市场上选择合租;③ 最底层的则是城中村——被城市空间发展包围的、正式的郊区农村定居点是大多数农民工家庭的居住选择。由于并未按照城市标准建造,城中村的住房和居住条件普遍较差,租金水平也通常较低,低收入群体也能够负担得起。最差的情况下,一些极端贫困的移民工人会居住在地下室等非正规的住房单元当中(Kim, 2014)。

监管不足、租赁合同执行不力是住房租赁市场的主要问题。根据中国房地产估价师和经纪人协会 2016 年进行的一次社会调查,高达 80%的租赁住房合同期限不满一年或者缺乏明确的期限规定;近 60%的租房者会在一年之内更换租赁住房。许多租房者抱怨房东可以随意终止住房租赁合同。此外,住房租赁市场还存在着另一个显著的问题,即租房者难以获得平等的城市公共服务(比如租房家庭的子女无法进入当地的公立学校就读等),这一问题直到最近才得到政策上的关注和强调。

住房租赁市场存在的上述问题由来已久，也得到了广泛的关注和深入的讨论。目前政府已经开始采取支持住房租赁市场健康发展的措施，比如完善相关法律法规、增加租赁住房建设的土地供应、鼓励住房租赁业务等。2017 年 7 月广州市政府颁布的一项新规定，就明确租房居民在基本公共服务方面与买房居民享有同等待遇，允许他们的子女就近入学。而在此之前，中国大多数城市中只有买房居民才能够享受进入公立学校的权利。广州是第一个保障租售同权的城市，它允许具有广东省本地户籍、拥有技能证书的租房居民子女享有就近进入中小学校就读的权益。

为了促进公共租赁住房的发展，2017 年上海市以“招拍挂”方式出让了两块租赁住房用地，明确规定这两块土地只能用于建设租赁住房而不得出售，因此土地出让费用低于其他用于商品房开发的地块。上述措施被认为是促进租赁住房供应的一项开拓性尝试。

2017 年 8 月，中央在北京、上海、广州等 13 座主要城市开展了集体建设用地建租赁住房的试点项目，鼓励村镇集体在农村集体用地上建设住房，并出租给城市居民——这项试点计划为农村集体建设用地直接进入公共住房租赁市场做了铺垫。

目前，城中村的出租房为大城市的农民工以及城市家庭提供了居住场所。然而，随着城市空间的持续扩张，城中村地理位置的价值越来越高，使得地方政府有动力对城中村进行再开发，将其改造成现代化的高层住宅区。然而不幸的是，这种大规模的更新往往导致城中村“绅士化”(即重建后富人群体不断涌入)，使得移民工人不得不迁往位置更加偏远的城中村地区居住。

6. 保障性住房政策及其实施

自 1998 年住房市场化改革以来，住房支付能力一直是政策关注的重点。1998 年国务院颁布的《关于进一步深化城镇住房制度改革加快住房建设的通知》，对不同收入群体的住房供应提出了提纲挈领的指导意见：最低收入家庭(最底部 20％)的住房需求通过政府为其提供可负担的租赁住房来满足；中低收入家庭(中间60%)的住房需求通过市场提供的经济适用房来满足;高收入家庭(最顶端20%)的住房需求则通过商品房满足。经济适用房是建立在政府划拨土地、免收土地出让金的地块上的住房,其价格通常由政府规定,以确保中低收入家庭能够负担得起。在某种程度上,经济适用房类似于中国香港的保障性住房以及新加坡建屋发展局(HDB)提供的公共住房。

2003年颁布的住房政策虽然强调了住房供应在经济增长方面的重要作用,却忽视了保障性住房政策。因此国务院在2007年提议采取更多的措施,通过重建破旧的城市社区(比如棚户区)来满足低收入群体的住房需求。《国民经济和社会发展第十二个五年(2011—2015)规划纲要》制定了宏伟的目标,即在五年内提供3600万套保障性住房。根据表12.2的数据,2011—2015年中国实际提供的保障性住房有2800多万套,虽然这一数字低于预期计划目标,但是建设完成的住房总量相当于中国城市家庭总数(2.27亿)的12.3%。换言之,在2011—2015年应该有12.3%的城市家庭住进了新建造的保障性住房中,这一成就确实令人瞩目。

表12.2 2011—2015年中国计划完工和实际完工的保障性住房

年份	建造量/千套	
	计划完工	实际完工
2011	10 000	4320
2012	7000	5050
2013	6300	5440
2014	4800	5515
2015	7900	7720

数据来源:中国国家统计局。

尽管取得了这样的成就,保障性住房仍然是中国城市住房市场发展议程上面临的一大挑战。除了政府各项支持计划中定位失误以及管理不善等常见问题外,还有两个比较重要的方面值得注意:

首先,在大多数城市,保障性住房计划的覆盖范围仅限于城市户籍居民,然而事实上进城务工家庭对于基本住房的需求最为迫切,但是他们却无法加入保障性住房计划当中。虽然一些城市率先推出了购房资格计划(例如在城市工作、生活以及纳税满一定年限)，为满足条件的农民工提供户口，但是大多数农民工需要很多年才能具备资格。

第二个问题是，许多保障性住房位于远离就业中心的偏远地区，交通不便，且教育、学校、医院等配套设施严重滞后，城市公共服务不完善。在土地财政的背景下，大多数地方政府会将地理位置优越的地块用于商品房建设，而选择偏远的地区建设保障性住房。此外，为了实现保障性住房供应的计划目标，他们通常会选择较快完成住房建设，等到未来资金充裕时再补充提供公共服务。由于地理位置偏远，再加上公共服务缺乏，一些租户或者购房者并不愿意在保障性住房里居住。

住房公积金(HPF)被认为是提高城市职工住房支付能力的政策工具。这项强制性的住房储蓄计划于 1992 年在上海首次实施，后来又在其他地区得到推广。根据规定，所有城市职工必须按照工资的一定比例(通常是 12%)缴纳住房公积金，且单位应当缴纳与之相等费用。地方政府负责管理当地的住房公积金，在其管辖范围内收集、管理及使用该基金。员工在退休之前不得关闭住房公积金账户，但是有权提取公积金以支付购房首付款或者装修费用，或者申请低息住房贷款。这种贷款的利息通常比商业银行的住房贷款利息低 2 个百分点。根据住房和城乡建设部的统计资料，截至 2016 年年底，全国住房公积金缴存人数达到 1.306 亿人，缴存余额达到 45 630 亿元，发放住房公积金个人住房贷款 330 万笔。

从制度设计方面来看，如果房价保持在合理的价格区间内，住房公积金制度将会运行良好。然而，住房价格(或者房价收入比)的快速提升以及住房抵押贷款的可获得性影响了住房公积金制度的有效运行。低息住房抵押贷款作为对缴存者而言唯一可用的功能，目前其实也不能很好地发挥作用。与大多数住房的总价值相比，住房公积金能够提供的贷款规模相对较小，因此少有借款人能够仅通过一笔公积金抵押贷款就满足其购房融资需求，他们还需要通过其他渠道获取抵押贷款。此外，在房价高涨的背景下，大多数能够支付首付款(通常是住房总价值的 20%～50%)的缴存者是已经拥有自住房的富裕人群。低收入人群由于无力支付首付款而较少使用住房公积金进行个人住房贷款，但却仍被强制参与住房公积金制度，扩大了住房公积金的资金池，使得高收入者从住房抵押贷款利率优惠中获益。所以现行的公积金制度实际上是穷人补贴富人，这也是房价高涨引发的主要问题之一。基于这种情况，我们完全可以理解低收入人群对住房公积金制度的不满，他们认为住房公积金占用了自己的大笔资金，使得他们无法将其用于支付医疗账单等紧急需求。

另一个主要问题是住房公积金制度覆盖范围有限。截至 2016 年，参与了住房公积金制度的城市就业人员为 1.3 亿人，仅占城镇就业人员总数的 32%，而扩大这一制度的覆盖范围也变得日益困难。政府机构、国有企业、上市公司以及大型私营企业能够为员工提供住房公积金，但是许多小型私营企业却无法这样做。有些公司仅仅为熟练工人提供住房公积金，而最需要解决住房问题的非熟练工人、农民工以及自由职业者等人群则往往无法参与到住房公积金体系当中。住房公积金制度的改革任务虽然艰巨，但是迫在眉睫。

7. 小产权房

作为中国城市边缘地区普遍存在的现象，小产权房（SPR）是指村民在城郊地区以及城中村集体建设用地上建造并出售给城市家庭或者移民工人的住房。然而由于《中华人民共和国土地管理法》禁止农村集体建设用地未经政府部门征用就转为城市建设用地，小产权房实为非法建筑。尽管如此，截至 2013 年，中国的小产权房数量估计也已经达到 7000 万套——约占中国所有住房数量的 25%（Shen 和 Tu，2014）。

Shen 和 Tu（2014）与 Sun 和 Liu（2015）对小产权房形成的原因进行了探讨，其研究表明小产权房来源于中国的城乡二元土地管理制度。根据《中华人民共和国土地管理法》，只有国家才能通过征用的方式将农村集体建设用地转换为城市建设用地，村庄没有土地开发权，对被征收土地的补偿则以土地的农业生产价值而非更好的城市商业用地价值为标准。由于地方政府获得的土地出让金往往数倍于村庄的补偿价值，因此村集体也希望分享土地开发收益。此外,过去15年间房价的快速增长也使得村集体意识到他们可以通过自主建造和出售房屋获取巨额利益。以上种种原因催生了大量小产权房的出现。

小产权房的主要购买者为非本地户籍的人群。由于与《中华人民共和国土地管理法》的规定相悖,小产权房的购买者只能够与村委会签订房屋购买合同,而无法像商品房购买者一样获得当地住房管理机构颁发的房产证。在中国,人们通常将国家视为“大”型机构,因此从村委会购买的住房就被称为“小”产权房(Sun 和 Liu, 2015)。

小产权房为那些无法通过政府或市场满足住房需求的中低收入群体提供了可负担的住房。与相同地点的正规商品住房相比,小产权房的价格要便宜得多。村委会不需要像房地产开发商那样支付土地出让金,也不需要为了获得规划或者施工许可而支付较高的行政费用,因此小产权房的价格通常要便宜40%～60%(Sun 和 Liu, 2015)。

如前所述,由于中国的住房租赁市场监管不力、合同执行力度较弱,租户经常面临租金意外上涨和租约提前终止的风险。再加上大多数农民工因为没有本地城市户籍,难以参与到政府管理的保障性住房计划当中。因此,小产权房已经成为许多移民家庭,甚至是已经拥有本地户籍的城市家庭的合理住房选择。

尽管政府认识到了小产权房的积极作用,但仍将其判定为非法建筑,并认为应该对其发展进行遏制。小产权房的发展对住房市场、城市财政以及未来城市形态的影响让政府顾虑重重。小产权房供应的增加将削弱居民家庭对正规商品住房的需求,拉低正规住房市场的价格,从而降低土地出让收益。此外,位于规划区域之外的农村土地并未涵盖在中国的城市规划工作当中,小产权房在城郊地区以及城中村的扩展将导致不良的城市发展模式。如今,小产权房的发展困境尚未得到明确的解决方法,而旨在赋予农村集体建设用地开发权的土地政策将是解决上述问题的关键。

8. 结论

与经合组织成员以及东亚高收入经济体相比，中国城市住房市场发展的时间相对较短，但是经历却十分独特。城市住房市场的发展不仅受收入快速增长、城市化推进以及人口变化的驱动，同时还受房地产政策、城乡二元土地管理制度、土地财政以及城市家庭投资渠道缺乏等特殊因素的影响。上述因素扭曲了中国住房市场的发展，并产生了不良后果，比如土地供应有限导致房价的飙升、住房供给过剩带来的高库存量，以及房产税缺位和家庭投资渠道缺乏导致的高空置率。

然而令人乐观的是，各界已经普遍认识到了上述问题的存在，并开始想方设法寻找解决方案。作为对这些问题的回应，习近平总书记提出："房子是用来住的，不是用来炒的"，[①]并在随后实施了几项重大住房改革措施。中央政府现在正加大力度发展住房租赁市场，并且指示地方政府建立一个多渠道、多层次的住房供应体系（不仅仅包括商品房和保障性住房）。由于认识到不同城市住房市场的发展情况分化严重，中央政府渐渐将稳定地方住房市场的任务交到了地方政府手中。

未来，中国住房市场还需要进行更多根本性的改革，城市财政、土地政策以及金融部门的深化改革也将有助于解决城市住房问题：尽管公众强烈反对，中央政府仍在继续推进房产税的立法程序。房产税的开征将为地方政府带来持续的资金收入，并降低居民家庭持有多套住房、维持房屋空置的意愿，由此产生的税收收入还能够减少政府对土地出让金的严重依赖。土地政策改革正朝着允许农村集体建设用地直接用于城市建设的方向发展，这项改革将有助于打破地方政府在城市土地供应中的垄断地位，降低住宅用地的供给成本。金融部门的改革则致力于打造更加自由开放、竞争性强的环境。可以预见，如果家庭拥有其他多种投资渠道可供其选择，那么多套房的过度投资问题将得到有效解决。

---

① 习近平主席在 2016 年 12 月召开的中央经济工作会议上提出了这一论断，并且在 2017 年 10 月 18 日召开的中国共产党第十九次全国代表大会上重申了这一说法。

参考文献

China Institute of Real Estate Appraisers and Agents (2016). Current Issues in the Rental Housing Market in China. China Real Estate Appraisal and Agents.

China Institute of Real Estate Appraisers and Agents (2016). Current Issues in the Rental Housing Market in China. China Real Estate Appraisal and Agent Services, December 2016.

E-house Real Estate Institute(2015). Ranking of Housing Price-Income Ratios Among 35 Large and Medium-sized Cities. Beijing Review, (46). (in Chinese).

Gan L, Yin Z and Tan J(2015). China Household Finance Survey Report 2014. Southwestern University of Finance and Economy Press. Chengdu, China.

HomeLink Research Institute (2017). The Rental Market of Beijing. The HomeLink Rental Market Research Series. (in Chinese).

Kim A(2014). Hidden City: Beijing's Subterranean Housing Market. Land Lines, October 2014. Cambridge, MA: Lincoln Institute of Land Policy: 2-7.

Liu Z and Wang J(2014). An Analysis of China's Urbanization, Land and Housing Problems. In L. Wei, S. Min, and S. Tiyan, (Eds.). Annual Report on the Development of China's New Urbanization. Beijing, China: Social Sciences Academic Press.

Man J Y(2015). An evaluation of China's land policy and urban housing markets. In G. W. McCarthy, S. Moody, and G. K. Ingram (Eds.). Land and the Cities. Cambridge, MA: Lincoln Institute of Land Policy: 277-291.

Man J Y(ed.)(2011). China's Housing Reform and Outcome. Cambridge, MA: Lincoln Institute of Land Policy.

National Statistics Bureau of China (2015). 1% National Population Sample Survey. (http://www.stats.gov.cn/ztjc/zdtjgz/cydc/. Accessed August 27, 2018)

National Statistics Bureau of China (2018). Frequently Asked Questions: Statistics on Prices. (www.stats.gov.cn/tjzs/cjwtjd/201308/t20130829_74324.html. Accessed August 27, 2018)

Shen X and Tu F(2014). Dealing with "Small Property Rights" in China's Land Market Development: What Can China Learn from Its Past Reforms and the World Experience? Working Paper. Cambridge, MA: Lincoln Institute of Land Policy.

Sun L and Liu Z(2015). Illegal but Rational: Why Small Property Rights Housing is Big in China, Land Lines, July 2015. Cambridge, MA: Lincoln Institute of Land Policy: 15-34.

Tencent Housing (2015). 2015 Report on an Urban Housing Vacancy Survey in China. (http://cangzhou.house.qq.com/a/20150604/043770.htm#p=1. Accessed September 14, 2018.) (in Chinese)

Wang Y P(2011). Recent housing reform practices in Chinese cities: Social and spatial implications. In J. Y. Man (Ed.) China's Housing Reform and Outcomes. Cambridge, MA: Lincoln Institute of Land Policy: 19-44.

Wei S and Zhang X(2011). The competitive saving motive: evidence from rising sex ratios and savings rates in China. Journal of Political Economy, Vol. 119, No. 3 (June 2011): 511-564.

Xie S and Mo T(2015). Differences in corporate saving rates in China: Ownership, monopoly, and financial development. China Economic Review, (33): 25-34.

Yang Z and Chen J(2014). Housing Affordability and Housing Policy in Urban China. Springer. (DOI 10.1007/978-3-642-54044-8)

Zhang Z and Zhou X(2016). Rental housing market and rent bubbles in China: An empirical analysis of panel data from 35 major cities. Price Theory and Pricing Practice, (12): 77-81 (in Chinese).

第十三章 中国大陆(内地)的人口迁移和城市住房市场动态

王亚平,全球城市未来(Global City Futures);GCRF 可持续、健康学习型城市和社区中心(GCRF Centre for Sustainable,Healthy and Learning Cities and Neighbourhoods,SHLC);格拉斯哥大学(University of Glasgow)

本章的内容以两个研究项目的实地调查为基础：由林肯土地政策研究院资助的中国农村土地和房地产开发研究项目(CTW012413, 2013)以及由英国经济社会研究委员会(ESRC)和中国社会科学院联合资助的城市发展、移民、隔离和不平等国际中心合作伙伴项目(ES/N007603/1,2015)。我要感谢这本书的编辑给予我的建议和建设性评价,尤其感谢丽贝卡(Rebecca)和伯特兰(Bertrand)。

1. 引言

世界上许多国家都面临住房市场波动和价格上涨的问题,中国也不例外,而且中国的城市住房市场还表现出一些显著的特点。20 世纪 80 年代末到 90 年代出台的一系列改革政策使原本的社会主义福利住房体系市场化,城市住房市场就此诞生。自此之后,中国的城市住房市场一直处于波动状态,高峰和低谷之间总是相隔不远。为了控制这种波动,政府决策者一直交替运用“调控”和“救市”的手段：如果政府在某一年出台扶持政策,那么房地产市场就会过热,导致价格上涨;之后政府又会出台调控政策,给房地产市场“降温”,房地产开发活动和投资也会减少。另外,由于住房市场发展减缓通常会影响城市和国家的经济表现，为了避免经济增长率的下滑，决策者不得不使用各种金融、税收和行政刺激来扶持房地产市场和“救市”。调控政策和扶持政策的交替施行使得住房价格不断上升，富有的城市家庭因此很快实现财富积累。

最近，住房市场出现了严重的地区差异。北上广深和一些二线城市极度膨胀的房价，使得这些城市成了世界上居住最昂贵(与收入相比)的地方。而其他城市和小城镇表现出的主要特点，则是住房市场的停滞不前和供过于求的住房库存销售缓慢。

为什么中国城市住房市场的波动程度如此之高？为什么一些城市的房价上涨，另一些则不然？为什么一些城市的房地产繁荣没有像许多专家预测的那样破裂？弄清这些问题，将有助于我们在城市住房市场管理领域设计出正确的政策。一些学者正试图以全国大城市为样本进行研究以寻求这些问题的答案(Li 和 Chand，2013；Wu，2015；Dreger 和 Zhang，2013)。本章将以市场结构较为简单、人口迁移模式易于识别的县城为研究对象，着重讨论小型区域内的住房市场动态以及人口迁移对其的影响。并在深入理解县城本地一级市场的基础上，进而对高级别城市的住房市场动态进行探讨。本章刻画了中国住房体系内的两种联系，即不同级别城市住房市场之间的联系和住房市场与人口迁移之间的联系，并强调了二者的重要性。

本章首先简要回顾中国城市住房市场的发展，并重点描述短周期内价格飙涨和政府调控的机制。之后为大家介绍对县城商品房市场发展进行的案例研究，并基于这一案例研究的结果，探讨中国的人口迁移模式以及该模式对城市住房市场的总体影响。最后，在结论部分对上文列举的问题予以解答。本章中的案例研究基于实地调查，以及对所选城镇住房发展过程的持续观察，还包括对居民、官员和开发商的采访。

2. 控制与扶持政策

1980 年以来，中国的经济和住房改革给城镇的住房供给带来了巨大变化(Huang 和 Li，2014)。在 20 世纪 80 年代的地方性改革试验之后，于 20 世纪

90年代早期开始实施的全国性住房改革政策推进了城市住房的全面商品化。在这些政策的作用下，大量的公共住房被出售给当时的住户，城市住房市场得以重新被建立起来（Huang，2004；Li，2000；Wang 和 Murie，1999；Wang 等，2005）。其中最重要的一项改革政策于1998年出台，并在2000年开始全面实施。这项政策不再允许公共部门雇主直接分配住房，而是根据人们收入和负担能力的差异，建立了包含三种住房类型的差异化供给体系：① 经济适用房构成城市居民主要的住房来源，这一类型的住房针对的是城市低收入和中等收入家庭（大约占城市家庭的70％），其中包括大多数公共部门雇员；② 商品房的目标客户是占比15％的富裕家庭；③ 对于占城市家庭约15％的最低收入家庭，由于其没有足够的经济能力拥有自己的住房，因此需要政府提供廉租房来对这些家庭进行补助（国务院，1998；Wang 和 Murie，2000）。

然而，维持住房市场稳定性要比重建城市住房市场更加困难。1997年金融危机之后整个东亚进入了一段不稳定的时期，中国的出口大幅减少，且GDP增长率出现了自20世纪90年代以来的首次下滑迹象，政府寻求多种途径试图通过拉动内需和消费以减少这场国际危机带来的负面影响。东亚经济危机事实上将住房供给交给市场，商业供给很快占据了主导地位，到2002年时，城市住房市场的状况已经发生了显著的变化。1998年时，政策制定者并未预料到此后几年内快速提高的个人收入使得社会对于价格较高的商品房的需求量不断增加。到了2003年，国务院开始陆续出台一系列政策，逐渐将开发建设的重点从经济适用房转移到了普通商品房。

2004年时，不断上涨的房价已经成为众多城市担忧的主要问题。商品房价格较高，而非市场劳动力的工资普遍较低，城市的平均房价大约是平均年薪的15倍，年轻人和穷人的住房负担能力则尤其低下。富裕家庭不断增加的需求和低收入群体严重不足的可支付能力造成了住房市场的"结构性问题"（可用住房和大多数城市居民需求之间的错配）。面对房地产市场泡沫和城市中低收入居民的不满情绪，政府于2005年实行了宏观经济调控规划，尝试通过传统的政治、行政和土地使用计划措施为城市住房市场降温。然而这些政策只旨在解决价格上涨这个表面症状，却没有触及供应不足这一背后原因，因此效果十分有限。大多数城市的房屋价格仍不断攀升，市场的“结构性问题”依旧存在。

2006 年政府采取了更多的经济和行政措施来控制住房市场，其中就包括大幅收紧首付款和住房交易的相关要求。尽管如此，房价在 2006 年后半年和 2007 年仍然持续上涨。地区性的差异也开始显现，沿海城市（吸引最多迁移人口）的房价远高于内陆城市（Yi 和 Huang，2014；Huang，2012）。

由于全球金融危机降低了中国的出口额度并且暂时扰乱了全亚洲的生产链（图 13.1），人们期盼已久的房市降温终于在 2007 年第四季度到来，并一直持续到 2008 年，在过去几年房价曾经上涨最多的城市在这段时间内房价的下跌幅度也同样惊人。起初人们认为房价下降是宏观调控政策终于起作用了的结果，但当更多大城市的房价在北京奥运会之后下跌，全球信贷紧缩的影响逐渐显露。

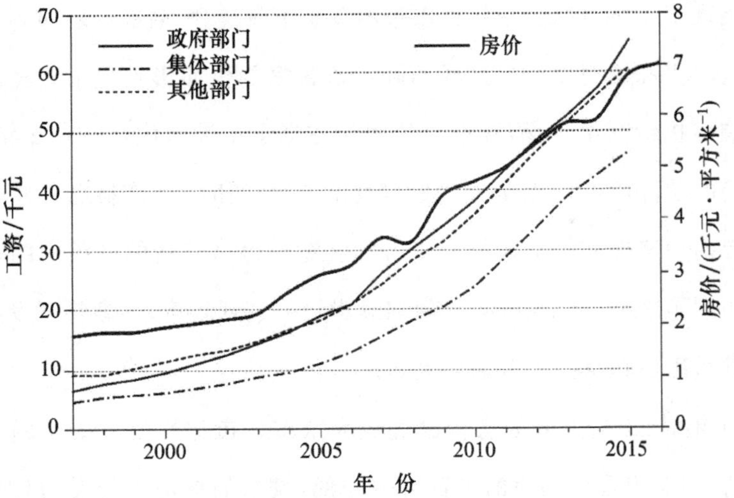

图 13.1 城市居民平均年收入与房价水平

注：2015 和 2016 年的房价根据的是不同的在线报告估计值。

来源：国家统计局，2009，2016。

在此后的几个月之间，房价不断下跌，经济和出口大幅下滑，而同时（尤其是农民工的）失业率则大幅增加——这些都与 1997 年亚洲金融危机之后的经济环境如出一辙。政府迅速转变了国家宏观调控政策的方向，用扶持政策取代控制政策来激励住房市场的表现。在2008年9—12月的短短四个月里，银行五次降低利率，从7.74%下降到5.94%，以此来减少借贷成本，刺激城市购房。

到了2008年12月，全球金融危机显然已经对中国经济造成了重大影响。中国出口迅速放缓之时，政府不得不刺激国内消费来维持经济增长。为了抵消出口的损失，决策者再一次把住房看作最大的消费领域，国务院办公厅于2008年发布的一项重要住房政策就将提供补贴住房和经济适用房列为政府工作的重点（回到了1998年的政策方向）。在接下来的三年内，住房投资增长作为资本投资大幅增长的一部分维持了经济增长。刺激市场的政策包括减少购房者的首付款和为居民提供更优惠的贷款利率，从而帮助他们摆脱过分拥挤的住房，改善生活条件。在2009年，政策也将房屋交易环节税收降低到了2005年的水平，将免税年限由5年降低为2年，逆转了2006年的免税年限的增长。

2009年4月起房价的再次上涨（NBSC，2009），标志着新一轮的房价上涨周期开始。2008年12月临时引入的市场扶持政策于2009年12月结束，首付款、贷款利率和交易税重新回到了2007年的水平。但是这些政策并未遏制住房价继续上涨的势头，在2010年第一季度，70座大中城市中的平均商品房价与2009年第一季度相比增加了15.9%。这样大幅的增长敲响了警钟，新一轮的严格调控政策势在必行——2010年4月出台并迅速生效的十项政策指示当中就包括对住房金融制度更严格的管制。第一套住房的购买者若要购买超过90平方米的房屋需要支付30%或更多的首付款；第二套住房的购买者要支付超过50%的首付款且贷款利率是贷款基准利率的1.1倍；对于第三套住房的购买者，首付款和利率的标准也都“大幅提高”。然而这些看上去已经很强势的政策没能遏制住房价上涨的势头。于是2011年1月，另一系列政策被引入，政策规定二房购买者需要支付60%的首付款，且规定银行禁止向第二套以上的住房提供抵押贷款。

许多城市开始限制第二套住房的购置，并且规定每个家庭只允许拥有一套住房。决策者之间也在讨论，是否要修订过去15年间占主导地位的房地产开发惯例，即《中华人民共和国房地产管理法》，来控制住房预售。只有购买小型房产且其购置的住房为第一套住房的购买者会得到鼓励。2011 年年初，经过长期讨论之后，上海和重庆开始进行房地产税试点（不过直到 2017 年，这项政策仍没有在全国范围内推行）。同时，中央要求当地政府扩大社会住房的建设和供给。

这些调控政策经过几轮加强，一直持续到 2013 年。然而从 2014 年起，不同类型城市的住房市场之间逐渐出现了显著的差异。大多数二线城市[①]和小城镇（特别是在内陆地区）的房价和新房销售逐渐陷入停滞，供大于求的问题慢慢浮现。这些市镇的政府开始通过调整税收和监管政策来鼓励购房。与此同时，中国经济发展再次放缓，去库存因此成为 2014 下半年至 2016 年的政策重点。对银行贷款和存款的控制、第二/三套住房购置限制、城市外来人口（包括迁移人口）房屋的购置限制都得到放宽。

一线城市（北京、上海、广州和深圳）的房价却再次上涨，为使住房市场降温，政府只得继续收紧政策。为了减缓住房需求压力，这些城市的市政府将更多土地分配给社会住房（包括人们能负担得起的经济适用房）建设。这一阶段被称为“双向调控”阶段（详见表 13.1）。

表 13.1　所选城市商品住宅的平均价格(2016 年 2 月)

城　市	房价/(元·平方米$^{-1}$)	城　市	房价/(元·平方米$^{-1}$)
深圳	47 248	天津	11 029
上海	37 144	武汉	9113
北京	35 160	成都	7647
广州	17 268	沈阳	7066
杭州	16 410	重庆	6977
南京	15 323	西安	6417

注：中国 2015 年的人均年收入为 21 966 元；城镇居民人均年收入为 31 195 元。城市中一套常规住房面积约为 100 平方米。（国家统计局，2016）

来源：http://newhouse.sy.fang.com/fangjia/，2016-3-28

表 13.2 总结了中国政府为了控制房市而采用的机制（基于 Wang 和 Murie，2011）。与其他经济体对比，中国的决策者似乎有更多的住房市场管控手段可

① 目前学界并没有统一的区分一二三线城市的规范，每一项对住房市场的研究都使用各自的分级标准。

供选择。中国决策者一开始并没有采取大多数经济体使用的一些传统的经济和金融措施，如控制首付款、利率和税收水平等，而是仅依靠社会、经济和政治措施单独或相互作用，或者使用社会主义国家的计划能力和土地公有制来进行政策调整。政府需要考虑城市中低收入群体的生活条件和负担能力，比如通过推进社会住房发展来维持社会和谐。然而就像上文中所讨论的那样，尽管有许多可用的监管政策来稳定主要城市房价，不是所有政策都切实有效。不过无论如何，这些政策到目前为止还是防止了房地产市场的崩溃（Wang，2011；Chen 等，2014）。只有审视本地城市住房市场的具体特点，才能更好地理解国家住房政策的特点和作用。下一部分将通过一个县城的案例分析来进行进一步的讨论。

表 13.2　住房市场监管政策方案

政策类别	住房监管和政策	刺激市场	抑制市场	扶持经济适用房
税收和财政	银行基准利率（由人民银行制定）	−	+	
	房产交易税	−	+	
	交易税收期（从购买到销售）	−	+	
	抵押贷款要求首付款	−	+	
	其他房产相关收费	−	+	
	政府要求银行收紧开发商住房开发贷款和私人抵押借款		√	
经济	全球危机期间维持经济，提高国内消费	√		√
	限制房地产开发商的利润（比如经济适用房为 3%）			√
	支持房地产业的健康发展	√	√	
社会	增加社会住房开发，提高低收入群体居住环境	√	√	√
	为中等收入群体优先开发低价普通商品房和经济适用房	√		√
	放宽人口限制：允许非本地居民购房	√		
控制土地使用	使用更多土地开发不同类行的住房，尤其是低价位的住房	√		√
	控制低密度、高标准的高端住宅开发		√	

续表

政策类别	住房监管和政策	刺激市场	抑制市场	扶持经济适用房
规划和设计	控制密度和大小：容积率（比如大于1）；单独住房单位（比如小于90平方米），社会住房占比		√	√
	城市住房开发计划；城市社会住房规划等	√	√	√
市场管理	区分首套房买家和二套房买家；禁止三套房/二套房		√	
	严格审批新的房地产开发公司和机构		√	
	收集数据，监管市场表现	√	√	
	处罚浪费土地、非法广告和交易欺诈的行为		√	
政治	中央将住房市场表现作为评价当地官员的标准	√	√	√

来源：Wang 等，2011.

3. 县城的住房开发和市场①

这一部分详述了中国内陆省份陕西省某县城（即县政府所在镇）住房开发和住房市场的情况（“镇”是中国城市分级最低的一级）。在拥有超过 2000 个县的中国，本章研究的对象不一定是最好的案例，但却可以反映内陆地区许多县城土地和住房开发的共同点。几乎每年我都会访问该县，因此对当地住房市场的发展和运转理解愈加深刻。

3.1 该县背景

该县拥有 856.4 平方千米的行政面积，下辖的 9 个镇每个都有自己的农村腹地（2004 年时该县有 14 个镇，而最近的行政区划把一些较小的镇合并到了一起）。该县下辖的超过 180 个村委会管理 1318 个村，全县总人口（包括行政区内的农村区域）在 2015 年为 480 000 人。根据政府官方报告，该县

---

① 基于研究伦理同时也是为了防止关于该镇的负面报道出现，我在本章和参考文献中用“该县”代替了县的名字。出于同样的理由，当我引用县政府官网上的信息时，也没有给出网址。如果读者希望了解更多，请联系作者。

城市化率为49%，实际非农业人口很少，2009年的数据大约为85 000人（表13.3）。

表13.3　该县人口变化

	2003年	2007年	2009年	上升/(%) 2003-09	上升/(%) 2007-09
全县					
人口/人	461 155	468 143	468 833	1.7	0.15
家庭数/家	130 442	136 640	138 040	5.8	1.02
非农业人口/人	81 653	83 868	85 145	4.3	1.52
农业人口/人	379 503	384 275	383 688	1.1	−0.15
县中心镇					
人口/人	74 187	83 669	83 529	12.6	−0.17
家庭数/家	23 533	26 498	27 317	16.1	3.09
非农业人口/人	24 784	27 967	30 705	23.9	9.79
农业人口/人	49 403	55 702	52 824	6.9	−5.17

注：2010年后，行政区划出现重要重组，影响了县中心镇的人口组成，主要是在辖区内并入了大量农村腹地和村庄。

来源：① 县政府，2004；② 县统计局，2008，2010.

9个镇中有7个镇只比普通的村大一点，镇中各自有一些行政办公室和有限的商业活动。另两个稍大的镇拥有全县中最多的城市人口：一个是县政府所在地（即县城）；另一个位于国家铁路旁边，是当地重要的工业中心（社会主义计划经济时期，纺织、机械和车辆制造、印刷、化肥等大型国企位于镇中的火车站边）。该县的城乡关系体现了中国的整体情况。这一部分接下来的讨论重点集中在县政府所在的城镇。

县政府所在的这个镇占地面积127平方千米，包括自身建成区和大约30个村委会下属的250多个村。2015年，当地户籍总人口为117 000人，其中农业人口有69 900人。尽管该镇占地颇广，规划的建成区仅为6.5平方千米，建成区内的计划人口仅为65 000人（图13.2）。在2008年，中心建成区的人口为55 340人，其中25 108人为非农业居民，6746人为农业居民，剩余人口（23 450）为暂住居民。尽管我们暂无中心建成区人口的最新数据，考虑到当地人口正由村向镇流动，目前建成区的总居民数应该高于2010年规划预测的65 000人。

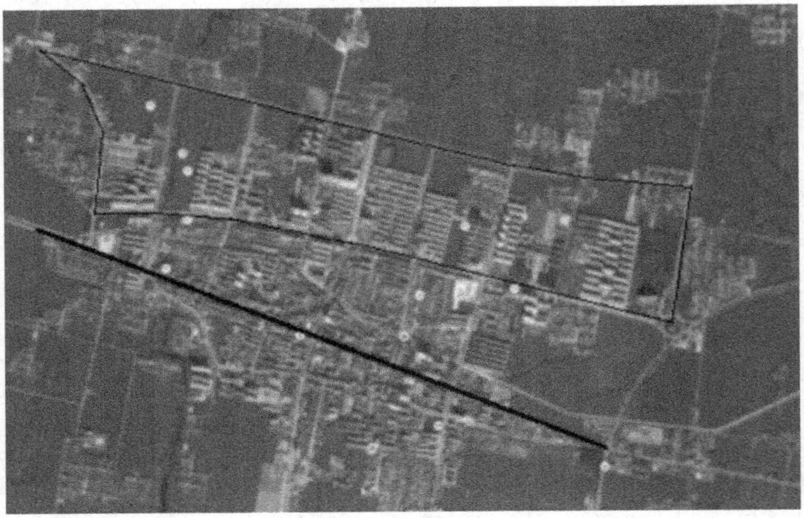

图 13.2　县城俯瞰图

注：历史上的古镇(图中下方黑线标出的南部主要街道两侧)周围有数个乡村(较低且不甚规整的区域)；镇的北部(图中上方，排列着横平竖直的长方形建筑单元)就是新扩张的区域。

来源：Google 地图，2016 年 4 月

现如今该镇发挥的主要功能是行政。改革前该镇曾有的一些小型工厂，在改革之后就关停了。该镇主要的经济活动是农业生产(周围区域)、行政、教育、卫生服务和购物(为周边农村区域服务)。最近，县政府开始促进旅游业发展，从当地特色美食和该镇北部的历史古刹中获益。

3.2　住房发展

在 1980 年的时候，除了一些 1949 年之后建成的大型政府大楼和零售店，这个镇上街道的两边大多是传统风格的建筑——单层、木质简单结构、砖块/太阳晒干的砖块材料和瓦片屋顶。大多数居民住在雇主(主要是政府部门)提供的私有房屋或宿舍里。20 世纪 80 年代起，政府部门在主干道(地图中的黑线，图 13.2)沿线建造新楼。这些大楼通常占据一小片地，采用的构造或是办公在前、住宅在后，或是办公在下、住宅在上。20 世纪 90 年代中期起，政府部门开始在传统的建成区外征地，并为雇员建造住屋。而当 90 年代末国家住房改革

政策禁止公共或工作单位建造和分配住房，独立的住宅区开始在紧邻老镇的区域（主要在老镇区和现在的新镇区之间）出现。于 2003 年建造的镇中第一片大型住宅区，旨在为县政府官员提供更好的住房。

2009 年，为了对抗全球金融危机，国家接连出台政策促进经济适用房的建设和住宅房地产开发。像许多县城一样，该镇上由政府主导的房地产开发（紧随大城市）也从这一时间开始，大规模的住房开发项目（每个项目均超过 1000 套住房单元）在该镇的北部出现。肥沃的农业用地上出现了崭新的街道（图 13.3），沿街规划了大型的住宅区（图 13.4）。在 2010 年，至少有 4 个大型住宅区处于建设中。到 2011 年，处于建设中的大型住宅区（包括政府扶持的经济适用房项目）数量达到了 13 个。表 13.4 提供了一些这些住宅区规模的细节。

图 13.3　住房扩张区内新铺的一条道路

注：在 2010 年时还只是田野里孤零零的一条道路，现在已经与镇北部第二条环形公路相连。

图 13.4　2012 年在建的住宅

注：没有电梯的六层住宅楼是此处开发常见的结构，这些建筑普遍有很高的容积率。

表 13.4　2010 在建住宅区的细节

房地产设计要素	标　准
总面积/平方米	49 518(约 75 亩)
总建筑面积/平方米	173 313
商业用/平方米	13 500
居住用/平方米	157 713
幼儿园用/平方米	1250
俱乐部用/平方米	850
公共空间占比/(%)	36
建筑用地和总土地比(建造密度)	0.32
容积率	3.5
住房套数总数/套	1272 (每单位 124 平方米)
停车场/个	地上 140
	地下 600
停车场车位和住房套数比	0.58

来源：是房地产市场办公室提供的营销材料。

该镇进行市场为导向的大规模住房开发的背后有很多原因，[①]房地产开发在当时利润颇多显然是其中之一。另外，由于在大城市里开发商之间的竞争十分激烈，所以一些房地产开发商将其业务拓展到小城市和县城中。当地县政府欢迎投资和开发；政府拿出土地，吸引房地产开发商。城市里的居民希望住宅区设计好、质量高；而在小城镇中人们对风格和质量的要求更加灵活，开发商面对的竞争也更小。与大城市相比，小城镇的土地价格更加低廉，重新安置居民相对简单，当地县政府也愿意解决安置问题。该镇大多数开发商在城市中也有业务。

3.3　新建住房的市场运营和客户

总体而言，除了这些新住宅区外，该镇的住房情况非常糟糕：大多数传统房屋破败不堪；而 20 世纪八九十年代建造的住宅楼因为没有良好的规划，夹杂在办公区域之间。到 2000 年，很多类似的住房都过度拥挤，而且显示出老化的迹象：排水排污的管道常常堵塞，脱落的墙皮和破裂的门窗比比皆是。而新建造的住宅区有着更好的居住条件，因此无疑对政府雇员和官员更有吸引力。这些新住宅区中的两个是在经济适用房政策下建造的，享受政府补助价格，目标客户就是公共部门雇员。当初他们通过住房改革获得了小而旧的住房，现在可以出售或出租给在镇上工作或学习的农村居民。[②]

新建住宅区的房屋有着更好的设施：天然气、宽带、更大的厨房和卫生间、更多的有窗台/阳台的卧室，这些住房享受该镇的区域供暖系统，还更好地保护了家庭的隐私。住宅楼之间的花园、公共空间和公园也吸引着潜在的购房者。专业化的房地产管理系统与大城市别无二致，居民需支付维护费、卫生管理费和安保费。

---

① 1994 年政府间纵向财政不平衡改革驱使当地政府利用城市土地项目进行投机性开发，以此来填补政府的收支差距。

② 1998 年私有化带来的财富转移促进了住房交易，尤其是 2003 年私有化国有住房的转售限制取消之后。私有化之前不同的政府官员间已存在普遍的超大住房不均，在 1998 年到 2003 年的住房交易潮之后这样的情况愈演愈烈。

该镇作为县政府的所在地，为在县政府工作的大多数官员提供住房，同时也为其他的政府官员和公共雇员提供住房，比如在县里其他镇的行政部门工作或在农村的学校工作的员工提供住房。在改革之前，其他镇上工作的官员通常会住在工作地的宿舍。而随着交通的发展，大多数官员选择把家安在该镇（或铁路线上的其他镇），毕竟县里的其他镇没有商品房住宅区或市场。对于在其他镇上工作的官员而言，通勤就是他们的生活方式。而且县政府经常在不同的镇之间调动官员，因此官员不希望被安置在农村区域的镇上。除了官员，其他在农村腹地工作的专业人员（比如学校教师）也在该镇安置家庭。

新建住房的数量已经超过了镇上非农业家庭所需的数量，因此这种大规模的住房开发显然针对更大的市场。有很多迹象显示，农村居民也在该镇购买住房：在其中一个住宅区，周围村的农村居民构成了50%的销售来源。20世纪80和90年代，这个县里的住房建造大多是村民的自建房。然而随着村里的大家庭分割为小家庭，村落不断扩张，老人们居住在村中心老旧破败的房子里，而周围则是年轻人居住的超大新房。2000年之后，单个家庭的自建房逐渐在村子里消失。

这一趋势也反映出农村的人口变化：独生子女政策使农村人口增长急剧放缓，许多村子已经出现了严重的人口衰退迹象，当农村房主向城里或镇上迁移之后，他们在村里建起的房屋就会空置。20世纪八九十年代的时候，许多农村家庭都不止一个儿子，每个儿子都需要建造一个单独的房子来准备结婚。而现在由于独生子女政策和对经济因素的认识加深，有两个或更多儿子的家庭已经不再是多数。为了给唯一的孩子更好的教育和生活条件，许多富裕的农村家庭因此开始到县政府所在的镇上购买房子。

农村人口衰退和农村教育系统两个问题相互影响，大规模的人口衰退导致农村地区的许多学校关停或者以低标准勉强运行。在外务工的年轻父母现在会寄钱回家，把留在家里的孩子也送出去接受更好的教育，因此县城的学校大幅扩招并拥有了更多资源。事实上，该镇的县高中即将迁到更大更新的校区，配备有崭新的大楼和设施。

20世纪八九十年代的时候，第一代农民工倾向于在挣到钱后回到村里，用自己的积蓄建造新房。然而现在，大多数年轻的农民工则更喜欢城市的生活（Sui等，2014；Huang等，2015）。但是，他们中的许多人既无法负担城市的住房，也不想回到村里。县城一套住房的购置成本并未超出他们的经济能力太多，因此许多人选择（在其他家庭成员的帮助下）在该镇购买住房。

2010年该镇的房价大约是2000元/平方米。首付款要求较低，银行也乐意提供抵押贷款。城市中生活的经验让年轻人了解家乡县城住房的市场价值，知晓镇上的房产可能在未来因房价上升而产生利润，偏远村子里的房子却不能带来任何金融收益。2015年，该镇周围村子里有超过10%的居民已经在该镇购买了一套住房（图13.5）。这些家庭包括有家庭成员做生意或在城镇打工的富裕家庭，以及享受养老金的退休国有工厂员工。在不需要银行贷款的情况下，农村家庭在该镇购房完全没有政策和户口的限制；即使需要贷款，他们面临的限制也并不严格，想要买房的人可以抵押房屋获得借贷，包括土地收入在内的收入也可以作为贷款担保。尽管如此，对于只依靠农业生产的普通村户来说，即便该镇的房价与大城市比算不上什么，他们要在县城买房仍是一个遥不可及的梦。

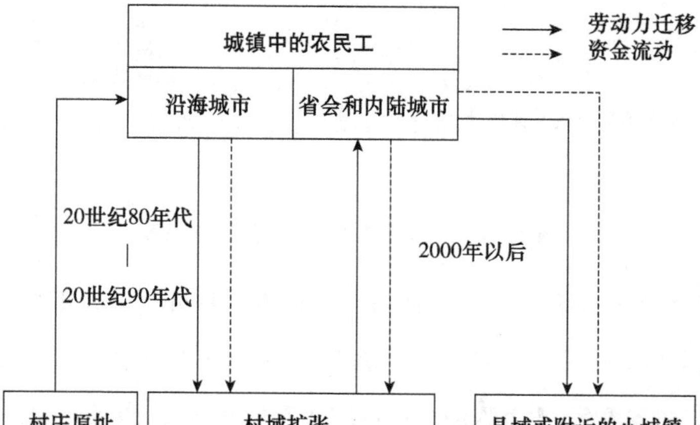

图13.5　农村劳动力迁移和资金流动示意

注：这张图展示了劳动力和资金流动的两种模式：左侧的循环代表“外出打工，回村盖房”的第一代农民工；右侧的循环代表“外出打工，县城买房”的第二代和第三代从农村迁往城镇的人口。

图 13.6 显示了该镇住房市场的买方来源，该镇和村庄以及周边其他城乡的关系，还有该镇和更高一级地区城市的重要关系。本章中讨论的县由一个地级市管辖。在中国的政治和行政系统中，县政府和市政府的官员，尤其是级别较高的那些，经常有重要调动。为了让官员在多个地方积累经验（也为了防止腐败），市政府总是把其管理的官员从一个县调动到另一个县，或在县和市的部门之间进行平级调动。就像上文所说的政府官员住址选择那样，住房市场化改革前县政府的官员和自己的家庭都住在镇上（即县城），而从 20 世纪 90 年代开始，县政府的高级领导和家庭则搬到了市里。这些领导工作日住在县城，周末则回到城市；有一些甚至选择每天通勤。

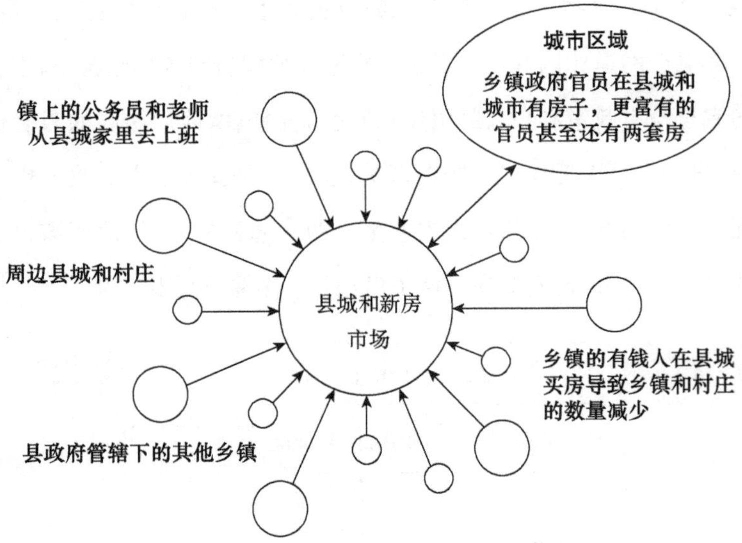

图 13.6　县城住房市场上的购买者来源

这种调动和通勤极大影响了住房。县和市的官员可以在不止一个地方拥有住房（在县城和市里），随着房价不断膨胀，拥有多套住房的官员逐步积累起家庭资产。在改革前，所有人的住房都归政府所有，一旦搬走，他的住房会由政府收回之后再进行分配。但在市场体系中，官员通常在工作中（凭借补助）“购买”住房；他们离开时也不需要把住房还给政府。

县城和城市住房市场关系的另一个层面是富有县居民的二套房投资。在中国，人们一直相信“人往高处走，水往低处流”。村里的普通农民希望在县城有一套住房，因为“镇”比“村”的级别高；县城居民，尤其是薪水丰厚的公职人员，则希望在市里投资房产，因为“市”比“镇”的级别更高。各种各样的理由使得在更好或更高级的地方为年轻一代购买房产成为家庭投资最重要的方式。尽管很多公职人员对自己在该镇的生活很满意，他们大多数却并不希望自己的后代留在该镇。就像村里的农民把孩子送到镇里上学一样，县城的居民也想把孩子送到市里上学而不是留在镇上和农民的孩子一起接受教育。对于官员来说，除非孩子留在县里可以保证其得到更高的行政地位，否则让他们留下就是一种失败。而如果没有获得过城市的高等教育，孩子们长大之后不大可能在县城的政府部门里谋得更高的职位。

这一部分详述了陕西省一个县城（即县政府所在镇）住房开发和住房市场的情况（“镇”是中国城市分级最低的一级）。在拥有超过 2000 个县的中国，本章研究的对象不一定是最好的案例，但却可以反映内陆地区许多县城土地和住房开发的共同点。我几乎每年都会访问该县，因此对当地住房市场的发展和运转理解比较深刻。

4. 人口迁移以及对城市住房市场的影响

镇上简单的住房市场关系有助于我们了解城市和全国的住房开发和市场。在经济快速发展、城市化快速推进的时期，房地产开发和住房市场有两个重要的作用：① 它们满足了当地居民对于更新更好的住房不断增加的需求；② 它们优化了城市生活环境，增加了城镇对于能在这里找到工作（得到户口）的外来人员的吸引力（Wang 等，2009；2010）。第一个作用是许多城市住房改革和金融政策机制所关注的问题，第二个作用则与人口迁移直接相关。中国城市之间的迁移模式由很多重要因素决定，包括户口状况、政治和政府关系、就业和经济实力、教育环境等等（Fan，2001；Wu，2004；2006）。就像上文县城案例中讨论的情况一样，迁移到城市并得到户口的人很多是工作调动（常常是获得晋升）的政府部门、党政机关还有国企里面的官员。每年许多官员从一个城市调动到另一个城市，可能是从小城市到大城市，也可能是从大城市到级别更高的小城市。

这些调动在人口迁入的城市产生住房需求，并且使得官员积累住房财富。总体而言，这些官方批准的迁移人口对住房市场有直接影响：他们原本即处于有利地位且已经积累了一定资源，晋升更是让他们无论在同一或更高级别的城市都可以拥有更好的地段和更好的住房。这个运动是向上的，或者可以被称作“向上购买”（图 13.7）。

迁到城市却没有获得户口的大多是农村人口、应届毕业生还有来自城镇或小城市的人，他们通常会成为城市的廉价劳动力、蓝领或办公室初级职员。他们中的大多数工资很低，不能购买工作城市里的商品房，也没有资格得到公共住房分配（Huang 等，2014），但是可以用自己有限的存款在家乡或家乡附近的小城市里购买住房。就像我们分析的案例那样，农村迁移人口成为小城市和镇住房市场的主力军。尽管他们不能在工作地购房，在小城市和镇里生活与在村里生活相比仍是在社会等级和城市住房阶梯中前进的一大步。在全国城市住房市场体系内，这种购房是一种“向下购买”的潮流。

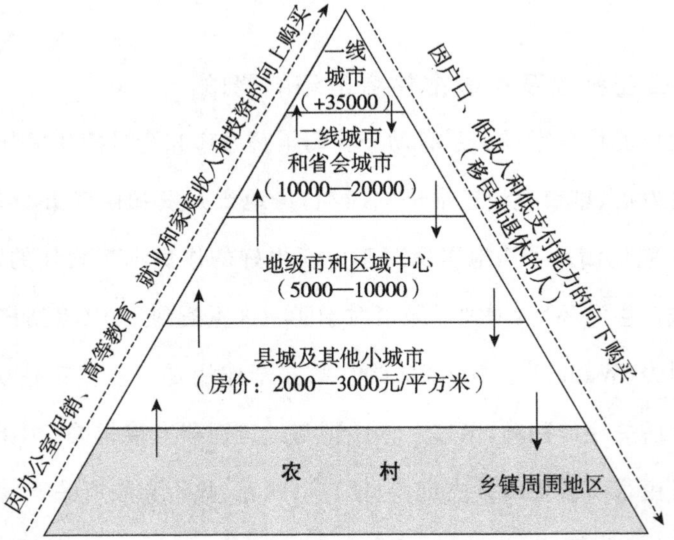

图 13.7　迁移趋势，向上购买和向下购买的过程

注：括号内是 2015 年的住宅均价。

在这两种主要类型的人口流动（政府安排的官员调动，城市间以及农村到城市的同时迁移）之外，其他类型的迁移也会对城市的住房市场产生显著的影响。作为非常有限的社会地位提高机制之一——教育就是中国人口迁移的另一主要推动力。每年大约有650万人考上大学；500万人进入各种高等教育学院；还有50万人成为研究生，其中一些人读研究生的学校和本科学校不在一处。所有大学和大多数高等教育学院都位于城市之中。对于农村的年轻人来说，接受教育是改变社会地位、取得城市户口的唯一机会。对于城市的年轻人，上一个好的全国性大学（在少数几个大城市）是一件了不起的成就，他们的父母会愿意为此支出一大笔费用。虽然普通学生读书期间就在上学地购房并不常见，但是他们中的大多数在毕业后会选择在城市里工作，购买房产也就成了自然而然的事情。职业生涯刚刚开始的他们没有很多存款，买房需要借助家庭的帮助：对于富裕家庭来说，这是一个投资的好机会（事实上，一些家庭在儿女或孙辈达到上学或大学的年龄之前就在城市里购房）；对于不太富裕的家庭，支持孩子购房则会成为负担。这种城市和地区间的人口迁移（包括年轻人带来的资金的流动）是住房市场扩张和城市化的另一个重要原因。毕业生的购房通常是"向上购买"。除了一线城市外，其他住房供给过多的城市也引入特殊政策，吸引学生到当地购置房产。

现金和投资在城市区域间向上流动是中国住房市场的重要特征，来自农村地区或小镇的富人在地区性城市、省会甚至一线城市和首都购房，对当地的住房市场影响颇深。山西小型煤炭企业的老板在北京房市大量投资，他们的身影在北京的新高档住宅区随处可见。而陕西北部的人（因煤矿和天然气勘探而富有）则在省会西安购房。据报道，"温州炒房团"（过去这些年大量非常成功的温州小企业使很多家庭富裕起来）瞄准了全国可能会出现房价上涨的地方，甚至其中的一些已经将目光投向美国等海外房地产市场。房价上涨如此之高，使得这些投资者可以在房产持有期间保持房产闲置的状态。

5. 结论

过去40多年，中国经历了彻底的城市住房变革，20世纪70年代普遍的城市居住贫困窘境已经被现代、宽敞、设计良好的住宅区所取代。在过去的社会主义福利城市住房系统下,人均住房面积仅为3平方米;而现在大多数家庭(主要为非农业居民)都有自己的房产(虽然是在国有的土地上)。除了居住条件的快速提高外,中国的城镇也为数百万计的迁移人口提供了住房和住所。城市住房政策的改革和城市住房市场的重建是这场住房变革最重要的两项推动力。

对中国这样面积广阔的国家而言,城市住房改革是一个非常复杂的社会、经济和政治过程,现阶段的改革取得巨大成功之后,新的城市住房市场也会面临新的挑战和问题。根据中国的政治和行政体系,农村和农村居民处于地方和社区等级排位的最底端(Wang,2004;2005),而最近的城市化也加强了城市系统中的空间和社会等级,县城(县政府所在的镇)处于城市系统的最底部,再往上是地区性城市、省级城市、全国二线城市、全国一线城市和首都。传统文化观念以及当代社会经济和政治意识形态都要求人们全力向上,金钱和其他资源也垂直向上涌向金字塔的顶端。城市住房市场激励有能力(政治、管理、学术和知识)、有钱财、有其他资源的人涌向高级别城市,从某种程度上来说加强了中央集权。高级别城市里的住房市场非常活跃,并且房产投资回报很高,对有钱且有权的人来说,房价上涨成为资产积累的重要机制。不同地点住房市场的融合和联系使得城市剥削农村,大城市剥削小城市。

在经济快速发展,城市化不断推进的时期,每一层级的家庭都可以积累财富,但是许多人仍然希望自己能够借上高级别市场的东风,因为这些市场中房产价格更高,升值更快。人们对于拥有大城市住房的这种向往,使得大城市的房价加速增长,波动也越发剧烈,城市间的联系和新人员的需求也导致房产泡沫越来越大。然而这个泡沫并不会轻易破裂,因为权威部门,尤其是市政府控制着人口迁移:当价格上涨过快时,他们限制外来者在城市购房;在市场有放缓迹象时,又欢迎外来者购房。这种对于外来者的控制,事实上是目前为止最有效的住房政策。

城市化和城市间垂直向上的人口迁移将不同级别的城市住房市场联系起来,在全国形成了一个长长的阶梯。县城处于这一城市住房体系阶梯的底部,“北上广深”这样的超大型城市处于顶部,而其他城市则处在中间。中国地广人多,巨大的城市住房市场的动态可能在不同城市之间、在不同社会经济和政治团体间、在穷人和富人间造成住房消费和资产所有的不平等。与过去相比，社会、经济和空间上的流动显然是一大进步；但是尤其是当在城镇购房被视为投资和资产积累手段时，人口和资源大规模快速集中到少数城市可能会导致地区间的差距，并会产生一些遗留问题。

未来的住房政策可能不应只关注大城市的住房市场价值，而需要对各地住房的使用价值以及使用有效性都加以关注。想要平衡财政账面、管理城市增长，市镇政府也不应该再像以前一样，总想着依靠地产开发、房价上涨或是吸引更多人迁入来提高 GDP，而需要思考房产税的潜在收益，并探索可持续发展的道路。

参考文献

Chen J, Yang Z and Wang Y P(2014). The New Chinese Model of Public Housing: A Step Forward or Backward? Housing Studies, 29(4): 534-550.

Dreger C and Zhang Y Q(2013). Is there a Bubble in the Chinese Housing Market? Urban Policy and Research. 31(1): 27-39.

Fan C C(2001). 'Migration and labour market returns in urban China: results from a recent survey in Guangzhou', Environment and Planning A, 33: 479-508.

General Office of the State Council (2005). Suggestions on Works of Stabilising Housing Price, Documents issued by the General Office of the State Council, No. 26, 2005.

General Office of the State Council (2008). Some Suggestions on Promotion of the Healthy Development of Housing and Property Market, Documents of the General Office of State Council, No. 131, 2008.

Huang X, Dijst M and Weesep J van and Zou N(2014). Residential mobility in China: home ownership among rural-urban migrants after reform of the hukou registration system, Journal of Housing and the Built Environment. 29(4): 615-636.

Huang Y and Li S(ed.)(2014). Housing Inequality in Chinese Cities. London and New York: Routledge.

Huang Y and Ran T(2015). Housing Migrants in Chinese Cities: Current Status and Policy Design, Environment and Planning C: Government and Policy. No. 33: 640-660.

Huang Y(2004). The Road to Homeownership: A Longitudinal Analysis of Tenure Transition in Urban China (1949—1994), International Journal of Urban and Regional Research, 28(4): 774-95.

Huang Y(2012). Low-income Housing in Chinese Cities: Policies and Practices, The China Quarterly, 212: 941-964.

Hui E C M, Yu K H and Ye Y C(2014). Housing preferences of temporary migrants in urban China in the wake of gradual Hukou reform: A case study of Shenzhen, International Journal of Urban and Regional Research, 38 (4): 1384-1398.

Li Q and Chand S(2013). House prices and market fundamentals in urban China. Habitat International, 40: 148-153.

Li S M(2000b). The housing market and tenure decisions in Chinese cities: a multivariate analysis of the case of Guangzhou, Housing Studies, 15 (2): 213-236.

National Statistics Bureau (2009). China Statistical Yearbook 2008. Available at http://www.stats.gov.cn/tjsj/ndsj/

National Statistics Bureau (2016). China Statistical Yearbook 2015. Available at http://www.stats.gov.cn/tjsj/ndsj/

State Council (1998). The Notice on Further Reform of Urban Housing

System and Speeding up Housing Development, Document No. 23, 3 July 1998.

The County Government (2013). County Economic Development and Planning Spread Sheet for 2013. Unpublished report (accessed online)

The County Government (2016). Enter The County-Urban Development. Online information.

The County Government (Yearbook Editorial Committee) (2004). The County Nian Jian 2004 (The County Yearbook 2004), County Archive Bureau.

The County Statistics Bureau (2008). The County Economic and Social Dvelopment Statistics Report 2007 (unpublished report in booklet format, accessed online).

The County Statistics Bureau (2010). The County Economic and Social Dvelopment Statistics Report 2009 (unpublished report in booklet format, accessed online).

Wang Y P and Murie A (1999). Commercial Housing Development in Urban China. Urban Studies, 36 (9): 1475-1494.

Wang Y P and Murie A (2000). Social and Spatial Implications of Housing Reform in China. International Journal of Urban and Regional Research, 24 (2): 397-417.

Wang Y P(2004). Urban Poverty, Housing and Social Change in China. London and New York: Routledge.

Wang Y P(2005). Low-Income Communities and Urban Poverty in China. Urban Geography. 26 (3): 222-242.

Wang Y P(2011). Recent Housing Reform Practice in Chinese Cities: Social and Spatial Implications' in Man J. Y. (ed)China's Housing Reform and Outcomes. Cambridge and Massachusetts: Lincoln Institute of Land Policy, Chapter 2: 21-46.

Wang Y P, Wang Y L and Bramley G(2005). Chinese Housing Reform in State Owned Enterprises and its Impacts on Different Social Groups. Urban Studies, 42 (10): 1859-1878.

Wang Y P, Wang Y L and Wu J(2009). Urbanisation and Informal Development in China: Urban Villages in Shenzhen. International Journal of Urban and Regional Research. 33(4): 957-973.

Wang Y P, Wang Y L and Wu J(2010). Housing for Migrant Workers in China: a study of the Chinese Model in Shenzhen. Housing Studies. 25 (1): 83-100.

Wang Y P, Wang Y L and Wu J S(2010). Private Rental Housing in 'Urban Villages' in Shenzhen: Problems or Solutions? In F. L. Wu and C. Webster (eds) Marginalization in Urban China: Comparative Perspectives, Basingstoke: Palgrave Macmillan, Chapter 9: 152-175.

Wang Y P and Murie A(2011). The New Affordable and Social Housing Provision System in China: Implications for Comparative Housing Studies. International Journal of Housing Policy, 11(3): 237-245.

Wu F(2015). Commodification and housing market cycles in Chinese cities. International Journal of Housing Policy, 15(1): 6-26.

Wu W(2004). Sources of migrant housing disadvantage in urban China. Environment and Planning A, 36: 1285-1304.

Wu W(2006). Migrant Intra-urban Residential Mobility in Urban China. Housing Studies, 21(5): 745-765.

Yi C D and Huang Y(2014). Housing Consumption and Housing Inequality in Chinese Cities during the First Decade of the 21st Century. Housing Studies, 29 (2):1-22.

Zhu R (2015). Zhu Ronji on the Record: The Road to Reforms 1998—2003, Brookings Institution Press.

第十四章　中国大陆(内地)住房用地供应与房价
——基于大城市的实证分析

高辉娜,北京第二外国语学院旅游科学学院旅游房地产研究中心,北京旅游发展研究基地;刘志,林肯土地政策研究院,北京大学-林肯研究院城市发展与土地政策研究中心;龙越,Abt 联合公司

1. 引言

过去一些年来,中国许多城市的房价呈现出持续攀长的态势,刺激房价不断上升的种种原因也一直是公众和学界争论的热门话题。需求侧的因素已经得到了大量的研究,一些学者发现人们对于婚房的需求以及对更大更好住房条件的需要是造成住房市场价格不断升温的原因。

然而,住房用地的供应对房价有何影响,学界对此研究甚少。事实上过去几年中,中国有许多大中型城市的住房用地供应所占比例都呈现出逐年下降的趋势。图 14.1～图 14.6 展示了 2000—2015 年北京、杭州、太原、郑州、成都和呼和浩特的住房用地供应比例的变化趋势。不难看出,以上几座城市在人口逐年上升的同时,住房用地的占比则有所下降。我们猜测,以上几座城市的政府正在刻意减少住房用地的供应,而也正是这种行为导致了这几座城市房价的上涨。

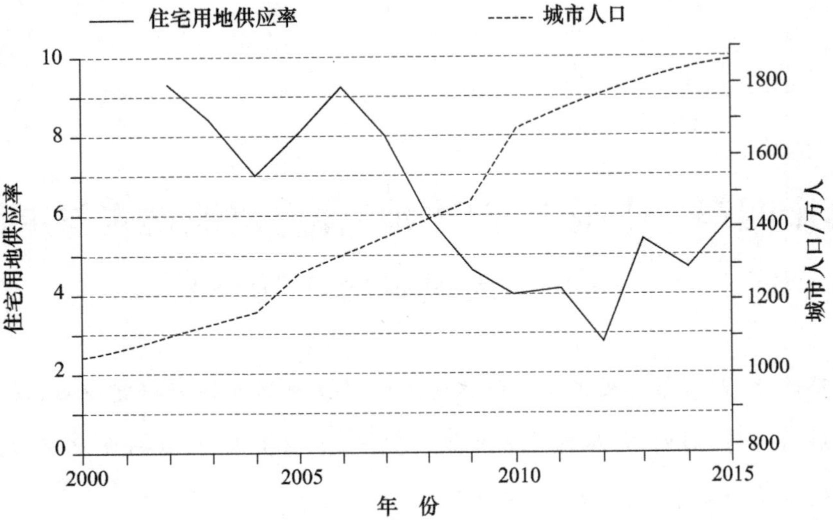

图 14.1 北京住宅用地供应率

来源：整理自中国指数研究院数据库(China Index Academy Database)。

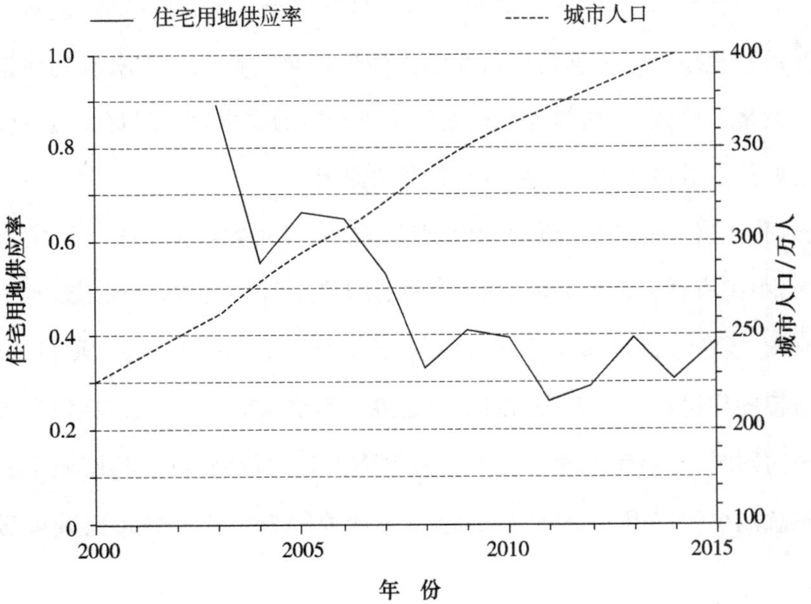

图 14.2 杭州住宅用地供应率

来源：整理自中国指数研究院数据库(China Index Acadery Database)。

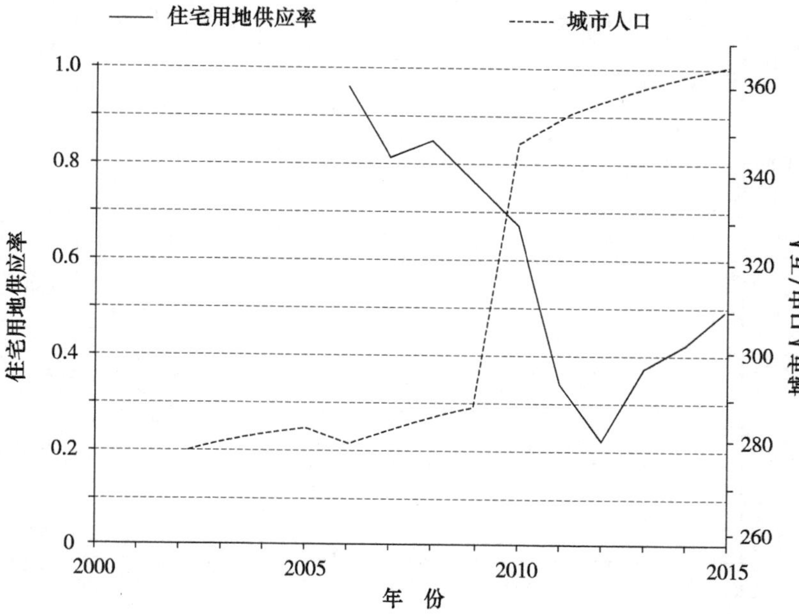

图 14.3 太原住宅用地供应率

来源：整理自中国指数研究院数据库(China Index Academy Database)。

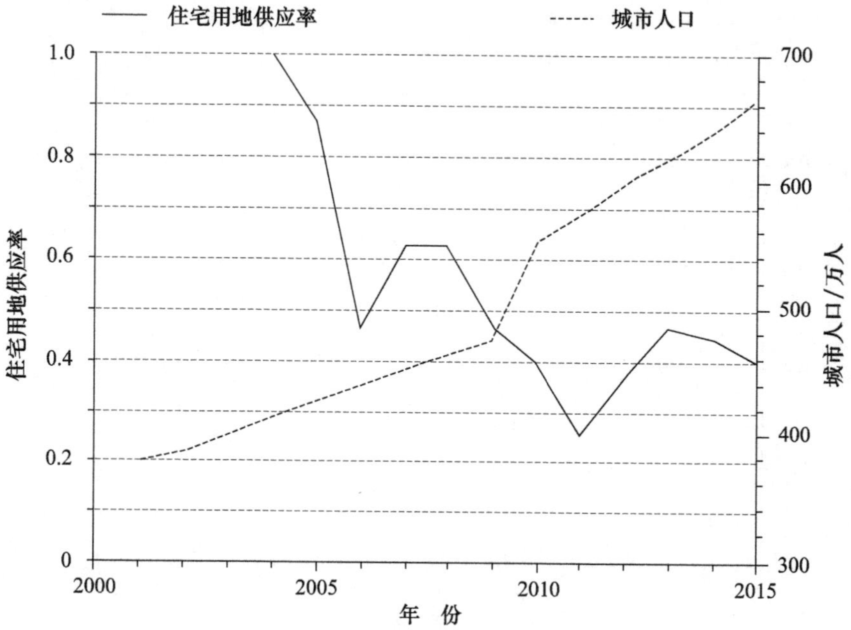

图 14.4 郑州住宅用地供应率

来源：整理自中国指数研究院数据库(China Index Academy Database)。

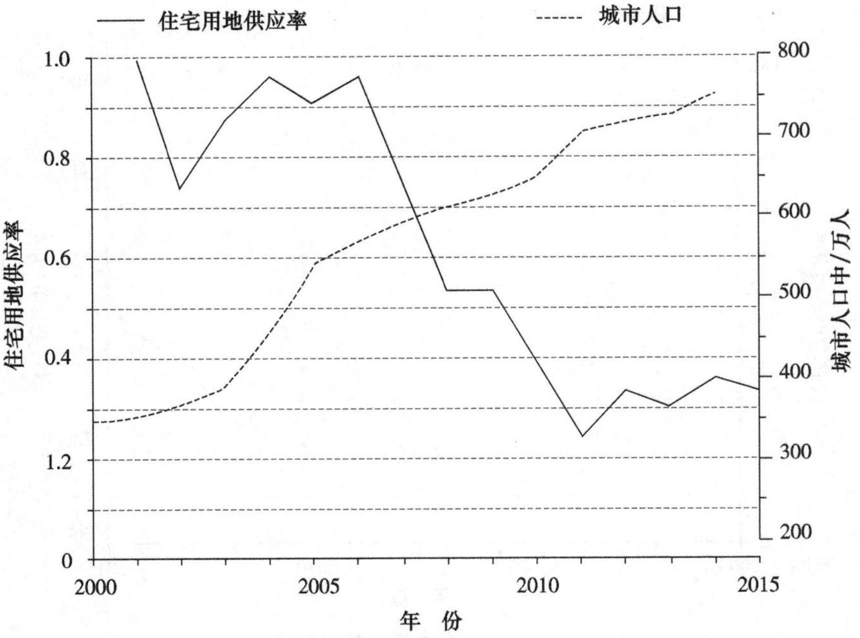

图 14.5 成都住宅用地供应率

来源：整理自中国指数研究院数据库(China Index Academy Database)。

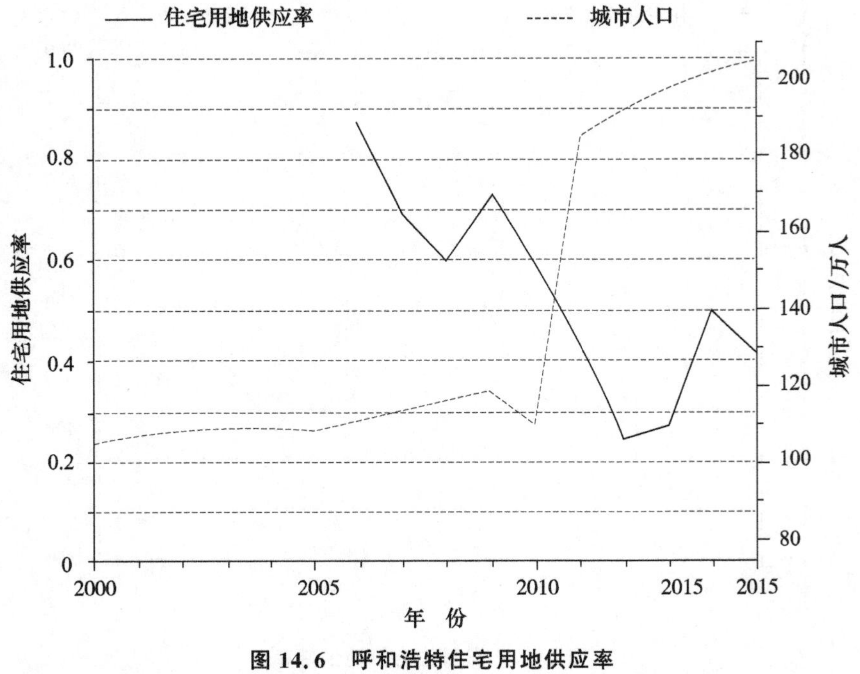

图 14.6 呼和浩特住宅用地供应率

来源：整理自中国指数研究院数据库(China Index Academy Database)。

我们利用2000—2015年中国31座主要城市的面板数据，构建了一个联立方程模型，研究了在政府垄断城市土地供应的背景下，住房用地供应对住房价格的影响。本章接下来的结构如下：第2节进行文献综述；第3节叙述中国城市居住用地供给的演变过程；第4节介绍分析框架；第5节介绍数据和模型设计；第6节则是则展示实证结果并加以讨论；最后，第7节对研究结果进行总结。

2. 文献综述

关于住房用地供给与住房价格的关系，目前主要有以下三种观点。

第一种观点认为，对土地使用的控制限制了可用于住房开发的土地数量、拉高了住房土地价格，反过来又导致新住房供应的下降（Quigley 和 Raphae，2004；Glaeser 和 Ward，2009）和住房价格的上涨（Glaeser 等，2005；Ihlanfeldt，2007；Glaeser 等，2008；Zabel 和 Dalton，2011；Yan 等，2014）。然而这种观点最近受到了挑战。在英国和整个欧洲也有相关的比较研究。

Huang（2015）等人在利用时间序列数据研究香港特区政府增加住房用地供应以提升房屋供应政策的有效性时，发现香港的新房供应独立于政府的土地供应。香港房地产的结构以及时间期限十分重要。然而，以往一项有关香港的重要研究显示，是占主导地位的房地产寡头所持有的大量库存，使政府宣布的中短期土地释放政策目标落空。本章只将 Huang 等人的主张作为一项有用的概念加以陈述，而不对香港的实际状况深入讨论。

第二种观点认为，土地使用管制同时提高了住房用地价格和住房价格。尽管如此，Ihlanfeldt（2007）的一项研究声称，美国房价上涨的原因在于建筑成本的上升，而不是住房用地供应的减少。

还是基于香港特区这一案例。第三种观点认为，土地供应限制可能导致房价上涨，因为较高预期租金的资本化会导致住房生产中资本-土地的置换（Peng 和 Wheaton，1994）。还有一些文章分析了住房用地供应的异质性。举例而言，Hui 等（2014）调查了土地买卖和土地置换对香港房屋供应的影响。研究结果显示，土地置换对房屋供应的长期影响远大于买卖。

土地私有制下住房用地供应与房地产价格之间的关系已经得到了深入的探讨，而所有香港的研究，从本质上讲，都基于公共土地租赁制度的背景——这一制度同样也是1998年中国土地改革后所采取的模式。香港和内地之间在土地供应上的差异在于香港的土地供应基本上是固定的，特别是在填海项目停止之后更是如此。然而公共土地租赁制度背景下土地供应和住房价格关系的比较研究却不多见。根据中国的法律，土地使用权和土地所有权能够彼此分离。市政府可以将住房用地以70年的使用期限出租给个人和社会单位，并且对土地供应有着直接控制的权力。鉴于政府在土地供应中的强大作用，仅仅从住房需求的角度来研究中国的住房市场是不够的。明确住房用地垄断供应对住房价格的影响十分重要。

最近，学者Dong(2016)研究了地理上和人为的土地限制对中国城市住房市场的影响，发现自然可用土地较少的城市房价涨幅较大，而住房数量的变化则相对较小。本文从地理约束的角度考察了土地供应对中国城市住宅市场的影响，却并没有阐明土地供应影响房价的机制。除此之外，美国和韩国也有一些关于城市地理限制影响的研究。

本章的研究在两个方面有所贡献：第一，我们率先尝试通过实证研究来阐明住房用地供应控制对中国主要城市住房价格的影响机制；第二，我们的研究可被视作对公共土地所有权的背景下住房用地供应与住房价格相互作用这一空白较多的领域的补充。

3. 城市居住用地供给的演变

中国自1949年实行中央计划经济体制之后，直到1978年邓小平提出经济改革才逐渐市场化。相对应地，1949—1978年，中国城市土地的供应也由中央计划，使用城市土地的价格和期限都不受限制。城市土地主要由国家所有并分配给使用者。在这样的情况之下，使用者之间对于土地使用权的转让也是被禁止的。这种土地供应(或分配)制度产生了巨大的土地使用缺陷，表现为土地密度曲线低而平、土地使用和交通脱节以及其他种种现象（Bertaud 和 Renaud，1997）。

随着经济体制改革和市场化进程的加快，土地供应的计划体制与新的经济体制变得格格不入。1978 年以后，外资直接投资和合资企业的数量急剧增加，同时合资制造厂对土地的需求急剧上升。经济改革的终极目的是引入资源分配的市场机制以提高经济效率，对土地分配方面政府失灵的情况加以纠正，并最大限度地减少土地保有体系的负面影响（Ding 和 Knaap，2002），以往的土地分配制度则与这些目的不能相容。

调整原有的土地供应制度因此成了当务之急。内地的土地租赁开始越来越多地仿效香港的土地租赁制度（Gu，Michael 和 Cheng，2015）。1988 年修订后的宪法允许土地租赁（Peng 和 Thibodeau，2009）。1990 年，国务院正式确认土地出让为公共政策。到 1992 年的时候，上海和北京的地方政府开始在当地实施土地租赁法，并渐次推行到其他城市（Peng 和 Thibodeau，2009）。

土地租赁制度的推行是把双刃剑：其积极的一面是，土地市场出现，政府收入增加（Ding，2002）；而消极的一面则是随之而来的城市可用土地供应减少、地方政府滥用土地管理权、国有资产流失等问题。1996 年以后，上海、杭州、大连、青岛等地市政府开始探索城市土地供应的新途径。1999 年，杭州和青岛的地方政府采用了基于香港经验的城市土地储备使用制度，这一制度也很快被推广到其他地方。

“土地储备”是指地方政府从土地之前的使用者手中购买土地，将其转化为生产性用途，或者持有土地直到可以出售为止的过程（Alexander，2013）。在中国，隶属于地方土地资源管理部门的土地储备中心是地方政府管理城市土地的代理机构。这些机构代表地方政府购买城市建设相关用地，并提供相关的服务（即连接电力、水、天然气和通信线路，以及建设必要的交通基础设施）。它们可以通过将农村土地转化为城市建设用地来增加土地储备，并通过招标、拍卖或公开上市等市场手段将土地出售给出价最高的竞标者（Zhang 等，2011）。2007 年，中央政府将地方土地储备制度确认为一项新的公共土地供应政策。

新的土地供应制度带来了可观的效率收益(Zhang 等,2011)。地方政府因此能够从快速工业化和城市化进程带来的土地价值增值当中获益,由此增加的大笔预算外收入则可以被用于城市发展、基础设施项目和填海项目。更重要的是,这种制度使地方政府能够垄断城市土地的初级市场(即新租赁权的出售,也称为土地使用权的授予,不同于现有租赁权的交易)。可以说,地方政府已然控制了商业、工业、住宅和公共用途的新城市土地的供应时间、数量和结构(Tang,Zhu 和 Xu,2007)。

中国城市土地供应的另一个变化发生在 2010 年 9 月。2010 年 8 月 8 日,国土资源部第 117 号命令要求市级和县级土地资源管理部门从 2010 年 9 月 1 日开始制订年度城市土地供应计划,其中必须包括土地数量、空间分布、出售日期和提供方式等信息。这项计划具体针对包括私人、经济适用房和安置房等种类在内的住宅房产。监管供应约束主要由政府强制施加,想要最大化租赁收入也必须把市场条件纳入考量范围(Gu,Michael 和 Cheng,2015)。

中国的耕地保护政策也对城市土地利用产生了重大影响。多年以来,保护耕地一直是一项国策。在快速的城市化进程当中,中国政府选择收紧城市土地以对农田加以保护。每个城市的年度土地利用供应计划必须经上级部门批准,市政府只能将有限的土地供应分配给包括工业、住宅、商业、行政、基础设施建设等在内的各种用途。在这种情况下,城市的住房用地供应可能会受到更大的限制,因为市政府会更加积极地推动工业园区的发展,并以此作为吸引企业、投资和就业的地方激励措施,上海就是这样的一个例子。

总而言之,尽管中国的城市土地使用政策在过去 60 年里有了很大的变化,但用于住房开发的城市土地供应仍然受到政府的严格控制。地方政府同时掌握着城市住房用地供应的数量和供应时机。它们可以通过根据当地的土地使用计划释放土地,将农村土地转化为城市土地,从而增加土地储备。面对土地市场垄断制度和严格的土地使用政策,住房用地和住房的价格在很大程度上受到住房用地供给的影响。

4. 分析框架

4.1　城市住房用地供给的决定因素

住房用地供给受潜在市场需求的影响，特别是人均国内生产总值和人口的变化，对其有十分重要的作用。由于地方政府在确定住房用地供应时需要考虑产业政策，因此在衡量产业政策对住房用地供应的影响时，每年人均工商用地供应的增量也都应该被纳入考量范围。在公共用地面积给定的条件下，工商用地的供应量越大，住房用地的供应量就越小。由于住房用地供应能力下降可能导致住房用地价格上涨，我们预计工商用地供应的扩大与住房用地价格的上升成正比。最后，我们将城市住房价格也作为住房用地供应的决定因素之一。

我们预计住房价格对住房用地供应的影响是反向的(即住房价格的上涨会造成住房用地的供应减少)。乍看之下，这种说法有违经济常理：在其他条件不变的情况下，价格上涨怎么会导致供应减少呢？但是中国的大城市，尤其是北京、上海、广州和深圳，其表现出的趋势正是如此。自 1994 年分税制改革启动以来，尽管预算资源更多地集中在国家手中，但地方政府仍然负有满足许多基本支出需求和支持经济发展的责任，地方公共财政高度依赖土地——尤其是住房用地的租赁收入。因此，假设地方政府追求最大利益，就会倾向于更高的土地价格，因为更高的土地价格往往等同于更高的地方公共财政。所以房价上涨可能导致土地供应减少，因为地方政府有通过降低供应来提高土地价格的经济动机。

4.2　城市住房价格的决定因素

我们采用了一个供求框架模型来确定城市住房价格水平的主要决定因素。在供给方面，住房单元供应和住房用地供应是影响房价水平的两个主要因素。

(1) 住房单元供应的净作用

在正向上，供不应求时由于价格竞争，供应更多的住宅单位往往会导致更高的房价；而在反向上，供过于求时供应更多的住宅单位则会降低房价。我们选用年人均新住房单元供应量作为衡量住房供应的指标。

(2) 住房用地供应

除了住房单元供应之外，住房用地供应也是决定房价的重要因素之一。我们预计住房用地供应同样对房价既有正向影响，也有反向影响：当供应滞后于需求的时候，由于开发商哄抬土地价格，更多的住房用地供应将导致房价上涨；而当房屋供过于求时，更多的住房用地供应就会导致更低的房价。类似地，我们选用年人均新住房用地供应量作为衡量住房用地供应的指标。

在需求方面，家庭收入被认为是影响住房价格水平的一个关键变量。根据住房供应情况，我们预计更高的家庭收入会伴随有更高的房价。人均可支配收入是我们选取的用来衡量家庭收入的指标。而家庭收入对住房价格的影响预计会是正向的。城市人口的差异也可以解释城市住房价格的差异。我们采用非农业人口规模来衡量城市人口，并且预计能得到正向相关的结果。

5. 模型说明和数据

5.1 模型说明和变量

为了估计住宅土地供应和房价之间的相互作用，同时避免内生变量的存在所产生的测量偏差，我们建立了一个联立方程模型。其具体内容为

$$\begin{cases} HP_{it} = \alpha_0 + \alpha_1 LS_{it} + \alpha_2 X_{1it} + \mu_{1it} \\ LS_{it} = \beta_0 + \beta_1 HP_{it} + \beta_2 X_{2it} + \mu_{2it} \end{cases}$$

这里：i 指不同的城市，t 代表 2000—2015 年的不同年份，HP_{it} 和 LS_{it} 分别代表两个内生变量即房价和住房用地供应，X_{1it} 和 X_{2it} 代表预先决定变量，μ_{1it} 和 μ_{2it} 代表随机扰动项，α_0 和 β_0 代表截距常数，α_1、α_2、β_1 和 β_2 则分别代表各变量的系数。

已知有 5 个外生变量，即城市住房供应、可支配收入、以城市 GDP 衡量的经济发展水平、人口以及工商用地供应。每个方程各自包含一个内生变量。房价方程包括两个外生变量(经济发展水平和工商业用地供应)，因此存在过度识别。住房用地供应方程同样包括两个外生变量(城市住房供应和可支配收入)，因此也存在过度识别。我们利用 3SLS 方法对联立方程模型进行了估计。

主要变量的描述性数据详见表 14.1。

表 14.1　描述性数据

变　　量	单位	观察值个数	均值	标准偏差	最小值	最大值
房价	元 · 平方米$^{-1}$	496	5406.805	4154.125	1077	33 661.39
年人均新住房用地	平方米	369	9621.67	10 795.89	0	56 410.4
非农户人口	10 000	369	453.58	374.78	8.82	1877.7
年人均新住房	平方米	369	1.59	1.08	0.18	13.13
年人均可支配收入	元	472	19 249.92	10 205.29	5550	52 962
年人均 GDP	元	416	45 100.25	28 535.88	5616	14 9497
年人均新工业/商业用地	平方米	369	11 877.12	19 933.25	0	135 299.2

数据来源：中国指数研究院数据库。

5.2　数据

研究样本是中国的 31 座城市，其中包括 4 座直辖市（北京、上海、天津、重庆）和大部分省会城市。研究覆盖的时间期限为 2000—2015 年。住房用地价格的数据来源于中国地价监测网（www.landvalue.com.cn）。这些数据均由中国自然资源部收集并发布到网上。我们采纳了中国指数研究院数据库中的住房价格、城市住房用地供应、年新住房供应、收入、人口、国内生产总值、年工业/商业用地供应等其他变量的数据。2015 年研究所采用的数据见附录表 14.7。

6. 实证结果

6.1　基准回归

表 14.2 展示了本研究的基准回归结果。研究结果表明，住房用地供应与住房价格之间有着显著的负相关关系。回归估计表明，年人均新住房用地供应每减少 100 平方米，住房价格就会上涨近 8.68 元/平方米。住房供应同样对住房价格有显著的负影响。年人均新住房面积每减少 1 万平方米，住房价格就会上涨近 194.5 元/平方米。

我们还发现，中国主要大城市房价的上涨伴随着人均可支配收入的增长。人均可支配收入每增加 100 元人民币，房价就会上涨 43.4 元/平方米。非农业人口的增长同样会造成住房价格的上涨。城市人口每增加 1 万人，房价就会上涨 1.03 元/平方米。城市人口显然是决定房价的最重要因素之一。

表 14.2 基准回归的估计结果

变　　量	(1) 城市房价	(2) 城市住房用地供应
年人均新住房用地	−0.0868***	
	(0.0176)	
年人均新住房	−194.5*	
	(100.1)	
年人均可支配收入	0.434***	
	(0.0241)	
非农人口	1.033***	0.929
	(0.225)	(1.146)
城市房价		−0.534**
		(0.256)
人均 GDP		99.87
		(72.05)
年人均新工业/商业用地		0.336***
		(0.0298)
东部	316.8	−1,189
	(248.4)	(1062)
西部	−1,144***	−1279
	(209.1)	(923.5)
2001 年	−116.3	490.5
	(432.3)	(1852)
2002 年	−270.0	1183
	(425.7)	(1821)
2003 年	−237.8	2615
	(425.6)	(1809)
2004 年	−387.6	3512*
	(430.0)	(1803)
2005 年	−149.2	6127***
	(440.4)	(1815)
2006 年	85.56	10999*
	(480.3)	(1844)
2007 年	397.1	12157***
	(522.1)	(1941)
2008 年	−572.4	7259***
	(528.2)	(2018)
2009 年	274.4	11776***
	(600.7)	(2262)
2010 年	996.0	12199***
	(684.8)	(2687)

续表

变　量	（1）城市房价	（2）城市住房用地供应
2011 年	−293.8	8407***
	(733.0)	(2874)
2012 年	−1,376*	7677***
	(745.6)	(2784)
2013 年	−1,721**	9493***
	(828.5)	(3000)
2014 年	−2,662***	7293**
	(822.6)	(2912)
2015 年	−3,759***	5055*
	(862.2)	(2952)
常量	−1,438***	1302
	(369.2)	(1497)
观测值个数	361	361
R 平方	0.847	0.666

注：括号中为标准误差；*** $p<0.01$；** $p<0.05$；* $p<0.1$.

数据来源：中国指数研究院数据库。

在控制了收入、人口、住房供应、土地供应等变量后，我们发现，西部地区的房价比其他地区低 1144 元/平方米。较低的价格归因于西部地区较低程度的房地产市场化和经济发展。自 2010 年以来，一些一、二线城市实施了限购令，以遏制市场投机、减缓高房价。2011 年前后有 36 座城市都出台了这样的政策，似乎对房价确实产生了影响。估计结果显示，2012—2015 年住房价格和之前相比要低得多。

6.2　检验土地和住房价格之间的其他影响渠道

文献综述部分中回顾了学界提出的三种住房用地供应影响住房价格的可能机制：① 通过影响住房单元的供应，从而影响住房价格。土地供应的减少限制了住房建设，从而抬高了房价。有些人可能认为，土地供应的减少并不一定限制住房建设，因为人们可以通过调整住房单元的密度，以将住房供应维持在类似的水平。然而，中国的情况并非如此。在中国的城市规划过程中，容积率是被预先确定的，单单是一项土地交易几乎不会改变原有的城市规划。② 第二种渠道是土地供应会影响对未来住房和租金价格的预期。在由理性参与者构成的市场中，土地供应的减少导致了更高的对未来住房价格的预期，继而会被资本化为更高的当前住房价格。③ 第三种机制则是通过提高住房用地价格。土地供应的减少提高了土地价格,而土地价格的上升又提高了住房建设成本,从而抬高了住房价格。

针对以上三种机制,我们应用固定效应模型,通过豪斯曼检验一一进行了验证。首先我们通过研究住房用地供应对年人均新住房供应量的影响来检验第一种机制。表 14.3 的估计结果显示,住房用地供应对年新建住房的短期影响并不显著。注意,此处我们使用的是滞后两年的城市住房用地供应来捕捉住宅土地供应对每年新建住房的影响,这是因为两年是实践中从土地开始征收到住房建设完成所用时长的中位数。因此,假设开发商在获得土地后立即开始建设,房价最有可能受到两年前住房用地供应的影响。我们亦用滞后一年的城市住房土地供应进行了类似的回归分析,所得的表 14.6(见附录)中的结果亦显示,住房用地供应对年新建住房没有显著影响。这一结果同样表明,第一种机制可能不适用于这些主要城市。

表 14.3　机制检验的估计结果(1)

变　　量	年新建住房
两年前城市住房用地供应	4.28E-06
	(4.65E-06)
年房地产开发投资比率	−0.0414***
	(0.00980)
年人均新建住房	0.240***
	(0.0147)
城市人口	−0.000949**
	(0.000426)
2003 年	0.106
	(0.133)
2004 年	−0.0520
	(0.136)
2005 年	0.0774
	(0.141)
2006 年	−0.122
	(0.148)
2007 年	−0.341**
	(0.157)

续表

变　量	年新建住房
2008 年	−0.547***
	(0.169)
2009 年	−0.407**
	(0.185)
2010 年	−0.642***
	(0.198)
2011 年	−0.757***
	(0.226)
2012 年	−0.936***
	(0.244)
2013 年	−1.080***
	(0.262)
2014 年	−0.798***
	(0.268)
2015 年	−0.774***
	(0.285)
常量	1152***
	(0.216)
观测值个数	295
城市个数	30
R 平方	0.715

注：括号中为标准误差；*** $p<0.01$；** $p<0.05$；* $p<0.1$。

数据来源：住房用地价格源于中国地价监测网，其他数据源于中国指数研究院数据库。

我们此后检验了住房用地供应对未来房价预期的影响。事实上，衡量预期是很难做到的。学术研究中常用的方法有两种：① 利用未来时期的实际变量来衡量这一时期的理性预期变量（Blanchard 和 Kahn，1980；Gal 和 Gertler，1999；Kuang，2010）；② 使用替代变量来衡量理性预期（Carlson 和 Parkin，1975），即以第二年的房价来量度市民对未来房价的预期。估计结果显示住房用地供应对理性预期有负向影响（见表 14.4）。这一发现为第二种机制提供了证据，表明住房用地供应的减少提高了对未来房价的预期，在一个理性的市场中，这势必会令当前的房价水涨船高。

表 14.4　机制检验的估计结果(2)

变　　量	未来房价预期
年人均新住房用地	−0.0556***
	(0.0126)
年人均 GDP	147.5***
	(39.37)
城市人口	9.812***
	(1.154)
2001 年	8.286
	(440.0)
2002 年	159.1
	(440.9)
2003 年	296.5
	(446.4)
2004 年	670.8
	(453.2)
2005 年	1 068**
	(466.5)
2006 年	2 052***
	(499.9)
2007 年	2 159***
	(532.9)
2008 年	2 612***
	(552.3)
2009 年	4 134***
	(615.3)
2010 年	4 306***
	(703.6)
2011 年	3 905***
	(750.8)
2012 年	4 292***
	(751.5)
2013 年	4 435***
	(825.8)
2014 年	4 646***
	(856.1)
2015 年	—
常量	−1 892***
	(617.6)

续表

变　　量	未来房价预期
观测值个数	357
城市个数	30
系数	0.760

注：括号中为标准误差；*** $p<0.01$；** $p<0.05$；* $p<0.1$.

数据来源：住房用地价格源于中国地价监测网，其他数据源于中国指数研究院数据库。

我们之后又估计了住房用地供给对住房用地价格的影响。表 14.5 的估计结果显示，住房用地供应对住房用地价格有负面影响，表明住房用地供应的减少会提升住房用地价格，而由于供应成本的增加，房价会被随之推高。

表 14.5　机制检验的估计结果(3)

变　　量	城市住房用地价格
年人均新住房用地	−0.0599***
	(0.0160)
城市住房价格	0.988***
	(0.0886)
人均 GDP	−46.54
	(31.85)
城市人口	5.133***
	(1.727)
常量	−1 163*
	(652.8)
观测值个数	369
城市个数	30
R 平方	0.600

注：括号中为标准误差；*** $p<0.01$；** $p<0.05$；* $p<0.1$.

数据来源：住房用地价格源于中国地价监测网，其他数据源于中国指数研究院数据库。

7. 结论和政策含义

是什么在过去一些年里推动了中国大城市房地产市场的繁荣，这个问题的需求侧因素已经被其他研究广泛探讨。然而一些观察者怀疑，为地方政府所垄断城市土地供应，可能同样是推动中国城市房价上涨的关键。中国面临的一个主要问题，是政策和制度因素在正值城市化高峰期的当下对住房供给弹性产生了一些负面的影响。地方公共财政严重依赖土地租赁收入的现象是重要原因之一。随着工商业用地供应逐渐增加，一、二线城市的地方政府都在计划内减少了住房用地供应。本章的研究利用2000—2015年中国31座主要城市的面板数据，分析了住房用地供应对住房价格的影响。

我们发现，这些主要城市的房价上涨不仅是需求强劲增长的结果，也有城市住房用地供应减少的原因。进一步研究这些主要城市限制土地供应使得房价上涨的机制，则发现，住房用地供应的减少可能导致对未来住房价格上涨的预期，而这种预期可能在一个理性的市场中被资本化为更高的当前住房价格。此外，用于住房的土地供应减少可能导致住房用地价格上涨，从而可能进一步推动住房价格不断攀升。

这项研究的主要结果具有重要的政策意义：① 这些发现证实了城市住房用地供应的减少是房价上涨的重要原因。在这方面，我们建议这些样本城市的地方政府增加住房用地供应，作为减缓房价上涨的关键措施，以减轻年轻一代购房压力。② 几十年来，中央政府对房地产市场进行了一系列宏观调控，希望能够有效地抑制房价飞涨。然而，一些城市的房地产繁荣并没被真正降温。中央政府的监管似乎没能奏效。对房价迅速上涨的根本原因缺乏了解，可能是导致公共政策设计存在缺陷，继而导致其失败的因素。本文解释了主要城市房价居高不下的原因，明确了地方政府住房用地供应对房价的影响，可以为中央政府制定未来相关政策提供一些方向。③ 主要研究结果亦有助投资者更深入地了解房屋市场价格，做出更审慎的投资决定。

附录

表 14.6　年差为一年的机制检验的估计结果

变　　量	年度新建住房
去年人均住房用地	−1.08E-07
	(4.35E-06)
年房地产开发投资比率	−0.0391***
	(0.00849)
年人均新建住房	0.260***
	(0.0130)

续表

变　　量	年度新建住房
城市人口	－0.000281
	(0.000361)
2001 年	—
2002 年	－0.0346
	(0.135)
2003 年	0.0385
	(0.137)
2004 年	－0.141
	(0.139)
2005 年	－0.0314
	(0.142)
2006 年	－0.261*
	(0.149)
2007 年	－0.471***
	(0.159)
2008 年	－0.682***
	(0.168)
2009 年	－0.550***
	(0.175)
2010 年	－0.844***
	(0.198)
2011 年	－1.045***
	(0.226)
2012 年	－1.137***
	(0.224)
2013 年	－1.355***
	(0.236)
2014 年	－1.111***
	(0.257)
2015 年	－0.925***
	(0.261)
常量	0.832***
	(0.193)
观测值个数	327
城市个数	30
R 平方	0.739

注：括号中为标准误差；*** $p<0.01$；** $p<0.05$；* $p<0.1$.

数据来源：住房用地价格源于中国地价监测网，其他数据源于中国指数研究院数据库。

表 14.7　研究使用的 2015 年相关数据

城市名称	人均可支配收入/元	房地产开发投资/10 亿元	GDP/10 亿元	房价/（元/平方米）	年新住房/1000 平方米	住房用地价格/（元/平方米）	年新工业用地/平方米	年新商业用地/平方米	年新住房用地/平方米
北京	52 859	4177.05	22 968.6	22 300.32	1378.22	48 751	1.40E+06	1.40E+06	4.10E+06
长春	—	501.32	—	6374.41	434.66	2767	5.50E+06	616 874	4.40E+06
长沙	39 961	1006.84	8510.13	5543.73	949.47	4614	7.80E+06	2.60E+06	3.60E+06
成都	—	2435.25	—	6584.08	858.64	7609	1.60E+07	3.70E+06	1.00E+07
大连	35 889	897.46	7731.6	8710.85	233.48	3121	3.20E+06	862 162	2.10E+06
福州	—	1381.12	—	11 332.75	745.09	11 102	5.90E+06	1.90E+06	4.40E+06
广州	46 735	2137.59	18 100.41	14 083.32	981.3	28 196	3.40E+06	1.20E+06	3.60E+06
贵阳	27 241	1001.03	2891.16	4966.71	1080	3742	3.30E+06	1.80E+06	3.30E+06
哈尔滨	30978	593.98	5751.2	6124.32	964.85	2528	4.80E+06	1.60E+06	2.90E+06
海口	28535	456.39	1161.28	7635.91	172.05	4086	198 929	696 236	1.40E+06
杭州	48 316	2472.6		14 747.94	1070.27	17 061	5.30E+06	1.80E+06	4.80E+06
合肥	31 989	1259.14	5660.27	7511.89	709.5	4192	1.20E+07	802 650	6.00E+06
呼和浩特	37 362	509.05	3090.5	4945.63	235.1	3521	2.30E+06	630 425	2.10E+06
济南	39 889	1014.4	6100.23	7526.88	370.55	3871	7.00E+06	1.40E+06	5.90E+06
昆明	33 955	1451.31	3970	7177.86	482.05	7047	8.60E+06	1.40E+06	3.00E+06
兰州	27 088	320.56	2095.99	6088.92	164.8	2820	4.10E+06	4.00E+06	3.80E+06
南昌	31 942	485.37	4000.01	6955.35	346.31	5156	9.80E+06	1.50E+06	3.30E+06
南京	—	1429.02	—	11 260.37	1063.87	9764	7.00E+06	811 063	4.90E+06

续表

城市名称	人均可支配收入/元	房地产开发投资/10 亿元	GDP /10 亿元	房价/(元/平方米)	年新住房/1000 平方米	住房用地价格/(元/平方米)	年新工业用地/平方米	年新商业用地/平方米	年新住房用地/平方米
宁波	—	1228.84	—	11 021.82	613.39	12 669	5.40E+06	2.30E+06	3.30E+06
青岛	—	1122.35	9300.07	8436.55	1047.67	6152	1.40E+07	2.30E+06	5.50E+06
上海	52 962	3468.94	24 964.99	21 501.07	1588.95	35 767	2.00E+06	1.30E+06	7.00E+06
深圳	—	1331.03	—	33 661.39	202.37	42 251	750115	382 072	157 583
沈阳	—	1337.66	—	6416.07	768.76	2803	8.20E+06	616 483	3.30E+06
石家庄	28 097	965.13	5440.6	7797.7	259.91	3976	6.40E+06	1.30E+06	6.00E+06
太原	27 727	597.83	2735.34	7303.07	322.01	2976	2.40E+06	600 881	3.50E+06
天津	34 101	1871.55	16 538.19	9869.62	2182.99	6291	1.40E+07	1.90E+06	5.30E+06
武汉	36 436	2581.79	10 905.6	8403.58	654.63	6392	1.30E+07	1.60E+06	6.40E+06
西安	33 188	1820.85	5810.03	6220.53	747.84	5476	5.40E+06	1.80E+06	5.20E+06
厦门	—	774.07	3466	18 928.07	274.17	21 836	813 035	1.20E+06	988 660
郑州	—	2000.2	7315.2	7222.57	670.5	4056	1.20E+07	4.60E+06	1.10E+07
重庆	27 239	3751.28	15 719.72	5012.45	3185.9	4165	4.30E+07	9.40E+06	3.60E+07

数据来源：住房用地价格源于中国地价监测网，其他数据源于中国指数研究院数据库。

参考文献

Alexander F S(2013). Land Banking as Metropolitan Policy. Social Science Electronic Publishing, (44): 3-28.

Bertaud A and Renaud B(1997). Socialist Cities without Land Markets. Journal of Urban Economics, 41(1): 137-151.

Blanchard O J and Kahn C M(1980). The Solution of Linear Difference Models under Rational Expectations. Econometrica, 48(5): 1305-11.

Jensen C(2002). Foreign Direct Investment, Industrial Restructuring and the Upgrading of Polish Exports. Applied Economics, 34(2): 207-217.

Carlson J A and Parkin M(1975). Inflation Expectations. Economica, 42 (23): 123-38.

Dong Y(2016). A Note on Geographical Constraints and Housing Markets in China. Journal of Housing Economics, 33: 15-21.

Ding C and Knaap G-J(2002). Property Values in Inner-city Neighborhoods: The Effects of Homeownership, Housing Investment, and Economic Development. Housing Policy Debate, 13(4): 701-727.

Ding C R(2002). Land Policies and Urban Housing Development. Urban Studies (in Chinese), 9(2): 61-66.

Galí J and Gertler M(1999). Inflation Dynamics: A Structural Econometric Analysis. Journal of Monetary Economics, 44(2): 195-222.

Gereffi G(1999). International Trade and Industrial Upgrading in the Apparel Commodity Chain. Journal of International Economics, 48(1): 37-70.

Glaeser E L, Gyourko J and Saiz A(2008). Housing Supply and Housing Bubbles. Journal of Urban Economics: 198-217.

Glaeser E L and Saks R(2005). Why Is Manhattan So Expensive? Regulation and the Rise in Housing Prices. Journal of Law & Economics, 48(2): 331-69.

Glaeser E L and Ward B A(2009). The Causes and Consequences of Land Use Regulation: Evidence from Greater Boston. Journal of Urban Economics, 65(3): 265-278.

Gu G, Michael L and Cheng Y(2015). Housing Supply and its Relationships with Land Supply. International Journal of Housing Markets & Analysis, 8(3): 375-395.

Huang H and Tang Y(2012). Residential Land Use Regulation and the US Housing Price Cycle Between 2000 and 2009. Working Papers, 71(1): 93-99.

Hanson G H(2005). Market Potential, Increasing Returns, and Geographic Concentration. Journal of International Economics, 67(1): 1-24.

Ho W K O and Ganesan S(1998). On Land Supply and the Price of Residential Housing. Journal of Housing & the Built Environment, 13(4): 439-452.

Huang J, Shen G Q and Zheng H W(2015). Is Insufficient Land Supply the Root Cause of Housing Shortage? Empirical Evidence from Hong Kong. Habitat International, 49: 538-546.

Hui C M, Leung Y P and Yu K H(2014). The Impact of Different Land-supplying Channels on the Supply of Housing. Land Use Policy, 39(3): 244-253.

Ihlanfeldt K R(2007). The Effect of Land Use Regulation on Housing and Land Prices. Journal of Urban Economics, 61(3): 420-435.

Kuang W(2010). Expectation, Speculation and Urban Housing Price Volatility in China. Economic Research Journal, (9): 67-78 (in Chinese).

Meen G and Nygaard A(2010). Housing and Regional Economic Disparities(Government Report), www.communities.gov.uk.

Murphy A, Muellbauer J and Cameron G(2006). Housing Market Dynamics and Regional Migration in Britain. Department of Economics.

Paciorek A(2012). Supply Constraints and Housing Market Dynamics. Journal of Urban Economics, 77(1): 11-26.

Quigley J M and Raphael S(2004). Regulation and the High Cost of Housing in California. American Economic Review, 95(2): 323-328.

Peng R and Wheaton W C(1994). Effects of Restrictive Land Supply on Housing in Hong Kong: An Econometric Analysis. Journal of Housing Research, 5(2): 263-291.

Peng L and Thibodeau T G(2012). Government Interference and the Efficiency of the Land Market in China. Journal of Real Estate Finance & Economics, 45(4): 919-938.

Rabe B and Taylor M(2010). Differences in Opportunities? Wage, Unemployment and House-price Effects on Migration. ISER Working Paper. No. 05.

Skiba A(2006). Immigration, Firm Relocation and Welfare of Domestic Workers. 6th Annual Missouri Economics Conference Selected Papers, Columbia.

Tang T, Zhu T and Xu H(2007). Integrating Environment into Land-use Planning through Strategic Environmental Assessment in China: Towards Legal Frameworks and Operational Procedures. Environmental Impact Assessment Review, 27(3): 243-265.

Yan S, Ge X J and Wu Q(2014). Government Intervention in Land Market and its Impacts on Land Supply and New Housing Supply: Evidence from major Chinese Markets. Habitat International, 44: 517-527.

Zabel J and Dalton M(2011). The Impact of Minimum Lot Size Regulations on House Prices in Eastern Massachusetts. Regional Science & Urban Economics, 41(6): 571-583.

Zhang T T, Zeng S L, Gao Y, Ouyang Z T, Li B, Fang C M and Zhao B (2011). Assessing Impact of Land Uses on Land Salinization in the Yellow River Delta, China Using an Integrated and Spatial Statistical Model. Land Use Policy, 28(4): 857-866.

第四篇

住房改革蓝图

第十五章　对中国住房改革的建议

爱德华·格雷瑟，哈佛大学；赵丽霞，香港大学；刘志，林肯土地政策研究院，北京大学-林肯研究院城市发展与土地政策研究中心；伯特兰·雷纳德，霍姆尔·霍伊特研究院

1. 引言：改革蓝图背后的动机

中国住房政策正面临重要转型。随着大规模的城市群逐步形成、劳动密集型制造业风光不再，而经济重心从投资出口转向内需拉动、城市中产阶级渐渐兴起而人们的偏好更为多元、老龄化程度日益加深，中国需要想方设法达到空间、经济、社会、人口上的再平衡。预计 2030 年生活在城市中的人将达到 10 亿人之多，住房体系面对的压力因此与日俱增。尽管中国幅员辽阔、人口众多，在住房领域也有些独具的特点，世界上其他高收入经济体的经验是否能为中国的住房政策改革提供些许借鉴呢？

自 20 世纪 80 年代以来，人们在什么是好的住房政策，以及如何改善住房部门社会经济表现的问题上逐步达成了一致，国际上渐渐发展出具有广泛共识的标准，用于评估住房制度和设计住房政策。如今，无论是国家还是城市都已有实用的标准用于评估住房制度的表现，并支持住房政策选择。作为本书的最后一章，本章关注如何将这些标准用于中等收入经济体——特别是中国这样一个快速城市化国家。中国的城市体系自 20 世纪 80 年代以来飞速发展，未来 15 年预期还将新增 2.5 亿城镇人口，合适的住房政策必将使中国获益匪浅。不过，本章所讨论的内容仅仅勾勒出一个宽泛的住房改革蓝图，以便决策者们对现行的政策及完成的实践进行反思和评价。想要推动改革，决策者们还需要

进一步敲定诸多实操环节。

综合以下几点可以解释以往住房政策的特殊性，也能说明判断怎样才算好的住房制度这其中的难度。

(1) 首先，住房作为经济品的一系列特征决定了在时间和空间上管理住房部门并不容易，然而由于四项原因我们需要对住房这一经济社会的复杂产物进行分析和管理：① 住房的耐久性强，其使用年限可达数十年之久；② 不同住房之间的结构特点和户型设计可能千差万别；③ 住房的价值不仅取决于房屋本身的特征，还与其所在社区的各种特点息息相关；④ 住房的融资、建设和纳税通常会受到国家和地方政府的广泛监管。管理住房部门需要大量的数据，然而长期以来相关、及时、准确信息的缺乏导致了这个部门中充斥了大量以主观判断代替客观证据的现象。

(2) 由于住房和其他类型的房地产是极为典型的非贸易品，因此对各国住房制度优劣的比较研究极少，人们对于国家住房体系表现的评价标准也没什么探讨的动力。然而随着住房在中等和高等收入国家经济当中所占的比例及对经济稳定与社会福利产生的影响增大，情况开始发生变化，住房和城市开发的现代分析方法在40年前逐渐兴起。[①]

本章后续包含两部分内容：① 先列举近几十年来全球住房众多的经验教训，综述用以评价当下住房条件以及设计合理住房政策的原则与标准；② 再对中国的住房政策改革提出建议。本章针对的对象是关注住房政策表现的政策制定者、研究专家和分析人员，另外还需强调的是，本章的观点仅代表这本书作者们的态度，并不意味着人人都会同意，也不意味着在任何的背景环境下都会适用。

---

① 20世纪80年代初美国的“住房津贴实验”被公认为标志性事件。该实验搜集了大量信息并推动了大量高质量研究，进而扩展了国际研究网络。研究者们开始比较各自的数据收集方法、研究工具和研究发现。

2. 设计住房政策的原则与标准

本节首先介绍住房制度评价和政策选择的四项核心原则，包括：住房消费先于资产所有权；普遍提升购房能力；综合考虑房屋建筑和区位；致力于产权中立和稳健的租赁市场。在此基础上，为了降低"居者有其屋"的社会成本，还应当关注三种效率，即资源的利用效率、供需补贴的效率以及土地用途管制的效率。最后，本节强调了运作良好的国家和地方住房与房地产体系所应当具备的四项制度特性：产权统一，自由准入和竞争，规则透明，以及社会包容且公平的城市规划。

2.1　住房政策选择的四项核心原则

现行的一项住房政策通常是政策决定长年累月不断积累的结果，而不大可能只是一个独立的决策。结合近几十年越来越多的比较经验来看，评估中高收入国家住房制度的绩效最好是从四项核心原则开始。这四项核心原则在国家住房市场中被执行的程度，将反映出住房体系在国家层面满足社会、政治和经济目标的可能性。当然，更理想的情况是在地方层面也满足这些目标，毕竟住房体系本质上在地方层面运作并因地而异。

(1) 住房消费先于资产所有权

住房不同于寻常商品之处在于其既是消费品又是资产。对于房屋居住者来说，房屋是日常生活的场所。房屋的户型和区位决定了生活的舒适、健康和便利。对于房屋所有者而言，房子可以保值，并在未来的某个时点出售变现；而对于既是所有者又是居住者的人来说，房子在提供生活空间的同时也承担保值的功能。

住房政策的争论徘徊于住房的消费品属性和资产属性之间。争论的内容通常与本地政治经济情况、收入分配、国家财政能力和本地房地产业的供给响应能力相关。对住房资产和所有权的强调通常反映出快速城市化进程与城市中产住房需求提升的综合压力，同时也反映出国家财政能力在满足城市基础设施需求时的不足。对住房消费的强调则主要源于社会目标，即每个公民至少都应当获得安全的住房服务，并随着国家收入水平的提升而不断完善。例如，欧洲和美国的住房监管在19世纪即侧重劣质住房对健康的影响，并着力监管出租屋的结构安全和通风情况。

20世纪80年代之后，美国通过住房券政策试图将资源分配给低收入租户，从而保证他们能住上条件更好的私人公寓，享受更优质的社区环境。欧洲各国在私人住房和保障性住房的相对规模、房屋结构和投资来源等方面存在着巨大差异（Taffin，2017）：尽管英国的住房政策受制于意识形态而波动显著，但欧洲大陆其他国家的社会住房政策则保持着长期稳定，且更加务实。东亚国家的基本住房政策则是在城市化进程中始终关注房屋所有权（正如本书第一章讨论的那样）。

还有其他一些住房政策，主要通过提高住房拥有率、降低购房抵押贷款偿还难度来扩大住房存量和资产积累。在这种情况下，住房金融体系的设计及其所使用的资金来源就极为关键。另外，税收也是住房资产形成的主要影响因素之一。西方国家中美国的住房政策在税收方面表现尤为突出，因其主要通过扣除抵押贷款利息和免除资本利得税的方式间接补贴房屋所有者。换算成美元，这两种方式补贴额度甚至比美国政府直接提供的预算内社会补贴还要高。除了这两种主要方式外，美国还以政府资助的抵押融资机构为核心提供其他形式的住房补贴（Jaffee等，2007）。常识和历史记录都表明，针对低收入群体住房服务消费的公共支持理应优先考虑。比起通过购房补贴惠及已经拥有更多房屋的高收入人群，优化利用稀缺的公共资源是更好的方式。

住房的机会成本十分重要，因此需要关注投入新建住房的公私资源是否有其他更好的用途。由于国家和地方的实际情况不尽相同，住房对于国家经济的长远发展而言未必是最佳的投资方式。住房同样未必是一个家庭投资的正确选择。此外，住房投资的乘数效应也很重要。新房建设产生的就业乘数可能还不及一家新工厂。日本的实际经验表明，地价和房价持续上涨的神话其实相当危险。由此产生的泡沫一旦破灭，其代价将极其高昂。

持有住房的风险来源于房价的波动。美国此前急于通过住房政策建立一个“房屋自有社会”，但结果更像是建立了一个“抵押赎回经济”。在面临

2008—2009 年金融危机冲击时，大量购房者无力偿还住房贷款。根据基本的金融理论，家庭应该通过多元化的资产投资组合以分散风险，而仅仅以住房为资产势必将由于类型单一最终导致风险增加。因此，发展其他具有稳健的风险调整后收益的家庭理财形式将有利于社会。这一点对中国来说尤为重要，因为中国大多家庭几乎没有其他形式的投资机会来实现资产多样化。

我们有充分的理由推行提高普通百姓所购房屋质量的政策。父母们都想要确保孩子们能在健康的住房环境和适宜的邻里社区中成长。纳税人希望能将资源重新分配给穷人，但与其让拿到补助的穷人养成好吃懒做的习惯，他们更希望自己缴纳的税金被用于给穷人建设更好的房子。经济理论一直以来反对所有针对特定商品的政策，而是更偏好现金转移的形式，但也存在务实的理论支持鼓励住房消费的政策。

尤为值得注意的是，健全的住房政策应当确保居者有其屋，而不是让房屋所有者坐等房价提升。新加坡就是这一方面典型的成功案例：自从 1965 年独立以来，新加坡就一直致力于让房屋所有者从住房中获益。这一政策之所以能成功，离不开以下几个独特因素：① 数十年来杜绝一切腐败，持续高质量地贯彻住房政策；② 将住房开发和城市发展明确纳入宏观经济日常管理中（其他大多数国家都未做到这点）；③ 帮助公众广泛且务实地认知到新加坡是个完全开放的小型经济体，一旦住房管理不善，整个国家将很快陷入困境（详见关于新加坡的第九章）。

应当把住房消费置于资产积累之上，其另一个原因在于买房比租房更不利于劳动力流动。拥有住房将导致迁移成本上升，意味着家庭可能被禁锢于不合适的社区或城市之中。[①] 租房能让搬家更为容易；加之通常租房者收入较低，针对租赁市场提供住房支持更容易指向最弱势的社会群体（Peppercorn 和

① 2007—2008 年房市崩盘后，美国出现了收入不平等加剧和社会问题恶化的现象，其原因之一就在于有些房主不仅遭受了房屋贬值带来的财富损失，他们还因为房子卖不出去而无法去其他地方工作。(Jennifer Brown, David Matsa. Locked in by Leverage: Job Search During the Housing Crisis. NBER Working Paper 22929, 2016-12.)住房的不可移动性对劳动力市场产生的负面影响一直以来都是东欧国家住房供给短缺的结果。

Taffin,2013)。事实上,美国和欧洲在全球金融危机之后都遭遇了经济衰退,亚洲房价又大幅上涨,同时老龄化和生活方式改变等社会趋势也引发了一些新的住房消费行为,这些都推动了房屋租赁需求的提升。因此,顺应近期住房消费趋势、扩大私人房屋租赁的供应量已经成为许多政府关注的问题。在新近出台的住房政策改革方案当中,中国中央政府就强调了发展住房租赁市场的重要性(详见第十二章)。

(2) 普遍提升购房能力

关注住房消费而非住房资产积累,能对公众预期产生重要影响:房价上涨是利空而非利好。如果目标定为房屋所有者的资产累积,那么公共政策将致力于确保房价提升;而如果目标定为保证保障性住房的消费,那么公共政策就需要确保房价稳定,甚至实际上应让它有所降低。高房价使得已经拥有城市住房的人获益,而损害了外来人口的利益。通常,购房者相对于房屋所有者较为贫穷,因此高房价实质上使得资金和财富从穷人向富人转移。预计未来 10～15 年内中国将会有 2.5 亿农村人口迁入城市,这一问题势必将更为严重。此外,这一矛盾在民主市场经济体中亦将更为尖锐,源于其公共政策通常需要迎合选民的意愿;而就住房政策而言,选民多以住房所有者为主导。

住房是建筑物和土地的综合。当供给不受监管时,房价将直接反映建筑成本和土地价值。如果建筑成本下降,那么增加和改善全国房屋存量的成本也将降低。所以说,建筑行业的技术变革有利于提升购房能力,进而产生社会效益。因此,公共政策不应该限制建筑行业的竞争或其他能够提升技术的来源。

土地价值则稍微复杂一些。当土地供应不受政策约束时,土地价值的提升可能存在两种原因:一是地方政府提高本地服务水平,这是我们乐于看到的现象;二是城市人口和经济的增长会提升对优质区位的需求。如果拥有全部或大量土地的地方政府垄断并限制土地供应,那么土地同样会升值(就像香港的住房部门那样),此外,政府还可以通过土地用途管制限制新房供应,这也能迫使土地升值。然而这种对土地或房屋供应的人为限制,意味着新增住房几乎不能吸引劳动力,而迁入的家庭将为住房支付更高的价格。

遗憾的是，美国的保障性住房项目更专注于指定保障性住房单元的建造，而不是保证足量的住房供给实现居者有其屋。由于集中于特定类型的住房并通过摇号的方式分配，美国的保障性项目使得公众不再关注这一项目“为所有人提供更好的住房”的大目标。同时，该项目要求开发商拿出一部分公寓低于市场价出售，等同于变相对新建住房项目征税。而在中国香港，大规模的公屋目前能够涵盖46%的人群，确保了多数家庭的住房质量。即便如此，依旧存在着属于补贴计划之外、需要独自应对私有住房价格快速增长的“夹心阶层”。新加坡原本成功的住房政策如今也开始面临新的挑战：小型租房市场逐渐受到供求双方的挤压，在供给侧，土地短缺现象加剧；在需求侧，高收入劳动力的涌入形成越来越大的住房压力。

(3) 综合考虑房屋建筑和区位

家庭购房不仅是选择房屋，也在选择房屋所在的邻里环境。社会住房政策中一个较为常见错误，即只关注建筑却忽视区位，通常选择把位置更好的土地留作私人住房开发从而获取更高的财政或投资回报。然而实际上二者都很重要，在相对富裕的社会，区位的重要性甚至比建筑本身更高。

社会住房政策一直以来更倾向于强调建筑，公众往往也更关注建筑本身，对于邻里环境和建筑在城市中所处的区位则关心甚少。二战后美国的公共住房项目拆除了有些破旧但依然运作良好的街区，并将其改建成高楼，结果反而成为犯罪滋生、缺乏社交功能的场所。巴西则将传统城市中心周边的贫民区转移至地处偏远、独立的住房项目中，形成了如今臭名昭著的巴西“上帝之城”。中国许多城市，其住房项目最终失败的主要原因往往在于项目选址极为不便，纵然地价低廉但远离就业地点和城市服务。反观亚洲的两个具有固定土地供应和大型保障性住房项目的发达经济体，新加坡和中国香港，其保障性住房的周边环境与私有住房相当，甚至有些时候保障性住房的周边环境更优。

若仅考虑购房能力，可以用一种简便的方式来考察区位的方式。假设有两套房子，其中一套在城市周边但很便宜，另一套非常贵且靠近市中心。乍看起来，第一套房子对承担能力的要求似乎不高；但如果考虑到通勤成本的话，位置较远的房子总成本其实更高。所以在计算住房消费总成本时,同时考虑住房和交通成本才是更合理的做法。

巴西的“上帝之城”所面临的权衡则更为复杂,因为迁居至此的居民从未真正意义上地拥有原有的住房。是就地保留贫民区,还是将贫困户迁至新建住房项目安置,完全由政策制定者决定。由于贫民区的区位极具价值,居民迁出后所产生的价值足以弥补新建高质量房屋的成本。表面上看来,居民搬迁之后能够享受到更高质量的住房,但实际上居民的生活质量由于偏远隔绝的区位条件而变得更为糟糕。不过对城市整体而言,城市中心区土地利用强度的提升可以创造社会价值,所以将贫民区的居民迁出可能是最优的选择。但是,搬迁并没有真正意义上改善贫民区居民的居住条件,因为建筑本身质量的提升并不足以弥补区位条件恶化的影响。

二战后美国的城市住房项目也十分注重建筑结构,各处高楼拔地而起,“可以看到街头生活”的内涵却被无视了。有时候,建筑的高度提升了,但密度反而降低了。简·雅各布斯(Jane Jacobs)曾极具说服力地指出,老式街道使得父母能够透过低层窗户留意孩子状况,街道上人来人往也能够确保安全。这些老式街道的优点却都让位于追求更雅致的公寓,其结果往往是灾难性的。类似地,在中国许多城市的大规模重建过程中,原本热闹的老式街道被疏离的、单调乏味的高层建筑所取代。

建筑结构类型在美国现已不成问题。即使是美国最贫穷的那20%家庭,其平均居住面积也已经超过80平方米(Glaeser和Joseph Gyourko,2008),而且还能享受诸如水电等公用的房屋设施。如今美国穷人面临更大的问题在于孩子依旧成长在充斥着贫穷与犯罪的社区。由此可见,住房政策绝对不能只局限于改善建筑,但是,住房管理部门依然将过多的资源放在改善建筑这一目标上,而对邻里区位没有多少关心。

推行大型公共住房项目的亚洲发达经济体所面临的情况有所不同。还是以新加坡为例,公屋通常包含居住区、各种社区设施和园林绿化公共空间或社交场所,提供与普通私人住宅小区不相上下的邻里环境。早在20世纪

60 年代或 70 年代，新加坡就已经开始专业的住房管理实践，以确保干净、安全的居住环境。尽管由于资格标准和政策目标有所不同，新加坡公共住房项目中的人口结构比美国更加多元，尤其是在补贴的自由住房中。正因如此，新加坡的公共住房广受欢迎，同时新加坡为绝大多数公民提供了以自住类型为主的住房。

Chetty，Hendren 和 Katz(2016)验证了美国穷人获得住房券并搬迁至贫困水平较低的地区所产生的终身影响。结果发现，年幼时就搬离了贫困区的孩子得益于离开了令人沮丧的社区环境，到 28 岁时普遍拥有更高的收入水平。但如果搬家时孩子的年龄已经较大，那他们最终所获得的收益就小得多。住房、教育与其他投资领域的共同特征在于："关注未来"往往能产生最大的效益。在荷兰，社会住房项目的规划经常与市场住房结合在一起，旨在避免住在公共住房里的孩子与主流社会脱节。

"关注未来"包含三个明确的含义：① 它再次强调了购房能力先于房价提升的重要性。长者们通常是从房价上涨中获益的房屋所有者；而年轻人则多是利益受损的买家，他们为了购房必须支付更高的价钱。当然，部分年轻人可能会从父母的房地产投资中受益，但如果住房政策仅仅有利于这些幸运儿的话，那未免也太不公平。② 扶持房屋租赁至少与扶持业主一样明智。公寓租赁对于居无定所但前途无量的年轻人而言特别有意义，使得他们能够因应现实条件变化而搬家。这并不意味着要对租房进行补贴，但这的确反映出公共政策不应该将购房置于租房之上，为了提升自住比例不惜牺牲租赁市场。③ 如果要实施住房补贴，针对幼龄儿童的父母进行补贴势必将更有意义。为这些家庭提供租金补贴，能让这些家庭在孩子成长期间能够居住在更好的社区。原则上，当家庭收入增加或孩子成年之后，可以逐步取消租金补贴。

(4) 致力于产权中立和稳健的租赁市场

1998—2011 年，包括美国、新加坡和中国在内的许多国家和地区出于不同原因而不同程度地侧重于房屋所有权，这些国家的购房鼓励政策包括持有房屋的税收减免、政府担保抵押贷款，以及其他购房鼓励计划。新加坡就将土地价值捕获收益返还给房屋所有者(见第九章)。其他政策还包括抑制房屋租赁。通过人为限制租金上涨,通常能够降低人们出租房屋的意愿。例如,1940—1950年,美国大部分地区实行租金限制,造成美国住房拥有率出现爆发性增长。

许多发展中国家面临的棘手问题是既不能提高租金,又不能驱逐租户。试问在这种情况下,又怎么会有私人投资者愿意出租自己的房屋呢?这些声称为了帮助租户而制定的政策,最终反而摧毁了租赁市场。

我们的基本原则是,租房和买房都是可行的选择,只是二者各有利弊。选择租房能带来更高的流动性,对于大型的居住综合体尤为适用,因为业主会为大家统一提供普遍的公用基础设施。而对于生活区位固定的老年人,或是单个家庭居住的、需要个人保养的独栋住房,购买就是更合理的选择。如果说拥有房屋所有权通过鼓励人们与邻里建立本地联系创造公共利益,那么租房将进一步通过允许人们针对市场需求冲击而迁移,进而创造其他效益。

在买房和租房这两种方式之间,我们并未发现孰优孰劣的有力证据,因此最为明智的政策行动方针就是保持中立。公共政策不应鼓励人们购房或租房。如果有能力对贫困人口的住房进行资金补贴,那么在理想情况下,这些贫困人口可以使用这笔钱去还房贷或者交房租。

同样地,政府也可以选择直接用这笔钱去建保障性住房或者用于补贴开发商,从而建造可出售或出租的更廉价的房屋。如果像中国香港的情况那样,政府拥有土地,那么政府可以利用土地资源进行保障性房屋供应。

尽管如此,我们可以看到确保稳定的制度安排以打造稳健的租赁市场是十分必要的。租房涉及的法律契约其实比购房更为复杂。因此,在完全缺乏法律约束或是完善的法律执行体系尚未健全的条件下,可能会出现很多契约分歧的情况。① 例如,所有者和使用者在针对诸如谁应当承担房屋维护的责任和浴缸

① 在像英国这样成熟、高收入的租赁市场,私人业主和租客之间的关系可能存在十分显著的差异。详见 John Allen, Linda McDowell (1989). Landlords and Property: Social Relations in the Private Rented Sector. Cambridge: Cambridge University Press.

漏水造成的损失这类问题上可能存在分歧，他们对于房主是否能够驱逐租户大概也有不同的意见。这些分歧最终需要由相应形式的法律裁决，最简单的做法是设立专门针对租赁的仲裁法庭，对简单的契约合同进行裁定。这个法庭可以由业主缴纳适度的税费进行资助，当然也可以使用其他的方式筹款。

更为重要的，是为了保障住房租赁市场运作良好，适当的法律机制必不可少。这个原则对中国城市来说非常重要，因为其租赁市场普遍管理不善，租客权利得不到很好的保护，解决合同纠纷不仅费时费力还费钱。德国以其稳健的产权中立政策而著称，其中就包括个体租金的平稳提升，使其充分反映出邻里社区状况变化。而在芬兰，设计得详细而周全的住房合同，使得不同类型的租客和所有者可以在一栋楼里共同生活。

2.2　住房政策的三方面效率

上一节讨论了住房政策的 4 个核心原则。然而，我们尚未讨论实现这些目标的成本，而成本总是需要与效益放在一起加以权衡。因此本节将探讨资源利用效率，这是确保浪费不会压垮住房制度的一种手段。这种浪费可能来自显性的政府支出，如使用公共资金却建成了断头桥，或是政府管制导致通勤时间过长或通勤成本过高。

(1) 资源利用效率

住房在本质上至关重要为本章政策蓝图的首要原则，因此值得给予充分的政策关注。然而，这并不意味着这份政策蓝图认为每一笔住房投资都是对稀缺资源的合理利用。就像其他任何项目一样，住房建设稍有不慎，也很容易造成资金的浪费，因此制定住房政策时应严格确保效益大于成本。

鉴于住房政策的效益可能是改善贫困家庭生活水平这类相对无形的目标，使用成本效益分析有时存在着困难。如果这是住房开支的目标，那么一种自然的评判基准就是看相同数额的资金用于其他用途是否可以获得更多的效益。例如，为贫困家庭提供住房代金券的好处能不能与等额的儿童早教开支或与单纯的现金转移支付所产生的效益相比较。与此相关的问题在于住房领域财政支出最终究竟是使目标对象(贫困家庭)还是业主受益。

正如下文将要深入讨论的那样，如果住房供给具有弹性，那么类似像住房券那样补贴需求的政策，比起实际保障性住房建设来，出现严重无效支出的可能性要低。当公共部门实际将资源导向提供新住房的时候，低效资源利用的可能性极大，尽管社区配套良好的住房建设能够产生良好的社会效益，但这种情况并不常见。虽然私营开发上也可能会犯错，但他们趋利避害的本能和想要保本的需求至少能够在一定程度上约束私营开发商低效利用资源。

通常情况下，我们理应希望住房领域财政支出的效益会大于成本，包括建筑成本和土地机会成本。可是纯公共项目的部分目标是为了惠及目标人群，其效益往往并不仅仅取决于利润。由于这部分效益通常缺乏直接衡量，极易导致住房支出效益的错误估计，公共住房项目就在大多数情况下高估了效益而低估了成本。

比较公共开发建设提供住房的成本和租赁同等规模私有空间的成本，是降低住房建设项目资源低效利用的有力分析工具。尽管要找到真正的可比之处较为困难，但这一方法至少能够确认公共部门的建设花费不会高于私有部门拿出的方案。大规模公共住房建设项目有助于发挥规模经济从而节约成本——20 世纪 70 年代新加坡之所以开始推动这一政策，正是因为当时房地产业中存在着大量零散的小开发商。在中国空置率较高的城市，针对房屋所有权开征房产税势在必行，有利于推动更多的闲置住房用于房屋租赁，从而降低房屋租金。同时，这也能够缓解动用公共资源建造保障性住房的压力。

公共项目中特别常见的错误是低估土地机会成本和时间价值。将目前的空地用于公共项目并非没有成本，因为土地还可以用于其他用途。如果土地征收对被征地居民的补偿力度较低，导致失地之后生活境况恶化，那么已占用土地征收同样可能导致项目成本低估。最后，施工项目还经常造成交通延误等其他不便。遗憾的是这些问题在成本效益分析中往往被忽略。

(2) 补贴效率问题(需求与供给)

第二种效率存在于旨在改善住房条件的补贴项目设计之中。需求侧补贴方案与居民有关，而且有助于降低购买或租赁住房的成本。无论是住房代金券，还是税收抵免都属于需求侧补贴。供给侧补贴则是以新建开发为目标，通常会根据建筑面积的大小给予开发商一些好处，或者由政府直接在自有土地上建设，以补贴的价格出售或出租给家庭。美国低收入住房税收抵免项目属于这两种供给侧补贴的前者，新加坡的公共房屋计划则属于后者。

原则上，需求侧或供给侧的补贴项目都可作为提升购房能力、改善住房质量的有效手段，这也同时意味着这两种项目可能是无效的。在诸多决定哪种政策更为有效的因素当中，住房供给的弹性尤为关键。让我们假设一种极端情况：在住房供给为固定值的市场当中，如果需求侧补贴使得该市场中所有居民都增加住房支出，根据基本的经济学知识可以推断，补贴只会导致业主的租金收入增加。由于市场的住房存量是固定的，房屋质量并不会得到改善。同时，居民所支付的价格根本不会下降，因为同样数量的居民最终仍需要为同样固定的住房存量竞价。

假设另一种极端的情况：在一个完全灵活的市场中人们总能以 10 万美元的价格提供新的住房，那么一项提供 2 万美元补贴的需求侧政策能够将实际购房成本从 10 万美元降至 8 万美元。由此可见，对购房需求进行补贴在供给有弹性时是有意义的，而在供给没有弹性时则毫无意义。

供给侧补贴的逻辑则相反。在一个开发商总能够以 10 万美元价格提供住房的弹性市场，供给侧补贴对于住房价格或质量毫无影响。假设一项政策针对开发商提供每个建筑 2 万美元的补贴，但这项补贴并不具备普遍性，不是所有开发商都能够获取补贴。只要部分市场需求仍旧依赖于未获补贴的开发商来满足，那么住房市场价格仍将保持在 10 万美元，而 2 万美元的补贴只会让受补贴开发商获取更多利润。倘若在一个无弹性市场，存在预期认为住房供给最终将放宽并且价格将下降。政府向目标群体直接提供住房补贴是缓解房价过高问题最有效的办法；但如果住房用地整体供给不足，那么除非政府成立土地银行支持公屋建设，否则这种补贴办法依旧行不通。还必须指出：由于收入随着时间的推移而增加，直接提供住房补贴的方式存在着对长期租户过度补贴的风险，除非能够严格执行紧缩的补贴政策（参见第十一章关于中国香港的讨论）。

上述讨论表明了不存在普遍适用于每座城市和每个时期的住房补贴形式。因此，试图制定国家统一的住房政策（如美国的住房代金券和税收抵免政策）将不可避免地在国内不同城市之间产生实质性的效率差异。理想情况下，补贴应当立足于当地实际情况，即便无法完全做到这一点，补贴政策至少也应该反映出整个国家的平均水平。在住房市场快速增长的国家，追求效率将推动公共政策转向需求侧补贴。

关于这两种补贴最后再说明一点：到目前为止我们都没有讨论补贴分配过程中贪污和低效可能的存在。事实上，由于涉及大量分散的家庭，需求侧补贴的分配过程十分烦琐，然而也正因为需求侧补贴直接流向住户，而非开发商或政府机构，所以相对不容易受到腐败的影响。如果十分担忧房地产业发展可能腐蚀地方政府，那么需求侧补贴可能是更为安全的做法。

（3）土地用途管制的效率

最后一个效率与城市规划和城市空间管制有关。城市规划制度可能会像“断头桥”一样低效。为此，如同对基础设施进行成本-收益分析是必要的道理，对规划管制进行成本-收益分析同样十分必要。就土地用途管制而言，相关管控手段关注房产用途（居住、工业、农业或是公共用途），以及包括限高在内的与地上建筑物相关的规则。

最基本（或许也是规模最大）的土地用途管制或许是为交通运输划定空间：明确路网不属于私人用途范畴。极少有人对划定公共用地用于通路的必要性抱有异议，不过对于划定多少土地用于各类交通运输方式仍可能存在争议。在这一背景下的成本-收益分析意味着比较将更多空间用于交通和用于其他用途能够实现的价值，可以认为交通的空间价值为减少出行时间或允许更多出行，而估算非交通用地社会价值最基本的工具即土地的市场价。

除此之外，公园和开放空间的土地分配似乎也应使用成本-收益分析，尽管富裕的城市在关于公园的事情上这样“斤斤计较”。一个合理的做法是将土地的市场价值与用作公共休闲空间产生的社会效益进行比较。评估空间利用价值需要用一些方法来估算休憩空间的社会效益，然后加上这部分开敞空间对相邻业主所产生的效益(可以使用特征住房价格回归估算),进而加上开敞空间对城市整体的效益(这需要更多特征价格计算)。开敞空间的价值在市中心地段最高。随着城市收入的增加,开敞空间的供给也在提升。因此,开敞空间密度的增加将先快后慢,最终趋于静止。

公园和交通运输用地产生的主要是公共利益,因而估算其社会效益颇具挑战性。在分析土地的私人用途时(如农业、商业、工业和居住等用途),其效益基本归于土地所有者。因此,只要土地用途管制能够对各类用途进行有效分配,那么无论是划为住宅区或划为工业用途,土地应该具有大致相同的价值。如果划为居住用地的价值显著高于工业用地,那么极有可能是因为划定为居住用地的面积太少,而工业用地太多。

可以想象,将土地划为特定私人用途可能也是为了某种公共目的。例如,保持农业用地不予以开发就可能带来一些健康效益,当然非要在城市附近保留农田也可能会对健康造成严重影响,比如农田其实存在被污染的风险。目前还不确定额外拥有工业或商业用地是否会产生社会效益。倘若这类社会效益的确存在,那么合理的规制需要审慎地量化这些效益,并将其与居住用地和商业用地的价格差异进行比较。此外,在发达城市实施特定用途分区(美国文献有时称之为"欧几里得"分区)大体上是个错误。欧几里得分区最为典型的依据是一些类型的生产能够产生显著的外部性,因此在住宅区禁止进行任何危险或让人不快的活动是合理的。问题在于,许多其他类型的生产活动几乎没有负面影响,而且住宅和商业空间的混合有显著的可达性优势,有利于减少通勤、改善交通拥堵。事实上,自简·雅各布斯开始,几十年来许多美国城市规划师对混合用途分区颇为青睐。

土地用途管制不仅仅是针对一个地块用途进行管制,它还同时控制建筑规模,或者是地块可建住房单元数量。然而中国香港只有关于许可的总建筑面积的规定,土地用途分区并没有规定建筑规模和住房单元数目。对高度或其他的限制则被认为是确保光照或限制城市整体规模的工具,其合理性几乎从未通过严格的成本-收益分析证明过,而且一项评估表明,在纽约执行这些限制措施的成本可能远远超过了收益(Glaesor,Gyourko 和 Saks,2005)。希望这种形式的调控在实施之前能够通过更为严格的成本-收益分析,确保其收益大于成本。

2.3 支撑良好住房制度的四个品质

接下来从政策目标选择转向具体操作,我们聚焦于程序性原则而非成果相关的目标。这些程序性原则之所以有价值,不仅是人们认为其可以改善成果,而且还因为它们本身就具有内在价值。部分程序性原则的执行肯定有其代价,程序性原则也不应凌驾于所有其他问题之上。这些原则是可以努力的方向,但绝不是能够取代其他目标的指挥棒。

(1) 产权统一

贯穿住房项目的一项基本原则是统一的产权和规则,不应具有特殊性。换句话说,法律规则一体适用,无所不在,而不是因地而异、因人而异。统一性有助于形成可预见的、透明的制度。同时,统一性也使得高效利用土地更为容易,因为土地利用不会额外受地方特定的法律规则制约。

哪些情况属于不具有统一性的产权?例如,有些个体能够自由开发土地,而其他个体则可能没有这种权利。在农村地区,土地管理适用的法律可能与城市地区截然不同。虽然制度适当向部分农村地区倾斜是必要的,但我们完全可以将其纳入统一的财产制度下,以提供补贴维持农业用地或限制开发的形式。中国的房地产市场因为 1988 年宪法修正案中提出的城乡土地二元制度而有所扭曲,当前旨在统一城乡建设用地市场的改革显然是朝着产权统一迈出了积极的一步。

(2) 规则透明

作为一个广受欢迎的目标,透明度有着许多不同的含义,比如程序透明就是确保每个人充分理解决策过程和决策主体。这种透明当然不错,但更为基本的透明是确保规则本身是透明的。这意味着所有参与者都理解并遵循房地产市场的运作规则,即那些可能是与土地利用相关的、在很大程度上影响私人开发商,还同样影响着业主-租客关系的规则。无论何种情况,杂乱无章的程序绝不会创造社会价值。

例如，就土地利用限制而言，透明度可能意味着"依法"分区的优势。这意味着只要项目符合土地用途管制规定，项目需求就无须再受到进一步的审查或讨论。换句话说，如果土地利用图中允许建设容积率为16且用途为住宅，则一个只占用一般面积的32层住宅楼就可以进行最简化审查，并且该审查结果的不确定性很小。为了发挥灵活性，还可以规定可能需要得到规划当局批准的具体用途，例如住宅区内的酒店。现在关于土地用途有"正面"清单和"负面"清单：正面清单包括可容许和可能容许的"正面"用途，意味着清单以外的任何用途将不被允许；相反，"负面"清单意为不被禁止的皆可为。如果可以轻松地从网上获取分区图及其规则，这将有效提高其透明度。

透明度对于私人房地产交易也很重要，从一开始就需要明确房东和租客的责任。如果有一到两个标准化租赁或抵押合同，且由第三方确保即使是受教育程度不高的租户或借款人也充分知晓合同内容，那么就能实现极简意义上的透明。同样，卖方在标准房地产销售中的义务也应尽可能透明。

政治辩论和监管改革提出了实现完全透明度的更高标准。我们也同意透明度在这些领域令人向往，但在某些情况下，透明度过高会导致无法进行真诚的谈判，这是个矛盾。虽然对借款人或租户造成混乱的制度没有任何好处，但在制定规则过程中，有时候充分的透明度在政治上是不切实际的，而且有些模糊则是必要的。

(3) 包容且平衡的规划

在20世纪前三分之二的时间里，大多数规划被视为技术官僚的事情，并不涉及民众参与。这一做法导致为数众多的建筑和公路项目激起了民众强烈的反对。民众反对发展的一个里程碑式事件是 Shirley Hayes 和 Jane Jacobs 在20世纪50年代阻止建筑大师 Robert Moses 要穿过纽约华盛顿广场公园修建道路的规划。自20世纪60年代以来，美国和其他地方的城市规划师已经学会与社区打交道，并在其设计城市规划的过程中征求他们的意见。

包容性的方法具有重大价值。如果我们认同规划的宗旨是改善人们生活，那么就应该倾听那些受项目影响最大的民众对该项目持怎样的看法。在某些情况下，公众的意见可能会帮助规划者决定是否继续推进项目。在其他情况下，包容性规划可能促使项目不断改进，集思广益就是这个意思。还可以通过面谈和在线讨论来产生更多的包容性。

除此之外，地方居民应当有更多的表达通道，而不只是在投票大会上否决或同意提案，至少当项目影响范围不只局限于本地区时应该如此。[①] 一个地区的居民可能非常不喜欢修建一条经过其社区的道路，但是如果这条道路能够造福于其他足够多的人群，那么建设这条道路可能仍然是有意义的。居民通常不喜欢增加邻里密度的新建筑项目，然而，这些新的住房单元提供居住空间，并为那些目前不生活在本社区的人们提供生活于此的机会。所以说，政治领导层必须平衡当前社区居民和其他市民的福利。

（4）自由准入和竞争

最后一个程序性目标是开发商的自由准入和竞争。包括美国在内的许多市场，存在数以千计的潜在的小型建筑开发商，甚至还有相当数量的开发商准备建设更大的建筑。这可以避免收益集中于某个建筑商，并确保市场结构会对其需求增长进行及时响应。然而在高密度的亚洲城市里，地方上的房地产市场通常被少数几家开发商垄断（Shilling 和 Sing，2006）。

房地产开发市场竞争受限的自然因素有两个：规模收益和监管。在某些情况下，项目所需的规模和专业知识可能相当可观，这可能会降低小公司参与竞争的能力。然而，在没有准入限制壁垒的更大的市场中，规模经济不大可能限制竞争。

在房地产开发过程中，自由竞争受限更常见的原因是，混乱的监管减少了竞争，而且只有少数拥有广泛人脉的承包商才能打通各路环节。因此这一小部分建筑商可以获得丰厚的回报，甚至有些建筑商可能与政客分享收益。如果市

① 在一个中产阶级日益庞大的城市，人们的观点存在很大差异。德国的社会学研究表明，城市社会通常存在十几类拥有不同价值观和收入的群体。因此，公共委员会不得不非常务实地解决阿罗提出的数学不可能性定理——其证明不可能存在一种投票方案能够持续且合理地反映持有不同观点的个人的偏好。参见劳伦斯·萨默斯.再别肯尼斯·阿罗：一位温和的经济学天才.华尔街日报，2017-02-25。

场被一小部分建筑商垄断，他们将限制住房供应，并从城市产生的额外福利中拿走相当大的份额。

解决竞争受限的天然办法是放宽限制建筑的规定。如果规则是适度且透明的，那么任何人都可以参与竞争，这将给下游的消费者带来好处。在更长的时间范围内，自由准入可能会提高行业技术进步的速度，从而可能给消费者带来更大的效益。

3. 中国政策行动

中国的住房部门在短时间内如同“移山”一般创造着奇迹。中国住房发展的规模、速度和范围前所未有，令人惊叹。当然，从旁观者的角度仍然可以看到中国住房制度存在的改进空间，中国也确实有必要深化改革。尽管中国的住房体系与其他中高收入的国家相比，无论其规模大小和制度道路上都不尽相同，在未来城市人口还很可能会有进一步扩增，其他国家的经验仍然对中国颇有借鉴意义。毕竟他山之石可以攻玉，学习别人的教训也能避免自己犯下同样的错误。正因为如此，社会科学家和住房政策分析师们如今正处在连通国内外经验交流的“双行道”上。

中国接下来的政策改革应该遵循怎样的设计原则？本节将针对中国异常庞大和多样化的住房体系现状，提出具体的政策行动方案。这些方案分为三种：体制改革、城市规划改革和金融改革，其中体制改革占最大份额。我们将按从易到难的顺序对这些政策行动加以讨论。

难度较小的改革包含充分利用中国强大的信息通信技术能力实现技术提升，但并不对现有权力关系构成挑战。一个例子是通过网络在线办理许可和分区手续，另一个例子是提高房产登记质量。更艰难的改革则为重大制度变革，如改革地方政府的融资结构或改变土地征收制度。

我们认识到，在现行条件下，一些更重要的改革目前在政治上可能是不可行或不明智的。作为社会科学家和政策分析师，我们对中国这种重大改革所涉及的政治复杂性的理解比较有限。不过，出于完整性的考量，我们相信在改革中同时纳入困难和不困难的路径优化住房开发和城市建设进程是十分重要的。

要充分理解中国的住房问题，必须将其置于更为宏大的中国城市开发进程之中。我们强调灵活规划的重要性，以便适应当地快速变化的市场环境，并考虑为基础设施供给和融资提供新的工具。

本节最后提出了两项与金融体系有关的建议。更为宏观的财政问题不在我们讨论的范围之内，但有两项内容反复出现在国家层面的住房制度讨论中：① 确保金融体系免受房地产泡沫破裂带来的不利影响至关重要，将动态房地产价值评估纳入银行监管过程可有助于降低繁荣—萧条周期的风险；② 更为重要的是家庭须拥有住房投资以外的其他理财手段，以其作为退休保障或支付未来花销。

3.1　难度较小的体制改革

我们首先关注的是那些虽然具有挑战性但仍然可行的体制改革。难度较大和较小的改革，其主要区别在于几乎没有既得利益者会在难度较小的改革中遭受重大损失，而最困难的改革可能会因为影响到利益集团的利益而面临巨大阻力。难度较小的改革仍然需要付出努力，但只需要较少的政治意愿。

(1) 建立统一的产权登记和地籍制

任何房地产制度，其最基本的组成部分均是地块的明确划定及清晰的所有权或使用权。然而，中国大部分地区缺乏明确的产权证和所有权登记，部分原因是革命期间私人土地所有权被废除，并且公共登记将建筑记录与土地记录分开。农村土地通常是集体所有，城市土地以租赁方式持有。然而，这些二元所有制结构均不对建立统一的产权登记系统构成信息障碍。

一个合理的记录结构是将所有地块都登记在案，并包含登记的业主和用户(二者可以是同一个个人或实体)的信息。特殊类型用户的数量不应太多，并且租赁性质应当与完整的租赁数据一同记录在登记证书中。中国可以比照北欧财产登记的法律和技术特征，毕竟这是欧洲最佳的范例。类似地，与日本、韩国的登记制度相比，同样对中国建立其良好的登记制度有所助益。

在集体所有或租赁的土地情况下，最明晰的土地登记手段是成立代表集体的非营利性实体或信托。这些信托应具有明确的法律地位，也应具有明确的管理结构，例如具备由指定的选民选举出董事会或由特定政府实体任命产生董事会。信托拥有所有权或租赁权。目前中国建立类似实体或信托的切入点可以是城市社区负责管理和维护的业主委员会，或是实际上负责土地利用事宜的村委会。

我们最终的目标十分明确，就是要建立一个包含中国境内所有土地产权信息的在线登记系统。实现这个目标的过程可能会比较困难，尤其是在土地使用权存在争议的情况下。推进的手段之一是制作一幅地块图，然后请民众主张其租赁权或使用权。民众提出各自的权利主张后，再使用一些手段来确权。在某些情况下，特定地段的各种权利可能分割得清晰明了；而在其他情况下，一些共享使用权的方式也可能是恰当的。

产权制度明晰的长期优势，在于未来土地确权将变得更为容易，且获得征地补偿的权利则更为直接。这个过程一开始可能会比较棘手，但是如果最终目标清晰、权利普遍被承认，势必将产生难以估量的价值。

虽然登记制度是为了处理土地权属，但同时存在一个次生问题，即租户（从地上建筑所有者手中租赁公寓居住）是土地的共同承租人还是共同所有者？理想情况下，登记制度同样将包括这些租户（不过这可能是我们在第二阶段才会去考虑的问题）。朝前来看，一旦新的租赁关系建立，在合适的位置予以记录是相对直接的做法。

（2）明确土地租赁续约规则

当一个人拥有某块土地的时候，自然会想到要规划这块土地的未来。土地所有者的投资信心源于他们了解自己可以永久性地拥有地上一切建筑。然而，临时租赁者面临土地最终的所有者可能重新收回土地并取得地上投资回报的危险。中国内地许多土地租赁权在2050年之前即将到期，这可能是投资房地产收回回报的最终期限。尽管日期临近，许多投资者似乎相信，即使在这个时间节点后他们仍然可以使用自己的财产并获得收益。他们可能受到中国香港土地租赁政策的影响，香港规定土地可自动续期，同时在可承受范围内收取地租(Gurran，Gallant 和 Chiu，2016)。

延长租赁截止日期有利有弊，但明确延长租赁期限的条件和因素有益无害。政府可能希望在 2047 年接管土地，并收回从转售物业中获得的收益。此外，政府也可能希望允许目前的持有人保留控制权以收取固定费用，费用的标准则可以依据一定比例的房产价值。

不确定性对投资不利。就土地租赁而言，不确定性完全是人为造成的。如果只有政府才能决定其行动计划，即便行动计划最初不完善、可能需要后续微调，那这种不确定性也完全可以被消除。一个似乎可行的途径是以收取房产税的形式延长租赁期。换句话说，业主必须支付年费(如土地和现有财产价值的 1%)，才有权将租赁自动延期某一特定年份；如果业主不再支付费用，那么将自动失去延长土地使用期限的权利。

政府可能也希望确定租赁续期的条件，这可能取决于所涉及的地产本身或整体经济状况。例如，当且仅当工厂能够提供 500 人就业才允许工业地产续租 20 年，或是当且仅当当地社会失业率低于 6%时才允许续租。或者，同一地点可能在土地用途变化时区划上调或下调，如果承租方有意留下，那么其将在租约续签时支付新的溢价。确切条款应该取决于在租赁到期时土地用途变更的总体战略规划。更为重要的是，政府的透明度并不意味着让政府束手束脚。

与许多国家类似，中国通过城市规划和管理实行土地用途管制。因此，当地政府有可能在当前的租赁期满后希望改变土地用途。在这种情况下，政府应在租赁到期 10 年前宣布不延长租约的决定，以便用户有足够的时间调整其投资决策。此外，政府还应该制定相应的政策以补偿地上私人财产的重置成本。

(3) 采用网上分区和审批流程

全国土地所有权登记应与全国土地用途限制图相匹配。除非因为不同行政单元管辖权力冲突，监管机构没有理由不去绘制土地利用情况和建筑限制的在线地图。特别是当下中国正在想方设法整合各层级、各地方上不同机构制订空间开发计划，绘制这种全国范围内的地图就显得更为紧迫。当该地图与所有权或使用权地图相关联时，业主将很容易知道如何处理其土地，邻居们也很容易知道彼此之间是否因过度建设而滥用分区规则，或是将土地用于非审批用途。

一些辖区已经有这样的地图，并且有很好的模型可以使用。通常各个地区会被细分为若干个区域，而不同区域内建筑规则各不相同。通过地图可以很容易看出这些差异。此外，在线网络链接架构可使读者更容易点入浏览，并了解任何特定地区的具体规则。

在理想情况下，互联网用户还应当能够通过访问网站开始在线审批流程。如果足够多的地区进行依法分区，那么审批过程将变得简洁明了。建筑商提交计划，经批准后开始施工。在房屋实际使用之前可能还需要进行二次审批，以确保建筑商实际遵守了相关规则。在这两种情况下，申请审批都可以在线轻松完成。

在线审批的一个优点是更容易追踪审批过程。建筑商可以查看监管机构的审批进度，监管机构的管理者则可以评估获得审批结果所需的平均时间。在理想情况下，由单个实体机构负责审批建筑施工及其实际使用。通过在线审批，该审批实体机构的工作速度和审批通过率将更容易受到监督。

(4) 执行共同所有权结构的最佳实践

中国许多新城正在进行高密度建筑开发，但高层建筑的共同所有权可能是我们即将面临的一个挑战。美国城市中的合作式建筑因居民之间的争斗不断而闻名。有时，管理公司还会被指控克扣应由租户享有的资金。在合作所有权下要避免此类问题是不可能的，这也是为什么房屋租赁尤为适合高层建筑物的原因。不过，也有很多城市居民会想要成为高层建筑物里的房屋所有者，因此，对于共同所有的大型建筑应采用最佳的法律结构。

合作式所有权的主要替代方案是精品公寓模式。在这种模式下，所有者不拥有整栋建筑物的部分股权，而只是拥有其自己所购单元的股权。这些土地共有但不可分割，这意味着业主的产权不能单独出售(正如中国香港的情况)。于是，业主只对自己的单元具有独立的控制权，这也因此使这种建筑往往更受欢迎。然而，在某些情况下，合作式的共同所有权模式比精品公寓房的独立所有权模式具备更大的功能，比如想要出售整个建筑物可能更为容易。这是因为合作模式下共同的决定并不需要全部的业主同意，只要多数业主同意即可(例如在香港达到多数所需的比例是80％)。

我们无意于建议中国采取上述某一种模式，但是中国的确可以研究其他地区现有的各种做法，并将重点放在那些特别适合中国国情及区域特点的一个或两个所有权结构上。如上所述，采用一个或两个容易理解的合约类型是很有好处的。另外，也可以利用一个多世纪以来从高层建筑共同所有权那里积累的经验和知识。

(5) 完善需求侧补贴信息系统

如本章2.2节所述，利用需求侧而不是供给侧的住房补贴是可取的(例如住房券)。然而，这种需求侧补贴并非各地通用，为了提高效率，它们必须锁定有迫切需求的人群，如育有年幼儿童的贫困父母。

中国要想制定针对此类补贴的国家政策，必须建立一个覆盖全国收入和家庭状况的国家信息系统。在美国，可迁移性住房代金券往往按照先到先得的原则分配给符合条件的家庭。因此，公共住房当局不需要掌握所有潜在代金券接收方的信息，当有人申请时，申请人必须自证其符合资格。然而，这个制度对许多人来说并不公平，因为援助没有瞄准最需要的人，而是给予了那些特定群体中首先申请的人。更好的制度应当确保所有贫穷的美国人都能获得住房援助。

中国公民身份证制度自然成为构建用于锁定需求侧补贴的信息系统的基础。身份证已经包含有关工作经历和居住地的信息。如果能够增加收入和家庭状况等信息，那么身份证应该有足够的信息来锁定需求侧补贴。

例如，如果一个国家系统包含家庭状况和收入信息，那么就可以通过基本援助信息瞄准有需要的人群。可以告知他们可能具有获得住房援助的资格，但他们必须向有关援助授权机构提交文件，之后再由授权机构负责审查文件并实施援助。该制度将比美国现在的制度更有效率，因为它将更加严格地锁定贫困人口。

另外，我们认识到，中国的政策实施和公共服务提供严重依赖于省级政府，而建立国家制度则需要破除省与省之间的壁垒，对基于省级的体系加以强力整合。不过，过去的经验表明，打破省级服务提供的传统是非常困难的，如果中国想在未来引进更为有效的制度，就必须克服这一障碍。

3.2 更艰难的体制改革

我们现在转向更为艰难的房地产体制改革。任何情况下这样的改革都会带来几家欢喜几家愁的结局。因而改革势必是一场攻坚战，尽管有其政治成本，但是这些领域如能推动改革，确实可以产生巨大效益。因此，至少对改革进行严肃认真的思考，才不失为明智之举。

(1) 整合城乡土地所有制度

多年来，中国城乡土地产权的二元制对中国城市化进程的质量产生了重要的影响，而这一点从 1988 年中国修宪之时便埋下了伏笔。当时改革的主要目标是要重振城市土地使用权的交易，后来这被证实是一项非常成功的举措。然而，由于没有实证经验，那时人们并没有过多关注这种城乡土地产权二元性会产生的负面后果。30 年后，中国地方已经累积了一些反面案例，二元体制产生的预料之外的各种弊端早已凸显。在本章 3.3 节"城市规划改革"中会继续讨论与之相关的城乡土地流转的几个问题。

我们建议终结这种长期存在的城乡土地产权制度的二元分割。此项改革，其主要目的就是不论土地处于哪种用途、也不论土地属"城"或属"乡"，都要确保土地产权制度的连续性。在将房产产权视作最古老的物权形式的很多市场经济体中，这种连贯性就是基本的法则。它不单是推动城乡土地转换的主要积极因素，而且还可以保证每一小块土地都将被用于产出最高的用途，从而有助于保证城市空间利用效率。

在今天的中国，城市用地往往隶属单一使用者并可以进行交易。反观农村用地，因为其集体所有的性质，使得个体农户很难从产权的内在价值中或者从改良土地后进行的交易中获得合理的利益。我们注意到，现在中国正在开展城乡建设用地整合的改革试点，这是一个通往正确方向的明智之举，令人振奋。

农用地也应该像城市公寓一样具备联合产权的形式。其中一种可能的方法是农用地仍保持集体所有,但是其所有权通过特定非营利性实体固定下来,各位农户均可在此企业里持股,通过股份制来进行领导团队的选举。原则上,甚至一个村庄的土地都可以由政府任命的某信托公司所有并管理,但这似乎不是一个上乘之选。

此类非营利型集体制企业将拥有对土地的一系列正式权力;如果土地继续保持农地属性,该企业的当选领导可以继续管理土地。更为重要的是,如果进行了土地改良,那这样的正规企业将助力各家农民以集体形式面对未来开发商和当地政府,并与之商议价格。正式的产权所有制将创造出一个全国统一的所有制体系,而且在国家在线土地登记系统上得到规范。

农村地区内的主流土地产权形式为集体所有制,并不会造成城乡产权制度分割的局面,但前提是其城市土地也同样是集体所有。西方有众多拥有土地的信托和非营利企业。界定清楚的产权制度并不排斥联合所有权或者集体所有权,因此土地联合责任制的建设思路可以保留。与此同时,要不断加强对土地调控权的规范制度建设。

(2) 国家征地流程改革

世界各国都存在由国家征地所引发的不满。那些被迫失地、听凭征地机构出价补偿的民众通常感觉自己是被利用了。如果补偿标准过低,那实际上就是低估了项目的真实社会成本,导致效率低下以及社会不公。另外,如果完全放弃国家征用制度,这将会使土地整合变得极为困难,并且错过开发好项目使整个城市从中受益的能力。

改革家们迄今提出了三条改善国家征地制度的道路,其中最为普遍的做法就是将国家征地范围压缩到非常具体的公益用途——比如一般来说收益大于成本的公益性基础建设项目。但这种做法的弊端是人们很难就什么是合理的公共事业用途达成一致意见,并且难以监管。公共产品的内生动力也因国而异、因时而异。美国联邦法院在 1984 年最终裁定,该法院没办法有效判定一个地方政府的征地究竟是符合公共利益还是损害公共利益。因此,该法院不会拒绝地方政府从一方征地、并交由另外一方开发的征地行为。另外，即便能够对土地用途设限，但这种限制条款在实际过程中也难以执行。

第二种做法就是实现更好的房地产估价，就如我们在第二章所讨论的那样。准确的房地产估价，能保证地方政府至少为房产提供公允市场价值的补偿。此外还有一个合理观点：人们认为业主应该得到比公允市场价值更多的补偿，因为业主对自有土地的估值往往是高于市场的，否则他们也不会等到征地之时才被迫交出土地。2013 年《印第安人土地改革法》中就要求农业从事者应该得到土地价值的 4 倍补偿，农村居住者则应该得到土地价值的 2 倍补偿。

补偿时的一个突出问题就是由于所有权定义不明晰，租户可能从土地的增值中获取不到任何好处。因此国家土地登记制度应该解决如何确定所有权或使用权的这个问题。如果补偿超过了公允市场价值（当然也可能就应该是这样），则补偿中的一部分也可以（可以通过法律规定下来）和租户进行分享，为他们造成的搬家不便适度补偿。中国很多城市的城中村在再开发过程中就面临着这样的问题。原村民在开发过程中通过效益共享和补偿机制获取诸多利益，然而在城中村居住的租户大部分都是农民工，不但得不到任何补偿，还不得不搬家走人。

第三种做法是给予土地所有者或使用者更有力的物权，使他们可以拒绝被征地。比如说 2013 年美国《印第安人土地改革法》，其中就明确，须得到 70% 的民众支持，才能够批准一个土地交易案。用少数服从多数的方法来审批公共征地，当政者实际上就是在试图寻找平衡，一方面在征地过程中保障少数民众权益免遭重大损失，另一方面保障更多人希望能够执行公益项目获取更大利益的需求。深圳的城中村再开发项目也要求至少有 80% 的原住村民的同意才可以进行，只不过租户们仍然没有进行投票选择的权利。

(3) 改革房地产开发机构

中国的城市房地产开发机构包括城市建设投资公司（简称城投公司）、国有房地产开发企业、私有开发商和土地银行。未来最为艰巨的挑战便是改革这些国有企业和地方政府旗下的城投公司。

整个过度建设过程的核心问题就是透明性问题。对于外人，很难搞懂这些企业是如何找到融资来源，以及地方政府又给予了他们怎样的直接或间接补贴。

我们建议对公共房地产开发企业进行大刀阔斧的改革。如果还要继续保留公有开发企业，则他们必须转型成为非营利型企业并得到明确的监管。他们的资金来源需要具备更大的透明性，其财务账户也需要对中央政府的监管当局以及媒体和普通纳税人公开。同时还需要明确利益冲突的处理规则。一家国有企业进行出口生产时，它面对的还是跟国外企业良性竞争的压力，但是如果一个国有企业生产的是本地房产的话，那么现实中则几乎没有什么可以避免其意气用事、过度生产的“清规戒律”了。

地产行业虽然受到政府监管，但同时保持着和地方政府千丝万缕的关系。这实在是无法避免的。但是如果我们可以建立更强大的透明制度，减少恣意妄为的行为，那么必然可以减少由腐败产生的风险。现在需要建立起这样一种体系，各个开发商充分考虑土地征用和建设的全社会成本，只有他们自己充分相信未来的市场回报可以超过成本时，才去制定投资决策；而任何削弱这种理性决策形成的因素，包括可能从地方政府获得的便利好处等做法，都会拉升过度建设的风险水平和整个房地产行业的不稳定性。

(4) 减少建设过程中的障碍和补贴，依法分区

现在人们普遍认为中国的城市建设是太多而非太少。尤其是2009年以后，情况愈演愈烈。然而，住房成本依旧居高不下，如果现在的土地体制改革也削弱了供给弹性，中国在未来将会面临建设不足的风险。因此在改革时要确保法律法规不会人为地限制、阻碍新增建设或者减少建筑市场的竞争。监管新增建设虽合情合理，但是明智的监管规则也需要充分顾及监管体系的透明性和可达性，在现行条件下地方政府管理者很有可能成为试图避免代价高昂的市场波动的重要力量。

理想的状况下，政府首先在一个给定的地理空间内，对不同的建筑类型进

行成本评估，这些成本包括在该区域里对公共基础设施产生的压力以及如果设置工业活动可能会产生的负面效应。做完这些成本评估后，政府就能够直截了当地设计出某给定地理位置内建设开发的收费表，比如说建一幢十层楼的生产厂房很有可能比一幢五层楼的住宅要支付更多的费用。该评估表应该得到定期审核评估来反映在建成区域里的最新重大变化，比如交通基础设施的最新开发，等等。如果收费一览表的编制条理清楚，那么只要一个开发商能支付开发的社会成本，他/她在任何一个地方都可以进行开发建设。而且评估进程也会缩短，只要成本能够得到准确评估，那么这座城市将会在完成每一个新开发项目后受益。

透明的收费流程也有利于促进房产开发行业的竞争，因为现在体制外的人和体制内的人都要支付同等费用，体制内的人并不具备所谓的比较优势，也就失去了他们的主场优势，体制放开可以确保形成一个公平的竞争环境。

(5) 改变当地政府依赖土地财政的收入结构

很多的研究发现，中国地方政府由于拥有了对土地利用的地方垄断，因而产生了过度开发建设以提高收益的情况。在 1994 年财政改革之后，地方政府就面临着税收收入和权责不相平衡的窘境。因此他们转向了采用地方开发建设来筹措资金的做法。诚然这对中国的城市化建设也做出了巨大的推动，然而历史和实用哲学告诉我们，如果可以建立起一个包括房产税的可预期的地方税收体系，地方政府也可以依赖这样的体系进行良好的治理、从中获益。

房产税资金，对地方融资具备几个好处。最为重要的一点，房产是不动产，如果对富人的征税过高，这些富人可能就会用脚投票搬到其他地方，但是房产无法移动，也就意味着房产税不太可能扭曲区位选择。如果房产税的征收更多是基于土地价值，而不是土地之上的建筑物价值，那房产税的优势则会更加凸显，因为土地税比起建筑物房产税更不容易产生对于新增建设的阻碍。

以房产税为基础的税收结构，可以促进地方政府对文化体育设施进行更多投资，这往往会带动房产价值升值。同时这个税种有稳如磐石的美誉，因此还可以减少人们把房产作为投资投机工具的看法，因为每年房产业主都要缴税，房产税可以减少人们进行长期投资并持有的战略使用，也能够尽量避免高空置率的出现。最后，如果某一个地区的房产总值和这个地区人民所获得的服务相匹配，房产税其实是一个相当公平的税种。

我们还需要在政策上清楚地区分房产税的几种形式：① 首先是持有阶段的房产税，这是独立于房产所有权之外的税种；② 其次就是在交易环节产生的交易税。交易税这种收入形式并不可取，因为它扭曲了人们房产换手时的行为，而且产生了一个更加非定期的而且是顺周期的收入流，地方政府没有理由要减少房产的再次销售。

施行新的房产税政策，需要建立起一套有效公正的房产估值办法。就这一点，我们已经看到了诸多致力于批量化评估的例子。在中国的省级或市级层面上可以较为容易地建立起批量评估体系，并和国家土地登记制度进行链接。那些拥有土地使用权、但却并不支付地方房产税的个人将因此面临失去土地使用权的风险。

3.3 城市规划改革

房地产行业不能够脱离城市的整体变革环境而独立存在，在我们讨论住房政策的变化时，很多人也看到了城市规划存在改革的空间。我们接下来简要探讨城市规划政策领域里三种温和的变革形式。

(1) 为城市长期变革进行规划

伦敦在 20 世纪 30 年代规划了绿带的建设项目，那时的伦敦城市规模更小，活力也远不如现在，绿带给整个城市带来的作用也不如今天这样显著。因此，绿带当时更多被视作一个遏制城市扩张的温和手段，可以给城市周边地区居民带来怡情养性的绿色空间。然而，当英国再次引领全球，率先完成了长期的城市化进程。今天伦敦的规模更大，对于城市扩张的需求也更多。然而，城市建设缺乏供给弹性，为人所诟病。不出所料，人们如今开始激辩绿带是否阻碍了城市发展、削弱了购房能力、遏制了城市的积极进展。但是伦敦的城内花园（如海德公园、绿色公园、圣詹姆斯公园）作为更具悠久历史的公园，已然成为城市中心美景中的璀璨宝石。

在这里，我们并不是希望对伦敦的绿带或者英国的任何土地利用规划品头论足，但是我们更希望从更高的层面看待这一问题。城市不断在变，而中国城市的未来将非常难以预测。土地利用规划必须面向未来，接受中国在未来50年将会产生翻天覆地变化的可能性。在某些情况下，这意味着需要制定更多的管制规则，比如在市中心规划出更多的空间进行绿地建设以此吸引更多的城市富裕人群；在另外一些情况下，政策制定需要有更大的弹性，去适应持续变化的城市环境。

对灵活性的需求会促进各个城市转向以收费为基础的审批制度，而并不是选择机械的规制手段。举例来说，如果开发商已经习惯了建设的成本是包括要支付更为高昂的开发费用和房产税的话，那么当城市更加成熟的时候，这样的费用体系还是有可能会改变的。但是如果开发商现在面临的是不可以调整的不可打破的管制规则的话（比如像伦敦绿带），那么这座城市最终将缺乏灵活性。

灵活性对部分基础设施而言颇具意义，而基础设施网络将持续地影响城市空间动态。比如公交车，它比火车就具备更大的灵活性。在一些取得明显成功的城市，如深圳，发展轨道交通可能是适宜的，但是当长期发展方向尚不明确时，快速公交将具有更大的灵活性。因为公交线路可以重新设计，甚至可以转而发展私家车，但火车线路则较为固化。西方很多城市直至今日还不得不处理当年轨道遗留下的问题，它们如今所处的位置已经与城市发展不相适应。当然，修建地下（而非地上）的铁路可以避免此类灵活性的问题。

(2) 考虑其他基础设施供给机制

基础设施始终需要政府管理。国际经验表明，在基础设施开发的初期阶段，政府的作用不可替代（Bhattacharya 等，2012；Brown 等，2015）。然而开发流程本身可以由政府、私营部门甚或非营利机构来推动。中国现在已经朝向其他基础设施供给机制迈进，比如公私合作机制（PPP）。这是明智之举。诚然，PPP 并不是万能药，但是在合适条件下，PPP 有潜力减少基础设施供给过程中的两大问题——投资草率和维护程度低。

一旦政府机关高估效益而又低估大型基础设施建设(如城市轨道交通体系)的成本,极易导致投资草率的问题。如果没有使用者有意愿为基础设施体系付费(如过路费、客运费等),那么投资效益则容易被高估。而假如设施建设由商业或私人企业完成,那么隐含的前提是企业在很大程度上、甚至完全需要依靠使用者付费来收回成本,企业因此就有动力去仔细评估设施使用者的数量。

企业同时也具有维护基础设施的合理动机,否则将不再有消费者选择这些基础设施。在公共部门为新建基础设施产生的巨大社会反响而沾沾自喜,却又不愿承担维护基础设施的艰辛工作之时,设施缺乏维护的问题便产生了。依靠用户融资的 PPP 项目必须为设施维护买单,否则项目将面临破产。因此,使用者付费的融资方式能够确保道路得到按时保养维修。

如前所述,PPP 并不是一剂万能药。在一些国家,PPP 导致了地方腐败。由私有部门提供基础设施也可能造成对安全性能的投资不足,或是工程造价过高等问题。我们建议对 PPP 要加强监管,包括安全监察和合理价格的管制。我们也希望中国在依托商业或私有企业提供基础设施的同时,能够实现杜绝腐败的目标。

(3) 管理城乡土地转换

土地转换乘数指城市用地价值除以现有农用地使用价值的比值。由于宪法确定了城乡二元产权制度,加之城市政府垄断了农转非土地的购买,土地转换乘数在中国非常之高。这一指数的居高不下造成了地方政府对住房和其他类型房地产的过度投资,同时也成为地方政府滋生腐败的最大原因之一。

农地向城市用地转化在任何一座城市都是一个主要的城市规划问题,在城市化进程快速推进的中国尤其如此。中国目前只有地方政府可以执行农地向城市用地的转化,这一方面压抑了地方的创新性,也同时削弱了农民分享城市化所形成的广泛效益的能力。为了实现社会更大的稳定,改革需要使得农民可以更为独立地规划土地农转非过程,并从中获益。

这样的改革包括两个重要的步骤,我们在上文已经有所讨论。第一,农村土地所有权需要进一步规范，而且需要将其引入一个独特的产权法律框架之中。同时，需要对集体所有权进行更明晰的界定，比如农村土地合作社等。只要集体中的大部分人都支持土地用途转化，那么土地转化就应当能够实现。

第二个重要步骤就是减少隐性分区对农业用地向住宅或商业用地转化的制约。对于将农业用地超然于城市用地之上的合理性，值得我们在超越粮食安全和环境问题的视角下重新审视。在一些情况下，让农业退出大型人口集聚中心可能是有利的。一旦土地用途的变更容易起来，并且土地所有权在集体中能够得到明确保障，那么农民对于土地用途非农化的规划和收益将变得更为直接。

从纯技术角度而言，我们并非认为土地非农化进程完全不需要规划。土地非农化的确需要与大型城市交通和基础设施规划相适应，适当的约束无疑必不可少。但是，让中国的农民从城市化的被动见证者变为塑造城市化进程的主要行动者同样也是必要的。

3.4　住房金融改革

本蓝图旨在探讨房地产领域的改革，而并非金融体系的改革。但是本章所提出来的两个房地产领域的建议，却都和金融相关。第一个是避免因房地产价格的剧降对金融体系造成损害；第二就是减少房地产繁荣所产生的投机性泡沫。

(1) 为银行监管采用动态房地产评估

房地产价格通常在美国等地表现出趋向均值回归的特征。实证发现，美国大都市区的住房市场在一个五年周期内出现1美元的额外涨幅，那么在下一个五年周期内通常会出现32美分的跌幅(见第二章)。在那些没有对建筑和住房供给设置监管或物理限制的地方，房价涨幅如果远超建设成本的走势，那么这种均值回归现象将更为明显，如洛杉矶和凤凰城(Glaeser等，2008)。

大都市区住房价格趋向均值回归的特征对于银行监管极具意义。对于使用抵押贷款融资的私人借款方，或是房地产开发企业而言，房地产通常可以作为贷款的抵押品。在统计意义上，一旦房地产价格近期飙升至峰值，抵押品在未来可能贬值；而当价格于近期跌落至低点时，抵押房产在未来反而可能增值。因此，当银行面临着房地产风险时，稳妥的做法就是准备好反映房地产周期的资本要求。

资本要求是避免银行承担过多风险的基本工具。银行贷款通常表现为顺周期，即在经济景气时银行愿意发放更多房贷(房产价值也不断攀升)。如果银行承担了更多的风险，那么银行就需要提高资本。资本要求应体现该金融实体投资组合的风险水平。在2007—2008年金融危机消费者被迫拯救银行之后，巴塞尔协议Ⅲ中的银行监管规则提出了更高的资本要求，在2010年美国多德弗兰克法案中也能找到类似的资本要求。[①]

房产投资组合的风险性是可预测的。尽管我们还需要做更多的统计工作来得到准确的结论，但中国和美国的情况似乎一样，风险在房产价格上升势头远超建设成本之时会被放大。因此，当房产价格高于建设成本时，资本要求也应该相应提升，尤其在那些房产供大于求的地方就更应如此。在三、四线城市，房贷格外需要满足更高的资本金要求。

根据德国长期执行银行监管政策，房地产贷款的抵押价值不应当基于贷款发生时房产的市场价值，而应是该类房地产在住房市场周期过程中的稳定价值。德国监管者将“抵押贷款的价值”和“市场价值”进行了区分(Roach 等，2012；Kälberer 和 Lux，2012)。因此，德国的房价几十年来一直没有出现大起大落。唯一的例外就是在1989年两德合并之后，由于在民主德国没有能够执行上述政策，因此出现了一轮兴衰的波动走势。丹麦也有类似的房屋抵押贷款规则。

(2) 为养老储蓄提供比房产更好的替代选择

购买住房是一笔谨慎的投资。我们都需要消费住房服务，而且购买住房能够帮助我们抵御未来住房服务成本上涨的风险。然而，拥有多所住房会给养老

---

① 见国际清算银行的 paper 21，Real state indicators and financial stability，Bank for International Settlements，Basel，2003，www.bis.org/publ/bppdf/bispap21.html 以及澳大利亚储备银行和国际清算银行房地产市场和金融稳定性联合会议的“Property Markets and Financial Stability，” Sydney，Australia，August 20-21，2012.

的投资组合增加显著的风险，尤其当该组合中的房产都处在一个都市区而缺乏地理多元化。另外，地区的住房价格经常和本地劳动力市场收益相关。储蓄者相当于投资了基本劳动力市场风险放大后的资产，所以以房养老看起来似乎是一个非常危险的策略。

直到现在，由于中国的普通百姓缺乏其他具有合理的风险调整收益率的投资产品，为此他们大量投资住房，以其作为退休储蓄的主要形式。房地产热阶段极高的收益率也激发了这一做法(Zheng，Sun 和 Kahn，2016)。政策如何能够兼顾居高不下的家庭预期呢？当然，拥有多所住房本身是合法的，但是如何可以采取措施来尽量减少这样的现象？在理想情况下，投资者应该拥有远比房产更多的养老投资方案，同时，应该向这些投资者发出警示，令其了解投资组合风险过度集中可能产生的后果。问题在于投资分散化的可能性，以及其他形式的金融投资工具是否存在。房产税一定程度上可以纠正人们将房产视作唯一明智投资的看法。

也许中国可以组织一个学术团队来研究房产在整个养老储蓄中的作用。需要更清楚地从统计学角度分别了解这个问题在国家和地区层面的规模，同时，还需要更好地了解，激发储蓄者拥有多套住房的动机是什么，造成大城市里高住房空置率的原因又是什么。希望在未来研究之中会生成一个更清晰的改革路径。

4. 结论

自 1998 年的住房市场化改革以来，中国房地产市场经历了飞速发展，同时国家经济所面临的风险也有所提升。如果地价和房价大幅下滑，那么个人储蓄者和银行体系(尤其是影子银行体系和区域银行)都将会面临巨大的下行风险。这又会波及那些大量使用金融杠杆的地方政府。本章的蓝图列举了一系列住房改革建议，旨在缓解当下和未来的房地产下行风险。

也许各级政府和个人投资者都应更多把房产视作一个消费品，而非投资品。如果买方更多关注住房带来的服务流，那就不大容易出现投机行为。如果政府政策能够更多关注民众是否有房可住、普通百姓是否能够便利地获得保障性住房，那么政府政策的成效势必将更为显著。尽管中国具有一系列偏好买房的文化因素，例如中国社会源于农耕文明等，但是对很多的低收入人群和年轻人而言，租房比起买房来说是一个更好的选择。

本蓝图提供了一系列的改革建议。其中，相对简单的改革主要关注规范土地所有权制度，提供关于所有权、使用权以及现有土地用途管制的网上数据。艰难的改革则主要是转变定期影响土地和住房市场的经济实体，包括地方政府和城投公司。尽管并非所有改革都可以立即在全国开展，但是我们认为，即使是把它们作为用以了解中国经历 20 年来巨大发展后在住房领域取得效果的工具，每一项改革也都值得深思。

正像太多其他国家一样，住房和地产日益成为收入不平等、财富差距加大问题中的关键。中国正在经历多种多样的住房差距问题，其中一个亟须解决的战略问题就是由于没有其他风险合理的理财产品，中国民众的储蓄过多参与了住房融资。目前，大部分中国家庭需要在两种并不吸引人的金融资产中做出选择，要么接受把钱存在银行获取极低的利率（补贴银行和国有企业）；要么进行股市投资。

参考文献

Allen J and McDowell L(1989). Landlords and Property: Social Relations in the Private Rented Sector. Cambridge: Cambridge University Press.

Bhattacharya A, Romani M and Stern N(2012). Infrastructure for Development: Meeting the Challenge. London: Grantham Research Institute in collaboration with the Group of Twenty-Four (G-24).

Brown M, Kim Y and Romani M(2015). Infrastructure Finance in the Developing World. Seoul, Korea: G-24 Global Green Growth Institute.

Brown J and Matsa D(2016). Locked in by Leverage: Job Search during the Housing Crisis. NBER Working Paper 22929, December 2016.

Chetty R, Hendren N and Katz L F(2016). The Effects of Exposure to Better Neighborhoods on Children: New Evidence from the Moving to Opportunity Experiment. American Economic Review, 106(4): 855-902, http://dx.doi.org/10.1257/aer.20150572

Glaeser E, Gyourko J and Saks R(2005). Why is Manhattan So Expensive? Regulation and the Rise in Housing Prices. The Journal of Law and Economics, 48: 331-369.

Glaeser E and Gyourko J(2008). Rethinking Federal Housing Policy: How to Make Housing Plentiful and Affordable. Washington D. C.: AEI Press.

Glaeser E, Gyourko J and Saiz A(2008). Housing Supply and Housing Bubbles. Journal of Urban Economics, 64(2): 198-217.

Glaeser E, Gyourko J, Morales E and Nathanson C G(2014). Housing Dynamics: An Urban Approach. Journal of Urban Economics, 81: 45-56.

Gurran N, Gallent N and Chiu R L H(2016). Politics, Planning and Housing Supply in Australia, England and Hong Kong. London: Routledge. Chapter 7.

Jaffee D M and Quigley J M(2007). Housing Subsidies and Homeowners: What Role for Government-Sponsored Enterprises? [with Comment]. Brookings-Wharton Papers on Urban Affairs, 36: 103-149.

Kälberer W and Lux R(2012). Definition of Value: Market Value and Stabilized Values. Washington D. C.: Joint Collateral Risk Network (CRN) and American Enterprise Institute, International Conference on Housing Risk.

Man J Y and Hong Y(Eds.) (2011). China Local Public Finance in Transition. Lincoln Institute of Land Policy, Cambridge, MA.

Peppercorn I G and Taffin C(2013). Rental Housing: Lessons from International Experience and Policies for Emerging Markets, the World Bank. http://dx.doi.org/10.1596/978-0-8213-9655-1.

Roach S D, Kälberer W, Lux R and Nygard W A(2012). The Quiet Giant: Explaining the Stability of Europe's Largest Real Estate Market, Appraisal Institute Meeting, August 2012, San Diego, CA.

Shilling J D and Sing T F(2006). Why is the Real Estate Market an Oligopoly? Paper presented at the 2006 Annual ASSA-AREUEA Conference, Boston, MA.

Summers L(2017). Farewell to Kenneth Arrow, a Gentle Genius of Economics. Wall Street Journal, February 25.

Taffin C(2017). Private and Social Rented Housing: Basic Principles and Overview of Practices in Europe. Workshop on Middle and Low Income Housing in China, World Bank and State Council Development Research Center, Beijing, July 19.

Zheng S, Sun W and Kahn M E(2016). Investor Confidence as a Determinant of China's Urban Housing Market Dynamics. Real Estate Economics, 44: 814-845.